# ATLAS
## HISTORIQUE ET PITTORESQUE
OU
## TABLES SYNCHRONISTIQUES
DE
# L'HISTOIRE UNIVERSELLE
## ANCIENNE ET MODERNE

PRÉSENTANT

le résumé de l'histoire politique, religieuse et intellectuelle,

**tant du monde en général que de chaque État en particulier,**

depuis les temps les plus reculés jusqu'à l'an 1850 de notre ère,

ILLUSTRÉES DE PLANCHES ET DE CARTES,


PAR

JACQUES BAQUOL,

AUTEUR DU DICTIONNAIRE GÉOGRAPHIQUE ET HISTORIQUE DE L'ALSACE.

OUVRAGE CONTINUÉ SUR LE MÊME PLAN DEPUIS L'AN 1800,

PAR

M. J.-H. SCHNITZLER,

Ancien directeur de l'*Encyclopédie des gens du monde*, auteur de la *Statistique de la Russie* et de l'*Empire des Tsars*, etc., etc., chevalier de la Légion d'Honneur et de l'ordre de Saint-Stanislas de Russie, et membre de plusieurs Académies.



ET PUBLIÉ PAR

E. SIMON, imprimeur-éditeur, à Strasbourg.


# Prospectus.

Abréger la science, la résumer avec exactitude et netteté, devient de jour en jour un besoin plus universellement senti ; car elle a des proportions si colossales qu'une vie d'homme, lui fût-elle consacrée exclusivement, ne suffit plus pour embrasser le domaine complet de la moins étendue des branches des connaissances humaines. Parmi ces branches, aucune n'est plus susceptible d'une extension illimitée que l'histoire, ce grand-livre des destinées de notre espèce, ces archives encombrées, où s'engouffre le passé du monde, faits, tendances, doctrines, arts, manifestations diverses de l'intelligence au milieu des relations sociales. En effet, tandis que, dans la plupart des autres branches, les progrès accomplis ont pour effet de remplacer, en les supprimant,


1857

les notions et les systèmes acceptés jusqu'alors, par des notions et des systèmes plus justes, dans l'histoire, au contraire, sauf quelques transformations opérées par la critique, tout ce qui est acquis reste, et les faits nouveaux s'ajoutent aux anciens de période en période, d'année en année, indéfiniment.

L'histoire devient ainsi d'une étude difficile.

Et pourtant tout homme qui prétend à une certaine culture d'esprit doit la connaître. Quiconque n'a pas appris l'histoire s'est évidemment privé d'un des moyens d'éducation, non-seulement les plus sûrs, mais les plus pourvus d'attrait. D'ailleurs l'histoire se mêle à tout; les millions de faits dont elle se compose se présentent sans cesse soit dans les paroles que nous écoutons et auxquelles nous avons à répondre, soit dans les livres que nous lisons, tantôt pour notre instruction, tantôt pour notre plaisir; et de plus, une multitude de formes du langage ne sont autre chose que des allusions à de certains faits du domaine de l'histoire. Combien de fois ne se trouve-t-on pas arrêté, dans la conversation ou dans la lecture, par des difficultés de dates et de noms propres! et n'est-il pas bien mal-aisé, même quand on a sous la main une bibliothèque bien fournie, de faire avec fruit et sans trop grande perte de temps les recherches auxquelles on se sent poussé?

Obvier à ces difficultés par des tableaux où se trouvent coordonnés, d'une manière claire, les événements qui se sont accomplis à la même époque dans tous les États connus, venir ainsi en aide à la mémoire lorsqu'elle se trouve en défaut, et en même temps familiariser d'une manière commode toutes les classes de lecteurs avec la substance de l'histoire et avec l'idée, l'esprit, qui préside à tous ses innombrables faits, tel est l'objet de cet *Atlas historique et pittoresque*.

Il se compose de deux éléments, de tableaux chronologiques et synchronistiques et de planches servant à les *illustrer*. De plus, comme cet ouvrage est destiné à former un ensemble aussi complet que possible, il sera précédé d'une introduction, où seront établies, expliquées et motivées les grandes divisions de l'histoire, âges et périodes.

Dans les tableaux, on a combiné deux points de vue différents, la succession des faits et leur simultanéité. Non-seulement on y trouvera inscrits, dans leur ordre chronologique, tous les événements mémorables depuis la création du monde jusqu'à ce jour, ils permettront aussi d'embrasser d'un coup d'œil tous ceux qui se sont passés à la même époque sur tous les points de la terre, ainsi que les créations intellectuelles ou des arts, les systèmes religieux, scientifiques et littéraires contemporains. C'est ce synchronisme permanent, mis en relief par la disposition typographique des tableaux, qui est le principal objet de notre *Atlas*: en y suivant les faits d'année en année, colonne par colonne, et en prenant un pays après l'autre, on y trouvera un abrégé, très-court sans doute, mais pourtant complet dans une certaine mesure, des *Histoires particulières* ou *nationales* des divers États; en y embrassant d'un coup d'œil toutes les colonnes à la fois, on aura un résumé de l'*Histoire universelle* soit dans son ensemble, soit seulement pendant la période ou à l'époque que l'on voudra envisager séparément.

Il n'existe guère en France de recueils de tables synchronistiques de l'histoire que celui de Lamp, le premier de tous, et la traduction de l'allemand de celui de Kruse par MM. Lebas et Ansart. L'Allemagne, beaucoup plus riche sous ce rapport, possède outre l'ouvrage de Kruse, ceux de Bredow, Vater, Nissen, Merlecker, Vehse, Volger, etc. Mais notre *Atlas* s'en distingue nettement, et avec avantage, par sa forme particulière. En effet, ces publications sont rédigées de telle manière que celui-là seul qui connaît déjà l'histoire peut en retirer quelque fruit. Sèches et arides, leurs tables, souvent même imparfaitement synchronistiques, n'accumulent que de simples mentions d'événements, jointes aux noms des personnages qui y figurent; elles ne soutiennent pas la lecture. Dans nos tableaux, au contraire, où les faits sont présentés dans leur enchaînement, on donne toutes les explications nécessaires. Les articles concernant chaque année ont été rédigés comme si l'on avait eu à composer un abrégé de l'histoire universelle ou des abrégés de toutes les histoires particulières: ce sont de véritables notices. Seulement ces notices sont aussi brèves que substantielles, dégagées de toute érudition inopportune, exclusives de toute théorie oiseuse, et même de toute discussion en général. Aucune passion ne peut s'y faire jour; l'impartialité et la bienveillance pour tous ont présidé à leur rédaction.

On s'est surtout appliqué à faire régner cet esprit dans la colonne qui, sur chaque tableau, porte pour titre: *Histoire religieuse, mœurs, usages*, et qui, avec une autre colonne intitulée *Lettres, sciences, arts*, etc., forme le complément indispensable de ce grand registre des faits concernant l'humanité. On y a réuni en faisceau les efforts intellectuels de tous les peuples, depuis les premiers âges de l'histoire jusqu'à nos jours.

Du reste, les lecteurs ont sans doute déjà remarqué et remarqueront de plus en plus le caractère progressif de ce vaste travail historique. On y traite avec un soin tout particulier les matières qui n'ont pris place dans l'histoire que depuis ces derniers temps, et celles qui fixent aujourd'hui au plus haut point l'attention du public, comme tout ce qui est relatif à la Russie, à l'empire Ottoman, à l'Asie centrale, à la Chine, etc., etc. Les grandes conquêtes scientifiques et industrielles du dix-neuvième siècle, les progrès de l'agriculture, le mouvement commercial, etc., ne seront pas non plus oubliés en temps et lieu.

Aux tableaux se rattachent les planches comme utile accessoire.

A une époque où l'usage d'*illustrer* les livres est en si grande faveur, nous avons cru aller au devant des désirs de la plupart des lecteurs, en accompagnant nos tableaux de gravures destinées à impressionner par les yeux et à aider ainsi à imprimer d'une manière ineffaçable à la mémoire ce qui doit y rester à jamais fixé. Ces dessins se rapportent aux mœurs, usages et costumes des peuples, aux antiquités de toute espèce, aux dieux de la mythologie, aux cérémonies de notre culte épuré, aux monuments d'architecture, de sculpture, de peinture, aux médailles, aux armes, ustensiles et appareils qui servent à la guerre et dans la marine, aux machines employées dans l'industrie, etc. Quelquefois même ce seront des portraits d'hommes célèbres ou des représentations de scènes historiques, d'après des tableaux de grands maîtres. De plus, on y a joint et on y joindra dans une plus grande mesure, des cartes géographiques soigneusement coloriées et présentant l'état de l'Europe, de l'Asie, de certains empires gigantesques, comme celui d'Alexandre, celui des Romains, celui de Charlemagne, le Khalifat, l'empire des Mongols, la monarchie russe, à des époques données et remarquables. Au moyen de ces cartes, le lecteur se rendra plus facilement compte des révolutions qui ont successivement changé la face des États jusqu'à nos jours.

Afin de faciliter les recherches, l'*Atlas historique et pittoresque* sera suivi d'un *répertoire général et alphabétique des matières*, avec des renvois aux tableaux et colonnes où il en aura été fait mention. Ce répertoire comprendra en outre des articles complémentaires qui n'auront pas pu trouver place dans les colonnes: il formera donc une sorte de *Dictionnaire historique*, où l'on retrouvera sans peine et sans perte de temps, à l'aide des noms propres, tous les faits si divers enregistrés dans les tableaux, savoir: les règnes successifs, les actes politiques ou de législation, les traités de paix, les batailles, siéges et conquêtes, les découvertes et inventions, les systèmes religieux et philosophiques, les créations d'art, etc., etc.

Tel est le plan de l'ouvrage, dont une grande partie se trouve déjà sous les yeux du lecteur.

L'homme qui a conçu ce plan et qui en a avancé l'exécution jusqu'à la 16e livraison, M. BAQUOL, savant laborieux, aussi modeste que plein de mérite, nous a été enlevé par une mort prématurée, et nous aimons à penser que nos vifs regrets seront partagés par nos nombreux souscripteurs, qui ont été à même de l'apprécier. Mais quelque douloureux que soit cette perte, elle ne se fera pas sentir dans la continuation de l'ouvrage. Confiée à un écrivain distingué, depuis longtemps connu dans le monde savant par ses nombreux travaux, elle se fera sur le même plan, avec non moins de soins et en introduisant dans le travail des améliorations dont l'expérience a suggéré l'idée, que M. Baquol eût sûrement acceptées sans hésitation, et qui se rapporteront tant à la forme qu'au fond. En un mot, rien ne sera négligé pour donner à cette publication le plus haut degré d'utilité et pour la rendre encore plus digne de la faveur avec laquelle elle a, dès le début, été accueillie dans toutes les classes.

## MODE DE PUBLICATION.

L'**Atlas historique et pittoresque** formera deux volumes du format du présent prospectus, savoir: 1 volume de texte et 1 volume de planches et cartes; il sera publié en 28 livraisons au moins et 34 au plus.

**Toutes les livraisons dépassant le nombre de 34 seront livrées gratis.**

Chaque livraison se composera de 6 feuilles (5 tableaux et une planche, ou 4 tableaux et 2 planches ou une carte). Il paraît une livraison par mois.

Prix de la livraison: 1 fr. — On ne paie qu'au fur et à mesure de la réception des livraisons, qui sont expédiées *franco*, hors Strasbourg, à raison de 4 par trimestre.

On souscrit: chez M. **E. SIMON**, imprimeur-lithographe et libraire-éditeur, rue du Dôme, 8, à **Strasbourg**.

STRASBOURG, TYPOGRAPHIE DE G. SILBERMANN.

# ATLAS
## HISTORIQUE ET PITTORESQUE
OU
# HISTOIRE UNIVERSELLE
## ANCIENNE ET MODERNE
DISPOSÉE EN TABLEAUX SYNOPTIQUES

PRÉSENTANT

le résumé de l'histoire politique, religieuse et intellectuelle,

**tant du monde en général que de chaque État en particulier,**

depuis les temps les plus reculés jusqu'à l'an 1850 de notre ère,

ILLUSTRÉE DE PLANCHES ET DE CARTES.

OUVRAGE FONDÉ PAR

JACQUES BAQUOL,

CONTINUÉ SUR LE MÊME PLAN DEPUIS L'AN 1000 ET AUGMENTÉ D'INTRODUCTIONS ET D'UN RÉPERTOIRE composé d'une table alphabétique de plus de 10,000 noms propres et d'une table relative aux principales matières,

PAR

**M. J.-H. SCHNITZLER,**

Ancien directeur de l'*Encyclopédie des gens du monde*, auteur de la *Statistique de la Russie*, de l'*Empire des Tsars*, etc., etc., chevalier de la Légion d'Honneur et de l'ordre de Saint-Stanislas de Russie et membre de plusieurs Académies.

Publié par

E. SIMON, imprimeur-éditeur, à Strasbourg.

# Prospectus.

Notre histoire universelle illustrée, ouvrage auquel, soutenu, tant par le talent de l'auteur que par la confiance de près de six mille souscripteurs, nous avons voué tous nos soins depuis plus de quatre ans, est arrivée à sa fin et peut être jugée dans son ensemble.

Divisée en 3 volumes (Antiquité, Moyen Age, Temps modernes), elle renferme 163 grands tableaux synoptiques, une introduction générale, une introduction particulière à chacune des trois grandes sections de l'histoire, un répertoire des noms propres et un autre des matières les plus importantes, enfin les illustrations (50 planches et 17 cartes).

La sympathie générale avec laquelle cette œuvre de longue haleine a été accueillie dès

ses premiers commencements, a permis, en raison même du grand nombre et de l'empressement des souscripteurs, de l'établir à des conditions de prix relativement inférieures d'un tiers à celles de toutes les autres publications du même genre.

Quant à la valeur scientifique et littéraire de l'ouvrage, des juges compétents ont déjà commencé à se prononcer à cet égard. Sans reproduire tous ces jugements dont nous avons eu lieu de nous féliciter, nous en rappellerons au moins un qui nous semble propre à fixer l'opinion sur le mérite de ce grand travail, d'un usage si commode et qui, nous l'espérons, sera pour nos souscripteurs d'une utilité journalière. Voici ce qu'une plume aimée du public a écrit (2 sept. 1860) dans un élégant article du *Journal des Débats :*

« C'est, sous la forme et le titre d'un **Atlas pittoresque,** une véritable histoire universelle. Nous nous faisons un plaisir de recommander cet ouvrage à la fois immense et concis, qui n'a d'analogue que les recueils encyclopédiques des Kruse, des Nissen, des Vehse, en Allemagne. » Notons en passant qu'un seul de ces ouvrages exotiques est accompagné de cartes, et que dans tous les planches font défaut.

Mais laissons continuer M. Louis Ratisbonne : « L'Atlas dont nous parlons, dit-il, se compose de deux éléments. D'une part, ce sont des tableaux synoptiques et synchronistiques présentant, dans un résumé clair et substantiel, l'histoire politique, religieuse, littéraire, scientifique et morale du monde. D'autre part, et répondant à ces tableaux, des cartes géographiques et des planches qui font impression sur la mémoire en frappant vivement les yeux. Ces planches sont excellentes. Elles figurent les cérémonies, les costumes, les monuments, les antiquités de toute espèce, les ustensiles, les armes, quelquefois les portraits d'hommes célèbres ou des représentations de scènes historiques.

« Quant au texte, ajoute-t-il, le plus bel éloge que nous en puissions faire en deux mots, c'est que, chose rare pour de semblables publications, on peut non-seulement le consulter, mais le lire. Tout ce qui est relatif à la Russie, à l'empire Ottoman, à l'Asie centrale, à l'Inde, à la Chine, aux Amériques, et qui a le privilége de fixer aujourd'hui à un si haut point l'attention publique, y est traité notamment avec un soin tout particulier. »

Après une telle appréciation, émanée d'une plume complétement désintéressée, appréciation à laquelle nous pourrions ajouter encore tous les éloges donnés personnellement à M. Schnitzler, nous nous croyons dispensé d'appeler encore une fois sur l'ouvrage l'attention de tous les lecteurs, sans distinction d'âge et de condition, hommes d'étude ou hommes pratiques, simples amateurs ou savants spéciaux, écoliers et étudiants qui apprennent ou gens du monde qui aiment à se souvenir et ont besoin d'un aide-mémoire.

Ce que nous voulons seulement faire ressortir, c'est l'impartialité soutenue et la bienveillance pour tous qui a présidé ici à la rédaction non-seulement de l'histoire politique, mais aussi de l'histoire religieuse. Tous les cultes chrétiens sont traités avec le même respect ; tous les autres, avec ces égards que commande le bon goût et que l'expérience des hommes et des choses rend faciles à l'écrivain qui a vécu longtemps. L'auteur n'est pas sans une certaine prédilection pour les choses de l'ordre spirituel : aussi fait-il ressortir avec complaisance les grands noms et les moments décisifs de l'histoire ecclésiastique. Ainsi, relativement à l'Église catholique, il a traité avec une faveur visible l'entreprise de Grégoire VII d'adoucir une société encore barbare et toujours en guerre avec elle-même, par la prédominance de la tiare sur les sceptres ; et de même il s'est plu à mettre dans tout son jour l'histoire des grands conciles, celle de l'essor que le catholicisme prit au seizième et au dix-septième siècle, celle du jansénisme et de Port-Royal, celle même de la Compagnie de Jésus, institution qu'il traite avec cette importance que le vrai historien attache à toutes les grandes institutions, sans doute mêlées de bien et de mal, mais qui ont exercé une influence profonde sur les destinées de l'humanité.

Un autre point qu'il importe de signaler, c'est la grande économie de temps avec laquelle peuvent se faire toutes les recherches dans cet ouvrage, pour la rédaction duquel pourtant les livres les plus savants, les collections les plus volumineuses, ont constamment été mis à contribution. L'**Atlas historique et pittoresque,** par son répertoire de plus de 10,000 noms, est devenu un **Dictionnaire historique,** une biographie à peu près universelle, bien plus, une espèce d'**Encyclopédie de la civilisation,** qui a sur les véritables encyclopédies cet avantage précieux de ne déchiqueter les matières que dans la table où l'on y renvoie, et de les montrer au contraire avec ensemble, à leur place, liées entre elles, dans les colonnes des tableaux où la chronologie les amène naturellement. La seconde table du répertoire renvoie aux matières elles-mêmes, et là on trouve, pêle-mêle avec les inventions, les découvertes, les systèmes religieux, les académies, les universités, les bibliothèques, on y trouve, disons-nous, la mention alphabétique de 135 guerres, de 550 batailles, de 210 traités de paix, etc. L'énumération des batailles est la plus riche qui nous soit connue ; elle laisse loin derrière elle celle des tables même d'ouvrages composés de vingt volumes et au delà.

Enfin, on ne manquera pas de remarquer, nous nous en flattons, le soin qui a été donné aux cartes et aux plans de l'Atlas, partie dans laquelle le nouveau abonde et que nous avons, même au prix de sacrifices onéreux, cherché à élever à la hauteur du reste de l'ouvrage.

---

L'auteur a placé à la fin du Répertoire la note suivante qui donnera une idée plus complète encore du contenu de l'ouvrage :

OBSERVATION. En terminant l'ATLAS HISTORIQUE ET PITTORESQUE par ce vaste Répertoire, nous avons eu en vue un double but. D'une part, nous voulions rendre faciles les recherches historiques, devant lesquelles souvent on recule par la crainte d'une trop grande perte de temps, et ce but est atteint sans doute par cet ordre alphabétique, dans lequel sont rangés plus de 10,000 noms propres personnels, 135 noms de guerres, 550 de batailles, 210 de traités de paix, etc., etc, et qui fait trouver instantanément tous les faits particuliers et de détail. Mais d'autre part aussi, nous avons cherché à venir en aide à l'étude intime et philosophique de l'histoire, et pour cela nous indiquons aux lecteurs tous les passages où il est question de ses grandes divisions (voy. ANTIQUITÉ, MOYEN-AGE, TEMPS MODERNES, voy. aussi PÉRIODES), ou de ses plus mémorables âges et moments (voy. SIÈCLE DE PÉRICLÈS, D'AUGUSTE, DES MÉDICIS, DE LOUIS XIV, etc.), ainsi que ceux qui se rapportent à la vie sociale (voy. PEUPLES, SOCIÉTÉ, INSTITUTIONS, FÉODALITÉ, COMMUNES, RÉVOLUTIONS, ESCLAVAGE, PAUPÉRISME, etc.), ou à la vie religieuse (voy. RELIGION, CULTE, CHRISTIANISME, EGLISES, PAPAUTÉ, CONCILES, RÉFORMATION, etc.); puis les passages relatifs à la marche progressive de l'humanité en général (voy. CIVILISATION, LÉGISLATION, EDUCATION, LETTRES, SCIENCES, ARTS, DÉCOUVERTES, INVENTIONS, AGRICULTURE, COMMERCE, INDUSTRIE, ECOLES, ACADÉMIES, UNIVERSITÉS, BIBLIOTHÈQUES, VOYAGES, etc.); enfin ceux renfermant le tableau des différentes littératures (LITTÉRATURE ALLEMANDE, ANGLAISE, ARABE, ARMÉNIENNE, BOHÊME, etc.), et l'indication ou la description des plus célèbres monuments de toute espèce (voy. EDIFICES, EGLISES, etc.), souvent présentés aux yeux dans les planches. Ce qui n'a pu se classer sous ces diverses rubriques devra être cherché à d'autres mots, tels que USAGES, MŒURS, CALAMITÉS PUBLIQUES, BIENFAISANCE PUBLIQUE, ERES, MILICES, etc., etc. De cette manière, notre ouvrage pourra, nous l'espérons, servir d'aide-mémoire même aux personnes consommées dans la science historique, en même temps qu'il fournira rapidement aux élèves de nos écoles de tous les degrés et aux simples gens du monde toutes les notions dont ils peuvent avoir besoin à un moment donné.

---

## DIVISION DE L'OUVRAGE.

L'ouvrage est divisé en trois volumes avec cartes et planches et un Répertoire général, savoir :

Tome Ier, HISTOIRE ANCIENNE (de 2000 av. J. Ch. à 476 apr. J. Ch.) ; Tome II, HISTOIRE DU MOYEN AGE (de 477 à 1453) ; Tome III, HISTOIRE DES TEMPS MODERNES (de 1454 à 1850).

---

## MODE DE PUBLICATION.

L'ouvrage est publié en 43 LIVRAISONS.

Chaque livraison se compose : soit de 5 feuilles de texte ou tableaux et d'une planche, soit aussi de 4 tableaux et de 2 planches ou d'une carte, comptant pour 2 tableaux.

---

## PRIX DE LA LIVRAISON : 1 FR. 25 C.

**On ne paie** qu'au fur et à mesure de la **réception** des livraisons, qui sont expédiées **franco** à raison de **6 par trimestre.**

**NOTA.** Le nombre de 6 livraisons par trimestre peut être augmenté à 12, 18 et plus, si le souscripteur le demande.

---

STRASBOURG, IMPRIMERIE DE G. SILBERMANN.

C.

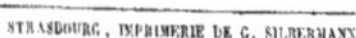

# DÉSIGNATION DES PLANCHES ET DES CARTES FAISANT PARTIE DE L'OUVRAGE.

## PLANCHES.

### ANTIQUITÉ. — TOME Ier.

Pl. 1. **Égypte.** Monuments, principales divinités, table d'Abidos, etc.

Pl. 2. **Égypte.** Monuments, mœurs, costumes, meubles, etc.

Pl. 3. **Assyrie, Babylonie, Médie, Perse.** Vue de Babylone, bas-reliefs, inscriptions, etc.

Pl. 4. **Chinois, Indiens, Assyriens, Mèdes, Perses,** etc. Costumes et monuments.

Pl. 5. **Cultes indien, chinois, japonais et perse.** Principales divinités, usages religieux, temple de Bouddha.

Pl. 6. **Palestine, Syrie.** Temple de Jérusalem, costumes juifs, sacrifices, vases, etc. Principales divinités des Syriens et des Phéniciens.

Pl. 7. **Culte gréco-romain.** Les douze grands dieux et l'oracle d'Apollon à Delphes, etc.

Pl. 8. **Culte gréco-romain.** Fêtes des panathénées à Athènes, les neuf muses, les augures, etc.

Pl. 9. **Grecs et Romains.** Sacrifices, costumes, vases, etc.

Pl. 10. **Grecs et Romains.** Mœurs et costumes.

Pl. 11. **Grecs et Romains.** Guerriers grecs et romains, armes de guerre.

Pl. 12. **Grecs et Romains.** Guerriers romains, marine et machines de guerre.

Pl. 13. **Monuments célèbres.** Vue de l'Acropole d'Athènes, du colosse de Rhodes, etc.

Pl. 14. **Monuments célèbres.** Le môle d'Adrien, statues, bustes, etc.

Pl. 15. **Monnaies et médailles de l'antiquité.**

Pl. 16. **Gaulois, Germains, Scandinaves.** Principales divinités, costumes, mœurs et usages.

### MOYEN AGE. — TOME II.

Pl. 17. **Les conquérants de l'empire romain.** Costumes, usages, combats judiciaires.

Pl. 18. **Principaux ordres religieux.** Costumes.

Pl. 19. **Caractères et mœurs.** Réception d'un seigneur par ses vassaux, le tribunal de l'inquisition, les croisés.

Pl. 20. **Monuments célèbres.** Église de Saint-Marc à Venise, cathédrale de Pise, intérieur de la mosquée de Cordoue, etc.

Pl. 21. **Monuments célèbres.** Cathédrales de Cologne et de Strasbourg, etc.

Pl. 22. **Monuments célèbres.** Intérieur de la cathédrale de Milan, de celle de Notre-Dame de Paris, crypte de l'église de Saint-Denis, renfermant les tombeaux des rois de France, statues, meubles d'église, etc.

Pl. 23. **Monuments célèbres.** Tombeaux d'Élisabeth à l'abbaye de Westminster, de Louis XII, de dame de Bretagne, de Henri III et de Catherine de Médicis à Saint-Denis, église à Pavie, etc.

Pl. 24. **Empire et Église d'Orient,** avec note explicative. Temple de Sainte-Sophie à Constantinople, le patriarche Constantin, etc.

Pl. 25. **Les Arabes, Mahométisme et Khalifat,** avec note explicative. Vue de La Mecque et de sa grande mosquée au moment de la visite des pèlerins, vue de Bagdad, etc.

Pl. 26. **Église catholique, Rome et la papauté.** Basiliques de Saint-Pierre, Saint-Jean-de-Latran, etc.

Pl. 27. **Église catholique, papauté et Rome.** Portraits de papes célèbres, plan de Rome.

Pl. 28. **L'âge des croisades et de la chevalerie.** Vue de Jérusalem, de la chapelle du Saint-Sépulcre, Godefroi de Bouillon, etc.

Pl. 29. **L'âge des croisades et de la chevalerie.** Prise de Saint-Jean-d'Acre en 1191, chapelle sépulcrale de Saint-Louis, armes de guerre, etc.

Pl. 30. **Empire mongol et empire de Djaggataï.** Idoles, costumes et vue d'un grand banquet donné par Tamerlan.

Pl. 31. **Lettres, sciences et arts au moyen âge.** Portraits du Dante, de Laure de Noves et de Pétrarque.

Pl. 32. **Lettres, sciences et arts.** Manuscrits, xylographie, typographie, statue de Gutenberg.

### TEMPS MODERNES. — TOME III.

Pl. 33. **Les États modernes d'Italie.** Vues de Venise, du palais de Florence, du dôme de Milan, etc.

Pl. 34. **Le Saint-Empire d'Allemagne.** Le Rœmersberg, salle des empereurs à Francfort, la chapelle d'élection des empereurs, costume impérial, portraits, etc.

Pl. 35. **La France sous les Valois et les Bourbons.** Paris au 16e siècle, Louis XIII, déclarant le duc d'Anjou roi d'Espagne, statues, etc.

Pl. 36. **La Grande-Bretagne et l'Irlande.** Portraits de Henri VIII et de Cromwell, de Marie Stuart et d'Élisabeth. Westminster, vues et costumes.

Pl. 37. **La Scandinavie ou les trois royaumes du Nord.** La reine Marguerite fondant l'union de Calmar (1397). Couronnement du roi de Suède Charles-Gustave, dans la cathédrale d'Upsal (1654). Vues du château de Calmar, du château de Kronsburg, de la ville et du port de Bergen en Norwège. Statues de Birger Iarl et de Gustave-Adolphe, portraits en pied de Charles XII de Suède et de Frédéric III de Danemark. Monnaie du duc norwégien Hakon, sceau du roi Knout.

Pl. 38. **La Suisse ou confédération helvétique.** Vues du nouveau palais fédéral, de la chapelle de Guillaume Tell, etc. Armoiries, monuments.

Pl. 39. **Espagne et Portugal.** Portraits de Charles-Quint, de Philippe II, du Camoëns et de Michel Cervantès. Vues de Lisbonne, de Ségovie, de Tolède et des palais royaux de l'Escurial et de Madrid. Combat de taureaux à Séville. Costumes.

Pl. 40. **La Russie avant Pierre-le-Grand.** Grand sceau de Moscovie. Le tsar Mikhaël Fœdorowitch donnant audience, en 1636, aux ambassadeurs du duc de Holstein. Monastère de Saint-Serge. La grande procession du dimanche des Rameaux. Portraits du gr. pr. Iaroslaff Ier et de Mikhaël Fœdorowitch.

Pl. 41. **La Pologne et la Lithuanie.** Vue de Cracovie vers 1740, le *Kolo* ou champ d'élection, portraits de Jean III Sobiesky et de Kosziuszko, armes de la Pologne, médailles et monuments.

Pl. 42. **La Russie après Pierre-le-Grand.** Le monument de Pierre-le-Grand à Saint-Pétersbourg. Inauguration du monument des libérateurs Minive et Pojarski à Moscou. Vues de la place de l'Amirauté à Saint-Pétersbourg et de Kief, siége primitif de la puissance russe.

Pl. 43. **La France pendant la révolution** (1789 et années suivantes). Ouverture des États généraux en 1789. Le pont d'Arcole. Le dix-huit brumaire. Portraits du général Bonaparte, de Mirabeau, de Mme Roland, de Lafayette, du général Dumouriez et du général Moreau.

Pl. 44. **La France depuis le premier Empire.** Le couronnement de Napoléon Ier, empereur. Portraits de Louis-Napoléon, roi de Hollande, de Murat, roi de Naples, des maréchaux Ney et Soult. Portrait de Louis XVIII. La révolution de Juillet. Portrait de Louis-Philippe Ier.

Pl. 45. Plans sommaires de Paris en 1200, 1820 et 1860, indiquant les agrandissements successifs.

Pl. 46. **La Grande-Bretagne et l'Irlande.** Vues du tunnel sous la Tamise, du Palais de cristal. Meeting et steeple-chase. Plan sommaire de Londres actuel.

Pl. 47. Portraits des souverains de la France par ordre de succession depuis Clovis à Napoléon III.

Pl. 48. Idem.

Pl. 49. Idem.

**Frontispice.**

## CARTES.

### ANTIQUITÉ.

No 1. **CARTE comparative du monde connu des anciens.**

No 1 *bis*. **CARTE des pays de langues helléniques, Grèce, Ionie, Grande-Grèce,** etc.

No 2. **CARTE de l'empire d'Alexandre,** avec l'indication en rouge de l'itinéraire d'Alexandre-le-Grand, des principales batailles qu'il a livrées, des villes qu'il a assiégées, et de celles qu'il a fondées, avec note explicative.

No 3. **CARTE de l'empire romain dans sa plus grande étendue au 2e siècle de notre ère,** avec note explicative.

No 4. **CARTE du monde romain et du monde barbare vers l'époque de la migration des peuples.**

### MOYEN AGE.

No 5. **CARTE de l'empire de Charlemagne, de l'empire d'Orient et du Khalifat.**

No 6. **CARTE de l'Europe et de l'Orient au temps de la troisième grande croisade, États latins d'Orient, royaume de Jérusalem,** etc.

No 7. **CARTE de l'Asie au temps de la plus grande étendue de la domination des Mongols** (1260-1294).

### TEMPS MODERNES.

No 8. **CARTE de l'Europe orientale dans la deuxième moitié du 15e siècle.**

No 9. **CARTE de l'Europe centrale à la fin du 15e siècle ou à la naissance de Charles-Quint,** avec les divisions intérieures de la France et de l'Empire d'Allemagne.

No 10. **CARTE de l'Amérique avant 1770,** avec l'indication des possessions françaises, espagnoles, portugaises, anglaises, etc.

No 11. **CARTE de l'Empire français sous Napoléon Ier, vers 1812,** avec les États qui en étaient ou vassaux ou alliés, et l'indication des possessions des 22 princes de la Confédération du Rhin.

No 12. **CARTE de l'Océanie avec la partie adjacente de l'Asie,** selon nos connaissances actuelles de sa géographie, avec indication des possessions françaises, anglaises, hollandaises, etc.

No 13. **CARTE de l'Amérique actuelle** avec les mêmes indications.

No 14. **CARTE de l'Afrique actuelle,** selon nos connaissances les plus récentes de sa géographie, avec annotation particulière des possessions européennes.

No 15. **CARTE de l'Asie actuelle,** avec le détail des possessions anglaises, françaises, etc.

No 16. **CARTE de l'empire français sous Napoléon III et de l'Europe centrale actuelle.**

**Toutes ces cartes sont coloriées avec soin.**

ATLAS

# HISTORIQUE ET PITTORESQUE.

ATLAS HISTORIQUE ET PITTORESQUE

OU

# HISTOIRE UNIVERSELLE

DISPOSÉE EN TABLEAUX SYNOPTIQUES

EMBRASSANT A LA FOIS LES FAITS POLITIQUES, RELIGIEUX, LITTÉRAIRES ET ARTISTIQUES,

ET ILLUSTRÉE DE CARTES ET DE PLANCHES.

OUVRAGE FONDÉ

PAR J. BAQUOL,

continué sur le même plan depuis l'an 1000 et augmenté d'introductions, de répertoires, etc.,

PAR

M. J.-H. SCHNITZLER,

ANCIEN DIRECTEUR DE L'ENCYCLOPÉDIE DES GENS DU MONDE, AUTEUR DE LA STATISTIQUE DE LA RUSSIE, DE L'EMPIRE DES TSARS, ETC., ETC., CHEVALIER DE LA LÉGION D'HONNEUR ET DE L'ORDRE DE SAINT-STANISLAS DE RUSSIE, ET MEMBRE DE PLUSIEURS ACADÉMIES.



TOME I.

STRASBOURG,

E. SIMON, IMPRIMEUR-LITHOGRAPHE, LIBRAIRE-ÉDITEUR, RUE DU DOME, 14.

1860.

STRASBOURG, TYPOGRAPHIE DE G. SILBERMANN.

Lith. E. Simon à Strasbourg.

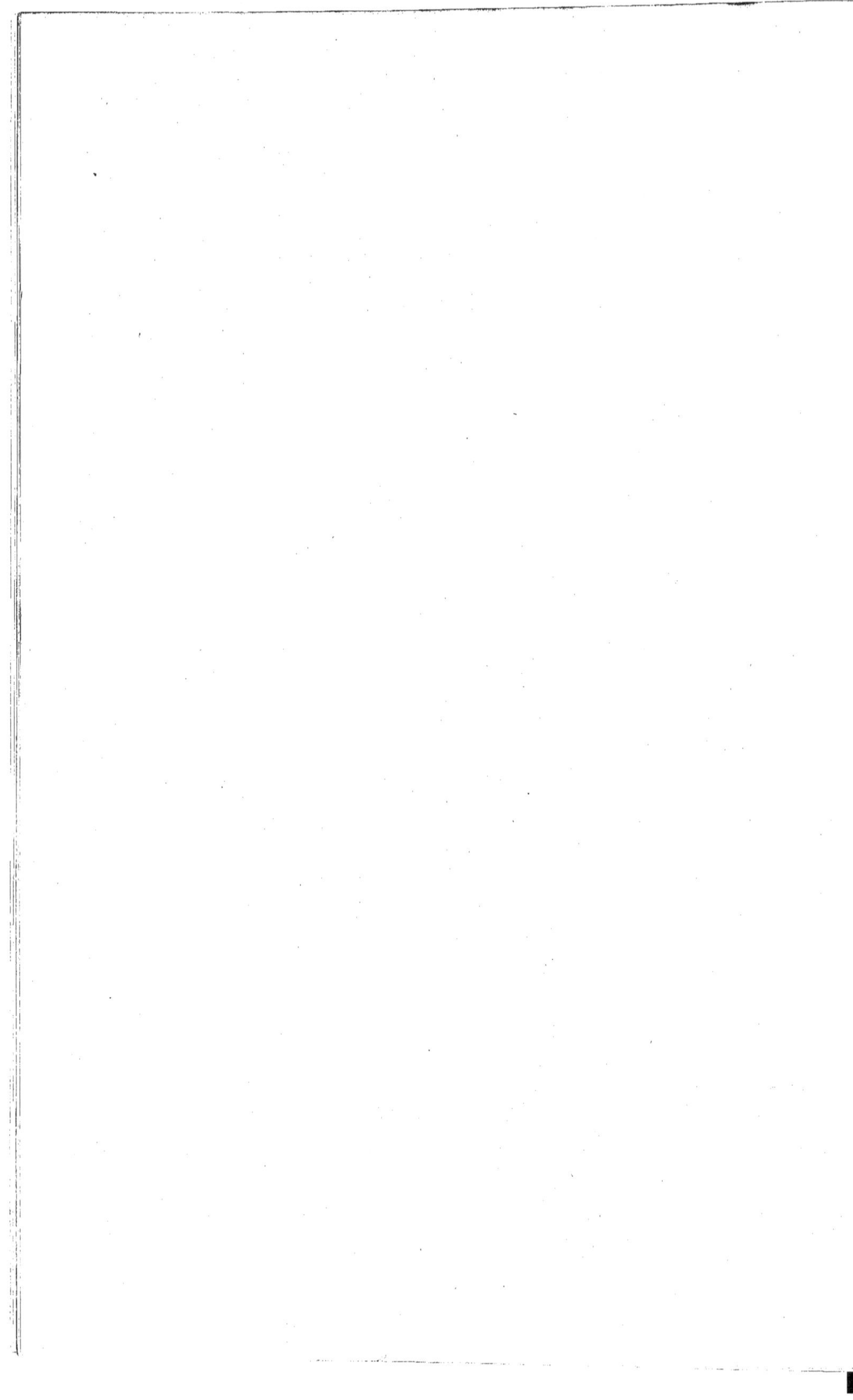

# HISTOIRE ANCIENNE

## (ANTIQUITÉ).

# INTRODUCTION PARTICULIÈRE.

Il a été suffisamment parlé, dans l'Introduction générale, de la distinction qu'il faut faire entre les Anciens et les Modernes. Mais l'Antiquité, quoique moins riche de formes que les temps qui l'ont suivie, a trop duré cependant pour ne pas offrir, elle aussi, une certaine multiplicité de caractères; et nous avons dit que ce nom d'Anciens, par opposition au nom de Modernes, n'est applicable qu'à un petit nombre des peuples de ce premier des deux grands âges de l'histoire.

Celle-ci commence en Asie, qui est le berceau du genre humain. Pendant longtemps l'Asie, en y ajoutant toutefois, comme un appendice qu'il est difficile d'en séparer, l'Égypte, parcelle de l'Afrique, reste seule le théâtre de l'histoire. Aussi l'humanité, telle qu'elle était alors, nous montre-t-elle partout les principaux traits du caractère asiatique, le despotisme, les castes, la polygamie, l'absence de la famille, l'immobilité ou la perpétuité des lois et des coutumes, etc.; partout, disons-nous, à l'exception d'un coin de terre où, à côté des Phéniciens, qui appliquent au commerce et à l'industrie une intelligente activité, les Israélites, dépositaires d'une doctrine religieuse épurée, passent d'une théocratie républicaine à une théocratie royale, avant de se courber sous une royauté proprement dite, bientôt brisée en deux, et vivent sous le régime de l'égalité, non-seulement en ce qui concerne les relations entre l'homme et la femme, son unique épouse, mais aussi relativement aux rapports de tous les membres de l'État entre eux. C'est au milieu des Israélites que se produit le premier grand fait moral dont la mémoire ait été transmise avec authenticité, une législation complète, celle de Moïse, à la fois civile, politique et religieuse; d'ailleurs appropriée aux besoins du peuple qu'elle doit régir, conforme à la dignité de l'homme, et répondant à ses immortelles espérances.

Les Israélites et les Phéniciens à part, l'Asie, avec le nord-est de l'Afrique, n'offre à nos yeux, dans ces temps reculés, que des empires d'une vaste étendue, car ils se sont formés dans l'intérieur du continent, où rien ne les empêchait de reculer leurs limites au gré de la convoitise de leurs maîtres. Ces empires sont ceux d'Assyrie ou de Babylonie, l'Inde, la Chine, et enfin l'Égypte, région intermédiaire entre l'Orient et l'Occident. Se fondant sur le Zend-Avesta, on y ajoute quelquefois l'empire Bactrien; mais l'histoire de celui-ci, regardé comme antérieur à la monarchie assyrienne avec laquelle il se confondit, se perd dans la nuit des temps. L'Inde et la Chine nous ont récemment révélé elles-mêmes leur histoire; mais jusqu'alors elles sont restées en dehors de la nôtre, de celle que les Européens ont écrite et qui est à leurs yeux l'histoire par excellence. Pourquoi cette exclusion? Le lecteur a vu que c'est la nature qui l'a faite, ces vastes régions, étalées au pied de l'immense rempart sur lequel s'appuie le plateau de l'Asie centrale penché vers l'Europe, étant séparées par lui du reste du monde habité. Sur trois de ces quatre empires a plané pour nous un long silence, interrompu seulement d'intervalle en intervalle par de faibles voix, dont les accents décousus rendaient témoignage de la réalité de leur existence, mais ne nous mettaient pas en état d'en recomposer le tableau; dans le quatrième empire seulement, l'Égypte, il nous était possible, jusqu'à un certain point, de suivre les destinées d'une nation; et c'est avec un vif intérêt que, dans celle-ci, malgré toute sa bizarrerie, ses superstitions incroyables, son fétichisme grossier, ses enfantements gigantesques et sans goût, sa vie clôturée, on assistait au spectacle des commencements d'une culture à laquelle présidait une pensée souvent ingénieuse et, selon les Grecs, d'une profonde sagesse. Aujourd'hui, ce spectacle est plus complet; car, depuis la fin du siècle dernier, l'Égypte, parcourue dans tous les sens, nous a livré une grande partie des secrets de son passé; et chose semblable est même arrivée, il est vrai dans une plus faible mesure, pour l'empire Assyrien, depuis les fouilles qui ont fait sortir de terre l'antique Ninive.

C'est jusque vers l'an mille que l'histoire se rapporte presque exclusivement à l'Asie, ayant l'Égypte pour complément, et cela nous a paru pouvoir motiver cette division générale de l'histoire ancienne:

1. Temps des premières monarchies orientales ou égypto-asiatiques, pendant environ mille ans; et
2. Temps des monarchies postérieures et de leurs contemporains, les Grecs et les Romains, de l'an 1000 avant J.-C. jusqu'à l'an 476 après J.-C.

Toutefois, dans la division en périodes, nous confondons ces deux grandes sections, par la raison que postérieurement à la législation de Moïse, c'est-à-dire à l'an 1500 avant J.-C., nous ne trouvons aucun fait auquel nous puissions reconnaître un caractère d'universalité au moins relative, jusqu'à la fondation de l'empire des Perses par Cyrus (Koresch), vers l'an 560 avant J.-C.

C'est dans cet intervalle de 1500 à 560 qu'à vrai dire l'Europe entre en scène. L'Égypte continue sa monotone et mélancolique existence; les Israélites s'organisent et se développent dans le pays de Canaan, conquis par eux les armes à la main; les Phéniciens s'emparent du commerce du monde pour lequel, cependant, ils se créent des rivaux en fondant Carthage; l'empire Assyrien s'avance vers son déclin, et de ses débris sortent l'empire de la Nouvelle-Assyrie, celui des Chaldéens, celui des Mèdes, ainsi que les royaumes plus occidentaux de Phrygie, de Lydie, etc. Mais en même temps la Grèce commence à se peupler, et, après avoir eu son âge héroïque, fonde ses cités, les érige en États, leur donne une constitution artistement calculée, et déploie cette vie multiforme qui, tout d'abord, imprime à l'Europe un cachet à part et nous révèle cette race japhétique que nous avons caractérisée, jusqu'alors obscure et clouée, dirait-on, comme Prométhée, contre un rocher du Caucase. Puis, de la Grèce, cette race, continuant à s'étendre le long de la Méditerranée, dont les Carthaginois tenaient la côte opposée, arrive en Italie, où bientôt, au milieu de peuplades pélasgiques, étrusques et latines, elle pose les fondements de Rome, destinée à devenir pour des siècles sa principale métropole.

En même temps que Cyrus, fondateur de la monarchie des Perses, appelle à l'existence le premier grand empire universel, il prépare aussi le premier conflit entre l'Asie et l'Europe; et, dans ce conflit, cette dernière essaie ses forces, dont elle se promet déjà d'accabler la seconde. Depuis ce moment jusqu'à nos jours, l'invasion de l'Europe par l'Asie et l'invasion de l'Asie par l'Europe n'ont cessé d'alterner entre elles.

Le premier triomphe complet de l'Europe sur l'Asie est dû à Alexandre-le-Grand, roi de Macédoine, et avec lui s'élève, en 331, un nouvel empire universel, d'abord d'une réalité matérielle, puis, quand celle-ci a cessé, exercé par la civilisation supérieure des Grecs qui, sous les auspices de dynasties émanées d'eux, s'impose à tout l'Orient jusqu'à l'Inde, de même qu'à l'Égypte. C'est l'hellénisme qui domine alors dans le monde, pour lequel il devient le premier lien d'unité.

Cependant l'empire Gréco-Macédonien, politiquement fractionné, ne tarde pas à être entamé par un empire nouveau dont les débuts obscurs et insignifiants n'auraient pas laissé deviner qu'il était destiné à devenir universel comme lui et beaucoup plus que lui. Nous parlons de Rome, fondée par quelques aventuriers aux fils desquels il fallut quatre cents ans pour étendre leur loi sur un territoire aussi borné que le Latium, puis encore quatre-vingts pour y soumettre toute l'Italie, mais qui vit ensuite (l'an 200) ses générations postérieures s'attaquer à la Macédoine et la Grèce, mettre la main sur tout l'héritage d'Alexandre, s'établir — premier exemple d'un tel fait — tout à l'entour de la Méditerranée, et se gérer en maîtres du monde.

L'État romain, d'abord sous le régime de la royauté, est, dans la majeure partie de sa durée, une république, aristocratique à son début, puis démocratique, puis oligarchique depuis qu'elle est livrée à la corruption. Mais après la bataille d'Actium (l'an 31 avant J.-C.), asservi par des chefs d'armée (*imperatores*), il devient une monarchie démocratique, longtemps unitaire, mais ensuite (395 après J.-C.) brisée en deux moitiés. Malgré le christianisme, qui pourrait le régénérer, il se corrompt de plus en plus, renonce à se défendre lui-même, et se confie à la garde de mercenaires barbares, qui, maîtres du secret de sa faiblesse, en profitent pour envahir de toutes parts le colosse, le bouleversent et le partagent entre eux (476). Ainsi finit le monde ancien.

D'après ce rapide et trop imparfait aperçu de la marche des événements, nous adoptons pour subdivisions de l'histoire ancienne les cinq périodes suivantes :

Première période. — Depuis l'origine des États en Asie et en Afrique jusqu'à l'an 1500 avant J.-C., c'est-à-dire jusqu'à la législation de Moïse et la première colonisation de l'Europe. Prédominance des Assyro-Babyloniens et de l'Égypte.

Deuxième période. — Depuis l'an 1500 jusqu'à l'an 560, époque de l'établissement du grand empire des Perses, monarchie universelle, et du commencement des conflits entre l'Asie et l'Europe. Prédominance variable : Assyriens, Chaldéens, Mèdes et Égyptiens. Jérusalem le siége du monothéisme. Tyr le principal entrepôt du commerce du monde.

Troisième période. — Depuis l'an 560 jusqu'à l'an 331, ou jusqu'à l'empire universel des Macédoniens et le premier triomphe de l'Europe sur l'Asie. Prédominance de la Perse; l'empire des mers est à Carthage.

Quatrième période. — Depuis l'an 331 jusqu'à l'an 31, époque de la bataille d'Actium, c'est-à-dire jusqu'à la conquête faite par les Romains de l'Égypte, dernière fraction de l'empire Macédonien qui eût conservé son indépendance, et jusqu'à la fin du régime républicain à Rome. Prédominance des Gréco-Macédoniens et de l'hellénisme d'abord, des Romains ensuite.

Cinquième période. — Depuis l'an 31 avant J.-C. jusqu'à l'an 476 après J.-C., c'est-à-dire jusqu'à la chute de l'empire Romain d'Occident, brisé par les Barbares. Monarchie universelle des Romains; premières conquêtes du christianisme. Alexandrie premier port du monde.

C'est sous ces cinq rubriques qu'il faut classer les faits énumérés dans les Tableaux qui suivent comme se rapportant à l'Antiquité, faits non-seulement politiques et civils, mais aussi religieux, scientifiques et en général du domaine de l'intelligence.

# INTRODUCTION.

Le présent a ses racines dans le passé; le remarquable édifice de notre civilisation repose sur les assises des siècles. Ainsi tous les temps sont unis par un lien étroit; et trouver ce lien, le comprendre et le mettre dans tout son jour, c'est là la grande tâche de l'Histoire, que l'on peut définir comme étant le tableau des événements avérés qui ont formé et transformé l'état social de l'espèce humaine. Étudier l'histoire, c'est passer en revue les destinées successives des hommes réunis en société, avec tous les incidents matériels et moraux qui ont influé sur elles; c'est, pour ainsi dire, traverser toutes les phases diverses de l'existence du fils d'Adam, vivre sa vie dans toute sa durée, en recevoir toutes les impressions, physiques ou autres, recueillir toutes les notions, tous les enseignements par lesquels son intelligence s'est graduellement développée, suivre les spéculations de son esprit et les aspirations de son cœur, passer par ses joies et ses douleurs, par les défaillances et les triomphes de sa foi.

Quel moyen d'éducation pour l'homme! où en trouver un plus puissant et plus efficace?

« L'histoire », a dit Amyot, notre gracieux interprète de Plutarque, « l'histoire est le thrésor de la « vie humaine. Imaginez en quelle horreur de ténèbres et quelle fondrière d'ignorance bestiale nous « serions abysmés, si la souvenance de tout ce qui s'est faict ou est advenu avant que nous fussions « néz, étoit entièrement abolie et esteincte. » Les lignes suivantes, empruntées à un de nos grands historiens contemporains, à celui qui, après J. de Müller, Heeren, de Sismondi et M. Schlosser, a embrassé avec le plus d'aisance tout le vaste tableau de l'histoire universelle (nous voulons désigner M. Cantu), sont le digne commentaire de ce jugement du précepteur des fils de Henri II: « Aucune science ne satisfait aussi complétement que l'histoire à cet immense besoin du bien, du vrai, du beau, que l'humanité ressent avec plus de force à mesure qu'elle avance dans la voie que la Providence lui a tracée. Nouveau-venus dans ce monde, anneaux temporaires de la chaîne par laquelle se perpétue l'espèce au milieu de la destruction des individus, comment nous diriger si nous en étions réduits à notre seule expérience? De peu supérieurs à la brute, peut-être même plus malheureux qu'elle, poussés par l'instinct du plaisir ou par l'aiguillon du besoin, nous ressemblerions à des enfants qui, nés au milieu de la nuit, croiraient, en voyant apparaître l'horizon, qu'il est créé à l'instant même.

« L'étude des hommes et celle des livres, continue le savant Italien, nous façonne à la vie et devance pour nous l'expérience, dont les précieuses leçons s'achètent si chèrement; l'une immédiate et réelle, l'autre plus diverse et plus vaste, toutes deux insuffisantes si elles ne marchent ensemble. L'histoire, qui recueille dans les livres les études faites sur l'homme, allie heureusement les deux enseignements et constitue le meilleur passage de la théorie à l'application. »

Cicéron n'eût pas assez dit s'il avait nommé seulement l'histoire le témoin des temps, la messagère de l'antiquité, la vie de la mémoire; mais il l'appelle encore l'école de la vie, la lumière de la vérité.

Son importance pour tous, princes et hommes d'État ou simples particuliers, savants ou gens du monde, est incontestable et incontestée; la question est seulement de savoir comment on peut en embrasser l'incommensurable domaine? Car nous avons aujourd'hui la légitime prétention d'être complets, de tenir tous les chaînons de l'immense chaîne des temps, et d'y rattacher tous les peuples de la terre, même ceux dont les annales sont restées jusqu'ici dans l'obscurité et dont l'existence a été, pour ainsi dire, impénétrable pour nous.

Afin de faciliter cette tâche imposée à tout homme qui aspire à une certaine culture d'esprit, on a, dans notre *Atlas historique*, présenté l'histoire en raccourci. Il est comme un dessin au trait destiné à donner une idée, affaiblie, mais exacte et complète, d'un tableau de dimensions si vastes qu'on n'a pu le reproduire sans le réduire considérablement. Soumis à une réduction analogue, cet ouvrage semble ramener l'histoire à la simple chronologie, comme ont fait la plupart de ses précurseurs. Mais qu'on y regarde de près, et l'on y trouvera, nous l'espérons, cette continuité, cet enchaînement de causes et d'effets, et même un grand nombre de ces détails d'un ordre intellectuel et moral qui sont l'essence de l'histoire et qui lui donnent le caractère d'enseignement dont nous avons parlé.

Même dans ce raccourci, les proportions du tableau sont colossales, et, avant de le mettre sous les yeux des lecteurs, il paraît nécessaire de les orienter, de leur mettre à la main comme un fil d'Ariane pour se guider dans ce labyrinthe presque sans fin où ils doivent s'engager avec la certitude d'en trouver l'issue.

Pour cela, nous nous expliquerons ici non-seulement sur les grandes divisions de l'histoire, mais aussi sur les faits fondamentaux et dirigeants qui en sont comme la lumière et qu'il est indispensable de ne jamais perdre de vue.

Un mot d'abord sur le théâtre de l'histoire et sur la distinction à établir entre les acteurs.

La mer, loin de séparer les peuples, est, au contraire, pour eux un moyen de rapprochement. Véhicule commode, elle favorise le commerce dont les impulsions, secondant le progrès fruit de l'expérience, ont fait faire de grands pas à la civilisation. En effet, les destinées du genre humain se rattachent en grande partie à trois bassins maritimes, celui de la Méditerranée, celui de l'océan Atlantique et le bassin incommensurable du Grand-Océan ou océan Pacifique. Pendant environ trois mille ans, les bords de la Méditerranée ont été comme le centre de la terre, le foyer principal de l'activité humaine. Nous ne parlerons pas des Phéniciens et des Carthaginois, les peuples navigateurs par excellence de l'ancien monde; mais les Grecs, puissance méditerranéenne respectable, n'ont jamais cessé d'étendre leurs bras le long des côtes de cette mer interne, où Athènes, Corinthe, Milet, Corcyre, Marseille, et plus tard (s'il est permis de confondre les Grecs avec les Macédoniens), Alexandrie, un des plus grands entrepôts du commerce général, étaient leurs principaux ports; mais les Romains ont réalisé d'une manière complète l'empire méditerranéen, soumettant successivement à leur autorité tous les pays qui bordent cette mer, et en faisant plus effectivement un lac romain, que Napoléon I^er^ n'a pu l'appeler un « lac français »; mais les Arabes enfin, dirigés par les mêmes tendances et occupant ces mêmes côtes à l'est, au sud et à l'occident, n'ont pas été bien loin d'atteindre le même but, que les Vénitiens semblent s'être proposé à leur tour, sans toutefois suffire à la tâche.

A mesure que l'intelligence des peuples, alors représentants de l'humanité et objets presque exclusifs de l'histoire, grandit et se fortifia, ils ne consentirent plus à renfermer leur activité dans cet étroit bassin. Après en avoir dépassé déjà les rebords proprement dits, ou du moins ces chaînes de montagnes qui séparent le nord de l'Europe de ses plages méridionales, ils en sortirent pour conquérir de plus vastes espaces; et, une fois orientés dans la mer Atlantique, dont les Portugais, les Espagnols, les Hollandais, les Français et les Anglais explorèrent et exploitèrent tous les recoins, ils y élurent domicile, et mirent la main d'une part sur l'Inde, d'autre part sur le vaste continent américain.

Enfin, depuis la découverte de la Polynésie australe, vint aussi le tour de la mer Pacifique; et non-seulement c'est sur ce vaste théâtre que se débattront dans l'avenir les grands intérêts des nations occidentales, là aussi elles se sont rencontrées avec des races restées isolées jusqu'alors, mais tout aussi vieilles que la leur et pas plus exemptes de culture qu'elle, l'ayant même devancée de beaucoup dans la marche de la civilisation, il est vrai sans la poursuivre aussi loin qu'elle.

Quelle est cette race à part, séquestrée des autres et qui ne se laissa entamer par elles que de nos jours? Avant de le dire, nous avons besoin de rappeler quelques-unes de ces notions sur la configuration de la terre que la grande Géographie de l'illustre Charles Ritter a mises en saillie.

L'Ancien-Monde qui, en Asie, projette trois presqu'îles vers le sud, l'Arabie, l'Inde en deçà et l'Inde au delà du Gange, s'élève ensuite brusquement à une grande hauteur et penche ses plateaux, du côté opposé, vers le nord et l'ouest. Pareillement, la longue chaîne des Andes est abrupte du côté du Grand-Océan et s'aplatit insensiblement dans l'intérieur du continent et du côté de l'est. De là résultent deux masses compactes et colossales qui se regardent, et dont les populations étaient destinées à se rejoindre et à se mêler. Mais au bas du grand mur des Andes reste la côte mexicaine, péruvienne, etc., en un mot occidentale, et celle-ci, de son côté, regarde la côte asiatique qui s'étend au pied de l'Himalaya et de la chaîne chinoise occupée par l'Inde, l'Indo-Chine, la Chine proprement dite et le Japon. Ce sont encore deux masses opposées, mais qui, unies par les mêmes mers, étaient appelées à se rapprocher un jour l'une de l'autre de telle sorte que leurs populations fussent en contact. Ces dernières deux masses forment en grande partie les limites de l'océan Pacifique joint à l'océan Indien; et c'est dans ce bassin, une fois qu'il serait atteint et pratiqué par le commerce du monde, que les peuples des deux premières masses étaient destinés à entrer en rapports avec ceux des deux autres. Alors la race à part et séquestrée dont nous avons parlé, et l'on comprend maintenant que ce sont les Chinois et les Japonais, devait sortir de son isolement, renoncer à son système de répulsion, s'associer aux intérêts communs des nations et se lier insensiblement avec elles par le lien de plus en plus allongé de la solidarité générale.

On le voit, par leur nature géographique, la Chine, et même l'Inde, quoique habitées par des nations très-anciennes, de bonne heure réunies en sociétés politiques et dès lors façonnées par la culture, devaient rester longtemps en dehors de l'histoire, faute de contact avec les peuples qui en sont le principal objet. L'histoire jusqu'alors s'occupe surtout des nations placées sur les pentes occidentales des hauteurs de l'Asie; populations qui, de là, se sont avancées vers la Méditerranée et l'Europe.

Revenons donc à cette partie de l'Ancien-Monde, et, après avoir parlé du théâtre de l'histoire, ajoutons une observation générale sur la distinction à établir entre les acteurs.

Nous écartons ici la question controversée de l'origine de l'espèce humaine. Que nous ayons eu tous un berceau commun, avec un seul couple pour premiers parents, comme le veut la Bible; ou que, comme prétendent les physiologistes, les hommes, divisés par des caractères physiques en différentes races, soient aussi issus de souches différentes, impossibles à ramener à une unité primitive, cela ne change rien aux idées que nous allons émettre. D'après la *Genèse* donc, trois fils de Noé, Sem, Cham et Japhet, furent les pères de trois races différentes, qui peuplèrent l'Asie du sud-ouest, l'Éthiopie, c'est-à-dire l'Afrique, et l'Asie du nord-ouest, ainsi que l'Europe. La race de Cham ou africaine, abstraction faite des Égyptiens, peuple de culture, a si peu influé sur le sort de l'humanité que nous pouvons sans inconvénient la perdre ici de vue. Mais les deux autres noms, qui tous les deux se rapportent à la race caucasique ou blanche, constituent des variétés essentielles et fondamentales de la famille humaine, et représentent deux principes qui, en se croisant ou s'appuyant mutuellement, ont amené l'état de choses actuel.

Sous le nom de *race de Sem* nous entendons les peuples sémitiques, ceux de cet Orient proprement dit qui parle si vivement à toutes les imaginations; le nom de *race de Japhet* désigne pour nous la famille indo-européenne dont la langue primitive, antérieure peut-être au zend et au sanscrit, est la mère de toutes les principales langues encore aujourd'hui parlées dans notre partie du monde.

Or, quiconque suit avec attention les annales des peuples, y remarquera deux courants, deux tendances différentes.

Le sud-ouest de l'Asie, — et c'est là en particulier ce que nous appelons *l'Orient*, — le sud-ouest de l'Asie est habité par une population à l'imagination vive, à la réflexion concentrée, peu attentive aux événements du dehors, médiocrement touchée même des grandes péripéties politiques, mais repliée sur elle-même, aimant la vie contemplative, étrangère à la critique, préférant la synthèse à l'analyse, et l'appliquant surtout aux idées morales et religieuses. Cette population s'est bien aussi répandue au dehors, témoin les Phéniciens, navigateurs intrépides, et les Arabes fondateurs du khalifat, mais rarement et seulement sous l'influence de quelque événement décisif, d'un puissant et irrésistible entraînement. En revanche, c'est à elle que le monde doit les principaux des grands systèmes religieux, le mosaïsme, le christianisme, le mahométisme, synthèses hardies et propres, à des degrés divers, à assurer le salut des âmes, mais auxquelles la famille japhétique et la race jaune réunies n'ont guère à opposer que le brahmanisme et le bouddhisme, car la religion de Kong-fou-tseu (Confucius) doit plutôt être regardée comme un système philosophique. On peut dire que la population dont nous parlons et qui est la famille sémitique, nommée araméenne par M. Bunsen, représente le principe stationnaire, ultra-conservateur; son caractère est, non pas de se dilater, mais de creuser toutes choses. Dominée par une volonté ferme, soutenue par une foi fervente et que rien n'ébranle, elle vit sous un ciel le plus souvent sans nuages, courbée sous le despotisme, extérieurement immobile, mais intérieurement embrasée des feux de l'imagination et des passions, séquestrant les femmes, recherchant dans leurs atours communs les vives couleurs et les amples draperies, et ne connaissant pas de plus grand amusement que le récit des contes merveilleux dont l'Orient a toujours été l'inépuisable source.

A cette population du sud-ouest de l'Asie, dont faisaient partie les Hébreux, les Arabes, les Chaldéens, les Phéniciens, les Éthiopiens, et sans doute aussi les Assyriens, les Babyloniens et les Égyptiens, ressemble peu celle du nord-ouest, qui s'est déversée aussi sur l'Europe et que nous appelons la race japhétique, *audax Iapeti genus*[1]. Tout est mouvement et action chez celle-ci, dont sont sortis les peuples ariens parlant le zend et le sanscrit, Indiens, Bactriens et Iraniens, c'est-à-dire Perses et Mèdes, puis les Grecs, les Romains et toutes les nations d'origine romane, enfin les Celtes, les Germains et les Slaves. Pétulante, ambitieuse, jalouse de dompter toutes les forces de la nature et d'en vaincre les résistances les plus opiniâtres, cette race pousse en avant, ne recule devant aucun obstacle, veut tout scruter pour tout envahir, et ne connaît de barrière que l'impossible, se prenant même quelquefois à douter si ce mot est fait pour elle. Elle a, comme dit le poëte, arraché le feu au ciel et au créateur ses secrets les plus cachés. La vie de la foi, pleine de quiétude et de résignation, n'est pas tout à fait sans attrait pour elle, mais n'a pas de ressorts assez puissants pour l'enlever; elle s'y dérobe volontiers, car le sentiment est primé chez elle par l'esprit, et celui-ci, en soumettant tout à l'analyse, même l'arche sainte, gage de salut, à laquelle il est dangereux de toucher d'une main profane, engendre le doute qui finalement paralyse et dissout. Dans son orgueil, cette race chercheuse prétend venir à bout de quoi que ce soit; sa soif de conquêtes matérielles n'est égalée que par celle des conquêtes dans le domaine de la pensée ou de la philosophie et de la science en général. C'est elle qui, du bassin de la Méditerranée, s'est élancée dans le bassin de l'Océan, et qui, le débordant aujourd'hui, ne s'effraie point de l'immensité de la mer Pacifique, où déjà ses intérêts se croisent et s'agrandissent tous les jours.

Là, elle se rencontre avec la race jaune, jusqu'ici dédaigneuse à son égard. Mais elle saura bien triompher de ces dédains, comme elle a triomphé des magnifiques horreurs d'une nature vierge dans le Nouveau-Monde; elle ne cessera de traquer par terre et par mer cette population décrépite, jusqu'à ce qu'elle lui ouvre ses rangs, lui livre, par l'échange, une partie de ses trésors, et satisfasse son insatiable curiosité, en lui donnant accès partout, même dans l'intérieur de la famille jusqu'ici impénétrable.

Tels sont les acteurs de la scène du monde et tel est jusqu'ici le résultat de ce conflit séculaire. Le monde sémitique a succombé dans sa lutte avec le monde japhétique, et au moment où celui-ci s'attaque à un monde nouveau, on peut prévoir déjà quelle sera l'issue de cette entreprise nouvelle. Toute la terre, Gog et Magog[2], finiront par être aux pieds des fils de Japhet.

Après ces généralités, nous voudrions pouvoir entrer dans les détails et, selon la mesure de nos forces, expliquer la marche du genre humain, en le suivant dans toutes ses nombreuses filiations. Mais il faudrait pour cela un espace dont nous ne disposons pas ici. Nous nous bornerons à expliquer les

[1] Horace, *Odes*, I, 3, 27.
[2] *Apocalypse*, XX, 8.

bases des grandes divisions de l'histoire, nous réservant d'esquisser les traits fondamentaux du tableau immense qu'elle a mission de dérouler à nos yeux, dans l'Introduction particulière que nous placerons en tête de chacune de ces parties.

La chronologie égyptienne, la chronologie chinoise, d'autres encore, sont loin d'être d'accord avec la chronologie biblique, qui, moins vague et moins ambitieuse, a toujours servi de fil conducteur aux historiens parmi les peuples juifs et chrétiens. Mais, d'après cette dernière, nos premiers parents ont vécu il y a environ six mille ans, quatre mille avant l'ère chrétienne. Le premier séjour des hommes, l'Éden, est placé par la Bible au-dessus des sources de quatre fleuves qui sont, ou paraissent être, l'Euphrate, le Tigre, l'Araxe et le Kour ou Cyrus, ou, selon d'autres, le Phase. La Bible désigne ainsi comme berceau du genre humain le plateau de l'Arménie, sans doute avec sa continuation vers l'est. Or, pour peu que l'on fasse abstraction de la question physiologique, des probabilités de toute espèce viennent à l'appui de cette version. Le grand cataclysme dont elle parle ensuite, pris à la lettre par les uns, expliqué par les autres comme un déluge partiel ou même comme retraite des eaux au moment où, au pied des montagnes, se formaient les basses terres, a également été confirmé par d'autres témoignages empruntés soit aux annales de peuples divers, soit aux enseignements encore un peu problématiques de la géologie. Le déluge biblique, arrivé environ mille ans après la création, engloutit, selon ce récit de nos livres saints, toute la descendance d'Adam, promptement pervertie, à l'exception seulement de Noé, premier patriarche, de ses fils, Sem, Cham et Japhet, et de leurs femmes. Ces trois frères auraient, après l'écoulement des eaux, repeuplé le monde.

Dans le fait, il faut le dire, l'histoire, qui ne s'occupe pas des individus, mais des sociétés, des États, ne remonte pas jusqu'à ces temps reculés et enveloppés d'épais nuages. A peine s'il est permis de la dater d'Abraham; car les récits relatifs à cet autre patriarche et à sa première descendance constituent l'histoire d'une famille ou tribu, et non encore celle d'un peuple. Ils se composent de faits présentés à notre foi avec de constantes applications morales, et non à notre curiosité scientifique, armée de cette critique qui est l'œil de l'histoire, mais que le terrain de la foi semble ne point admettre. Tout ce qui est antérieur à l'an 2000 avant J.-C. appartient encore à l'âge antéhistorique. Dans ce temps, les hommes passèrent de l'état sauvage où ils avaient d'abord vécu, comme Nemrod, se nourrissant des produits de la chasse et de la pêche, puis de ceux de leurs troupeaux, à un état intermédiaire, longtemps nomade encore, mais où ils commençaient déjà à multiplier leurs besoins et à réussir à les satisfaire par des inventions et des découvertes successives. Enfin, ayant connu l'agriculture, ils se fixèrent, construisirent des demeures solides, se rapprochèrent les uns des autres, imaginèrent une première division du travail, et firent à l'envi l'un de l'autre des efforts afin de se rendre la vie plus douce, de se procurer plus de jouissances, plus d'aisance et de sécurité. Les demeures fixes, conséquence naturelle de la vie agricole, donnèrent naissance à des villages, à des villes, et bientôt à des États.

Ici seulement commence l'histoire, car, nous le répétons, c'est à un état social, à des États, que l'histoire a affaire.

On la divise ordinairement en trois âges, l'*histoire ancienne*, le *moyen âge* et l'*histoire moderne*. Cette division est, jusqu'à un certain point, fondée dans la nature des choses; mais elle donne lieu néanmoins à une grave erreur quand on en considère les trois membres comme étant d'égale importance et représentant chacun une situation nouvelle et complète. Le moyen âge, nettement séparé de l'histoire ancienne, n'est au contraire que le commencement de l'histoire moderne: celle-ci commence là où l'histoire ancienne finit, et n'a encore été interrompue par rien jusqu'à nous.

Dans toutes nos divisions historiques, quelles qu'elles soient, domine le point de vue européen: or pour les peuples de l'Europe, il y a eu une fois un grand et radical renouvellement, et ce renouvellement ne s'est point répété. L'empire Romain ayant vieilli, ses populations étant amollies et énervées par le despotisme, l'insouciance politique, le raffinement démesuré des mœurs, l'amour du plaisir et le culte des intérêts matériels, la Providence ne voulut point faire reposer sur lui les destinées de l'avenir, déterminées par le christianisme, qui est l'arche sainte de l'humanité, et qui, greffé sur le mosaïsme, jadis confié par Dieu à d'autres élus, devait, après celui-ci, et dans une tout autre mesure, agir sur les âmes, les vivifier et les sanctifier et par là élever les hommes au-dessus de la patrie terrestre, où tout est écueil et épreuve pour eux, et vers cette patrie céleste, sans laquelle le problème de notre vie nous paraîtrait sans solution. Alors des peuples inconnus, barbares, mais jeunes et vigoureux, vinrent se précipiter sur cet empire en décadence, qui embrassait encore la presque totalité du monde connu, le partager entre eux, infuser pour ainsi dire à sa population un sang nouveau et la régénérer dans un long et douloureux enfantement. Ces peuples, enclins à la foi, comme ces enfants auxquels, selon le Christ, il faut ressembler pour aspirer à devenir ses disciples, embrassèrent la foi nouvelle, donnée au monde déjà quelques siècles auparavant, mais dont le monde, dans sa décrépitude, avait méconnu le bienfait. Ce fut de l'alliance entre ces nouveaux venus et le christianisme que sortirent les sociétés modernes, essentiellement différentes des sociétés anciennes, ainsi qu'on le verra plus loin.

Et ce qui arriva en Europe vers le 5e siècle, par l'effet de la grande migration des Germains, poussés en avant par les Huns, eut comme son pendant en Asie, vers le milieu du 7e. Là les Arabes, peuple du désert, animé par sa foi nouvelle, l'islam, débordèrent de tous côtés leur patrie jusqu'alors inaccessible et inconnue, subjuguèrent les populations d'alentour, étendirent enfin leurs conquêtes, non pas seulement à une grande partie de l'Asie, mais aussi au nord de l'Afrique et à l'extrémité sud-ouest de l'Europe.

Ainsi le renouvellement fut à peu près général.

Il n'y a pas deux faits de cette importance dans l'histoire; une fois, une seule fois, l'humanité recommença sa carrière, après un bouleversement total.

Nous en concluons qu'il n'y a dans l'histoire que deux divisions fondamentales, deux âges, l'histoire ancienne et l'histoire moderne.

Nous avons dit que la démarcation était surtout profonde en ce qui concerne l'Europe, où la société ancienne fut essentiellement différente de la société moderne. De longues dissertations ont été faites sur cette antithèse des *Anciens* et des *Modernes*, comme sur celle des *Orientaux* et des *Occidentaux*. Précisons la question par rapport aux premiers, comme nous l'avons fait déjà en ce qui concerne les seconds; mais remarquons d'abord que cette division en Anciens et Modernes n'embrasse pas tous les peuples, et que, sous le dernier nom, les mahométans, les brahmanistes, les bouddhistes, etc., ne sont pas plus compris que ne l'étaient sous le premier les populations diverses de l'Asie d'alors.

Les Anciens, ce sont les Grecs et les Romains d'avant la grande migration des peuples. Les Modernes, ce sont les générations formées par la civilisation chrétienne, n'importe dans quels lieux de la terre.

Dominés par le naturalisme, rarement spiritualistes, quoique souvent penseurs subtils comme nous, vivant, non dans les salons et les cabinets d'études, mais dans les camps, sur la place publique, dans les conseils de toute espèce, n'ayant aucun motif de déprécier le corps humain, selon nous vile matière et occasion de chute, en faisant au contraire presque tout l'homme, attachant un grand prix à la souplesse de ses membres, à sa force et à son aptitude à supporter les fatigues, en un mot, étrangers à notre vie artificielle, les Anciens avaient généralement plus de vigueur, plus d'agilité, une santé plus robuste. Et, comme la force du corps se communique au moral, ils avaient une volonté plus puissante, plus d'indépendance de caractère, plus d'originalité d'esprit, plus de fraîcheur d'imagination, en général un cachet plus individuel. Hommes d'action, se déterminant d'après leurs sentiments et leurs passions, ils ont dû avoir plus de spontanéité dans toute leur manière d'être. Citoyens identifiés avec la patrie, préoccupés de ses dangers et de ses triomphes comme de leur propre affaire, leur ambition et leurs intérêts politiques ont dû leur prêter des accents plus mâles, plus énergiques, plus véhéments. Leur résolution contraste avec notre mollesse, leur gravité avec l'origine frivole de beaucoup de nos usages et pratiques; le sentiment que chacun avait de leur importance commune relevait toutes leurs facultés et laissait moins de place à la petitesse d'esprit et à tous ses enfantements puérils. Les Anciens étaient des hommes d'une seule pièce, tour à tour pères de famille et citoyens ou guerriers.

La société chrétienne, constituée sur des bases différentes, devait être privée d'une partie de ces avantages, et l'était de plus en plus à mesure qu'elle s'éloignait de la simplicité originaire des peuples barbares. Le christianisme, qui jeta dans le monde le sentiment de l'idéal, poussa à sa recherche et autorisa les aspirations infinies. Les Anciens n'avaient pas pu se faire une idée bien haute de la destination humaine, puisqu'ils bornaient tout à cette terre et qu'ils en déifiaient toutes les forces, même appliquées au mal. Aussi se contentaient-ils d'aspirer à la perfection de la vie civile et politique, s'inquiétant peu d'atteindre à cette perfection de la vie humaine en général que les chrétiens appellent *la sainteté*. Sans respect de la dignité de l'homme comme homme, ils avilissaient leurs semblables et les réduisaient à une condition peu supérieure à celle de la brute. Même le grand Aristote, si longtemps l'oracle des écoles, prétend qu'il y a deux espèces d'hommes, pétries, selon lui, d'un limon différent, les hommes libres et les esclaves. L'infériorité de la femme était aussi un principe chez les Anciens, et rien ne protégeait les enfants contre les égarements de l'autorité paternelle. Les étrangers étaient pour eux des *barbares*, objets de leurs dédains. L'orgueil et l'égoïsme étaient les mobiles de leurs actions; l'oubli de soi-même en faveur d'autrui, chose presque inconnue; on ne consentait à un sacrifice quelconque qu'en faveur de la patrie[1].

Les sociétés chrétiennes, sans doute, ne sont pas exemptes de quelques-uns de ces défauts; mais c'est sur l'ensemble de leurs tendances, c'est, plus encore, sur l'élite qui marche en tête de chaque nation et qui en est le type, qu'il faut juger les effets du christianisme, d'ailleurs longtemps contenu, obscurci par la barbarie des temps. Et, après tout, quelle immense différence!

Ce n'est plus l'aveugle Destin qui règne dans le monde: c'est une sage Providence, veillant sur l'individu aussi bien que sur l'espèce, tournant le mal en bien, jugeant les intentions encore plus que les actes; c'est Dieu, et Dieu seul. Tout commandement ne doit se faire qu'en vue de sa volonté; actions et pensées, tout doit se rapporter à lui. Or, qui fait tout pour Dieu est résigné à tout supporter; qui juge tout sur les perfections de Dieu doit toujours se reconnaître en défaut et envisager le malheur comme une correction non-seulement méritée, mais salutaire. Pour ceux-là, point d'incertitude, point de rébellion, point de désespoir! Trois vertus cardinales leur sont d'ailleurs recommandées, la foi, l'espérance et la charité. L'homme qui s'oublie lui-même pour ne vivre qu'en autrui, qui s'attache à la promesse des compensations infinies et qui n'en croit pas ses sens, mais la voix de Dieu qui parle en lui, n'est-il pas infailliblement le modèle des citoyens, le garant irrécusable de la tranquillité, de la stabilité des États? En gravant dans le cœur de tous le sentiment de la dignité de l'homme, supérieure à celle du citoyen ou du guerrier; en révélant à tous que, pèlerins sur la terre, ils doivent vivre en vue de leur vraie patrie, qui est au ciel; en prêchant l'infériorité du corps comme d'un instrument temporaire de l'âme, notre vraie essence, et comme source des tentations qui mènent au péché; enfin en déclarant tous les hommes enfants du même Dieu, également créés à son image, frères et participants aux mêmes promesses, le christianisme, destiné à s'infiltrer même dans les religions opposées, a commencé une ère nouvelle marquée par l'adoucissement des mœurs, l'émancipation successive des classes opprimées, le rapprochement des nations rivales et l'extinction de leurs haines, le concours de tous au bien général, l'affranchissement des esprits et le triomphe du spiritualisme.

Cette révolution, qui était la conséquence nécessaire de l'Évangile, fut lente, il est vrai, et au fond elle est encore loin d'être accomplie tout à fait à l'heure qu'il est. Mais ce que l'homme, de nos jours et par suite d'une de nos secousses politiques si fréquentes, a prétendu effectuer au nom de la philosophie, l'esprit chrétien le poursuivait comme un but depuis plus de dix-huit siècles, et n'avait jamais renoncé à le réaliser. La liberté? le christianisme la fonde avec solidité sur l'affranchissement de l'homme du joug des passions, et son fondateur a dit que ceux-là qu'il a affranchis sont véritablement libres. L'égalité? la fraternité? elles sont de l'essence même de la doctrine chrétienne, qu'on a justement appelée la religion de l'amour et qui déclare: « Vous n'avez qu'un maître, qui est le Christ, et vous êtes tous frères.... Quiconque n'aime pas son frère, n'est point de Dieu, il demeure dans la mort. » Le

[1] Voir le développement de ces idées dans l'*Histoire universelle* de M. Cantu, t. IV, p. 515. « Toute la société antique, dit-il entre autres, est dominée par l'esprit de race, esprit jaloux, exclusif, qui, hors de la famille et du temple, fait voir dans tout homme un étranger, un ennemi (*hostis*), dans l'ennemi une proie. C'est cette doctrine que le Romain formula dans ce proverbe terrible: *Homo homini ignoto est lupus* (Pour tous ceux qu'il ne connaît pas, l'homme est un loup). » Voir aussi t. V, p. 661 et suiv., où l'auteur oppose au paganisme des anciens le christianisme naissant, et t. VI, p. 536 et suiv.

maître lui-même a expliqué à ses fidèles comment il faut aimer ses frères et ce qu'il faut entendre sous le nom de « nos prochains », auxquels la loi de Moïse avait déjà commandé à tous d'ouvrir leurs bras et leurs cœurs.

Le christianisme, dans sa pensée, sinon toujours par ses effets, a sanctifié la société, il a resserré le nœud de la famille, il a donné plus de douceur et de tendresse au sentiment de la paternité; il a surtout relevé la condition de la femme, dont il a fait, de droit et en vertu d'un principe, la compagne, la confidente de l'homme, son égale en toutes choses, sauf la soumission que l'épouse doit à l'époux, et dont il a placé un type admirable à côté même du Sauveur du monde. Enfin, il a réprouvé l'esclavage, cette opprobre de la société ancienne, cette preuve irréfragable de son immense infériorité. Il fallut bien du temps sans doute pour que ce mot de S. Paul : « Il n'y a plus d'esclave et d'homme libre! » devînt une vérité, surtout en présence d'hommes différant de nous par la couleur de l'épiderme; et, pour les blancs, eux-mêmes il fallut la transition du servage; mais partout la matière résiste à la raison; l'idée chrétienne a triomphé néanmoins, et son triomphe devient tous les jours plus complet.

Ainsi, le christianisme est une régénération morale, comme l'infusion du sang barbare dans les veines des populations de l'empire Romain était une régénération matérielle. Nous avons dit que quelque chose de semblable arriva au monde asiatique. De là donc deux âges, l'histoire ancienne et l'histoire moderne. Encore une fois, le moyen âge n'est que le commencement de cette dernière; aucune interruption ne la sépare d'elle, et celle-ci ne nous présente point une condition nouvelle de l'humanité.

Ceci bien compris, nous pouvons ne pas rejeter absolument les divisions en usage, car, après tout, le moyen âge a tout au moins son cachet particulier, sur lequel nous nous expliquerons avant de terminer cette Introduction. Peut-être cependant les divisions générales se formuleraient-elles le mieux de la manière suivante :

I. Histoire ancienne, depuis environ l'an 2000 avant J.-C. jusqu'à l'an 476 après J.-C.
   1. Temps des premières monarchies orientales ou égypto-asiatiques, pendant environ mille ans; et
   2. Temps des monarchies postérieures et de leurs contemporains, les Grecs et les Romains, de l'an 1000 avant J.-C. jusqu'à l'an 476 après J.-C.

II. Histoire moderne, depuis l'an 476 après J.-C. jusqu'à ce jour.
   1. Histoire du moyen âge, depuis l'an 476 jusqu'à 1453 ou 1492 (nous nous expliquerons plus loin sur cette variante).
   2. Histoire des États modernes (formés sur les ruines de la féodalité), de 1453 ou 1492 jusqu'à l'an 1789.
   3. Histoire des derniers temps, depuis l'établissement, par la révolution française, du système de l'égalité devant la loi, en 1789, jusqu'à ce jour.

Telle serait la division à laquelle, pour notre part, nous donnerions la préférence. Ici, toutefois, nous ne sommes pas entièrement libre de la suivre, le premier auteur de cet ouvrage ayant adopté l'usage établi qui assigne à l'humanité trois phases diverses, envisagées comme parallèles entre elles et d'une égale portée. D'ailleurs, à nos propres yeux, cette division n'a rien d'absolument rigoureux, car même ce qu'elle a de plus fondamental, la distinction entre deux âges au lieu de trois, est, nous l'avouons, jusqu'à un certain point contestable, puisque l'empire d'Orient par exemple n'a pas été renouvelé au même degré que la partie occidentale de l'Europe. La fixation du point de séparation, qui, pour nous, est l'année 476, fin de l'empire Romain d'Occident, laisse aussi quelque marge à l'arbitraire; néanmoins celle que nous indiquons nous paraît mieux fondée que celle qui fait remonter le Moyen-Age à l'année 450 ou celle du savant M. Dreyss qui le commence même à l'an 395, époque de la première invasion de l'empire Romain par le Visigoth Alaric. Il existe pareillement des variantes par rapport à la fin de cette division intermédiaire; car tandis que, selon l'opinion commune, elle répond à l'an 1453, d'autres continuent le Moyen-Age jusqu'en 1492 ou même jusqu'en 1517. Aucun de ces systèmes n'a du reste le caractère de l'universalité : ils se rapportent tous trois exclusivement à l'Europe, faisant abstraction de l'Asie, où cependant s'étaient passées de grandes choses pendant les derniers siècles, les Croisades, la fondation de l'empire des Mongols, la chute du khalifat de Bagdad, l'incorporation de l'Inde et même de la Chine dans les grandes agrégations politiques de l'Ancien-Monde, la fondation de l'empire de Djaggataï par Tamerlan et celle de la puissance, moins éphémère et plus rapprochée des pays d'Europe, des Turcs othomans. Mais à défaut de divisions vraiment universelles, il faut bien s'en tenir à celles-là et donner la préférence à l'une d'elles. L'année 1453 est la date de la chute de l'empire Romain d'Orient : elle fait pendant à l'année 476, où fut détruit l'empire Romain d'Occident, et c'est la raison pour laquelle elle a été adoptée. D'ailleurs elle marque à peu près le terme de l'âge de la féodalité, principalement en ce qui concerne la France et les pays plus occidentaux ; or, la féodalité qui, avec la monarchie barbare, remplit tout le Moyen-Age, en est évidemment un des éléments fondamentaux. Mais le terme de l'âge de la féodalité est marqué d'une manière plus approchante par l'année 1492 (date de la découverte de l'Amérique, qui commença aussi une ère nouvelle), aux environs de laquelle un des derniers grands fiefs de France, la Bretagne, fut réuni à la couronne ; et il est permis de rattacher à cet événement considérable la dissolution définitive de l'organisation sociale qui avait régné jusqu'alors. C'est par cette considération que l'année 1492 nous paraît aussi mériter de beaucoup la préférence sur l'année 1517, qui est celle de la réformation ou du schisme fondamental qui éclata dans l'Église d'Occident et qui eut pour effet, indirect il est vrai (car telle n'était pas l'intention de Luther et de Calvin), mais naturel, le libre examen en matière religieuse, c'est-à-dire l'individualisme spirituel substitué à l'autorité réservée à la totalité de la société chrétienne, représentée par l'Église. De plus, l'année 1517 ouvrirait mal l'âge de l'Histoire des États modernes, car ces États ne relèvent pas de la révolution religieuse, bien que celle-ci ne restât pas sans grande influence sur eux : ils relèvent de la victoire de la royauté sur la puissance secondaire des chefs féodaux, et du changement qui se fit dans l'application de la force sociale. C'est au moment où cette force, cessant d'être presque exclusivement appliquée à des luttes intérieures, commence à s'exercer dans les relations du dehors, où Charles VIII et Louis XII cherchent à se rendre maîtres de l'Italie, et où la maison d'Autriche, subitement prépondérante, aspire à la monarchie universelle, c'est à ce moment là, disons-nous, que les États se constituent et donnent naissance au *système européen*. Or le système européen, ayant pour fondement l'équilibre, est, avec l'achèvement de la royauté et son déclin depuis qu'elle est arrivée à l'apogée, la pensée fondamentale de l'Histoire des États modernes ; par conséquent il n'est pas possible de commencer celle-ci seulement à l'année 1517.

L'incertitude cesse quand on arrive à la troisième section de l'Histoire moderne, l'Histoire des derniers temps, et encore uniquement pour ceux qui restent imperturbablement attachés au point de vue européen. Ces derniers temps, c'est l'ère démocratique (démocratie impériale, démocratie royale, démocratie républicaine), où l'élément prépondérant est la société elle-même dans son ensemble, comme la royauté l'a été pendant l'âge précédent, et comme l'a été avant elle l'aristocratie ou oligarchie féodale ; c'est l'ère de l'égalité devant la loi, de la suppression des priviléges politiques ou civils. Or celle-ci commence incontestablement à l'année 1789, c'est-à-dire avec les premières phases de la révolution française. L'humanité, à ce moment, a été placée dans des conditions nouvelles, du moins en Europe et plus spécialement dans l'Europe occidentale et moyenne, ainsi qu'en Amérique. Ressort vigoureux, le principe qui a pris le dessus fera d'ailleurs sentir ses effets, d'une manière ou de l'autre, partout, en Asie et en Afrique, et jusqu'aux extrémités du monde ; car le mouvement qui en est le produit gagne de proche en proche et remue même la matière inerte.

Peut-être ces divisions, dans leur ensemble, ne sont-elles pas encore définitives : en se plaçant un jour à un point de vue vraiment élevé, la philosophie de l'histoire pourra les réviser, et elle le fera quand elle sentira mieux le besoin d'être juste envers tous.

Après les divisions générales, au nombre de deux, et les cinq sections que nous y avons indiquées, viennent les subdivisions qu'on appelle les *périodes*. Celles-ci ont pour limite quelque fait capital qui est venu modifier notablement le sort ou la situation relative des peuples. Ces faits, jalons de l'histoire universelle, sont empruntés soit à la vie intérieure des nations, comme ceux qui se rapportent à la constitution sociale (régime théocratique, monarchique, aristocratique ou démocratique), soit à leurs relations extérieures, comme ceux qui ont rompu ou rétabli l'équilibre. Ils devraient également avoir toujours le caractère de l'universalité, c'est-à-dire concerner le monde connu tout entier pendant un certain laps de temps; mais, on l'a déjà vu, il n'est pas facile de leur donner ce caractère. D'abord nos préjugés nous en empêchent, et ensuite il en est de l'humanité comme de chaque peuple pris à part: au sein de chacun, tous les individus ne sont pas au même niveau, et pareillement l'humanité a ses retardataires; toutes les nations dont elle se compose ne marchent point du même pas dans la carrière du progrès; certaines d'entre elles sont comme les types de l'espèce entière, et, parmi celles qui sont ainsi privilégiées, la prééminence passe tantôt à l'une, tantôt à l'autre.

Nous renvoyons aux introductions particulières, placées en tête des trois grandes divisions, le détail des périodes et l'explication de la signification de chacune d'elles. Ce sont autant de stations dans la marche du développement progressif de notre espèce, dirigé vers un but que l'on peut appeler, avec Herder, la perfection humaine (*vollendete Humanitæt*).

Car nous croyons que, depuis le commencement jusqu'à ce jour, l'humanité n'a pas cessé de progresser, et qu'elle continuera de le faire jusqu'à la fin. Que l'on nous entende bien! nous disons l'humanité, et non pas les hommes pris comme individus. Le but à atteindre est celui-ci: répandre, autant que possible, dans notre espèce en général, la culture intellectuelle et les vertus qui, dans tous les siècles, ont fait la gloire d'un certain nombre d'individus. En ne portant son attention que sur ceux-ci, on a pu croire que l'homme tournait dans un cercle qui, au bout d'un certain temps, le ramène à son point de départ. Le Moyen-Age, époque de ténèbres, l'a surtout donné à penser. Mais ici l'apparence est trompeuse; ce que l'individu semble avoir perdu, l'espèce l'a certainement gagné, et c'est là une expérience qui se renouvelle souvent dans l'histoire. Plus d'une fois la civilisation s'est fait petite pour se mettre au niveau de la multitude et la conquérir; elle pouvait ainsi recueillir tous les retardataires et revenir, en des rangs plus serrés, au niveau supérieur momentanément abandonné.

On est injuste envers le Moyen-Age quand on le traite avec dédain comme un temps d'incurable barbarie. Au contraire, le Moyen-Age qui, en travaillant incessamment à se guérir de la barbarie, a produit les formes les plus variées et les plus contrastantes de l'existence humaine et de l'organisation sociale, mérite notre plus vif intérêt. Caractérisons-le en finissant, et à l'antithèse de l'Orient et de l'Occident, à celle des Anciens et des Modernes, ajoutons encore l'antithèse entre le Moyen-Age et les siècles qui l'ont suivi. Ce ne seront aussi que quelques contours tracés rapidement; et ce qu'on lira ensuite dans l'Introduction particulière à cette division, n'aura pas non plus la prétention d'achever un tableau si vaste et d'une si admirable richesse de détails.

Le Moyen-Age est cet espace de mille ans pendant lequel la civilisation romaine, jusqu'alors aux prises avec le christianisme qu'elle voudrait repousser, lutte avec une barbarie profonde qui menace de l'étouffer. Mais insensiblement cette même civilisation romaine s'infiltre dans la barbarie, y gagne du terrain, y dépose, comme un limon fertilisant, ses plus précieuses conquêtes; puis, quand elle pense en avoir triomphé, quand elle l'a transformée au point de s'élever presque à sa hauteur, elle-même subit son ascendant jusqu'à s'y laisser absorber. Car la barbarie n'avait pas pour maître unique la civilisation romaine, elle en avait un autre, et c'est aux pieds de celui-là surtout qu'elle avait changé sa nature. Cet autre maître, c'était le christianisme, qui, à lui seul, constituait une civilisation nouvelle.

Qu'on nous permette de donner à cette idée quelque développement.

Attirés, comme à une curée, par la longue agonie de l'empire Romain, des peuplades nombreuses de race germanique, avides de butin et de combats, mais aussi pleines de séve, exemptes de corruption, simples et loyales, animées du sentiment de la dignité personnelle et de l'amour de la liberté, sortent de leurs forêts et s'établissent en maîtres sur la scène du monde. Ne connaissant encore que la force brutale, ces barbares renversent tout, foulent tout aux pieds de leurs chevaux. Ils traitent en vaincus les peuples anciens, sans être pourtant en état de les remplacer dans la direction des affaires et le gouvernement des États. De là, pour quelque temps, le chaos. Mais, éclairés par leur intérêt, les vainqueurs ne tardent pas à permettre aux vaincus de leur venir en aide et de s'associer à leur œuvre. Bientôt les races se confondent; il se fait un long travail de fusion et d'amalgamation, d'où la matière épurée qui surnage dans cet immense creuset ne s'échappe que par coulées de plus en plus abondantes. Ces coulées sont les quantités graduellement plus grandes d'hommes atteints par la civilisation et transformés par elle. Mais le travail est aussi douloureux que long; c'est un temps enveloppé de sombres nuages. Dans le désordre social règnent l'ignorance et la force brutale. Chacun se fait justice à lui-même, et la loi du talion compose presque à elle seule le code des peuples. La guerre est l'état normal des sociétés; les forts oppriment les faibles, et ceux-ci, abrutis par l'esclavage, renoncent au travail, qui est l'honneur de l'homme, mais dont ils ne recueilleraient pas le fruit. L'horizon de tous est borné; l'Europe, obscurément occupée d'elle-même, n'a point de rapports avec les autres parties du monde. Toutefois, cette barbarie ne dure qu'un temps. Insensiblement l'Église, gardienne de la civilisation, réussit à réfréner la brutalité des vainqueurs. Le tableau devient moins lugubre : s'il a toujours des parties d'ombre, il ne manque pas non plus de beauté et d'éclat. Une organisation sociale, appropriée à leurs mœurs et leurs besoins, attache les générations nouvelles à la terre conquise par leurs aïeux. Cette organisation, véritable progrès, puisqu'elle faisait pénétrer l'ordre dans le désordre, c'est la féodalité, aristocratie guerrière fondée sur la possession territoriale. A côté d'elle, le clergé, quoique longtemps recruté dans la classe des vaincus, prend une place de plus en plus honorable dans la société, et bientôt le souverain pontife de l'Occident, placé au sommet de l'édifice social, fonde, au moins temporairement, la monarchie universelle de l'Église. Toujours fier et confiant dans sa force, l'homme de guerre n'en abuse plus cependant jusqu'à écraser l'homme des champs et du travail, le manant, qu'il ose encore flétrir du nom de *vilain;* l'état de paix ne lui paraît plus intolérable, car il prend goût à la vie aisée et élégante, puis même aux lettres, et, après avoir cultivé celles-ci dans la langue ecclésiastique que l'instruction religieuse lui a fait apprendre, il daigne même y adapter sa propre langue, jusqu'alors grossière, mais qu'il contribue de sa part à régulariser et à assouplir. En passant par les ordres sacrés, l'enfant du peuple s'élève jusqu'au niveau des seigneurs et au delà. Grégoire VII, cet autre fils d'un charpentier, traite en supérieur le chef temporel de la chrétienté, l'empereur, qu'un pontife postérieur, « serviteur des serviteurs de Dieu, » Innocent III, achèvera de se subordonner. La religion inspire à tous un généreux dévouement : on sait tout quitter, tout sacrifier pour elle, et, afin de soustraire à la profanation le tombeau de Jésus-Christ, l'Occident se lève en masse et va faire un pèlerinage armé vers ces saints lieux, sans reculer devant les fatigues, les privations, les souffrances, les mille dangers qui attendent sur la terre étrangère et lointaine ces nuées d'hommes, la plupart perdus pour leur patrie. Au milieu des grands combats qui se livrent alors, par suite de cet héroïsme que la religion inspire et sanctifie et auquel s'allie le culte de la femme, naît la chevalerie, et la galanterie prélude à la politesse, à l'urbanité moderne. Des croisades résulte un immense mouvement : le seigneur, qui a besoin de compter sur la fidélité de ses sujets, les ménage et se rapproche d'eux; le travail s'accumule pour les bourgeois des villes, qui s'enrichissent et s'émancipent; le commerce répand partout le bien-être, une aisance jusqu'alors inconnue, et commence à créer une aristocratie nouvelle, celle de la fortune. La lumière jaillit de différents côtés, le savoir humain s'étend et embrasse, en outre des disciplines sacrées, de la grammaire et de la logique, le droit, qui est la sauvegarde des sociétés, et l'art de guérir, qui en conserve les éléments. La science est d'ailleurs mise en honneur, des universités s'ouvrent, les arts se disposent à embellir les cités en l'honneur de Dieu et jettent en cent lieux différents les fondements de ces belles cathédrales qui sont de glorieux monuments de la piété de nos pères. Cette régénération intellectuelle adoucit les mœurs et affaiblit les oppositions trop tranchées. Comme elle n'est pas due exclusivement à la caste nobiliaire, mais que la roture y prend part, celle-ci en partage le bénéfice et sort de sa nullité.

Ainsi le terrain social, qu'on nous permette cette expression, est remanié; la couche supérieure (nous voulons indiquer par elle la barbarie recouvrant la civilisation engloutie) est entamée, pénétrée par la couche inférieure qui remonte, et les vaincus se placent graduellement au niveau des vainqueurs.

Mais ce travail des siècles ne s'achève pas dans le Moyen-Age : c'est aux temps modernes qu'il est réservé d'y mettre la dernière main. Et, sous ce rapport, quels immenses pas ne sont pas faits déjà! quel contraste entre nos sociétés policées, paisibles, éclairées, tolérantes, unies entre elles par le lien de la bienveillance universelle, et ces sociétés féodales que dominait l'égoïsme, la violence, l'esprit d'exclusion et d'intolérance! La tâche du Moyen-Age, dans notre vieille Europe, — et c'est de celle-ci principalement que nous parlons, — était d'arriver de la multiplicité des formes et du morcellement de la terre à la concentration, à l'unité; les temps modernes font sortir de l'unité la force, l'ordre, la sécurité de tous et de chacun, la grandeur et la puissance collectives. Toute entrave disparaît; grâce à la science, l'homme dompte la nature, après en avoir longtemps reçu la loi; il se rend libre de tous ses mouvements; toutes ses forces sont mises en jeu, et des inventions de toute espèce l'aident à les centupler. Le commerce, de plus en plus actif et entreprenant, et qui appelle à son aide une navigation basée sur des moyens nouveaux, répand l'aisance et rapproche entre eux les pays les plus éloignés. La richesse est accessible à tous selon la mesure de leurs efforts et de leur capacité. De même que les corps sont affranchis, les esprits s'émancipent, la raison triomphe, la loi de l'Évangile, longtemps méconnue, gagne du terrain. La royauté devient paternelle et tutélaire; l'Église, jalouse de ses droits légitimes, a reconnu cependant qu'il faut donner à César ce qui appartient à César; les peuples obéissent aux autorités qui ont pouvoir sur eux, avec conviction et sans crainte servile. Les distinctions arbitraires s'effacent. Plus de castes, plus d'esclavage, plus de tyrannie, ni matérielle, ni morale, plus de privilége, sinon celui du mérite et du génie! Les hommes sont frères, et le monde entier est leur domaine commun. Un immense développement des intérêts matériels leur permet de trouver tous, malgré leur nombre presque excessif, à satisfaire leurs besoins les plus réels, à se faire leur place au soleil. Heureux si, dans l'agitation que produit en eux la soif de bien-être, au milieu de cette concurrence universelle produite par un si puissant stimulant, ils n'oublient pas que les biens de la terre ne sont pas le souverain bien, qu'il y a d'autres jouissances que celles de la sensualité, que le monde passe avec ses plaisirs, et que celui-là seul qui fait la volonté de Dieu demeure éternellement.

Voilà quelques-uns des traits fondamentaux de l'histoire. C'est à eux qu'il faut rapporter les détails dont ce livre est plein et qu'il serait facile de multiplier à l'infini. Sans la connaissance des détails, point de jugement général que l'on puisse accepter! l'histoire repose sur elle; mais c'est surtout parce qu'elle présente à nos réflexions un ensemble de faits sur lesquels il est possible de fonder des aperçus de cette nature, ou plutôt tels que les aurait fait voir un écrivain plus autorisé que nous, qu'elle mérite véritablement le nom d'institutrice de l'humanité.

J.-H. Schnitzler.

# RÉPERTOIRE.

## 1° TABLE ALPHABÉTIQUE DES NOMS PROPRES

DE PERSONNAGES (SOUVERAINS, HOMMES D'ÉTAT, CAPITAINES, LITTÉRATEURS, ÉRUDITS, SAVANTS, ARTISTES, INVENTEURS, ETC.)

DONT IL EST QUESTION DANS

## L'ATLAS HISTORIQUE ET PITTORESQUE.

OBSERVATION. Chaque renvoi se compose de deux chiffres, dont le plus grand se rapporte *au Tableau* sur lequel le nom se trouve inscrit, et le second *à la colonne* de ce Tableau.

NB. Si, après s'être orienté dans notre revue universelle, classée avec méthode et où il trouvera, instantanément et sans aucune perte de temps, tous les renseignements généraux, le lecteur a besoin de plus de détails sur l'un ou l'autre de ces noms, il consultera avec avantage l'*Encyclopédie des Gens du Monde*, dont les 22 volumes ont été publiés sous la direction de l'auteur de *l'Atlas*. D'autres ouvrages que ce dernier a fréquemment mis à profit, se trouvent indiqués au Tabl. 159, col. 7.

---

(A mettre plus haut, à leur place.)



## B.

## D.

### E.

## G.

## H.

## I.



## J.

## K.



## L.

## O.



## P.

**Q.**



**R.**

*Les noms, surtout russes et orientaux, que l'on ne trouverait pas dans la série Sch., il faut les chercher sous Ch., par exemple pour *Schah* ou *Shah*, *Schouïski*, *Schischkof*, *Schirkouh*, il faut se reporter aux mots *Chah*, *Chouïski*, *Chischkof*, *Chirkouh*.

## T.

## W.



## X.

**Omissions.**

# 2° TABLE ALPHABÉTIQUE DES MATIÈRES,

## COMPLÉMENTAIRE DE CELLE DES NOMS PROPRES.

* Les recueils des traités de paix et d'alliance sont ceux de Dumont, Rousset, Ch. de Martens, de Cussy, Murhard, Samwer, etc. Le *Manuel diplomatique* du professeur Ghillany, dont M. Schnitzler a donné une édition française (Nœrdlingue, 1856, 2 forts vol. in-8o), renferme les textes de tous les documents importants de cette nature, depuis le traité de Westphalie jusqu'à celui de Paris, de 1856. Koch et Schœll, et, depuis, M. le comte de Garden, ont publié les meilleures Histoires des traités de paix; l'historien comme le diplomate a besoin d'y recourir souvent.

---

OBSERVATION. En terminant l'ATLAS HISTORIQUE ET PITTORESQUE par ce vaste Répertoire, nous avons eu en vue un double but. D'une part, nous voulions rendre faciles les recherches historiques, devant lesquelles souvent on recule par la crainte d'une trop grande perte de temps, et ce but est atteint sans doute par cet ordre alphabétique, dans lequel sont rangés plus de 10,000 noms propres personnels, 135 noms de guerres, 550 de batailles, 210 de traités de paix, etc., etc, et qui fait trouver instantanément tous les faits particuliers et de détail. Mais d'autre part aussi, nous avons cherché à venir en aide à l'étude intime et philosophique de l'histoire, et pour cela nous indiquons aux lecteurs tous les passages où il est question de ses grandes divisions (voy. ANTIQUITÉ, MOYEN-AGE, TEMPS MODERNES, voy. aussi PÉRIODES), ou de ses plus mémorables âges et moments (voy. SIÈCLE DE PÉRICLÈS, D'AUGUSTE, DES MÉDICIS, DE LOUIS XIV, etc.), ainsi que ceux qui se rapportent à la vie sociale (voy. PEUPLES, SOCIÉTÉ, INSTITUTIONS, FÉODALITÉ, COMMUNES, RÉVOLUTIONS, ESCLAVAGE, PAUPÉRISME, etc.), ou à la vie religieuse (voy. RELIGION, CULTE, CHRISTIANISME, EGLISES, PAPAUTÉ, CONCILES, RÉFORMATION, etc.); puis les passages relatifs à la marche progressive de l'humanité en général (voy. CIVILISATION, LÉGISLATION, EDUCATION, LETTRES, SCIENCES, ARTS, DÉCOUVERTES, INVENTIONS, AGRICULTURE, COMMERCE, INDUSTRIE, ECOLES, ACADÉMIES, UNIVERSITÉS, BIBLIOTHÈQUES, VOYAGES, etc.); enfin ceux renfermant le tableau des différentes littératures (LITTÉRATURE ALLEMANDE, ANGLAISE, ARABE, ARMÉNIENNE, BOHÊME, etc.), et l'indication ou la description des plus célèbres monuments de toute espèce (voy. EDIFICES, EGLISES, etc.), souvent présentés aux yeux dans les planches. Ce qui n'a pu se classer sous ces diverses rubriques devra être cherché à d'autres mots, tels que USAGES, MŒURS, CALAMITÉS PUBLIQUES, BIENFAISANCE PUBLIQUE, ERES, MILICES, etc., etc. De cette manière, notre ouvrage pourra, nous l'espérons, servir d'aide-mémoire même aux personnes consommées dans la science historique, en même temps qu'il fournira rapidement aux élèves de nos écoles de tous les degrés et aux simples gens du monde toutes les notions dont ils peuvent avoir besoin à un moment donné.



FIN DU RÉPERTOIRE.

4000 avant J.-CH.

**ADAM**, père du genre humain. Plus de 150 opinions différentes ont été émises sur l'âge du monde à la naissance de J. Ch ; elles varient entre 3616 et 6484 ans.
L'histoire d'ADAM se retrouve, avec plus ou moins de variantes, dans les mythes de presque tous les peuples anciens, qui tous paraissent l'avoir puisée à une source commune. Les Indiens les Arabes et les Mahométans SAFI; les Scandinaves YME; les Livoniens YMALA; les Islandais YUNNER; les Gaulois DIS ou SAMOTHÈS; les Germains TIS ou TUIS; les Sarmates PEROUN; les Esc
L'Asie méridionale, berceau du genre humain. Un grand nombre d'historiens regardent la vallée de Cachemire comme le Paradis terrestre et le berceau de l'humanité. Les quatre fleuves d
CAÏN. — ABEL. — SETH. — ENOCH. — METHUSALEM. — NOÉ.
DÉLUGE DE NOÉ. Les Bénédictins placent le déluge à l'an 3308, d'autres chronologistes à l'an 3044, le texte hébreu en 2349, et les Juifs modernes en 2105.
Les traditions et les mythes de presque tous les peuples de l'antiquité ont conservé les souvenirs d'un déluge : Les Indiens ont en leur Noé dans SATYVRATA, les Chaldéens dans XISUTHRUS,

**ENFANT**

SEM.

ÉLAM, père des Perses. — ASSUR, père des Assyriens et fondateur de Ninive. — ARPHACSAD. — LUD, père des Lydiens. — ARAM, père des Syriens.

ARPHACSAD → ABRAHAM.

ABRAHAM : ISAAC. — ISMAËL, père des Arabes.

ISAAC : JACOB, père des Israélites. — ESAÜ.

Les Persans ont vu dans ABRAHAM leur prophète ZOROASTRE; les Indiens leur BRAHEN ou BRAHMA; les Arabes le regardent comme leur père et les Musulmans se rendent en pèlerinage à son tombeau.

CHAM.

CHUS. → NEMROD. — MESRAÏM, père des Égyptiens. — PHUTH, père des Libyens

Il est inutile d'ajouter que ce partage de la terre entre les enfants de Noé n'a d'autre base que des conjectures plus ou moins ingénieuses.
D'après les Mahométans, SEM est le père des peuples orientaux, des Hébreux, des Perses, des Arabes, et, par Esaü, des Grecs et des Romains; CHAM est le père des peuples méridionaux, des Ma
à l'appui de l'opinion d'après laquelle l'Amérique aurait commencé à être peuplée par des hommes venus de l'Asie par terre, soit sur les glaces, soit en traversant dans des barques la mer peu large qu

AVANT J.-CH.

# AFRIQUE.

## Egypte.

1

Vers 2000

L'Egypte paraît avoir été peuplée par une colonie venue du sud de l'Ethiopie, peut-être de l'Inde, et qui s'était établie primitivement dans la Haute-Egypte, sur les bords du Nil.

Dans l'origine il y avait plusieurs petits Etats, dont les temples formaient les points centraux. Le gouvernement était entre les mains des prêtres, qui administraient les différents cantons sous la direction du grand-prêtre, lequel donnait ses ordres au nom de Dieu même.

La nation était divisée en trois castes distinctes: les *prêtres*, les *militaires*, le *peuple*, subdivisées en sept classes: les *prêtres*, qui seuls occupaient les fonctions publiques, les *guerriers*, les *artisans*, les *commerçants*, les *interprètes* et les deux castes de *pasteurs*.

Les Egyptiens se distinguèrent de bonne heure par leur florissante agriculture. Les prêtres acquirent de grandes connaissances astronomiques et mathématiques.

MÉNÈS, le plus ancien roi d'Egypte connu. Quelques historiens en font remonter l'existence vers l'an 5000 avant J.-Ch. Leuglet-Dufresnoy en place le règne à l'an 2965 et prétend qu'il fut le même que MIZRAÏM, fils de Cham. L'historien Manéthon prétend que l'Egypte fut d'abord gouvernée par des dieux et ensuite par des demi-dieux; Vulcain, le premier de tous, aurait régné 9000 ans. Après lui vinrent Isis, Osiris, Typhon, Mercure. Au reste, cette prétention est commune à presque tous les peuples de l'antiquité.

Après le règne de MÉNÈS, l'Egypte est divisée en quatre royaumes: Thèbes, Memphis, Rhis et Tanis.

DYNASTIE DES PHARAONS.

BUSIRIS II, roi d'Egypte. Fondation de Thèbes.

OSYMANDIAS, roi d'Egypte.

UCHORÉUS, roi d'Egypte. Fondation de Memphis, qui devient bientôt après la capitale du royaume.

MŒRIS, roi de Thèbes, fait creuser le lac qui porte son nom, pour la régularisation des inondations du Nil (en 2040, suivant Lenglet).

# ASIE.

## Inde. Chine. Tartarie. Babylonie-Assyrie. Perse. Palestine. Arabie. Syrie. Phénicie.

2

La constitution primitive de l'Inde paraît avoir été à peu près la même que celle des Egyptiens. Ce pays était divisé en un grand nombre de principautés gouvernées par des chefs dont le pouvoir était tempéré par celui des prêtres.
La nation était divisée en quatre castes: 1° les *Brahmes* ou *Brahmanes*, prêtres, savants, fonctionnaires; 2° les *guerriers*; 3° les *artisans* et les *commerçants*, et 4° les *domestiques*.
MENOU, le plus ancien roi et législateur des Indiens.

Epoque fabuleuse de l'histoire de la Chine. — On prétend que c'est à l'empereur YAO que l'histoire de la Chine commence à être certaine. On dit qu'ayant trouvé la contrée envahie par les eaux, il creusa des canaux pour leur écoulement, éclaircit les forêts, détruisit les bêtes fauves et introduisit dans ses Etats la chasse, l'agriculture et le commerce d'échange. L'empereur était en même temps grand-prêtre.
Les historiens sont loin d'être d'accord sur l'origine de ce peuple. Il y en a qui lui donnent pour aïeux les Egyptiens, en se fondant sur la ressemblance entre les hiéroglyphes égyptiens et ceux des Chinois. Des missionnaires font descendre les Chinois d'une colonie juive; d'autres en rapportent les commencements immédiatement à la famille de Noé, dont une partie serait allée s'établir dans les provinces de Ho-Nan et de Chen-Si. Quant à l'antiquité fabuleuse que quelques savants ont accordée à la nation chinoise, leur opinion est contredite par celle de Confucius, qui, certes, mérite la priorité et qui place le premier empereur de la Chine à l'an 2952 avant l'ère chrétienne. FO-HI serait le fondateur de l'empire; il passe pour l'inventeur de l'astrologie et de la musique et règne 115 ans. — XIN-NUN, inventeur de l'agriculture et de la médecine, règne 140 ans. — HOAM-TI, second fondateur de l'empire, bâtit le premier temple au *Xam-Ti* (souverain seigneur) et règne 100 ans. — HAO-HAO bâtit plusieurs villes et règne 84 ans. — CHUEN-HIO dresse un calendrier encore usité à la Chine, et dont les années commencent à la nouvelle lune la plus proche du printemps; il règne 78 ans. — TICO introduit la polygamie et règne 8 ans. — YAO, celui dont nous avons parlé plus haut, prince juste, qui règne un siècle. De son temps arriva un déluge de neuf ans; l'habileté avec laquelle il procura l'écoulement des eaux, en les dirigeant par des canaux vers la mer, lui mérita la couronne. — XUN règne 28 ans associé à son prédécesseur, et 50 ans après lui. A sa mort, c'est-à-dire l'an 2207, la Chine est gouvernée par la dynastie des *Hia*, qui occupe le trône pendant 658 ans et fournit dix-sept empereurs.

La Tartarie ou Tatarie passe pour la Scythie des Grecs, le Touran des Perses, le pays des anciens Turks. — Cette contrée de l'Asie centrale, composée de steppes immenses, foulées par des peuplades nomades plongées dans la barbarie, reconnaît pour son premier législateur OGHOUS-KHAN, qui rétablit la croyance à un seul Dieu. — D'après les auteurs orientaux, *Bokhara* serait devenue la capitale de son vaste empire. Cependant le nom de cette ville ne paraît pour la première fois dans l'histoire qu'en 706 de J.-Ch., où elle fut prise et saccagée par le général arabe Kataïbah.

Fondation de la ville de *Babylone* sur l'Euphrate par NEMROD ou BÉLUS. Construction de la tour de Babel, dans la plaine de Sennaar, et confusion des langues. — Fondation de la ville de *Ninive*, sur le Tigre, par ASSUR, père de NINUS.
NINUS et SÉMIRAMIS, sa femme, fondent la monarchie assyrienne, entre l'Euphrate et l'Indus.
Les Babyloniens passent pour les premiers astronomes de l'antiquité. La tour de Bélus, que l'on voyait encore à Babylone du temps d'Hérodote, était le plus ancien observatoire du monde. Les jardins suspendus de Sémiramis.

L'histoire ancienne de la Perse, d'après les auteurs orientaux, diffère entièrement de celle que nous en ont laissée les Grecs. Les premiers, se fondant sur des traditions qui font encore de nos jours la base de la littérature et des arts persans, font remonter l'origine de l'empire perse à la dynastie des PICHDADIENS, dont le fondateur fut CAÏMARATH, petit-fils de Noé, par Sem. La capitale de cette monarchie patriarcale fut *Bactra*, regardée par les orientaux comme la plus ancienne ville du monde. Ils la nomment *Omm-el-Belad*, la mère des cités. Les successeurs de Caïmarath furent: HOUCHENK-LE-JUSTE, auteur du *Livre royal*; TSCHAMURATS; DCHEMCHID, qui introduisit l'agriculture, institua l'année solaire et termina la construction d'*Istakhar* (Persépolis); ZOHAK, le Nemrod des Israélites; FERIDOUN, le modèle de toutes les vertus royales. — Partage de l'empire entre TOUR, SALM et IRADJ. Guerres sanglantes entre ces trois souverains (voy. an 560, col. 2).

Premiers habitants de la Palestine: *Philistins*, *Cananéens*, *Amalécites*.
*Epoque des patriarches.* ABRAHAM passe de la Chaldée dans le pays de Canaan. Il est le père des Israélites et le fondateur de la croyance en un Dieu unique. — ISAAC, fils d'Abraham et de Sarah.

Les Arabes de l'Arabie heureuse ou Yémen sont gouvernés par la dynastie des Homérites. ISMAËL, fils d'Abraham, épousa la fille d'un de ces rois et devint la souche des Ismaélites (Mous-Arabes).

La Syrie divisée en plusieurs petits Etats gouvernés par des rois. Ceux de la Mésopotamie deviennent les plus puissants.

Fondation de la ville de *Sidon*, en Phénicie, une des plus anciennes du monde.

*Brahmanism*
agissant par l'i
nité indoue. Le
du monde.
*Suttis* ou sac
Culte de *Ba*
hommage à de
selon d'autres
Sacrifices hu
Grecs, surtout
Momies égyp
Culte d'*Isis*
(Jupiter et Vu
d'autres animau
Culte du *Sol*
principe, l'aute
battre sans relâ
a été en honne
la déesse du f
conservées che
Culte de *Ba*
Culte d'un E
prêtre. Gouver
procurer l'im
désordre dans
Croyance en
*Monothéism*
Outre les th
sible de détaill
près. — Au
terrestres; S
Japonais véné
qui composent
mort. Le daïri
— Le *Chama*
auxiliaires des
ou culte des a
de la Scythie.
que de villes
commune et n
chaque nation
Il nous sera
le ciel) en éta
*Saturne* ou *K*
propres enfan
et précipita s
était divisée e
Parmi les pr
musique, de
marchands et
*Vulcain*, le d
vendanges;
qui présidait
des sciences e
pêche; *Cérès*
les dieux des
*Téthys*, *Amp*
*Proserpine*,
On invoquait
planches pour

STRASBOURG, IMP

ı Souba-Yambou-Manou; les Banians Pourous et Pargoutée; les Chinois Poankou; les Chaldéens Alorus; les Perses Kaïmorts; les Sidoniens Colp et Baau; les Atlantes Evénor et Leucippe; s Slaven, etc.

: Paradis terrestre était baigné, selon la Bible, seraient donc le Gange, l'Indus, le Bourhampoutre et le Dschirhoun.

Chinois dans Yao, les Japonais dans Péroux, les Grecs dans Ocygès et Deucalion, les Mexicains dans Cocox et Cicuequetzel, etc.

**E NOÉ.**

| | JAPHET. | | | | | |
|---|---|---|---|---|---|---|
| Canaan. ⁝ Sidon, fondateur de la ville de ce nom, en Phénicie. | Gomer, père des Cimmériens ou Cimbres. | Magog, père des Scythes, Goths ou Gètes. | Madaï, père des Mèdes ou des Macédoniens. | Javan, père des Ioniens ou Grecs. | Thiras, père des peuples de la Thrace. | Thubal et Mossoch, pères des peuples de la Cappadoce et du Pont. |

des Africains, des Indiens; Japhet est le père des peuples septentrionaux, des Turks, des Tatars, des Chinois, des Germains, des Slaves et des Américains. Cette dernière hypothèse viendrait pare la partie septentrionale des deux continents. Cette population se serait ensuite répandue du nord de l'Amérique dans les autres parties de ce que nous appelons le Nouveau-Monde.

## HISTOIRE RELIGIEUSE.

**Mœurs, usages.**

3

'es Indes-orientales. *Parah-Brahma*, être suprême, invisible, incréé, absolu, spontané, aire de *Brahmah*, le créateur, *Vichnou*, le conservateur, et *Shiva*, le destructeur, tri-, livres sacrés de la mythologie indoue. Le culte de Brahmah est sans doute le plus ancien

ontaire de la veuve indienne qui se brûle sur le corps de son mari.

*os* des Grecs), de *Moloch* et d'*Astaroth* chez les Phéniciens. Les Sidoniens rendaient es consacrées au vent et au feu. *Astaroth* était la même divinité qu'Isis ou la Lune, on, Elle avait un temple célèbre à Hiéropolis, en Syrie.

ıez les Phéniciens, les Egyptiens, les Perses et, plus tard, chez les Carthaginois, les l'Asie-Mineure, et chez un grand nombre d'autres peuples de l'antiquité.

*is*, symboles de la lune et du soleil (Cérès et Bacchus des Grecs), d'Ammon et de Phtha Grecs), en Egypte. Honneurs divins rendus aux taureaux *Apis*, *Mnevis* et *Onuphis* et à

*Mithra*, enseigné par les mages de la Perse. *Ormuzd* (l'Oromaze des Grecs) est le bon ut bien, et a pour incarnation, dans une sphère inférieure, *Mithra*, chargé de com-*iman*, le génie du mal, et ses dews (esprits malfaisants). Le culte du feu ou des astres un grand nombre de peuples de l'antiquité. Chez les Romains, *Vesta* était adorée comme mme le feu lui-même, et aujourd'hui encore les traditions du culte de Mithra se sont iians de l'Inde et chez les Guèbres ou Parsis, descendants des anciens Perses.

ɔylone.

ême mêlé à une foule de superstitions en Chine. L'empereur était en même temps grand-du monde confié à cinq esprits par lesquels les *Taossé* prétendent lire dans l'avenir et Sous Tien-Hoang, l'Esprit céleste détruisit le grand dragon qui avait introduit le sur la terre.

J UNIQUE transmise aux Juifs par le patriarche Abraham. Circoncision chez les Juifs.

ıbes, enseigné par leur patriarche Ismael, fils d'Abraham.

qui précèdent, l'histoire en mentionne encore une foule d'autres qu'il nous serait impos-es *Banians* du Mogol et de Cambaie avaient les mêmes divinités que les Indous, aux noms ègne le Sintos ou le culte des Camis (génies); Tensio-Dai-Sin, le plus grand des dieux u de la chasse; Fatzman et Maristines, dieux de la guerre; Jebis, dieu des eaux. Les esprits célestes qui composent la première dynastie de leurs souverains, cinq demi-dieux de, et enfin les empereurs et daïris de la troisième, qui sont admis à ce rang après leur ıef de la religion; il a réuni les pouvoirs temporel et spirituel jusqu'à la révolution de 1583. es Scythes ou Tartares admettait un seul être suprême, bienfaisant, incréé, ayant pour s inférieures, les burchans et, au-dessous de ces derniers, les tengris. — Le *Sabéisme* des éléments dans l'Arabie heureuse, dans la Libye et la Numidie et chez plusieurs peuples il y avait presque autant de divinités que de nationalités et presque autant de nationalités ont la plupart des anciens systèmes théogoniques ont puisé leur origine à une source inguent pour ainsi dire entre eux que par des noms propres et le caractère particulier de

ne impossible de transcrire ici la longue nomenclature des dieux greco-romains. *Uranus* é comme le plus ancien; il avait épousé *Titaïa* (la terre), dont il eut deux fils, *Titan* et temps). Ce dernier eut d'abord l'empire universel, et, pour le conserver, il dévorait ses *Cybèle*, sa femme, parvint à sauver *Jupiter*, qui, devenu grand, s'empara de la foudre u ciel. *Jupiter* eut le ciel, *Neptune* la mer et *Pluton* les enfers. Toute la troupe céleste asses: les grands dieux, les dieux inférieurs et les dieux *demones* ou de la petite espèce. comptait encore *Mars*, le dieu de la guerre; *Apollon* (Phœbus ou le Soleil), dieu de la , de la médecine et des beaux-arts; *Mercure*, dieu de l'éloquence, des voyageurs, des es voleurs, était chargé de conduire les âmes dans le Tartare ou les Champs-Elysées; cu, qui apprit aux hommes l'art de travailler les métaux; *Bacchus*, le dieu du vin et des sœur et l'épouse de Jupiter, présidait aux mariages et aux accouchements; *Vesta*, déesse *Minerve*, qui sortit tout armée du cerveau de Jupiter, déesse de la sagesse, de la guerre, s; *Diane* (Lune ou Phébé dans le ciel, Hécate aux enfers), déesse de la chasse et de la des moissons; *Vénus*, déesse de la beauté. Il y eut encore les dieux *Lares*, les *Pénates*; *Pan*, les *Faunes*, les *Satyres*, les *Nymphes*, les *Muses*; les dieux de la mer, l'*Océan* et *Nérée* et les *Néréides*, les *Naïades*, les *Tritons*, les *Sirènes*, etc.; les dieux des enfers, Pluton, *Eaque*, *Minos*, *Rhadamanthe*, les *Furies*, les *Parques*, les *Mânes*, *Caron*, etc. la *Concorde*, comme on élevait des temples à la *Guerre* et à la *Discorde*. (Voir les oncerne la représentation figurée des principales divinités.)

## LETTRES, SCIENCES, ARTS, LÉGISLATION, COMMERCE, INDUSTRIE, DÉCOUVERTES, INVENTIONS, ETC.

4

La plus ancienne monarchie despotique dans l'empire assyrien et en Chine. Un chef absolu à la tête du gouvernement.

Gouvernement patriarcal nomade des anciens Turks.

Manou, le plus ancien législateur des Indiens.

Fo-Hi, premier législateur des Chinois, inventeur de l'astrologie et de la musique.

Ménès, législateur des Egyptiens.

Oghous-Khan, législateur des Tatars.

Houchenk-le-Juste et Dchemchid, législateurs des Perses.

Canalisation et système d'irrigation en Egypte pour favoriser les inondations du Nil. L'Egypte peut être regardée comme le berceau de l'art agricole. Elle fournissait des grains à tous les pays voisins et, plus tard, lorsqu'elle fut devenue une province romaine, elle envoyait chaque année à Rome des flottes chargées de grains.

Système d'irrigation des anciens Babyloniens introduit par Sémiramis.

Houchenk et Dchemchid enseignent l'agriculture aux Perses. On leur attribue les premiers canaux d'irrigation. Culture du riz.

Xin-Nun, le divin agriculteur des Chinois. Encore de nos jours l'agriculture est tellement honorée en Chine que l'empereur laboure lui-même à son avénement au trône.

Culture du riz et système d'irrigation dans les Indes-Orientales.

Manufactures d'étoffes de coton dans les Indes-Orientales. Encore de nos jours les plus belles mousselines viennent de l'Inde.

Ecriture alphabétique indienne. Le sanscrit, langue sacrée, la plus ancienne du monde.

Ecriture hiéroglyphique en Egypte et en Chine. Les hiéroglyphes suppléaient à l'écriture alphabétique, aussi longtemps que celle-ci n'était pas encore connue. Ils étaient usités chez d'autres peuples de l'antiquité, chez les Indiens, les Phéniciens, les Scythes, les Ethiopiens, les Etruriens, les Mexicains.

Poésie sacrée des Indiens. Les dix-huit *Pouranas* contenant la théogonie et la cosmogonie des Indous.

Connaissances astronomiques des Indiens, des Chaldéens, des Egyptiens et des Chinois. La tour de Bélus, le plus ancien observatoire du monde. Des historiens font remonter les premières observations astronomiques des Chaldéens jusqu'à 480,000 ans et même à 720,000 ans avant Alexandre-le-Grand. Si, avec Gibert, on prend ces années pour autant de jours, il en résultera encore un nombre assez respectable de 1971 ans. Mais ces assertions tombent par leur exagération même, et, quoique l'on ne puisse pas douter de la haute antiquité des observations des brahmes de l'Inde, des prêtres de Chaldée et d'Egypte et des lettrés chinois, il n'en est pas moins vrai que l'ère historique de l'astronomie ne commence qu'à l'époque de l'établissement de l'école d'Alexandrie. Montucla, dans son *Histoire des Mathématiques*, mentionne une observation faite par les Chinois environ 2500 ans avant notre ère, et qui constate la conjonction très-rapprochée de Saturne, Jupiter, Mars, Mercure et la Lune. Les astronomes chaldéens faisaient remonter leurs observations à 1500 ans avant l'ère de Nabonassar, qui commence la 747e année avant J.-Ch.

Architecture indienne remarquable principalement dans des édifices religieux, consistant en souterrains creusés dans le roc et ornés de colonnes massives laissées dans l'œuvre, ou en masses de rochers élevés, travaillés au ciseau en forme de pyramides à plusieurs étages appelées *pagodes*.

*Babylone*, une des plus grandes villes de l'antiquité. Ses murs étaient assez larges pour que trois chars pussent y passer de front; ils avaient 100 pieds de haut et étaient flanqués de 1500 tours de 200 pieds de haut. Le temple et la tour de Bélus; les palais et les quais sur l'Euphrate; les jardins suspendus de Sémiramis.

*Thèbes*, la ville aux cent portes, dans le Haute-Egypte, avec la nécropole des rois égyptiens. Sa fondation est attribuée à Busiris II. Ses ruines couvrent encore de nos jours un espace immense. L'obélisque de Louqsor, à Paris, en provient. Fondation de Memphis par Uchoréus.

Hauts et bas-reliefs des Indiens dans leurs temples souterrains. — La statue de Bélus à Babylone. — Sculpture colossale et monumentale des Egyptiens: les pyramides et les obélisques. — Origine de la peinture chez les Egyptiens: coloriage des hiéroglyphes, statues, etc. — Musique chez les Egyptiens, principalement réservée au culte et aux funérailles.

G. SILBERMANN.

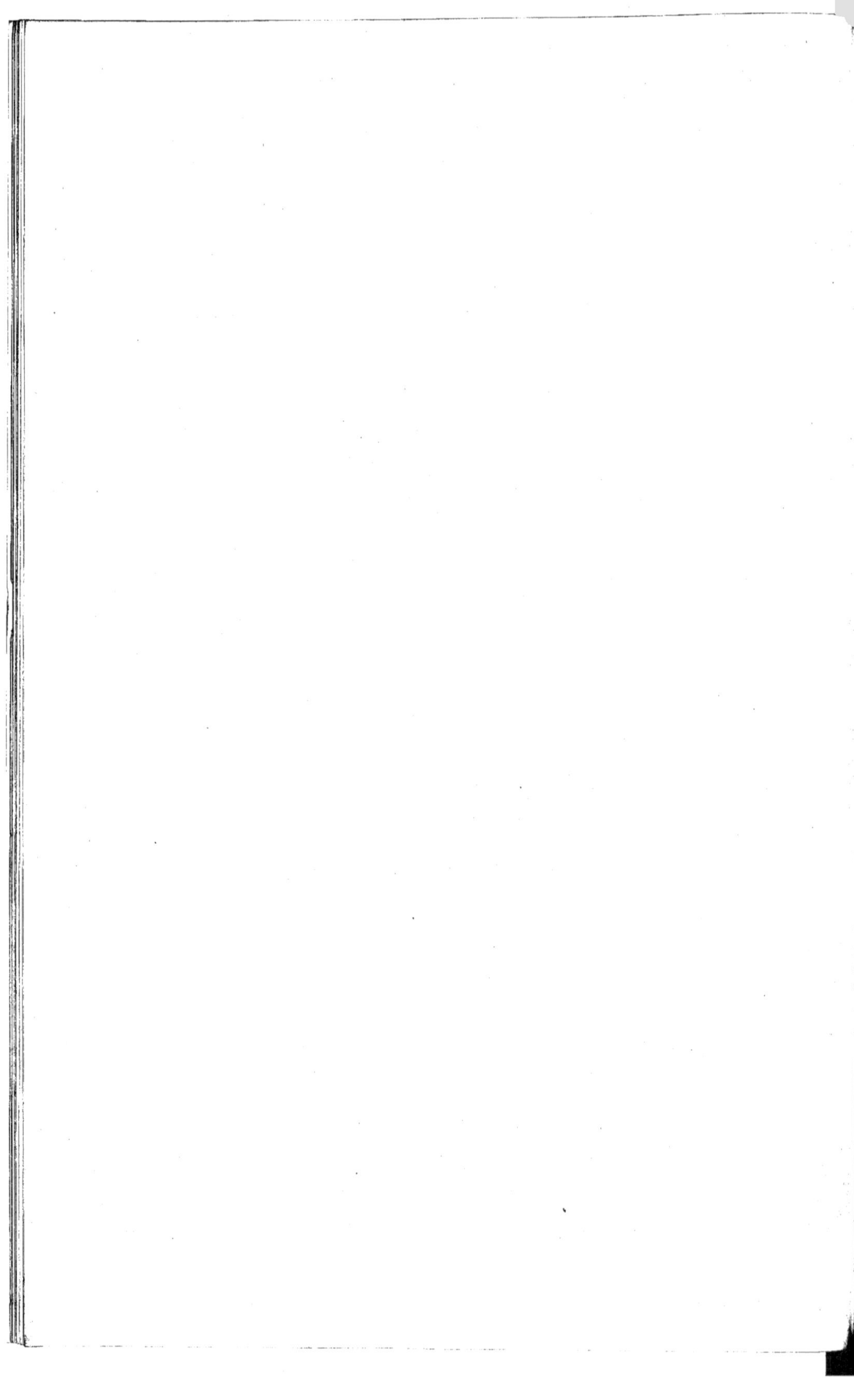

| AVANT J.-CH. | **AFRIQUE.** Égypte. 1 | **ASIE.** Inde. Chine. Empire Assyrien. Perse. Palestine. Arabie. Syrie. Phénicie. 2 | **Grèce.** I. Le PÉLOPONÈSE (*Morée*), huit provinces : l'Argolide, Corinthe, la ...nie, l'Achaïe, l'Élide, l'Arcadie, la Messénie et la Laconie (Sparte).<br>II. GRÈCE CENTRALE ou HELLADE (aujourd'hui *Livadie*), huit pro... l'Attique, la Mégaride, la Béotie, la Phocide, la Doride, la Locride, ...lie et l'Acarnanie.<br>III. GRÈCE SEPTENTRIONALE : la Thessalie et l'Épire.<br>IV. Les îles des mers Ionienne et Égée, l'île de Crète et l'île de Chypr... 3 |
| --- | --- | --- | --- |
| Vers 1800 | JOSEPH, vendu par ses frères, devient premier ministre à la cour du roi d'Égypte<br>Arrivée de JACOB et de sa famille en Egypte ; établissement d'une colonie israélite dans le pays de Gosen, dans la Basse-Egypte.<br>D'après la Bible, tout le pays, à l'exception des terres possédées par les prêtres, était devenu la propriété du roi, qui percevait le cinquième des revenus de ses sujets.<br>Le peuple d'Israël reste pendant 400 ans en esclavage chez les Egyptiens. | JACOB, fils d'Isaac, passe en Egypte avec toute sa famille.<br>Les *Phrygiens*, les *Lydiens*, les *Mysiens*, les *Cariens*, les *Pélasges*, habitants primitifs de l'Asie-Mineure.<br>Richesses et puissance de la ville de *Sidon*, en Phénicie. Elle a mérité d'être placée par Homère au premier rang entre toutes les cités du monde, pour ses fabriques d'objets d'art. Sa verrerie surtout était célèbre.<br>Les Phéniciens étaient gouvernés par des rois, dont le pouvoir était tempéré par des institutions municipales. Puissance maritime des Phéniciens. Ils acquièrent de grandes richesses par leurs expéditions commerciales dans le golfe Arabique, dans celui de Perse et sur les côtes de la Méditerranée.<br>JOB, dans l'Arabie-Pétrée.<br>La dynastie des XAM monte sur le trône de Chine, qu'elle occupe pendant 644 ans, par 28 empereurs. | Les *Pelasges* dans le Péloponèse. Les Pelasges étaie[nt un] peuple sauvage et grossier, qui vivait dans des grottes, a[u milieu] des rochers. On leur a attribué les murs cyclopéens ou [pélas]giques. Il existe encore des restes de monuments pelas[giques] dans l'Argolide, à Corinthe, en Sardaigne, etc. Les cara[ctères] de ces constructions consistent dans les énormes dimensio[ns des] pierres taillées en polyèdres réguliers et dans l'absence tot[ale de] ciment.<br>Arrivée d'INACHUS, originaire de l'Asie-Mineure. Ses de[scen]dants fondent les royaumes d'Arcadie, de Sicyone et d'Arg[os].<br>*Déluge d'Ogygès* dans l'Attique. Cet OGYGÈS fut un ... cimmérien, qui régna dans l'Attique et la Béotie.<br>CRÈS II règne dans l'île de Crète, à laquelle il donne son ... Fondation de *Mégare* par CAR, fils de Phoronée. |
| 1700 | La Basse-Egypte, jusqu'à Memphis, passe sous la domination des rois arabes dits HYKSOS (rois pasteurs), jusqu'à l'an 1500. | Domination des Arabes HYKSOS dans la Basse-Égypte . . . . . . . . .<br>Fondation de la ville de *Sinope*, dans l'Asie-Mineure. | LACÉDÉMON, gendre d'Eurotas, roi des Lélèges, donn[e son] nom à la contrée qu'il gouverne, et celui de son épouse Sp[arte] à une ville dont il est le fondateur. |
| 1600 | La colonie de CÉCROPS passe dans l'Attique, où elle fonde *Athènes*. | . . . . . . . . . . . . . . . . . . . . . . . . . . . . . . . . . . . . | Naissance d'un grand nombre de petits Etats par suite d'i[mmi]grations.<br>Arrivée dans l'Attique de l'Égyptien CÉCROPS. Il bâtit la C[écro]*pia* (plus tard Acropolis), qui donne naissance à Athènes. C['est à] lui qu'on attribue l'honneur d'avoir apporté en Grèce les pre[miers] éléments de civilisation, introduit le culte de Minerve, ce[lui de] Neptune, institué le mariage et appris aux Grecs à cultiver ... et l'olivier. Il est cependant probable qu'un grand nombre d... antérieurs et postérieurs à Cécrops ont été, par suite de [l'obs]curité de ces temps reculés, rattachés à l'arrivée de ce pe[rson]nage en Grèce, comme, par exemple, la fondation du tribu[nal de] l'Aréopage, qui fut une des plus célèbres institutions de la ... Le règne de CÉCROPS dura 50 ans et devint l'ère d'Athène[s], première époque marquée dans les marbres de Paros.<br>Arrivée de DEUCALION (fils de PROMÉTHÉE) et de son é[pouse] PYRRHA en Thessalie. — *Déluge de Deucalion.*<br>HELLÈNE, fils de Deucalion, fut la tige des Éoliens, des ... et des Achéens. Son nom passa d'abord à une partie des p... de la Thessalie et, plus tard, à tous les habitants de la Grè[ce].<br>Origine du conseil des *Amphictyons* pour l'administratio[n des] affaires générales de la Grèce, attribuée à AMPHICTYON, au... de Deucalion. — *Oracles de Dodone et de Delphes.* |
| 1500 | Sortie des Israélites d'Egypte, sous la conduite de MOÏSE.<br>Une colonie, conduite par DANAÜS, passe à Argos.<br>Expulsion des rois arabes dits Hyksos par les rois de Thèbes. Réunion de toute l'Egypte en un seul empire.<br>SÉSOSTRIS, le plus grand roi de l'Egypte et un des plus célèbres de l'antiquité ; il passe pour le fondateur de la 19e dynastie des rois d'Égypte. On croit que son nom fut porté par plusieurs rois et que la tradition a reporté sur un seul les actions glorieuses de tous. Résidence à *Memphis*.<br>Division de l'Egypte en 36 districts (nomachies) dont la direction est confiée à autant de gouverneurs (nomarques), chargés de la perception des impôts, établis d'après une base cadastrale fixe, et de tous les détails de l'administration.<br>Après 9 ans de courses victorieuses dans les trois parties du monde, SÉSOSTRIS rentre en Egypte et fait exécuter ces constructions gigantesques dont les ruines sont encore de nos jours un objet d'étonnement et d'admiration, le magnifique temple de *Phtha* à Memphis, les canaux qui devaient répartir les eaux du Nil dans toute la contrée ; des villes nouvelles, des pyramides, des obélisques, s'élèvent à sa voix. | APHRASIAB, roi de Touran, s'empare de la Perse. COURCHASB, dernier roi de la dynastie des Pichdadiens, est vaincu et mis à mort. Suivant Anquetil-Duperron, ce prince aurait vécu au neuvième siècle avant l'ère chrétienne. *Dynastie des Caïanides*, en Perse : CAÏCOBAD se maintient contre le prince de Touran ; capitale : *Persépolis*. — ROUSTEM, le héros de l'Iran.<br>MOÏSE. Les Israélites sortent de l'Egypte (1491). Institution de la Pâque en mémoire de cet événement. — Les *Tables de la Loi* au mont Sinaï. — Mort de Moïse (1452). JOSUÉ lui succède. Il fait en 7 ans la conquête du pays de Canaan, qu'il partage entre les tribus d'Israël. Il meurt après avoir gouverné pendant 28 ans. — Les Israélites sont gouvernés par des juges pendant 400 ans (jusqu'en 1080).<br>OTHONIEL, juge d'Israël (1417), délivre son peuple de la servitude de CHUSAN-RASATHAÏM, roi de Mésopotamie.<br>La colonie phénicienne de Cadmus passe dans la Béotie.<br>MYSUS et CARÈS, fils de LYDUS, roi de Lydie, fondent les royaumes de Mysie et de Carie dans l'Asie-Mineure. | Le Phénicien CADMUS s'établit en Béotie. Il passe pou[r avoir] importé l'écriture en Grèce. On lui attribue aussi l'invent[ion de] l'art d'exploiter les mines et de la fonte des métaux. — F[onda]tion de Thèbes.<br>L'Égyptien DANAÜS s'empare d'Argos. Origine de la fab[le des] Danaïdes ou des 50 filles de DANAÜS, qui, ayant été d[eman]dées en mariage par les 50 fils de leur oncle EGYPTUS, les m[assa]crèrent tous à l'exception de LYNCÉE, qui fut épargné pa[r Hy]PERMNESTRE. |
| 1400 | NÉCHEPSOS, fondateur de la 20e dynastie d'Egypte (en 1455) ? | Fondation, dans l'Asie-Mineure, du royaume de Troie, par TROS, petit-fils de Dardanus.<br>Le Lydien PÉLOPS passe à Argos.<br>EDNAN, descendant d'Ismaël, chef de la tribu des Koréichites, d'où est sorti depuis MAHOMET. | PÉLOPS, roi de Lydie, passe dans la péninsule grecq[ue et] donne son nom au *Péloponèse*. Son petit-fils ATRÉE fut pè[re d'A]gamemnon, roi de Mycène et d'Argos, chef de l'armée g[recque] lors de l'expédition de Troie, et de Ménélas, roi de Sparte. |

STRASBOURG, IMP

# EUROPE.

| Italie. | Autres pays de l'Europe. | HISTOIRE RELIGIEUSE.<br>Mœurs. Usages. | LETTRES, SCIENCES, ARTS, LÉGISLATION, COMMERCE, INDUSTRIE, DÉCOUVERTES, INVENTIONS, ETC. |
|---|---|---|---|
| 4 | 5 | 6 | 7 |
| Habitants primitifs : *peuples de race gauloise.*<br>*Étrusques*, en Étrurie, dont quelques auteurs ne placent l'arrivée en Italie qu'à l'an 1187 avant l'ère chrétienne, où ils auraient quitté la Rhétie et chassé les Ombriens, qui habitaient la vallée du Pô et la contrée appelée aujourd'hui Toscane.<br>*Ausones, Sabins, Samnites, Campaniens, Sicules.*<br><br>Arrivée d'une colonie pélasgienne, sortie de l'Arcadie, sous la conduite d'Œnotrus et de Peucetius. | Les *Cimmériens* (Kimmerii) à l'est du Rhin et au nord du Danube (?). Quelques auteurs en ont fait descendre les Cimbres.<br>L'histoire primitive de ces Kimmerii n'est pas moins enveloppée d'obscurité que celle des autres peuples dont l'origine remonte dans les temps fabuleux de l'antiquité, et malgré tous les trésors d'érudition dont les savants ont fait preuve à leur égard, leurs annales sont restées aussi obscures que les antres dont quelques tribus cimmériennes faisaient, au rapport d'Éphore, leurs demeures habituelles.<br>Les Keltes ou Celtes, également connus sous le nom de *Gaulois, Galates, Galls*, dans la Gaule proprement dite, dans la Germanie, entre le Danube et les Alpes, dans les îles Britanniques et en Espagne. Dans ce dernier pays ils se mélangèrent avec les Ibériens et donnèrent naissance aux Celtibères.<br><br>Ogmion, ou l'Hercule gaulois, conduit et fonde des colonies celtiques ou gauloises en Espagne et en Italie.<br><br>Habis, roi des Cynètes, peuple d'Espagne, leur apprend à cultiver la terre et les répartit en sept villes. La couronne reste pendant plusieurs siècles dans sa famille (?). | **2000—1800** (suite)<br>Naissance du culte de *Baalphégor* chez les Moabites et les Madianites.<br>Culte du *Soleil* dans l'île de Rhodes.<br>Culte de *Sérapis* en Egypte. Les prêtres prétendaient tenir de lui leurs découvertes et leurs connaissances dans la médecine, qu'ils faisaient accepter sous la forme d'oracles.<br>**1600—1400.**<br>*Théogonie celtique. Tuiston*, né de *Tis* ou *Tuis*, de *Herta* ou la Terre, dieu suprême des premiers Germains; *Wodan* était leur Mercure, *Siona* leur Vénus, *Proao* leur Thémis.<br>*Dis* ou *Samothès*, dieu suprême des Gaulois, qui portait le nom de *Mosoch* ou *Mesech* chez les Bretons. *Teutatès* était leur Mercure, *Esus* leur Mars, *Ogmion* leur Hercule, *Belenus* leur Apollon, *Belisamra* leur Minerve, *Onnava* leur Vénus, *Neith* leur Neptune, *Nehalienia* leur Diane. *Thoramis* était le Jupiter des Bretons, et *Belaturcadrus* leur Apollon. Les Gaulois avaient encore reçu des Perses leur dieu *Mithra* et de l'Egypte la déesse *Isis* qu'ils représentaient couverte de mamelles, à l'imitation des statues de Cérès, mère de la fécondité. Les prêtres, appelés *druides*, célébraient leur culte dans des forêts de chênes, pour lesquels les Gaulois particulièrement avaient une grande vénération. Ils choisissaient le plus beau chêne et attachaient à ses branches les noms des principaux dieux; autour du tronc ils construisaient un autel devant lequel ils se prosternaient. La recherche du gui, qui avait lieu le premier jour de l'année, était une fête nationale. Souvent des victimes humaines ensanglantaient leurs autels, et, dans les occasions solennelles, ils élevaient des statues colossales d'osier, dont les membres étaient remplis d'esclaves ou de criminels qu'on brûlait vifs, afin d'apaiser la colère des dieux.<br>Cependant les druides reconnaissaient un être suprême qu'ils plaçaient au-dessus de leurs dieux et croyaient à l'immortalité de l'âme par la métempsycose, mais ils ne mettaient pas cette doctrine par écrit, de peur qu'on ne la profanât. Leurs principaux collèges dans les Gaules étaient à Chartres, Autun, Marseille et Toulouse. Les druidesses avaient des temples dont l'entrée était interdite aux hommes; elles passaient pour devineresses et accomplissaient les sacrifices humains avec la plus grande férocité. Elles étaient surtout en vénération chez les Germains, qui n'entreprenaient rien sans les avoir consultées.<br>Culte de *Jupiter* introduit en Grèce par Cécrops.<br>Établissement des *Oracles.* — Oracles de *Dodone*, en Epire, et d'*Ammon*, dans la Libye, en l'honneur de Jupiter. — Les *Sibylles.*<br>Les principaux oracles qui prirent naissance dans la suite furent ceux d'*Apollon* à Delphes et à Claros, de *Mars* en Thrace, de *Mercure* à Patras, de *Vénus* à Paphos et à Aphaca (Syrie), de *Minerve* à Mycènes, de *Diane* en Colchide, de *Pan* en Arcadie, d'*Esculape* à Epidaure, d'*Hercule* à Athènes et à Gadès et de *Trophonius* en Béotie.<br>Les *Sibylles* étaient des femmes que l'on regardait comme inspirées des dieux et auxquelles on attribuait le don de prédire l'avenir. L'antiquité connaissait dix sibylles, dont celle de *Cumes*, en Campanie, fut la plus célèbre.<br>Culte de l'*Hercule tyrien* et établissement par les Tyriens de jeux célèbres, qui se renouvelaient tous les cinq ans, en l'honneur de l'*Hercule tyrien, Baal* et *Malcarthus*. Ces jeux furent plus tard imités par les Grecs et par les Romains. Un autre temple célèbre, en l'honneur de l'Hercule tyrien, fut élevé par les Phéniciens, à Gadès, en Espagne.<br>Tagès invente chez les Étrusques l'art des *aruspices*, qui tiraient des présages de l'examen des entrailles des victimes.<br>Naissance en Grèce du culte de *Cérès* (Isis des Egyptiens), déesse de l'agriculture, et du culte du *Bacchus thébain*, sur le modèle du Bacchus indien et du Bacchus égyptien; culte de *Proserpine* et culte scandaleux de *Priape*, fils de Bacchus et de Vénus, et dieu des jardins, des troupeaux et de la pêche.<br>Premier temple élevé aux *Grâces*, sur le fleuve Tiase, en Laconie.<br>Origine des *fêtes bacchanales* ou *Dionysiades*, établies en Grèce, et des *Fêtes de Jupiter panhellénien* (protecteur de toute la Grèce); ces dernières instituées à Athènes.<br>*Mystères d'Eleusis*, célébrés deux fois annuellement dans le temple de Cérès-Eleusine, à Eleusis, en Grèce<br>*Fêtes panathénaïques*, célébrées à Athènes en l'honneur de Minerve. | **1800—1600.**<br>Premières républiques urbaines phéniciennes.<br>Manufactures de tissus de lin et de laine des Phéniciens. Ils inventent le verre, la teinture en pourpre et fabriquent avec habileté toutes sortes d'objets d'art. On leur attribue aussi l'invention de l'écriture et de l'arithmétique.<br>Cependant il en est de l'invention de l'écriture comme de celle de presque tous les autres arts utiles. Elle a été revendiquée par la plupart des peuples de l'antiquité, qui en ont fait honneur à leurs dieux. Les Phéniciens ont pour eux le témoignage de leur historien Sanchoniaton, qui prétend que l'écriture alphabétique fut importée en Egypte par Taut, fils du roi phénicien Mizraïm, lorsque son père y vint en 2178 (d'autres en 2965). Cette découverte importante est attribuée par d'autres auteurs à Adam, à Seth, à Enoch, à Abraham, à Moïse, à Saturne, aux Ethiopiens, aux Égyptiens et, enfin, les Chinois en font remonter l'origine à leur Fohi. Il en est de même des chiffres arabes, dont l'invention est attribuée aux Indiens, qui les auraient communiqués aux Arabes, d'où ils seraient venus jusqu'à nous par les Maures.<br>Connaissances médicales des Égyptiens attestées par la Genèse (Ch. L.) : Joseph ordonne à ses médecins d'embaumer son père. C'est la mention la plus ancienne et la moins contestée que l'on trouve de l'art de guérir les maladies.<br>Le Vulcain grec enseigne aux hommes à travailler les métaux et tous les usages qu'ils peuvent faire du feu. D'autres nations ont eu également leurs Vulcains, de même que les Hébreux leur Tubalcaïn.<br>Invention de la flûte à sept tuyaux, attribuée à Pan.<br><br>**1600—1300.**<br>Cécrops, législateur des Athéniens. Institution de l'Aréopage.<br>La culture du blé et de l'olivier introduite dans l'Attique.<br><br>**1500—1300.**<br>Cadmus apporte en Grèce l'écriture alphabétique.<br>Les premières monnaies d'or et d'argent sont attribuées aux Lydiens, de même que l'invention des auberges.<br>Commerce maritime des Egyptiens, fondé par Sésostris. Construction de canaux et du temple de Memphis. Etat florissant de l'industrie du coton et de la teinture en Egypte.<br>Moïse, législateur et historien des Juifs.<br>Bethsaléel et Aholiab construisent le tabernacle et l'arche des Hébreux, dont la description se trouve dans les livres de Moïse, et qui atteste une grande habileté dans l'exécution des ouvrages en métaux et dans la sculpture en pierre et en bois. |

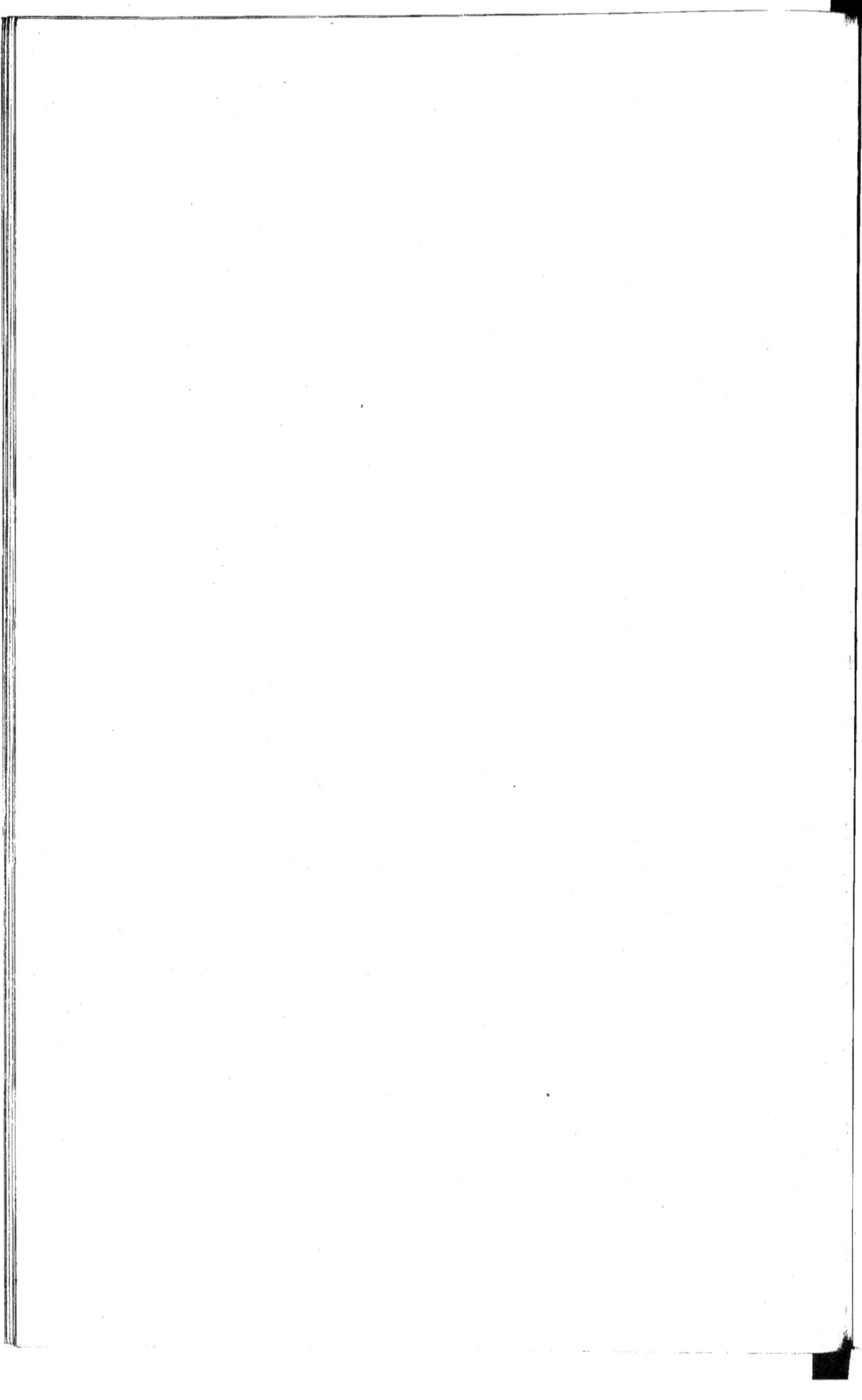

| AVANT J.-CH. | **AFRIQUE.** Égypte. 1 | **ASIE.** Inde. Chine. Empire assyrien. Perse. Palestine. Syrie. Phénicie. 2 | Grèce. 3 |
|---|---|---|---|
| 1357 | . . . . . . . . . . . . | Judicature d'EHOUD chez les Israélites. Il les délivre de la servitude d'EGLON, roi des Moabites. | |
| 1350 | . . . . . . . . . . . . | . . . . . . . . . . . . . . . . . . . . . . . . . . . . . . . . | Fondation de la ville de *Corinthe*, par SISYPHUS, fils |
| 1300 | . . . . . . . . . . . . | . . . . . . . . . . . . . . . . . . . . . . . . . . . . . . . . | MINOS, roi de Crète, célèbre législateur. Son petit MINOS II, passe pour avoir enseigné aux Grecs l'art de c les vaisseaux. |
| 1265 | . . . . . . . . . . . . | BARAC, fils d'Abinoem, juge d'Israël, de concert avec la prophétesse DÉBORAH, affranchit les Israélites de la servitude de JABIN, roi des Cananéens. Il eut pour successeur GÉDÉON (1245), vainqueur des Madianites et des Amalécites. | |
| 1250 | . . . . . . . . . . . . | . . . . . . . . . . . . . . . . . . . . . . . . . . . . . . . . | Expédition des Argonautes en Colchide, à la recher toison d'or. JASON, chef de l'expédition. CASTOR et POL PHÉE. HERCULE. THÉSÉE, roi d'Athènes. |
| 1240 | . . . . . . . . . . . . | . . . . . . . . . . . . . . . . . . . . . . . . . . . . . . . . | THÉSÉE, fils d'Egée, roi d'Athènes, réunit les douze b l'Attique, et fait du gouvernement d'Athènes une démocr un roi. |
| 1225 | . . . . . . . . . . . . | Invasion des Perses dans les Indes; SOURSEIN, rajah du Bengale, leur paie tribut. . . . . . . . | Guerre des sept chefs contre Thèbes. Dix années aprè des *Epigones*, ou enfants des sept chefs. Les malheurs et de ses fils ÉTÉOCLE et POLYNICE. |
| 1205 | . . . . . . . . . . . . | ABIMÉLECH, fils de Gédéon, après avoir égorgé ses soixante-dix frères, à l'exception d'un seul, qui parvient à se soustraire à sa fureur, se fait proclamer roi des Israélites par les habitants de Sichem; mais sa tyrannie le fait bientôt détester et il est tué, en cherchant à apaiser une révolte de ceux même qui l'avaient reconnu. THOLA et, après lui, JAIR succèdent à Abimélech.<br>Ce fut, d'après ce que l'on croit, sous la judicature de Thola que la Moabite RUTH, l'une des brus de Nohémie, revint à Bethléhem et y épousa Booz, qui la rendit mère d'OBED, aïeul de DAVID. | |
| 1200 | . . . . . . . . . . . . | Fondation de la ville phénicienne de TYR, célèbre par ses teintures de pourpre. . . . . . . .<br>PRIAM, roi de Troie.<br>Fondation de l'empire des Huns dans la Scythie, par KOUEI-FANG ou TCHOUN-GOEI. | La Thessalie s'érige en république sous le nom de R *Pylaïque*. |
| 1194 | . . . . . . . . . . . . | D'après les annales de la Chine, les Tatars commencent à peupler les îles de la mer Orientale et du Japon. Les Tatars du Turkestan s'étendent jusque dans la Petite-Bucharie. | *Guerre de Troie*. 100,000 Grecs montés sur 1000 v font voile pour l'Asie-Mineure, pour venger l'offense fai NÉLAS, roi de Sparte, dont la femme HÉLÈNE avait été par PARIS, fils de PRIAM, roi des Troyens. AGAMEM d'Argos, de Mycènes et de Sicyone; MÉNÉLAS, roi de ACHILLE, roi des Myrmidons; AJAX, roi des Locriens; roi d'Ithaque; DIOMÈDE, roi d'Etolie; MÉNESTHÉE, roi d'. IDOMÉNÉE, roi de Crète; NESTOR, roi de Pylos; PATROC d'Achille, principaux chefs des Grecs. |
| 1187 | . . . . . . . . . . . . | JEPHTÉ se met à la tête des Israélites, qu'il délivre du joug des Ammonites, et devient leur juge. Sa judicature ne dura que 7 ans. Quelques-uns placent après lui comme juges des Israélites BOOZ ou ABESAN, AHIALON et ABDON. | |
| 1184 | . . . . . . . . . . . . | Destruction de Troie par les Grecs. — PRIAM, HECTOR, ÉNÉE, PARIS, princes troyens. — ÉNÉE passe en Italie.<br>Fondation de *Salamine*, dans l'île de Chypre, par TEUCER, fils d'Ajax. | Revers des princes grecs après leur départ de la Troa NESTHÉE, roi d'Athènes, meurt dans l'île de Mélos; AJAX Locriens, périt avec sa flotte. ULYSSE erre pendant dix a de rentrer dans Ithaque, AGAMEMNON est égorgé, en dans ses foyers, par CLYTEMNESTRE, son indigne épouse NÉE, DIOMÈDE et d'autres vont fonder des colonies dans u velle patrie. |
| 1135 | . . . . . . . . . . . . | SAMSON, de la tribu de Dan, homme d'une force extraordinaire, est nommé juge des Israélites, qu'il gouverne pendant 20 ans. Il remporte plusieurs victoires sur les Philistins, qui avaient asservi Israël. | |
| 1122 | . . . . . . . . . . . . | La dynastie de TCHEOU monte sur le trône de Chine, qu'elle occupe pendant 874 ans, par 35 empereurs. | |
| 1115 | . . . . . . . . . . . . | HÉLI réunit dans sa personne le souverain sacerdoce et la judicature des Israélites. Ce fut sous son gouvernement que les Philistins s'emparèrent de l'Arche d'Alliance du Seigneur. Son administration fut malheureuse, et ses fils OPHNI et PHINÉES, qui avaient excité les murmures du peuple par leurs exactions, furent tués le même jour dans une bataille contre les Philistins. | |
| 1100 | Fondation d'*Utique*, dans l'Afrique septentrionale, par les Phéniciens. | Expéditions commerciales des Phéniciens en Espagne, où ils cherchent de l'or, de l'argent, du fer, du plomb; de l'étain dans les îles britanniques, de l'ambre sur les côtes de la mer Baltique. Ils fondent *Utique*, dans l'Afrique septentrionale, et leurs caravanes parcourent ce continent, ainsi que l'Asie. — *Tyr* et *Sidon*, principales villes de la confédération phénicienne.<br>Colonies grecques des Éoliens, des Ioniens et des Doriens sur la côte occidentale de l'Asie-Mineure et dans les îles environnantes. — Confédération des douze villes éoliennes; *Mitylène*, dans l'île de Lesbos, et *Smyrne*, qui fit plus tard alliance avec les Ioniens. — Confédération des douze villes ioniennes, dont les principales furent *Milet*, *Éphèse*, *Phocée*; les îles de *Samos* et de *Chio*. — Confédération des six villes doriennes, dont la principale fut *Gnide*. | Invasion des *Héraclides*, aidés des Doriens et des E dans le Péloponèse. Ils chassent les Pélopides et s'établis Etats de Sparte, d'Argos, de Messène, d'Elide et de C EURYSTHÈNE et PROCLÈS, rois de Sparte; TEMÈNE, roi d CRESPHONTE, roi de la Messénie; OXYLUS, roi d'Elide, e ron trente ans après la première invasion, ALÉTÈS, au raclide, devient roi de Corinthe.<br>Les Eoliens, les Ioniens et les Doriens vont fonder des dans l'Asie-Mineure. |
| 1075 | . . . . . . . . . . . . | Le prophète SAMUEL, dernier juge des Israélites. Ce fut l'homme le plus important d'Israël, depuis Moïse: il affranchit son peuple du joug des Philistins, auxquels il reprit l'Arche, rétablit l'ordre et le culte du vrai Dieu. Mais ses fils, avec lesquels il partagea le pouvoir dans ses vieux jours, lassèrent le peuple par leur corruption. Ce fut alors que les Israélites demandèrent à être gouvernés par un roi. | |
| 1068 | . . . . . . . . . . . . | . . . . . . . . . . . . . . . . . . . . . . . . . . . . . . . . | Dévouement et mort de CODRUS, dernier roi des Ath dans la guerre contre les Héraclides. Un oracle ayant pr les Héraclides seraient vainqueurs s'ils épargnaient Cod lui-ci se déguise en soldat et se jette au milieu des enne il trouve la mort. Athènes s'érige en république sous le go ment de magistrats appelés *archontes* et dont MÉDON, fil DRUS, fut le premier. |



STRASBOURG, IMPRIMERIE DE C

'Æolus.
…ils, Mi-
…struire

…e de la
…ux. Or-

…urgs de
…tic avec

…guerre
…ŒDIPE

…ublique

…isseaux
…e à Mé-
…enlevée
…ON, roi
…Sparte;
…LYSSE,
…thènes;
…E, l'ami

…le. Mé-
…roi des
…s avant
…entrant
…(HOMÉ-
…ne nou-

…oliens,
…sent les
…orinthe.
…'Argos;
…, envi-
…tre Hé-

…colonies

…éniens,
…édit que
…RS, ce-
…mis, où
…uverne-
…s de Co-

## EUROPE.

### Italie. Grande-Grèce. (4)

Arrivée en Italie d'une colonie pelasgienne, conduite par EVANDER. On lui attribue l'introduction de l'agriculture et des caractères d'écriture. Les Sicules passent en Sicile. — Fondation de la ville de *Padoue*, en Etrurie.

Fondation de *Ravenne*, par les Thessaliens.

ENÉE, prince troyen, aborde dans le Latium, en Italie. Les Romains lui attribuaient leur origine et regardaient Romulus comme le quinzième descendant du héros troyen. Il bâtit une ville qu'il nomme *Lavinium*, du nom de son épouse LAVINIA. Cependant l'arrivée d'Enée en Italie est généralement regardée comme une fable; les historiens ne sont nullement d'accord sur ses pérégrinations, et d'un autre côté diverses contrées se glorifiaient de posséder son tombeau. La ville d'*Albe-la-Longue*, dans le Latium, rapportait son origine à ASCAGNE, fils d'Enée.

Fondation de *Capoue*, dans la Grande-Grèce, par CAPYS, l'un des compagnons d'Enée, et de *Pise*, par des soldats de Nestor, l'un des héros grecs de la guerre de Troie.

Fondation de *Mantoue*.

. . . . . . . . . . . . . . .

### Autres pays de l'Europe. (5)

Les Saxons, d'après quelques historiens, commencent à se faire connaître dans le nord de la Germanie.

Fondation d'*Olysipo* ou *Lisbonne*, dans la Lusitanie, par ULYSSE, à qui on attribue aussi celle de la ville d'*Asciburgium* (Aschaffenbourg), sur le Rhin.

Fondation de la ville de *Bavay*, dans la Gaule-Belgique, par FRANCUS, fils d'Hector, qui lui donne le nom de *Nouvelle Troie*.

Expéditions commerciales des Phéniciens en Espagne, dans les Iles Britanniques et sur les côtes de la mer Baltique.

Fondation de *Londres* ou *Nouvelle Troie*, par un petit-fils d'Enée.

## HISTOIRE RELIGIEUSE.

### Mœurs. Usages. (6)

**1600—1400** (suite).

Les *Tables de la Loi* données aux Israélites au mont Sinaï. Le *Pentateuque*, le plus ancien monument écrit des Juifs. — Gouvernement théocratique.

Institution de trois grandes fêtes nationales chez les Juifs, dont la principale fut la Pâque, en mémoire de la sortie d'Egypte.

**1400—1200.**

Etablissement des *jeux olympiques*, par PÉLOPS, en l'honneur de Jupiter (d'autres disent par HERCULE, au retour de l'expédition des Argonautes). Ils se célébraient dans la ville d'Olympie, en Élide. C'étaient les plus célèbres de toute la Grèce et servirent plus tard à régler toute la chronologie grecque. Ils duraient cinq jours; les exercices étaient le pugilat, la lutte, le pancrace, le disque et la course.

Naissance du culte de *Plutus* et de *Saturne*, en Italie.

Temples élevés en Égypte, à Athènes et dans l'île de Sériphe (l'une des Cyclades), en l'honneur de Persée.

Etablissement des *jeux gymniques*, par les habitants de Chemmis, ville de la Thébaïde, en l'honneur de Persée. Ces jeux furent importés et devinrent célèbres chez les Grecs et les Romains et reçurent leur nom de la nudité des athlètes.

Etablissement de l'*Oracle de Trophonius* à Lébadée, en Béotie. Institution des *jeux pythiques*, à Delphes, en l'honneur d'Apollon, vainqueur du serpent Python, par JASON ou par DIOMÈDE, roi d'Etolie. Ces jeux furent négligés dans la suite et rétablis avec d'autres, en 582.

Etablissement du *culte d'Esculape*, en Grèce, comme dieu de la médecine.

RHADAMANTHE, roi de Lycie, MINOS, roi de Crète, et EAQUE, roi d'Egine, sont mis, à cause de leur équité, au nombre des dieux infernaux, comme juges des ombres.

Naissance en Grèce du *culte des Dioscures* (Castor et Pollux), d'*Adonis* ou *fêtes aphrodisies* et d'*Hercule*.

Le *culte du Soleil* ou le *Sabéisme* est porté par les Perses dans l'Inde.

Etablissement des *jeux isthmiques*, à Corinthe, par THÉSÉE, en l'honneur de Neptune, et des *jeux néméens*, en l'honneur de Jupiter, par HERCULE, après sa victoire sur le lion de Némée,

**1200—1000.**

Sacrifice d'IPHIGÉNIE à l'occasion du départ des Grecs de l'Aulide, demandé par le devin CALCHAS.

Énée est déifié après sa mort sous le nom de *Jupiter-Indigète*.

*Culte de Flore* chez les Sabins.

## LETTRES, SCIENCES, ARTS, LÉGISLATION, COMMERCE, INDUSTRIE, DÉCOUVERTES, INVENTIONS, ETC. (7)

**1300—1000**

Première bibliothèque fondée en Egypte, dans le temple de Sérapis.

MINOS, législateur de l'île de Crète. Puissance maritime des Crétois sous MINOS.

L'agriculture enseignée aux Italiens par EVANDER.

Le centaure CHIRON, instituteur de Jason et d'Hercule et, plus tard, d'Achille, donne aux Argonautes un calendrier et des conseils pour leur navigation. Il avait fixé, dit-on, dans le zodiaque, la situation de l'équinoxe du printemps.

SANCHONIATON, historien phénicien.

DÉDALE, statuaire grec, invente les voiles de navire.

Education uniforme et publique des enfants dans l'île de Crète.

ORPHÉE, poëte et musicien grec; on lui attribue l'invention de la cythare et de la lyre. LINUS et MUSÉE, poëtes grecs.

PALAMÈDE, l'un des héros de l'expédition contre Troie, est regardé comme un des hommes les plus remarquables de son temps. Les Grecs lui attribuaient l'invention de la monnaie, celle du calendrier, des poids et mesures, des jeux des échecs et des dés et de l'art de ranger les bataillons. Pline lui fait aussi honneur de l'invention de sept nouvelles lettres de l'alphabet, que d'autres réduisent à quatre.

Le prophète SAMUEL chez les Juifs.

Origine de l'art architectural chez les Grecs. *Ordre dorique*.

Les Chinois placent vers cette époque l'établissement de leurs premières manufactures d'étoffes de soie.

DAVID, roi des Juifs, poëte, auteur de la plupart des Psaumes.

Musique religieuse chez les Juifs. David fonda un chœur réglé de chanteurs, dont ASSAPH fut le premier chef.

ZAMOLXIS, législateur de la Thrace. Quelques-uns le font vivre au sixième siècle.

…. SILBERMANN.

| AVANT J.-CH. | AFRIQUE. Égypte. Carthage. 1 | ASIE. Inde. Chine. Empire assyrien. Palestine. Syrie. Phénicie. 2 | Grèce. Macédoine. Th 3 |
|---|---|---|---|
| 1065 | . . . . . . . . . . . . | SAUL, fils de Kis, de la tribu de Benjamin, est sacré roi d'Israël et reconnu dans une assemblée tenue à Mitspa, après sa victoire sur NAAS, roi des Ammonites. Mais il désobéit aux ordres de l'Eternel, en épargnant le butin fait sur les Amalécites qu'il avait vaincus et SAMUEL sacra roi DAVID, fils d'Isaï, de la tribu de Juda. SAUL battit encore à différentes reprises les ennemis d'Israël, mais il fut vaincu à son tour par les Philistins, et succomba à la bataille du mont Ghilbou, avec trois de ses fils, ABINADAB, MELCHISUA et JONATHAN. Les historiens ne sont pas d'accord sur la durée du règne de Saul, auquel ils assignent depuis 2 jusqu'à 40 ans. | |
| 1050 | . . . . . . . . . . . . | DAVID est reconnu roi par la tribu de Juda. Il établit sa résidence à Hébron. ISBOSETH, fils de Saul qui avait été proclamé par les autres tribus, lui fait la guerre pendant deux ans, mais il est assassiné par deux de ses serviteurs.<br>CAÏCAUS, roi de Perse. Sous son règne vécut le fabuliste LOKMAN. | . . . . . . . . . . . . |
| 1033 | . . . . . . . . . . . . | DAVID est reconnu roi par toutes les tribus d'Israël. Il s'était déjà distingué du vivant de Saul par des actions d'éclat. Il commença son règne par la défaite des Jébuséens, dont il prit la ville, qui devint la capitale du royaume, sous le nom de *Jérusalem*. Il vainquit les Philistins et s'empara de *Gath*, leur capitale, fit la conquête de la Syrie et la rendit tributaire, réduisit HADAREZAR, roi de Saba, et délivra enfin les Israélites de leurs éternels ennemis, des Moabites, des Ammonites et des Amalécites. Il étendit et consolida l'autorité royale, construisit la forteresse de Sion, et, victorieux de tous ses ennemis, il eût pu jouir de la paix sans les fréquentes révoltes de ses enfants, qui le forcèrent de sacrer de son vivant même, SALOMON, le plus jeune de ses enfants. Il mourut à la fin de cette même année, après un règne de 40 ans, dont 7 à Hébron et 33 à Jérusalem.<br>ABIATHAR, grand-pontife; NATHAN et GAD, prophètes pendant le règne de David. | |
| 1040 | . . . . . . . . . . . . | SALOMON, âgé de dix-sept ans, succède à son père David sur le trône d'Israël. - ZADOC, grand-pontife; EDO et AHIAS-SILONITES, prophètes.<br>La sagesse, le luxe et la magnificence de SALOMON défraient encore de nos jours les légendes des Orientaux, qui le regardent comme un de leurs Solimans ou monarques universels, et à qui ils attribuent une foule de prodiges. Son règne, en effet, marque l'époque de la prospérité et de la civilisation juives. Il créa une flotte qui fit le commerce avec Ophir, l'Arabie-Heureuse et les Indes-Orientales. Il fit construire le temple de Jérusalem, et s'adressa à HIRAM, roi de Tyr, l'ami et l'allié de son père, pour avoir des architectes et des ouvriers habiles; il fonda plusieurs villes, entre autres Tadmor, dans la Syrie, éleva un grand nombre de palais, et chercha à répandre parmi les Israélites le goût des sciences et des arts. | |
| 980 | SÉSONCHIS ou SÉSAK, fondateur de la 22e dynastie des rois d'Égypte. | CAIKOSROU, roi de Perse. . . . . . . . . . . . . . . . . . . .<br>Fondation de la ville de *Tadmor*, depuis *Palmyre*, dans le désert de Syrie, voisin de l'Arabie, par SALOMON, roi des Israélites Cette ville devint sous les Ptolémées le centre du commerce entre l'Égypte et les Indes.<br>La Syrie, affranchie de la domination des Israélites, est érigée en royaume par RESON. *Damas*, capitale. | Fondation de la ville de *Samos*, dans l'île de ce nom. |
| 970 | . . . . . . . . . . . . | SALOMON avait fini par sacrifier aux idoles. Pour entretenir ses 700 femmes et ses 300 concubines, il écrasa le peuple d'impôts. Une révolte, à la tête de laquelle s'était mis JÉROBOAM, est étouffée, mais, à la mort de Salomon, JÉROBOAM, qui s'était réfugié en Egypte, revient, se met à la tête des mécontents et provoque le: | Depuis l'an 1000, les villes de la Grèce se constituent fêtes nationales et les assemblées des Amphictyons. |
| 962 | . . . . . . . . . . . . | SCHISME DES DIX TRIBUS. . . . . . . . . . . . . . . .<br>ROBOAM, fils de Salomon, devient roi de Juda. Son royaume était composé des deux tribus de Juda et de Benjamin et des Lévites. Capitale: *Jérusalem* (20 rois jusqu'à la destruction de Jérusalem, par Nebucadnezar). ACHIMAAS, grand-prêtre; EDO, prophète.<br>JÉROBOAM se fait proclamer roi d'Israël. Son royaume était composé des dix tribus dissidentes et avait pour capitale *Sichem*, plus tard Samarie (19 rois jusqu'à la destruction du royaume, par Salmanassar). Guerre entre les royaumes de Juda et d'Israël, jusque vers l'an 900. | La Thrace est habitée par plusieurs petits peuples, par les plus puissants. |
| 950 | . . . . . . . . . . . . | . . . . . . . . . . . . . . . . . . . . . . . . . . | . . . . . . . . . . . . |
| 955 | . . . . . . . . . . . . | SÉSAK, roi d'Égypte, s'empare de Jérusalem, qu'il livre au pillage. | |
| 946 | . . . . . . . . . . . . | ABIA, fils de Roboam, roi de Juda. Il remporte une victoire complète sur JÉROBOAM. ASARIA, grand-prêtre. | |
| 944 | . . . . . . . . . . . . | ASA, fils d'Abia, roi de Juda, règne 41 ans. Victoire sur les Éthiopiens. Il détruit l'idolâtrie. ASARIA, fils d'Osed, et JEHU, prophètes. | |
| 943 | . . . . . . . . . . . . | NADAB, fils de Jéroboam, roi d'Israël, est assassiné, après 2 ans de règne, au siége de Gibthon, ville des Philistins, par BAASA, son général. | |
| 942 | . . . . . . . . . . . . | BAASA, fils d'Ahias, s'empare du trône d'Israël, après le meurtre de Nadab. Il commence par massacrer tous les enfants de Jéroboam et se livre à tous les vices de ses prédécesseurs. Il fait la guerre à ASA, roi de Juda, mais, attaqué par le roi de Syrie, il se retire à Thirsa, alors capitale du royaume d'Israël, où il meurt après un règne de 24 ans. | |
| 919 | . . . . . . . . . . . . | ELA, fils de Baasa, règne pendant un an sur Israël. Il est tué au milieu d'une orgie, par ZIMRI, qui règne 7 ans et se donne la mort au moment où il allait tomber entre les mains de son compétiteur AMRI, qui s'empare du pouvoir, après 5 ans de guerre civile contre un autre chef nommé THIBNI. Il bâtit la ville de *Samarie*, qui devient plus tard la capitale du royaume d'Israël. | . . . . . . . . . . . . |
| 907 | . . . . . . . . . . . . | AHAB succède à son père Amri sur le trône d'Israël, qu'il déshonore par ses débauches et sa perversité. Ayant épousé JÉSABEL, fille du roi de Sidon, celle-ci introduit parmi les Israélites le culte de Baal des Phéniciens, à côté des veaux d'or, établis par Jéroboam à Béthel et à Dan. Ahab périt après 22 ans de règne dans une guerre contre le roi de Syrie. — Les prophètes ELIE et ELISÉE. | La dynastie des *Bacchides*, fondée par Bacchis, règne |
| 904 | . . . . . . . . . . . . | JOSAPHAT, fils d'Asa, roi de Juda. Victoires sur les Moabites et les Ammonites. JOACHAS, grand-pontife; ABADIE, MICHÉE et IHIEL, prophètes.<br>SARDANAPALE, dernier roi d'Assyrie, célèbre par sa vie voluptueuse. Quelques historiens pensent qu'il y a eu plusieurs souverains assyriens de ce nom. | |
| 898 | . . . . . . . . . . . . | . . . . . . . . . . . . . . . . . . . . . . . . . . | Mort de POLYDECTE, roi de Lacédémone, frère de LYCUR enceinte, propose à LYCURGUE de faire périr son enfant et la couronne. Le futur législateur de Sparte feint d'entrer de proche du terme, il fait surveiller la reine et ordonne de un prince. Cet ordre est exécuté, et LYCURGUE proclame et le nomme CHARILAÜS. Une conduite aussi noble lui suscit à la tête desquels se trouve la reine, qui l'accuse d'avoir prince. LYCURGUE s'éloigne de Sparte et n'y revint qu'aprè |

STRASBOURG, IMPRIMERIE DE G.

## EUROPE.

### ...race.

. . . . . . . . . . . . .

...s en républiques, unies par des

...armi lesquels les *Odryses* sont

. . . . . . . . . . . . .

. . . . . . . . . . . . .

...e à Corinthe.

...URGUE. La reine, sa veuve, étant ...et de l'épouser, afin de lui assurer ... dans ses desseins, mais, à l'ap... de lui apporter l'enfant si c'est ...e son neveu roi de Lacédémone ...scite naturellement des ennemis, ... voulu attenter à la vie du jeune ...près un voyage qui dure 10 ans.

### Italie. Grande-Grèce.

4

Établissement de colonies grecques dans la Basse-Italie, qui reçoit le nom de *Grande-Grèce*. Elle comprenait les pays des Lucaniens et des Bruttiens (les deux Calabres et la Basilicate) et toute l'Italie méridionale avec la Sicile (Tarente, Reggio, Naples, etc.).

Une colonie sortie de l'île d'Eubée fonde la ville de *Cumes*, qui devient célèbre dans l'antiquité par sa grotte prophétique, ses eaux thermales et son temple dédié à Apollon.

*Étrusques. Ausones.* — *Albe* à la tête de la confédération des Latins, la plus puissante de toutes celles qui se partageaient l'Italie. Dans chaque ville l'autorité souveraine était entre les mains d'un *roi* à vie, ou d'un *préteur* annuel, et, dans les circonstances graves, d'un *dictateur*. Le pouvoir suprême était mitigé par un sénat et des assemblées du peuple.

Les Cuméens fondent la ville de *Neapolis Kumaïon* (Parthenope?), aujourd'hui Naples.

TIBERINUS, roi des Latins, se noie dans le fleuve Albula, qui depuis a reçu le nom de *Tibre*.

## HISTOIRE RELIGIEUSE.

### Usages. Mœurs.

5

**1200—1000** (suite).

Premier temple élevé à *Esculape*, à Titane, entre Sicyone et Corinthe.

L'arche d'alliance des Israélites est prise par les Philistins.

Construction du temple de Jérusalem, par SALOMON.

**1000—900.**

Origine présumée du *Bouddhisme*, fondé par BOUDDHA, en opposition avec le brahmanisme. D'après Hassel, le nombre des sectateurs de Bouddha serait aujourd'hui de 295,000,000, tandis que le brahmanisme n'en compterait plus que 80,000,000. Le bouddhisme, expulsé de l'Inde vers le milieu du premier siècle de notre ère, s'est répandu dans presque toutes les îles des Indes-Orientales, dans la plus grande partie de la Chine, dans la presqu'île orientale de l'Inde, dans le Thibet et la Mongolie. L'empire russe en compte environ 300,000. Le bouddhisme ne reconnaît point de distinction de castes sous le rapport religieux; point de sacrifices sanglants; point de salut sans la vie ascétique et contemplative. Il nie l'existence des purs esprits et n'admet l'existence réelle et absolue que de la matière.

Dédicace du temple de Jérusalem, par SALOMON.

Origine de la *franc-maçonnerie*, placée par quelques-uns au temps de la construction du temple de Salomon. D'autres en rapportent la fondation à Noé, à la tour de Babel, aux gymnosophistes de l'Inde, à la construction des temples de Memphis et d'Héliopolis, aux croisades, aux templiers et, enfin, aux confréries de maçons et d'architectes auxquelles l'art est redevable des monuments les plus importants du moyen âge.

Établissement du *culte de Tartak* chez les Avites, depuis Samaritains. Ce Tartak était un âne selon les Rabbins, le char du soleil ou le soleil lui-même, selon d'autres.

Schisme des dix tribus d'Israël, sous JÉROBOAM, qui fit deux veaux d'or et dit aux tribus: N'allez point à Jérusalem, ô Israël, voici vos dieux qui vous ont tirés d'Égypte. Ces idoles furent placées l'une à Béthel et l'autre à Dan.

## LETTRES, SCIENCES, ARTS, LÉGISLATION, COMMERCE, INDUSTRIE, DÉCOUVERTES, INVENTIONS, ETC.

6

**1000—900.**

LOKMAN, fabuliste arabe.

SALOMON, roi des Juifs, poëte et philosophe. Le *Cantique des Cantiques*, l'*Ecclésiaste*; les *Proverbes*.

HOMÈRE, le père de l'Epopée et le plus grand nom de la poésie et de toute la littérature grecques. Sept villes de la Grèce se sont disputé l'honneur de lui avoir donné le jour. L'opinion la plus probable le fait naître chez les Grecs ioniens de l'Asie-Mineure. L'*Iliade* et l'*Odyssée*.

**900—800.**

HÉSIODE, poëte, né à Ascra, en Béotie. Sa *Théogonie* ou généalogie des dieux; *les Travaux et les Jours*, ouvrage didactique dans lequel le poëte enseigne tous les travaux de l'agriculture.

Invention de la *peinture monochrome* ou à une seule couleur, par CLÉOPHANTE, de Corinthe. Peinture de vases, de miroirs, d'ustensiles de ménage.

DIBUTADÈS, de Sicyone, invente la *sculpture* en terre molle.

PYGMALION, célèbre sculpteur de l'île de Chypre, devint, selon la fable, amoureux de la statue de Galathée, ouvrage de son ciseau. Vénus lui ayant donné la vie, il l'épousa et eut d'elle un fils nommé PAPHOS, qui devint le fondateur de la ville de ce nom.

CLÉOPHYLE, poëte, regardé comme le premier qui recueillit les poëmes d'Homère, dont il était le parent. Ses descendants ou compagnons, les *Homérides* ou *rapsodes*, chantaient ses poëmes dans toute la Grèce.

G. SILBERMANN.

| AVANT J. CH. | AFRIQUE. Égypte. Carthage. 1 | ASIE. Inde. Chine. Nouvelle-Babylonie. Nouvelle-Assyrie. Médie. Palestine. Syrie. Phénicie. 2 | Grèce. Macédoine. 3 |
|---|---|---|---|
| 888 | DIDON, sœur de Pygmalion, roi de Tyr, passe en Afrique, où elle fonde *Carthage*. Selon d'autres, cette ville aurait été achevée en 1233 par les Tyriens ZORUS et CARCHEDON, et Didon n'aurait fait qu'y ajouter une citadelle. | Révolte des satrapes assyriens. Prise et destruction de Ninive, après un siége de 3 ans, par ARBACE, gouverneur de la Médie, et BÉLÉSIS, de Babylone. SARDANAPALE, dernier roi d'Assyrie, se fait brûler dans son palais avec ses femmes et ses trésors. Les débris de son vaste empire formèrent dans la suite l'empire des Assyriens, sous BÉLÉSIS, celui de Ninive, sous PHUL ou NINUS le jeune, et celui des Mèdes, sous ARBACE.<br>Les détails de cet événement sont racontés par Ctésias et se trouvent consignés dans Diodore. ARBACE aurait établi le siége de son empire à Ecbatane, où il aurait régné pendant 28 ans. Il eut pour successeurs MANDAUCÈS, SORAMUS, ARTYCAS, ARBIANÈS, ARTÆUS, ARTYNES, ASTIBARAS, ASPADAS ou ASTYAGES, qui régnèrent ensemble 317 ans. Mais Hérodote attribue la fondation de l'empire des Mèdes à DÉJOCÈS, à qui les Mèdes, fatigués de l'anarchie qui régnait chez eux, auraient offert la royauté. (Voy. 700.)<br>OCHOSIAS, fils d'Ahab, roi d'Israël. | LYCURGUE, législateur de Sparte. Sa constitutio[n] barbarie même, fit pendant plusieurs siècles la gloi[re] ment, qui était un composé de monarchie, d'aristoc[ratie] à 2 rois, à un sénat de 28 membres, à 5 éphore[s] semblées populaires, soit générales, soit particuliè[res] de la Laconie assistaient aux premières; les citoye[ns] assemblées particulières, qui délibéraient sur l'ordre tion des magistrats, etc.<br>Partage égal de toute la Laconie entre 39,000 fam[illes] ter à ses propriétés, ni en retrancher. Tout commer[ce] interdit, de même que le prêt à intérêt. Une monnai[e] lation fût permise. Aucun citoyen ne pouvait posséd[er] monnayé. — Education publique et uniforme. — Les cipités dans une caverne au pied du mont Taygète. — ou des maisons. — Point de vaisseaux de guerre. — de représentations théâtrales. — Traitements barbar[es] de cultiver la terre et d'exercer des métiers. Lorsqu[e] raissait trop considérable, on en massacrait une part pelait la *cryptie* ou embuscade. |
| 887 | . . . . . . . . . . . . . . | JORAM, frère d'Ochosias, roi d'Israël. Il abolit le culte de Baal, mais laisse subsister les autres idoles établies par Jéroboam. Il vainquit les Moabites, mais il fut malheureux contre BENHADAD, roi de Syrie, et HAZAËL, son successeur. Il fut tué par JÉHU, son général. | |
| 880 | . . . . . . . . . . . . . . | JORAM, fils de Josaphat, roi de Juda; prince impie et sanguinaire. Il est vaincu par les Philistins et les Arabes, qui pillent Jérusalem. Les Iduméens aussi avaient secoué son joug. JEHORID, grand-prêtre; ELIE et ELISÉE, prophètes. | |
| 876 | . . . . . . . . . . . . . . | OCHOSIAS, fils de Joram, roi de Juda, et neveu de Joram, roi d'Israël, fut enveloppé la même année, par Jéhu, dans le massacre de la famille d'Ahab, pendant un voyage qu'il faisait à Samarie.<br>JÉHOSAPHAT, grand-pontife; ELISÉE, prophète.<br>ATHALIE, fille d'Ahab et mère d'Ochosias, s'empare du trône de Juda et fait massacrer tous ses petits-fils, à l'exception de JOAS, qui est caché dans le temple par le grand-prêtre JEHOÏADA. | |
| 875 | PETUBATÈS, fondateur de la 23ᵉ dynastie des rois d'Egypte, dite des *Tanites*. | JÉHU, roi d'Israël. Il extermine toute la famille d'Ahab, détruit le culte de Baal et fait mettre à mort tous ses prêtres; mais il laisse subsister les veaux d'or et égale les abominations et les crimes des rois ses prédécesseurs. Son royaume est envahi par le roi de Syrie et lui-même meurt après un règne de 28 ans. | LYCURGUE s'exile après avoir fait jurer aux Lacédé[moniens] son retour. Il se retire en Crète, où il finit ses jours. |
| 870 | . . . . . . . . . . . . . . | Après 6 ans de crimes et d'abominations, ATHALIE est renversée du trône de Juda par le grand-prêtre JOÏADA, et mise à mort par son ordre. JOAS, fils d'Ochosias, est proclamé roi et rétablit le culte du vrai Dieu; mais il tombe bientôt dans les mêmes errements que ses prédécesseurs et fait assassiner le grand-prêtre ZACHARIE, qui lui avait reproché son impiété. Les Syriens envahissent bientôt après son royaume et le livrent au pillage. Couvert d'ignominie, JOAS est assassiné par deux de ses serviteurs, après 40 ans de règne. | |
| 848 | . . . . . . . . . . . . . . | JOACHAS, fils de Jéhu, roi d'Israël. Son royaume est démembré par le roi de Syrie. | Guerre entre les Lacédémoniens et les Arcadiens. C[...] défait et pris par POLYMNESTRE, roi d'Arcadie, qui le[...] |
| 832 | . . . . . . . . . . . . . . | JOAS, fils de Joachas, roi d'Israël. Il fait avec succès la guerre contre les rois de Syrie et de Juda. | |
| 831 | Les Carthaginois s'emparent d'Utique. | AMASIAS, fils de Joas, roi de Juda. Il combat les Iduméens et est vaincu plus tard par JOAS, roi d'Israël. Le peuple mécontent le chasse et il meurt après 14 ans de règne et 15 ans d'exil. — ZEDKIA, grand-pontife; ISAÏE, prophète. | |
| 817 | . . . . . . . . . . . . . . | JOAS, roi d'Israël, s'empare de Jérusalem et en pille le temple. Il meurt en rentrant dans Samarie et a pour successeur :<br>JÉROBOAM II, qui rétablit les limites du royaume et s'empare de Damas, qui devient une province d'Israël. | |
| 813 | . . . . . . . . . . . . . . | Prédication de JONAS à Ninive. . . . . . . . . . . . . . . . . . . . . . . . | CARAUNUS, originaire d'Argos, fondateur de la mon[archie] |
| 803 | . . . . . . . . . . . . . . | OSIAS, fils d'Amasias, est placé sur le trône de Juda. Il se distingue d'abord par sa piété et son courage. Il est vainqueur des Philistins, des Ammonites et des Arabes. Mais la prospérité lui fait oublier les voies de Dieu, et il est déposé par le grand-prêtre AZARIA, dont il avait voulu usurper les fonctions, après un règne de 52 ans.<br>JOEL, grand-pontife; OSÉE, ISAÏE, AMOS et MICHÉE, prophètes. | |
| 800 | . . . . . . . . . . . . . . | Commerce florissant de la ville grecque de *Milet*, dans l'Asie-Mineure. Elle fonde des colonies dans la mer de Marmara, dans la mer Noire et la mer d'Azow (800 à 600). | . . . . . . . . . . . . . . |
| 786 | BOCCHORIS, fondateur de la 24ᵉ dynastie d'Égypte, dite des *Saïtes*. | | |
| 780 | | PHUL, fondateur de l'empire de la Nouvelle-Assyrie. | |
| 776 | . . . . . . . . . . . . . . | . . . . . . . . . . . . . . . . . . . . . . . . . . . . . . | *Ère grecque des Olympiades*. Cette ère, [...] olympiques, devint la base de toute la chronologie gre[cque] Olympiade à l'autre. Chaque Olympiade portait le nom [du vain]queur dans la première. |
| 772 | . . . . . . . . . . . . . . | . . . . . . . . . . . . . . . . . . . . . . . . . . . . . . | . . . . . . . . . . . . . . |
| 766 | . . . . . . . . . . . . . . | ZACHARIE, fils de Roboam II, roi d'Israël, est assassiné après 6 mois de règne. Son successeur SELLUM a le même sort après un mois de règne. MÉNAHEM lui succède. Il est vaincu par PHUL, roi d'Assyrie, dont il achète la paix moyennant 1000 talents d'argent. | |
| 760 | . . . . . . . . . . . . . . | TIGLATH-PILESAR, roi d'Assyrie. | |

**EUROPE.**

| hrace. | Italie. Grande-Grèce. 4 | Autres pays de l'Europe. 5 | LETTRES, SCIENCES, ARTS, LÉGISLATION, COMMERCE, INDUSTRIE, DÉCOUVERTES, INVENTIONS, ETC. 6 |
|---|---|---|---|
| malgré son excessive sévérité, sa des Lacédémoniens. Le gouverne- tie et de démocratie, était confié élus tous les 5 ans, et à des as- s. Les députés de toutes les villes de Sparte seuls composaient les e succession au trône, sur l'élec-<br>es. Aucun citoyen ne pouvait ajou- , autre que celui d'échange, était de fer était la seule dont la circu- er chez soi de l'or ou de l'argent nfants mal conformés étaient pré- oint de murailles autour des villes Repas pris en commun. — Point s infligés aux ilotes, seuls chargés le nombre de ces malheureux pa- sans miséricorde, ce que l'on ap- | | | Législation de LYCURGUE, à Sparte. |
| | | | **800—700.** |
| oniens d'observer ses lois jusqu'à<br><br>IABILAÜS, roi de Lacédémone, est renvoie sans rançon. | | | Les grands prophètes ISAÏE, JÉRÉMIE, EZÉCHIEL et DANIEL. Aucune littérature n'offre une poésie aussi sublime, ni des idées aussi grandioses que la littérature juive, qui est devenue une des branches les plus remarquables de l'érudition moderne. L'admirable poëme de Jérémie, intitulé les *Lamentations*, est un chef-d'œuvre de pathétique.<br>*Arts étrusques.* Architecture nationale, quoique imitée des Egyptiens et, plus tard, des Grecs. *Vases étrusques* en terre cuite rouge, brune et noire, dont on trouve encore des débris nombreux en Italie et qui excitent l'admiration pour leurs formes et les dessins dont ils sont ornés. La peinture en émail était connue des Etrusques et était déjà portée loin au temps de Porsenna.<br>Premières monnaies d'or et d'argent des Grecs, frappées dans l'île d'Egine par PHIDON, roi d'Argos; elles portaient pour type une tortue. On attribue au même PHIDON l'invention des poids et mesures.<br>Concours des musiciens grecs aux jeux olympiques.<br>Puissance maritime des Milésiens.<br>Les Corinthiens inventent les galères à trois rangs de rames (trirèmes). D'autres prétendent qu'ils n'ont fait que les imiter des Tyriens ou des Egyptiens. Les Carthaginois inventèrent depuis les vaisseaux à quatre rangs de rames (quadrirèmes).<br>BULARQUE, peintre grec, auteur de la première peinture que mentionne l'histoire. D'après Pline, un tableau de ce peintre, représentant la destruction des Magnètes, fut acheté son pesant d'or par CANDAULE, roi de Lydie.<br>CINÆTHON de Lacédémone, poëte grec, auteur de la *Télégonie*, ou histoire de Télégone, fils d'Ulysse et de Circé,<br>XÉNOCRITE de Locres, poëte et musicien<br>EUMÉLUS de Corinthe, poëte et historien, auteur d'un poëme sur les abeilles.<br>CALLINUS d'Ephèse, poëte grec élégiaque.<br>EUPALINUS de Mégare, architecte.<br>Première éclipse de lune dont fassent mention les livres des Grecs.<br>Réforme du calendrier par NUMA. Il ajoute deux mois à l'année romaine, *januarius* et *februarius*. L'année de Romulus n'était formée que de dix mois. |
| archie macédonienne. | . . . . . . . . . . . . . . . . . . . | *Gaulois*, dans la Gaule, en Espagne, dans les îles Britanniques, dans l'Allemagne méridionale et en Italie. Colonies phéniciennes de *Cadix*, de *Séville* et de *Malaga*. Mines d'or et d'argent exploitées par les Phéniciens.<br>Les *Cimmériens*, au nord du Danube. | **HISTOIRE RELIGIEUSE.**<br>**Mœurs. Usages.**<br>*Baal* ou *Moloch* (Kronos, Saturne, Apollon, Melkarth ou Hercule) était le principal dieu des Carthaginois. On brûlait en son honneur des enfants qui étaient choisis dans les premières familles; les mères devaient assister à ces odieux holocaustes et on leur mesurait l'estime au degré d'insensibilité qu'elles montraient. Ils adoraient en outre des divinités égyptiennes, phéniciennes, grecques et romaines. Les filles carthaginoises, de même que celles de la plupart des autres nations de l'antiquité, se prostituaient dans les temples et formaient leur dot du prix qu'elles retiraient de leur virginité. |
| . . . . . . . . . . . . . . | Confédération des 12 villes ou tribus étrusques. A la tête de chaque tribu se trouvait un *lucumon* ou roi, qui résidait dans la ville chef-lieu de la tribu. Les chefs-lieux étaient : *Volaterræ* (Volterra), *Aretium* (Arezzo), *Cortona* (porte encore le même nom de nos jours), *Tarquinii* (n'existe plus), *Vetulonia* (Torre Vecchia), *Rusellæ* (Rosella), *Clusium* (n'existe plus), *Perusia* (Perugia), *Volsinii* (Bolsena), *Veii* (n'existe plus), *Caere* (Caveterre, Cervetro), *Fæsulæ* (Fiesole). — Colonies étrusques à *Capoue* et à *Nola*, dans la Campanie. — Arts étrusques. | | Les sacrifices humains furent abolis en vertu d'un article du traité de paix que GÉLON, de Syracuse, conclut avec les Carthaginois, en 480, mais ils ne tardèrent pas à être remis en vigueur. Cependant on finit par substituer des enfants d'esclaves ou d'étrangers aux enfants carthaginois. DIODORE de Sicile rapporte que, lors du siége de Carthage par Agathocle, en 307, les assiégés, craignant d'avoir irrité leur dieu par ces substitutions frauduleuses, immolèrent 200 enfants des premières familles, et, de plus, 300 citoyens, se croyant coupables de sacrilége, s'offrirent volontairement en sacrifice. |
| son nom des solennités des jeux ecque. On comptait 4 années d'une du vainqueur. CORŒBUS fut vain- | | | D'après la législation de LYCURGUE, les dieux et les déesses des Spartiates étaient tous armés; les sacrifices et les offrandes devaient être de peu de valeur, les prières courtes, les sépultures simples. Une de leurs fêtes les plus curieuses était la *Diamastigose* ou fête de la flagellation, pendant laquelle les jeunes Spartiates étaient fouettés jusqu'au sang, sur l'autel de Diane. Dans la suite, on prenait les enfants des esclaves. |
| . . . . . . . . . . . . . . | Naissance de ROMULUS et de RÉMUS, de RHÉA SYLVIA, fille de NUMITOR, roi des Latins. AMULIUS, qui avait chassé NUMITOR du trône, ordonne de jeter les enfants dans le Tibre, mais FAUSTULUS, berger du roi, les fait élever par sa femme, surnommée *louve*, à cause de ses mœurs dissolues. | | Rétablissement des *jeux olympiques*, par LYCURGUE et IPHITUS d'Elis (27 olympiades avant la première, dite de *Corœbus*).<br>Naissance de la secte juive des *Rechabites*, fondée par RECHAB. Ils habitaient sous des tentes, vivaient en commun et exerçaient les uns envers les autres tous les devoirs d'une charité fraternelle. D'autres font naître cette secte beaucoup plus tard. |

DE G. SILBERMANN.

| AVANT J. CH. | AFRIQUE. Egypte. Carthage. 1 | ASIE. Inde. Chine. Nouvelle-Babylonie. Nouvelle-Assyrie, etc. 2 | Grèce. Macédoin[e] 3 |
|---|---|---|---|
| 757 | . . . . . . . . . . . | . . . . . . . . . . . . . . . . . . . . . . . . . . . . | . . . . . . . . . . . . . |
| 754 | . . . . . . . . . . . | PHACIA, roi d'Israël, est assassiné après 2 années de règne, par PHEKACH, fils de Ramalia. | . . . . . . . . . . . . . |
| 753 | . . . . . . . . . . . | PHEKACH, meurtrier de Phacia, monte sur le trône d'Israël. Sous son règne, le roi d'Assyrie TIGLATH-PILÉSAR réduit en esclavage les habitants de plusieurs provinces du royaume d'Israël (735), et PHEKACH lui-même est assassiné, en 726, par OSÉE, qui devient le dernier roi d'Israël. | Fin des archontes à vie à Athènes et comm[...] qui durent 69 ans. ALCMÉON, dernier archont[...] décennal. |
| 752 | . . . . . . . . . . . | JOTHAM succède à son père sur le trône de Juda. Prince pieux, il rétablit la paix dans le royaume et soumet les Ammonites qu'il rend tributaires. Son règne malheureusement ne dure que 16 ans.<br>JOTHAM, grand-pontife; OSÉE, ISAIE, AMOS et MICHÉE, prophètes. | |
| 747 | . . . . . . . . . . . | NABONASSAR, fondateur du nouvel empire de Babylone. Il donne son nom à une ère célèbre dans les tables des anciens astronomes, et qui commence avec son règne, l'an 747 avant J. Ch. | |
| 746 | . . . . . . . . . . . | . . . . . . . . . . . . . . . . . . . . . . . . . . . . | *Corinthe* s'érige en république sous le gou[...] *prytanes*. |
| 744 | SABACON, roi d'Ethiopie, s'empare de toute l'Egypte. Il fonde la 25e dynastie dite des *Ethiopiens*. — Mort du Pharaon BOCCHORIS (744—740). | | |
| 743 | . . . . . . . . . . . | . . . . . . . . . . . . . . . . . . . . . . . . . . . . | Première guerre de Sparte contre Messène. [...] dans un temple consacré à Diane, qui se tr[...] y avaient été violées, et TÉLÈCLE, leur roi, qu[...] Cet outrage amène la destruction des Messénie[ns] |
| 742 | . . . . . . . . . . . | La ville de *Damas* est réunie à la Nouvelle-Assyrie par TIGLATH-PILÉSAR. | |
| 737 | . . . . . . . . . . . | ACHAS, fils de Jotham, monte sur le trône de Juda. Le règne de ce prince, adonné au culte des idoles, fut un long malheur. Il est battu par les Philistins, les Iduméens, les Syriens et les Israélites. TIGLATH-PILÉSAR, roi d'Assyrie, qui vient à son secours, lui impose un tribut.<br>URIA, grand-pontife; OSÉE, ISAIE, AMOS et MICHÉE, prophètes. | |
| 736 | . . . . . . . . . . . | . . . . . . . . . . . . . . . . . . . . . . . . . . . . | . . . . . . . . . . . . . |
| 730 | . . . . . . . . . . . | Victoire de la flotte phénicienne sur SALMANASSAR. | |
| 729 | . . . . . . . . . . . | . . . . . . . . . . . . . . . . . . . . . . . . . . . . | PERDICCAS, regardé par quelques historiens [...] 813). |
| 726 | . . . . . . . . . . . | OSÉE s'empare du trône d'Israël, après avoir assassiné son prédécesseur PHEKACH. Il est rendu tributaire par SALMANASSAR, roi d'Assyrie. | ARISTODÈME, le héros des Messéniens, défai[...] mole à Jupiter avec 300 autres Spartiates. Q[...] la mort sur le tombeau de sa fille, qu'il avait s[...] |
| 725 | . . . . . . . . . . . | . . . . . . . . . . . . . . . . . . . . . . . . . . . . | . . . . . . . . . . . . . |
| 723 | . . . . . . . . . . . | EZÉCHIAS, fils d'Achas, roi de Juda. Il devient le libérateur de son pays et se distingue autant par sa vaillance que par sa sagesse. Il délivre les Hébreux du joug des Assyriens et met fin aux incursions des Philistins. Sous son règne, l'armée de SENNACHÉRIB, marchant contre Jérusalem, périt presque entièrement de la peste. EZÉCHIAS étant tombé malade, tout le peuple demande par ses prières que le Seigneur prolonge les jours de ce roi bien-aimé, qui, en effet, se rétablit miraculeusement et gouverne encore pendant quinze ans pour le bonheur de ses sujets.<br>NÉRIA, grand-pontife; OSÉE, ISAIE et AMOS, prophètes. | Les Messéniens, qui s'étaient retranchés su[...] les armes et se soumettent aux Lacédémonie[ns] de leurs terres. |
| 718 | . . . . . . . . . . . | OSÉE, roi d'Israël, ayant voulu s'affranchir de la dépendance du roi des Assyriens, celui-ci marche contre Samarie, s'en empare après un siége de 3 ans, fait le roi prisonnier et transporte la plus grande partie des habitants dans les montagnes de la Médie. FIN DU ROYAUME D'ISRAËL, APRÈS UNE DURÉE DE 250 ANS. Des colonies syriennes viennent remplacer les habitants, et, de leur mélange avec les Israélites qui étaient restés, sortirent plus tard les Samaritains, dont il existe encore de nos jours quelques restes, principalement à Naplouse, l'ancienne *Sichem*, et à Jaffa. Ils forment une secte voisine des Juifs, mais ils n'admettent d'autres livres saints que le Pentateuque et le livre de Josué. | |
| 716 | . . . . . . . . . . . | CANDAULE, roi de Lydie, est tué par GYGÈS, l'un de ses officiers, qui s'empare du trône et fonde la dynastie des *Mermnades*, dont sortit depuis Crésus. | . . . . . . . . . . . . . |
| 710 | . . . . . . . . . . . | MERODACH-BALADAM, roi de la Nouvelle-Babylonie.<br>SANNHÉRIB, roi de la Nouvelle-Assyrie. Expédition dans le royaume de Juda et en Egypte. Son armée est attaquée de la peste devant Jérusalem et lui-même est tué par ses fils. | . . . . . . . . . . . . . |
| 704 | La dynastie éthiopienne est chassée de l'Egypte. Anarchie pendant 33 ans. | | |
| 700 | Les Carthaginois s'emparent des îles Baléares. | La Chine divisée en une foule de petits Etats qui se font continuellement la guerre.<br>ASSARHADDON, roi d'Assyrie. Il fait la conquête de Babylone et réunit la Nouvelle-Babylonie à ses Etats.<br>DÉJOCÈS fonde l'empire des Mèdes et bâtit Ecbatane. (Voy. 888.) | Etat florissant du commerce maritime de C[...] les arts. Colonies corinthiennes à *Corcyre* Co[...] |

## EUROPE.

| …ce. | Italie. Grande-Grèce. 4 | Autres pays de l'Europe. 5 |
|---|---|---|
| . . . . . . . . . . . . | Fondation de *Mantoue*. Suivant quelques-uns, elle avait été bâtie, par le fils de Manto, vers l'époque de la prise de Troie. | |
| . . . . . . . . . . . . | Fondation de ROME, par une colonie d'Albe-la-Longue, sous la conduite de Romulus et de son frère Rémus.<br>PÉRIODE MONARCHIQUE (244 ans).<br>Romulus, 1er roi (754-716). — Pouvoir royal limité et non héréditaire. — Sénat de 100, plus tard de 200 membres. — Création de 300 chevaliers, de 300 gardes et de 12 licteurs. — Aristocratie héréditaire (*patriciat*, de *patres*, parce que les sénateurs et les autres dépositaires de l'autorité publique étaient regardés comme les pères de l'Etat). Les citoyens devaient vivre d'une manière indépendante, mais il leur était cependant permis de se mettre sous la protection des riches, de là les *patrons* et les *clients*. — Division de Rome en 3 tribus et 30 curies. — Pouvoirs parfaitement équilibrés; sans le peuple, le sénat ne pouvait ni déclarer la guerre, ni conclure la paix, ni faire des lois, ni conférer de hautes dignités; le peuple ne pouvait délibérer sans avoir été convoqué par le sénat. Toutes les décisions royales étaient soumises à l'approbation du sénat et du peuple.<br>Enlèvement des Sabines; première guerre des Romains. Elle dure trois ans et se termine par la médiation des femmes enlevées, qui font conclure la paix, à la suite de laquelle les Sabins et leurs alliés se confondent avec les Romains. Tatius, roi des Sabins, et Romulus règnent conjointement. | |
| …s sept archontes décennaux, …; Charops, premier archonte | | |
| …e magistrats annuels, appelés | | |
| … Sparte, qui s'étaient rendues … frontière des deux peuples, …gnait, tué par des Messéniens. …tion. | | |
| . . . . . . . . . . . | Fondation de la colonie corinthienne de *Syracuse*, par Archias, fils d'Évagète. | |
| …emier roi de Macédoine (voir | | |
| …, roi de Lacédémone, et l'im-… après, il se donne lui-même …apaiser la divinité de Delphes. | | |
| . . . . . . . . . . . | . . . . . . . . . . . . . . . . | Les Carthaginois s'emparent d'*Ebusus* (Iviça), île d'Espagne. |
| …ôme, sont forcés de déposer …s livrent la moitié du produit | | |
| . . . . . . . . . . . | Numa Pompilius, deuxième roi de Rome (716-673). — Il donne des lois à la ville, institue le culte, réforme le calendrier et encourage l'agriculture. | |
| . . . . . . . . . . . | *Sybaris*, ville de la Lucanie, fondée par les Corinthiens et connue par le luxe et la mollesse de ses habitants. La ville de *Pæstum*, dont les magnifiques ruines ont été découvertes par hasard, en 1755, était dans l'origine une colonie fondée par les Sybarites. | |
| … est la rivale d'Athènes dans …acuse. | Fondation de *Tarente* et de *Crotone*. | Conquête des îles Baléares par les Carthaginois. |

## LETTRES, SCIENCES, ARTS, LÉGISLATION, COMMERCE, INDUSTRIE, DÉCOUVERTES, INVENTIONS, ETC.

6

### 700—600.

Tyrtée, poëte athénien, enflamme par ses chants guerriers le courage des Lacédémoniens dans leur guerre contre les Messéniens.

Archiloque, premier lyrique grec, inventeur des vers iambiques. Ses sanglantes satires firent donner à Rome le nom d'*Archilochia edicta* aux libelles publiés contre César.

Alcman, de Lacédémone; Ibycus, de Rhegium; Stésichore *l'Ancien*, d'Himère, poëtes lyriques.

Cléonas, de Tégée, poëte et musicien; Erynna et Damophile, femmes poëtes grecques; Pisander, poëte grec, auteur d'un poëme sur Hercule.

Cépion, musicien grec.

Invention de l'équerre et du niveau attribuée à l'architecte Théodore, de Samos.

Construction du *Labyrinthe des Douze*, par les 12 rois d'Egypte. Il renfermait, dit-on, 3000 salles, dont 150 existent encore. D'autres en font remonter la construction vers l'an 2000 et prétendent que Dédale, qui vivait au 13e siècle, en construisit un dans l'île de Crète, pour renfermer le Minotaure, sur le modèle de celui d'Egypte. Il était consacré au soleil. On comptait encore 4 autres labyrinthes dans l'antiquité.

Cassette de Cypselus, à Olympie; elle était de bois de cèdre avec des incrustations d'or et d'ivoire.

Terpandre, de Lesbos, poëte et musicien, augmente le nombre des cordes de la lyre et invente l'écriture musicale. Les *Scolies* ou chants bachiques. Il remporta le premier prix de musique aux jeux carniens, rétablis à Lacédémone.

Psammetich fait cultiver la vigne et fleurir le commerce en Egypte. Il envoie des savants à la recherche des sources du Nil.

D'après Hérodote, ce fut Psammétich, roi d'Egypte, qui, curieux de savoir quel était le plus ancien peuple du monde, fit élever deux enfants par des personnes à qui il défendit de leur faire entendre aucune parole. Au bout de deux ans, les enfants prononcèrent tous les deux le mot *beccos*, qui, en phrygien, signifie *pain*, et il fut convenu que les Phrygiens étaient le peuple le plus ancien. Mais on ajoute que ce mot *beccos* n'était qu'une imitation du cri de la chèvre qui les nourrissait.

Arion, de Lesbos, poëte et musicien, inventeur du dithyrambe, le plus habile chanteur de son temps.

Epiménide, de Gnosse, en Crète, philosophe et poëte, connu principalement par le sommeil dont il fut saisi dans sa jeunesse et qui dura 57 ans; ce fut probablement une longue retraite. Il passait pour inspiré et il fut consulté comme un oracle dans les circonstances difficiles. Il donna des lois à sa patrie, ainsi qu'à Athènes, où il fut appelé par Solon.

Législation sanguinaire de Dracon, à Athènes.

## HISTOIRE RELIGIEUSE.

### Mœurs, usages.

Le prophète Jonas à Ninive.

Romulus institue les jeux du cirque en l'honneur du *Soleil* et des fêtes en l'honneur de *Vesta*.

Aristodème, roi de Messénie, sacrifie sa fille pour apaiser la déesse de Delphes, qui avait été outragée par ses concitoyens.

Institutions religieuses de Numa à Rome, qui les donne comme lui ayant inspirées par la nymphe Égérie. Numa fonde 8 colléges de prêtres, parmi lesquels celui qui célébrait les fêtes en l'honneur de Jupiter, tenait le premier rang. Construction d'un temple à *Vesta*, où les vestales entretenaient le feu sacré, et à *Janus*, dieu de la vieille Italie; il élève un autel à la bonne *Foi* et introduit le culte des dieux *Termes*, pour inspirer aux Romains le respect des propriétés. *Romulus* eut aussi son temple et un prêtre pour présider à son culte.

Rétablissement des *jeux carniens* en l'honneur d'Apollon, à Lacédémone. C'étaient des combats de poésie et de musique.

Rome institue des fêtes en l'honneur d'une de ses courtisanes, nommée Acca-Laurentia. Son culte se confondit plus tard avec celui de l'ancienne Flora.

| AVANT J. CH. | AFRIQUE. Egypte. Carthage. 1 | ASIE. Inde. Chine. Nouvelle-Babylonie. Nouvelle-Assyrie, etc. 2 | Grèce. Macédoine, 3 |
|---|---|---|---|
| 694 | | MANASSÉ succède à son père EZECHIAS sur le trône d'Israël. Il introduit le culte de Baal et celui des planètes dans le temple même de Jérusalem. Les avertissements des prophètes sont impuissants et la loi de Moïse tombe dans l'oubli. Vaincu par les Assyriens, il est emmené captif; alors il se repent et, rentré dans son royaume, il réforme sa conduite, rétablit le culte du vrai Dieu et meurt dans la sainteté, après un règne de 55 ans. HOSAAIA, grand-pontife; JOËL, NAHUM, HABACUC, prophètes. | |
| 685 | | | Seconde guerre de Sparte contre les Messéniens. ... Messéniens, malgré plusieurs victoires remportées ... retrancher dans *Ira*, où il succombe après un siége ... niens, sous ARCHIDAMAS, se réfugient en Sicile; les ... |
| 684 | | | Etablissement à Athènes de 9 archontes annuels. O... ristocratie à Athènes. |
| 673 | | | |
| 671 | Douze princes se partagent la domination de l'Egypte. — Construction du labyrinthe (671-50). | | |
| 668 | | | |
| 664 | | | Combat naval entre les Corinthiens et les Corcyréen... mention. |
| 660 | | *Ere des Japonais.* SYNMU fonde la 3e dynastie des souverains du Japon. Les Japonais attribuent à SYNMU les mêmes découvertes que les Chinois à FOHI. | |
| 659 | | La ville de Béthulie, de la tribu de Zabulon, dans la Galilée (Palestine), assiégée par le général assyrien HOLOPHERNE, est délivrée par JUDITH. | |
| 657 | | | CYPSÉLUS renverse le gouvernement républicain à C... |
| 650 | PSAMMÉTICH Ier s'empare du gouvernement de toute l'Egypte à l'aide de troupes grecques. Il est le fondateur de la 26e dynastie des rois d'Egypte. Il établit sa résidence à *Saïs*, près de Memphis, dans la Basse-Egypte.<br>PSAMMÉTICH prend à sa solde un corps permanent de troupes ioniennes et cariennes et permet aux marchands étrangers de s'établir en Egypte.<br>Mécontentement de la caste des guerriers. 100,000 soldats égyptiens vont fonder un Etat particulier en Ethiopie (650-610). | Rétablissement de l'empire babylonien par NABOPOLASSAR, père de Nabuchodonosor-le-Grand, sur les ruines de celui de la Nouvelle-Assyrie.<br>PHRAORTES, roi de la Médie, fait la conquête de la Perse et de l'Arménie, mais il est plus tard vaincu et tué par Nabuchodonosor (650-634).<br>Fondation de la colonie milésienne de Sinope dans l'Asie-Mineure. | Une colonie mégarienne, conduite par BYZAS, fonde ... *nople*), sur la côte nord-ouest du Bosphore de Thrace.<br>Luttes continuelles entre les aristocrates et les démo... |
| 640 | | AMON, fils de Manassé, roi de Juda, est tué après 2 ans de règne. SALUM, grand-pontife. | ARCHÆUS, roi de Macédoine. |
| 639 | | JOSIAS succède à son père Amon sur le trône de Juda. *Il fait ce qui est droit devant l'Eternel et marche sur les traces de David, son père, et ne se détourne ni à droite ni à gauche.* Le livre des lois de Moïse ayant été retrouvé sous son règne, JOSIAS fait briser toutes les idoles et détruire leurs temples. Mais il entreprend contre l'ordre du Seigneur une guerre contre NECKO, roi d'Egypte, et tombe mortellement blessé à la bataille de *Megiddo*, après 31 ans de règne. HELCIAS, grand-pontife; SOPHONIE, JEREMIE et OLDA, femme de Salum, prophètes. | |
| 634 | | CYAXARE, fils de Phraortes, rétablit les affaires de la Médie, se rend maître de presque toute la Haute-Asie et se prépare à faire le siége de Ninive, lorsqu'il se voit obligé de faire face à des hordes de Cimmériens qui, refoulés par une invasion de Scythes, viennent fondre sur la Médie. CYAXARE est vaincu par ces nouveaux ennemis. | |
| 633 | | Invasion des Scythes dans l'Asie-Mineure. | |
| 631 | BATTUS ou ARISTÉE, de l'île grecque de Théra, dans la mer Egée, passe en Afrique, où il fonde le royaume de *Cyrène* (aujourd'hui pays de Barcah), que ses descendants gouvernent pendant 200 ans. La ville de Cyrène devint dans la suite la rivale de Carthage, par son commerce et ses richesses. | | |
| 627 | | | Tyrannie de 40 ans de PÉRIANDRE, fils de Cypsélus, ... |
| 624 | | Massacre général des Scythes par les Mèdes, qui recouvrent leur indépendance. Les Scythes qui échappent se réfugient chez les Lydiens; de là guerre de 6 ans entre les Mèdes d'un côté et les Lydiens et les Scythes de l'autre. Ils étaient sur le point de se livrer une grande bataille, lorsqu'une éclipse de soleil, prédite, dit-on, par THALÈS, répand l'épouvante dans les deux armées, qui concluent la paix. | DRACON, archonte d'Athènes, y promulgue sa législ... la peine de mort pour les fautes les plus légères ... |
| 616 | | | |

## EUROPE.

| Thrace. | Italie. Grande-Grèce. 4 | Autres pays de l'Europe. 5 |
|---|---|---|
| ARISTOMÈNE, le nouveau héros des … ur les Spartiates, est forcé de se … de 11 ans. Une partie des Messé… utres sont réduits en esclavage. | | |
| rigine de la prépondérance de l'a- | | |
| . . . . . . . . . . . . . | TULLIUS HOSTILIUS, 3ᵉ roi de Rome (673–640). Sous son règne a lieu le fameux combat des *Horaces* et des *Curiaces*, qui décide de la souveraineté entre Rome et Albe, sa rivale. — Destruction de la ville d'Albe. — Victoires sur les Latins. | |
| . . . . . . . . . . . . . | Fondation de *Messine* par les Messéniens, chassés de leur patrie par les Lacédémoniens. | |
| ıs, le premier dont l'histoire fasse | | |
| Corinthe et s'empare du pouvoir. | | |
| e *Byzance* (aujourd'hui *Constanti-* . | . . . . . . . . . . . . . . . . . . . | Colonies grecques de *Théodosia* (aujourd'hui Caffa, Feodosia, dans la Crimée, sur la mer Noire), d'*Istrus* ou *Histriopolis* (aujourd'hui Chiustange ou Proschloviza, sur le Danube), d'*Olbia*, sur le Dniéper, et de *Tanaïs*, sur le Don. |
| ocrates à Athènes. | | |
| . . . . . . . . . . . . . | ANCUS MARTIUS, 4ᵉ roi de Rome (640–616). Il fait construire et fortifier le port d'*Ostie*, à l'embouchure du Tibre. | |
| , à Corinthe. . . . . . . . . | . . . . . . . . . . . . . . . . . . . | Les Scythes s'établissent entre le Danube et le Don, après avoir chassé les Cimmériens. Ces derniers émigrent partie vers les contrées septentrionales de l'Europe, partie en Asie. |
| ation sanguinaire, qui prescrivait … e pour les crimes les plus atroces. | | |
| . . . . . . . . . . . . . | TARQUINIUS PRISCUS (Tarquin-l'Ancien), 5ᵉ roi de Rome (616–578). Il était fils d'un riche marchand exilé de Corinthe, et était né à Tarquinies, ville étrusque. Il fait élever un temple, en l'honneur de Jupiter, au sommet du mont Tarpéien, plus tard mont Capitolin, et construire des palais pour les séances des tribunaux, des écoles publiques, le grand cirque, des aqueducs. Il fait avec succès la guerre contre les Latins et les Sabins. Les *livres sybillins* sont confiés à un collége de prêtres; on les consultait dans les grandes calamités, avec l'autorisation du sénat. | |

## LETTRES, SCIENCES, ARTS, LÉGISLATION, COMMERCE, INDUSTRIE, DÉCOUVERTES, INVENTIONS, ETC.

6

### 600—300.

Perfectionnement des architectures dorique et ionique. Magnificence des temples et des théâtres de la Grande-Grèce. Il existe encore des ruines des temples d'Agrigente, de Selinus et de Segeste, en Sicile, ainsi qu'à Pæstum, près de Naples. Le théâtre de Syracuse. Temple de Jupiter Panhellénien à Egine; les peintures à l'encaustique dont ce temple était orné sont encore en partie conservées. — Temple de Jupiter à Olympie, construit par l'architecte LIBON, et qui renfermait la célèbre statue de Jupiter, par PHIDIAS. — Temple de Diane à Ephèse, construit, du temps de Crésus, par l'architecte CTÉSIPHON, le plus magnifique de toute l'Asie-Mineure, et qui passait pour une des merveilles du monde. — Reconstruction du temple d'Apollon à Delphes, l'un des plus magnifiques et des plus riches de l'antiquité. — Construction d'égouts et du cirque à Rome. — *Première application des voûtes.*

### 600—550.

*Les sept sages de la Grèce :* THALÈS, de Milet; BIAS, de Priène; PITTACUS, de Mitylène; CLÉOBULE, de Lindes; SOLON, le législateur d'Athènes; CHILON, éphore de Sparte; PÉRIANDRE, de Corinthe.

*Ecole philosophique ionienne.* THALÈS (600), ANAXIMANDRE (580), PHÉRÉCYDE (550), ANAXIMÈNE (530), HÉRACLITE (530), ANAXAGORE (450), DIOGÈNE, d'Apollonie (450), et ARCHÉLAÜS (430), ses principaux représentants.

THALÈS, de Milet, fixe, dit-on, le premier, la durée de l'année à 365 jours, et prédit aux Ioniens une éclipse de soleil. Dans son système, l'eau est le principe de toutes choses et de tous les phénomènes de la nature. Il y a un Dieu plus ancien que les autres; il n'a point eu de commencement et n'aura point de fin; il est incompréhensible et il connaît tout.

ANAXIMANDRE, l'un des principaux philosophes de l'école ionienne, compose le premier, dit-on, des éléments de géométrie, trace la figure de la terre, invente des cartes géographiques, les globes et les figures du zodiaque. On lui attribue encore l'invention du *gnomon* ou style du cadran solaire, mais il est plus probable qu'il n'a fait qu'introduire ces connaissances chez les Grecs, car les Babyloniens et les Egyptiens en étaient depuis longtemps en possession.

ALCÉE, de l'île de Lesbos, poëte lyrique.

SAPHO ou SAPPHO, née à Mitylène, dans l'île de Lesbos, surnommée la 10ᵉ muse, donna son nom au *vers saphique*. Elle conspira contre Pittacus, tyran de Lesbos, s'enfuit en Sicile avec le poëte Alcée, et retourna plus tard dans sa patrie, qui lui rendit de grands honneurs, entre autres celui de frapper la monnaie à son image.

Une autre SAPHO, courtisane et poëte, également née dans l'île de Lesbos, mais à Eresos, a été souvent confondue avec la Sapho mitylénienne. Ses aventures, sa passion pour le Lesbien PHAON, qu'elle suivit en Sicile, et surtout sa fin tragique au promontoire de Leucade, à la suite des dédains de son amant, lui ont fait plus de célébrité que ses vers. Une médaille antique, récemment découverte et offrant son image et son nom, est une preuve des honneurs qui lui furent rendus par ses compatriotes.

RHŒCUS, de Samos, invente l'art de fondre les statues en airain ou en bronze.

## HISTOIRE RELIGIEUSE.

### Mœurs. Usages.

*Les livres sibyllins* sont apportés de Cumes à Rome sous le règne de Tarquinius Priscus. La Sibylle de Cumes, la plus célèbre de toutes, avait vécu 1000 ans, mais sa voix devait rendre éternellement ses oracles dans une grotte qui avait cent portes, d'où sortaient autant de voix qui faisaient entendre les réponses de la prophétesse. Les Romains y ont élevé un temple à Apollon, dont les ruines sont connues aujourd'hui sous le nom d'*Arco Felice*. Les livres sibyllins passaient pour contenir des oracles qui présageaient les destinées de Rome.

Rétablissement des *jeux pythiques*, institués à Delphes en l'honneur d'Apollon Pythien, des *jeux isthmiques*, sur l'isthme de Corinthe, en l'honneur de Neptune, et des *jeux néméens*, en l'honneur de la victoire d'Hercule sur le lion de Némée.

*Le trépied des sept sages.* — Un trépied d'or ayant été trouvé par des pêcheurs de Milet, l'oracle l'adjugea au plus sage des Grecs. Les Milésiens l'offrent à THALÈS, qui l'envoie à BIAS; celui-ci désigne PITTACUS, qui le donne à CLÉOBULE; puis il passe à CHILON, à PÉRIANDRE, et, enfin, à SOLON, qui le consacre à Apollon.

Institutions à Rome, par TARQUIN *l'Ancien*, de fêtes en l'honneur de Jupiter, Junon et Minerve, à l'imitation des Grecs.

Institution de la *fête des Sorts* ou *Purim* chez les Juifs, en mémoire de leur délivrance des machinations d'AMAN, premier ministre d'ASSUÉRUS, roi de Perse.

| AVANT J.-CH. | AFRIQUE. Egypte. Carthage. 1 | ASIE. Inde. Chine. Nouvelle-Babylonie. Nouvelle-Assyrie. Médie. Palestine. Phénicie. 2 | Grèce. Macéd… 3 |
|---|---|---|---|
| 640 | NEKO, fils de Psammetich, roi d'Egypte, contemporain, selon la Bible, de Josias et de Jojachim, roi de Ju'a. Il fait des conquêtes en Asie jusqu'aux bords de l'Euphrate. Il favorise le commerce, augmente sa marine et fait faire le tour de l'Afrique par des navigateurs phéniciens. Construction d'un canal entre la mer Rouge et la Méditerranée. | . . . . . . . . . . . . . . . . . . . . . . . . . . | PITTACUS, de Mitylène, dans l' sages, affranchit sa patrie du ju lois à ses concitoyens. |
| 609 | . . . . . . . . . . . . . . . . . . . . . . . | JOACHAS, fils de Josias, proclamé roi de Juda par le peuple, est déposé par le roi d'Egypte, après un règne de 3 mois.<br>ELIAKIM ou JOJACHIM, frère de Joachas, est placé sur le trône de Juda par le roi d'Egypte.<br>ASSARIAS, grand-pontife; JÉRÉMIE et URIAS, prophètes. | |
| 607 | Défaite des Egyptiens par NABUCHODONOSOR, près de *Circesium*, sur l'Euphrate (aujourd'hui Kirkessia, ville de la Turquie d'Asie). L'empire babylonien s'étend depuis le Nil jusqu'au delà du Tigre. | | |
| 606 | . . . . . . . . . . . . . . . . . . . . . . . | NABUCHODONOSOR, roi de Babylone, victorieux de l'Egypte, vient mettre le siége devant Jérusalem, s'en empare, pille le temple, emporte une partie des vases sacrés et emmène captifs JOJACHIM et les principaux habitants. Première époque de la CAPTIVITÉ DE BABYLONE. Le prophète DANIEL et ses compagnons. | |
| 604 | . . . . . . . . . . . . . . . . . . . . . . . | Conquête de Ninive et de toute l'Assyrie par CYAXARE, roi des Mèdes. Origine de l'empire Médo-Assyrien. | PHILIPPE Ier, roi de Macédoine. |
| 601 | . . . . . . . . . . . . . . . . . . . . . . . | JOJACHIM, remis sur le trône de Juda, se révolte de nouveau contre NABUCHODONOSOR, qui rentre dans Jérusalem, s'empare du roi et le fait mettre à mort.<br>JECHONIAS, fils de Jojachim, est placé sur le trône de Juda, mais le 4e mois de son règne il est aussi emmené en captivité, avec les principaux du peuple, par les Babyloniens, qui pillent de nouveau Jérusalem et la brûlent en partie. | . . . . . . . . . . |
| 600 | Les Carthaginois s'emparent des îles de Sardaigne et de Corse. Selon quelques auteurs, la conquête de la Sardaigne n'aurait été faite que plus tard; quant à la Corse, elle n'aurait fait partie des possessions carthaginoises que lors de la première guerre punique, encore les Carthaginois, qui étaient plutôt marchands que conquérants, n'y auraient eu que quelques stations ou comptoirs. | ASTYAGES, roi des Mèdes. . . . . . . . . . . . . . . . . | . . . . . . . . . . |
| 597 | . . . . . . . . . . . . . . . . . . . . . . . | SÉDÉCIAS, *dernier roi de Juda*, est placé sur le trône par NABUCHODONOSOR. ICHOSADOC, grand-pontife; JEREMIE et EZECHIEL, prophètes. | |
| 594 | PSAMMÈS ou PSAMMETICH II, fils de Neko, roi d'Egypte. Il essaie vainement de ressaisir les provinces conquises sur son père par Nabuchodonosor (594—588). | . . . . . . . . . . . . . . . . . . . . . . . . . . | SOLON, législateur d'Athènes. citoyens en 4 classes: ceux des saient que de propriétaires, publiques, qui étaient gratuits, le prenait ceux qui n'avaient qu'aux assemblées populaires. rité supérieure était confiée de 400 membres choisis par le classes. Seul il délibérait sur décret ne pouvait être présenté discuté dans le sénat. — Le Les jeunes gens recevaient dans les gymnases. SOLON vigueur que pendant 100 ans, elles furent respectées aussi athénienne. |
| 591 | ARCÉSILAÜS Ier, fils de Battus, roi de Cyrène (591—575). | | |
| 590 | . . . . . . . . . . . . . . . . . . . . . . . | . . . . . . . . . . . . . . . . . . . . . . . . . . | . . . . . . . . . . |
| 589 | . . . . . . . . . . . . . . . . . . . . . . . | SÉDÉCIAS, roi de Juda, s'étant révolté contre le roi de Babylone, celui-ci marche pour la 4e fois contre Jérusalem, s'en empare après 2 ans de siége et la détruit de fond en comble; *il ne fut point touché de pitié des jeunes hommes, ni des filles, ni des vieillards et décrépits*, dit l'Ecriture. Le temple, les palais et les maisons sont livrés aux flammes. SÉDÉCIAS, qui était parvenu à s'enfuir, est pris à Jéricho et amené devant NABUCHODONOSOR, qui fait massacrer ses deux fils en sa présence et ordonne qu'on lui crève les yeux et qu'on le conduise à Babylone avec le reste des habitants. *Il ne laissa*, dit l'Ecriture, *que quelques-uns des plus pauvres du pays pour être vignerons et laboureurs.*<br>FIN DU ROYAUME DE JUDA APRÈS UNE DURÉE DE 375 ANS, DEPUIS L'AVÉNEMENT DE ROBOAM. | |
| 588 | APRIÈS (Pharaon Ouaphré), fils de Psammetich II, roi d'Egypte. Il fait rentrer sous sa domination une partie des pays qui avaient été subjugués par les Babyloniens, mais il est plus tard vaincu et rendu tributaire par Nabuchodonosor. Cette défaite, jointe à la haine de la caste militaire contre les troupes grecques, dont Apriès s'était entouré, exaspéra les Egyptiens qui, conduits par AMASIS, se révoltèrent et vainquirent Apriès avec ses troupes mercenaires (588—563). | KICHTASB, roi de Perse. Quelques auteurs prétendent que c'est sous son règne que vécut ZOROASTRE, réformateur du culte du feu et auteur du fameux livre intitulé *Zend-Avesta*. D'autres font Zoroastre contemporain de Darius Ier Hystaspe (Kistasb?). | |
| 586 | . . . . . . . . . . . . . . . . . . . . . . . | Conquête de la ville de Sidon; prise et destruction de l'ancienne Tyr, en Phénicie, par NABUCHODONOSOR, après un siége de 13 ans. Fondation de la nouvelle Tyr sur une petite île non loin de l'ancienne. | |
| 578 | . . . . . . . . . . . . . . . . . . . . . . . | . . . . . . . . . . . . . . . . . . . . . . . . . . | . . . . . . . . . . |

| EUROPE. | | | |
|---|---|---|---|
| ne. Thrace. | Italie. Grande-Grèce.<br>4 | Autres pays de l'Europe.<br>5 | LETTRES, SCIENCES, ARTS, LÉGISLATION, COMMERCE, INDUSTRIE, DÉCOUVERTES, INVENTIONS, ETC.<br>6 |
| le de Lesbos, l'un des sept des Athéniens et donne des | | | **600—550** (suite).<br>Solon, le législateur des Athéniens, poëte élégiaque.<br>Thespis, du bourg d'Icarie, près d'Athènes, créateur de la tragédie. Phrynicus, Chœrilus, Pratinas, poëtes tragiques.<br>Susarion, l'un des créateurs de l'art dramatique chez les Grecs.<br>· Stésichore, poëte lyrique d'Himère, en Sicile.<br>Chersias, d'Orchomène, poëte grec.<br>Hipponax, d'Ephèse, poëte lyrique, célèbre par son style mordant.<br>Onomacrite, poëte athénien.<br>Mimnerme, de Colophon ou de Smyrne, auteur de vers élégiaques et amoureux. |
| . . . . . . . . . | . . . . . . . . . . . . . . . | Une colonie de Phocéens va peupler l'île de Corse. Elle avait sans doute déjà été visitée, peut-être même peuplée par des Phéniciens. | Cadmus, de Milet, historien, est rangé par Strabon parmi les trois premiers prosateurs grecs, qui sont, avec lui, Phérécyde et Hécaté. Il fit l'histoire de l'Ionie, qui est perdue. |
| . . . . . . . . . | . . . . . . . . . . . . . . . | L'arrivée en Europe des Slaves (Sarmates ou Scythes), qui habitaient les contrées situées entre le Caucase, le Tanaïs et les Carpathes, donne lieu au déplacement des Germains, qui viennent occuper les pays entre la Vistule et le Rhin (la Germanie). Les Galls ou Gaels (Celtes d'Allemagne), refoulés par les Germains, envahissent la Gaule, et les Gaulois émigrent bientôt après en Italie et en Bohême. | Cléostrate, de Ténédos, et Matricetus, de Methymne, astronomes.<br>Amériste, frère du poëte Stésichore, géomètre.<br>Hécatée, de Milet, auteur d'un traité de géographie.<br>Thimothée, de Milet, en Carie, poëte-musicien, excellait dans la poésie lyrique et dithyrambique et ajouta quatre cordes à la lyre. Il fut proscrit par les Lacédémoniens à cause de la trop grande douceur de sa musique. On a des fragments de ses poésies. |
| . . . . . . . . . | Fondation d'*Agrigente* par une colonie rhodienne. | Une colonie de Phocéens, habitants de Phocée, ville d'Ionie, en Asie, sous la conduite d'Euxene, débarque sur les côtes de la Gaule méridionale, dans les Etats des Ségobrigiens, et y fonde *Marseille* (Massilia). Voir 536. | Premières écoles publiques à Rome, sous Tarquinius Priscus.<br>Bupalus, architecte et sculpteur grec, de l'île de Chio, exécuta pour la ville de Smyrne une statue de la Fortune, tenant à la main une corne d'abondance et portant sur la tête un emblème du pôle. Il fit aussi trois statues en or représentant les Grâces. Son frère Anthémis fut également un habile sculpteur.<br>Anacharsis, philosophe, frère d'un roi des Scythes, vient avec Toxaris s'instruire à Athènes des lois de Solon. |
| Sa constitution partage les premières, qui ne se compo- t seuls accès aux fonctions s citoyens de la 4e, qui com- patrimoine, n'étaient admis fonctions judiciaires. L'auto- ontes annuels et à un sénat s citoyens des 3 premières e, les impôts, etc., et aucun peuple qu'il n'eût d'abord été de l'Aréopage fut réorganisé. ation pour ainsi dire officielle que ses lois ne restassent en sauf quelques changements, mps que dura la république | | | **550—500.**<br>Spinthare, architecte de Corinthe.<br>Turianus, d'Étrurie, sculpteur célèbre. Il vivait à Rome à la cour de Tarquin *l'Ancien*.<br>Pérille, fondeur du taureau d'airain, dans lequel le tyran Phalaris, d'Agrigente, faisait périr ses victimes, dont la première fut, dit-on, Pérille lui-même. Plusieurs érudits croient que ce taureau était une idole du dieu Baal des Carthaginois. |
| . . . . . . . . . | Une colonie gauloise, conduite par Bellovèse, s'établit dans la Haute-Italie, appelée depuis *Gaule cisalpine*. — Fondation de *Milan*, de *Côme*, de *Brescia*. — Une autre colonie, conduite par Sigovèse, se fixe au nord du Danube, dans les contrées nommées depuis *la Bohême*. | | Mnésarque, d'Etrurie, graveur en pierres fines, père de Pythagore.<br>Le trône d'Apollon à Amyclée, chef-d'œuvre de Bathyclès, de Magnésie; il représentait tous les dieux et les héros de la fable.<br>Manufactures d'étoffes et de tapis à Babylone.<br>Etat florissant de l'industrie chez les Athéniens, grâce à la législation de Solon. Les Grecs atteignent à la plus haute perfection dans la confection d'un grand nombre d'objets, tels que poterie en terre et en métaux, armes, tissus, etc.<br>Premier théâtre à Athènes.<br>Premières monnaies frappées chez les Romains, sous Servius Tullius.<br>Loi d'Amasis, roi d'Egypte, d'après laquelle chacun était obligé de prouver ses moyens d'existence.<br>Les magnifiques temples et palais construits par Amasis, roi d'Egypte, à Memphis et à Saïs. C'est dans cette dernière ville que se trouvait la célèbre chapelle monolythe, ou formée d'une seule pierre, qu'Amasis avait fait transporter de l'île Eléphantine à Saïs; 2000 hommes furent occupés pendant 3 ans à ce transport difficile.<br>Construction du temple de Jupiter-Capitolin à Rome, par Tarquin-le-Superbe. |
| . . . . . . . . . | Servius Tullius, 6e roi de Rome (578-534). Il augmente le nombre des tribus, qui est porté à 4 pour la ville et 26, plus tard 31, pour la campagne. Il établit le cens ou le dénombrement des citoyens, réorganise la milice et le système des impôts. Les citoyens sont répartis en 6 classes, d'après la fortune de chacun; la 6e classe, celle des prolétaires, ne payait point d'impôts. Les 6 classes sont divisées en 193 centuries, qui formaient autant de comités ayant voix aux assemblées du peuple. La 1re classe avait 98 centuries, tandis que les 5 autres n'en avaient ensemble que 95. — Prépondérance des riches. — Rome se place à la tête de la confédération des Latins et des Sabins. — La ville est entourée de fortifications. — On croit aussi que ce roi a fait frapper les premières monnaies. | | Fondation de *Persépolis*, la nécropole des rois de Perse (ruines de Tchil-Minar).<br>Invention du *chapiteau corinthien*, par Callimaque, de Corinthe. Cette invention doit avoir pris son origine dans les circonstances suivantes : Une jeune Corinthienne étant morte, sa nourrice plaça sur son tombeau, dans un panier, des vases de fleurs, qu'elle recouvrit d'une tuile. Les feuilles d'un acanthe qui croissait à cette place, étant venues à grandir autour de la tuile, se replièrent en volutes. Callimaque, qui vit cet ouvrage du hasard et de la nature, le reproduisit sur les chapiteaux des colonnes qu'il éleva depuis à Corinthe.<br>Porsenna, roi des Etrusques, fait élever un magnifique tombeau, connu sous le nom de *labyrinthe d'Italie*. |

E G. SILBERMANN.

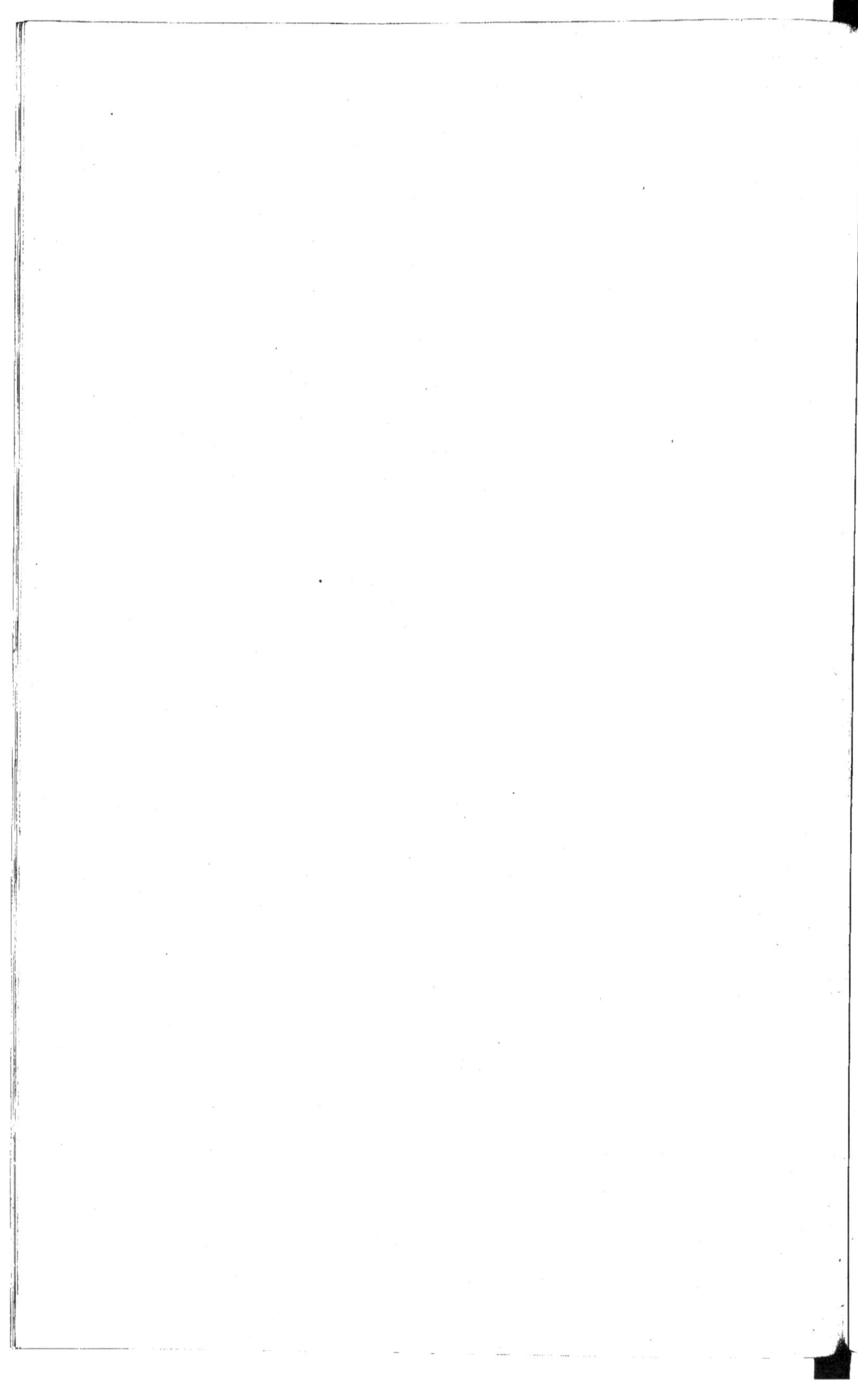

| AVANT J.-CH. | **AFRIQUE.** **Egypte. Carthage. Cyrène.** 1 | **ASIE.** **Inde. Chine. Nouvelle-Babylonie. Médie. Perse. Palestine. Phénicie.** 2 | **Grèce. Macédoine. Thrace.** 3 |
| --- | --- | --- | --- |
| 575 | BATTUS II, surnommé *l'Heureux*, roi de Cyrène. Sous son règne le royaume s'accroit par l'arrivée d'un grand nombre de colons venus de diverses parties de la Crète et du Péloponèse, qui s'emparent d'une portion du pays, dont ils dépouillent les Libyens. Ceux-ci s'adressent à APRIÈS, roi d'Egypte, qui est vaincu par BATTUS (575—574). | | |
| 571 | | | |
| 563 | AMASIS usurpe le trône d'Egypte. Il se maintient en favorisant la caste des prêtres. Il donne aux Grecs la ville de *Naucratis* (aujourd'hui Kourat) dans la Basse-Egypte, qui devient l'entrepôt de toutes les marchandises importées par cette nation. Temple magnifique élevé à Naucratis aux frais communs de 9 villes grecques de l'Asie-Mineure. — L'Egypte jouit d'une paix profonde par suite des guerres que les rois de Babylone ont à soutenir contre les Perses. — Splendeur et prospérité commerciale des Egyptiens. Monuments élevés à Saïs et à Memphis (563—525). | | |
| 561 | | EVILMÉDORACH, fils de Nabuchodonosor, roi de Babylone. BELSAZER, son successeur, est tué, d'après la Bible, dans la nuit où une main invisible avait tracé son arrêt sur les murs du palais royal. En cette même nuit, d'après le prophète Daniel, DARIUS, de Médie, prend possession du royaume de Babylone. | |
| 560 | | CYRUS, le *Koresch* des Hébreux, de la race des Achéménides, fils de Cambyse, et petit-fils, par sa mère, d'Astyage, roi des Mèdes, fonde l'*empire des Perses*, comprenant la Médie, la Perse, l'Assyrie, la Babylonie, l'Asie-Mineure, la Syrie, la Phénicie et la Palestine. Capitales : *Babylone*, *Suze* et *Ecbatane* (560—529).<br>Victoire de CYRUS sur ASTYAGE, roi des Mèdes. Cyrus fait élever sur l'emplacement où avait été livrée cette célèbre bataille la ville de *Pasargade* (aujourd'hui Pasa ou Fasa).<br>*Origine de l'empire des Perses.*<br>CRÉSUS, le dernier, le plus riche et le plus puissant roi de Lydie. Les villes grecques de l'Asie-Mineure lui étaient soumises. | PISISTRATE s'empare du pouvoir suprême à Athènes. On lui attribue la fondation d'une bibliothèque publique, et l'honneur d'avoir recueilli et rassemblé en corps d'ouvrage les poésies d'Homère. |
| 558 | | | Mort de SOLON, dans l'île de Chypre, où il s'était retiré pour ne pas être témoin de la tyrannie de PISISTRATE. |
| 554 | ARCÉSILAÜS II, roi de Cyrène. Il fait la guerre aux Libyens qu'il défait, et meurt empoisonné (554—550). | | |
| 550 | MALCHUS s'empare du gouvernement de Carthage. Il est remplacé (en 500) par MAGON-LE-GRAND, dont les descendants fondent et consolident la puissance carthaginoise en Afrique, en Sardaigne, en Espagne et en Sicile. Constitution aristocratique : 2 suffètes ou rois à vie, plus tard annuels, avec un sénat à la tête du gouvernement civil. L'armée obéit à des chefs dont le pouvoir est limité par une commission tirée du sénat. Conseil suprême des *Cent*, qui exerçait sa surveillance sur tous les pouvoirs, tant civils que militaires. L'armée se composait de troupes mercenaires.<br>BATTUS III, roi de Cyrène. Sous son règne le pouvoir royal diminue et se trouve réduit à quelques prérogatives dérisoires (550—526). Il y a eu encore un BATTUS IV et un BATTUS V, rois de Cyrène, mais on ne possède aucune donnée sur leur règne. | L'île de Chypre, occupée par des colonies ioniennes et phéniciennes, et divisée en plusieurs petits royaumes, est conquise par AMASIS, roi d'Egypte. | |
| 548 | | Bataille de *Thymbrée*, en Cappadoce. Défaite de CRÉSUS, roi de Lydie, par CYRUS. Prise de Sardes, capitale de la Lydie, et fin de ce royaume; conquête de l'Asie-Mineure. | |
| 544 | | | |
| 538 | | | PISISTRATE, après avoir été chassé d'Athènes, y rentre à la tête d'une armée, fait périr MÉGACLÈS et LYCURGUE, et gouverne dans la suite sagement et avec équité. Il s'était fait précéder par PHYA, femme d'une grande beauté, qui, montée sur un char, et armée de pied en cap, parcourait les rues d'Athènes en annonçant qu'elle était Minerve et qu'elle ordonnait aux Athéniens de recevoir favorablement PISISTRATE. Celui-ci maria plus tard PHYA à son fils HIPPARQUE. |
| 537 | | La Phénicie est réunie à l'empire des Perses. | |
| 536 | | Prise de Babylone par CYRUS. *Fin de l'empire Babylonien ou second empire des Assyriens.*<br>Quelques auteurs placent sous cette date la mort d'ASTYAGE, roi des Mèdes, et la fusion de son empire dans celui des Perses.<br>Edit de CYRUS qui met fin à la captivité de Babylone. Les Juifs retournent à Jérusalem, sous la conduite de ZOROBABEL, petit-fils de Jechonias, de la famille de David. | |

STRASBOURG, IMPRIMERIE DE

# EUROPE.

## Italie. Grande-Grèce.

's, dans la Haute-Italie (Gallia cisalpina).
ues, dans la Toscane actuelle.
, *Sabins*, *Samnites*, dans l'Italie centrale.
*iens*, dans la Basse-Italie.

4

LARIS, chassé de l'île de Crète, sa patrie, s'empare souveraineté d'Agrigente, qu'il conserve pendant 16 n faisant peser sur une partie de la Sicile la tyrannie odieuse. Il avait fait faire un taureau d'airain, dans ses nombreuses victimes étaient enfermées et consu-cutement par le feu qu'on allumait dessous. Il subit la talion et les Agrigentins le font périr par le cruel sup-u'il avait lui-même inventé (571—555).

spérité de la ville de *Sybaris*. Les richesses des habi-de cette ville les amollissent tellement que leur nom ncore aujourd'hui à désigner des hommes adonnés à la alité et aux jouissances de la table.

aite des Cuméens par les Etrusques et les Dauniens.

HAGORE, de Samos, fonde à Crotone sa célèbre école.

ISTODÈME renverse le gouvernement aristocratique à es, exile ou met à mort les nobles, fait désarmer les ci-s sous prétexte d'empêcher toute guerre civile, et gou- pendant plusieurs années avec une telle tyrannie que obles reviennent, s'emparent de Cumes par surprise, et it mourir avec sa famille dans les plus atroces tortures.

## Autres pays de l'Europe.

5

Une nouvelle colonie de Phocéens vient, après la conquête de l'Asie-Mineure par CYRUS, augmenter la population de Marseille, dont la prospérité s'étend bientôt à un tel point qu'elle peut fonder d'autres colonies à *Nicœa* et à *Antipolis* (Nice et Antibes), *Emporiæ* (Ampurix), *Roda* (Roses), *Agada* (Agde), etc. La cité devient si florissante par son commerce, qu'elle excite la jalousie des Carthaginois, auxquels elle résiste avec avantage.

## HISTOIRE RELIGIEUSE.

### Mœurs, usages.

6

### 550—500.

Institutions des *fêtes compitales* à Rome, par SERVIUS TULLIUS, en l'honneur des dieux *Lares* ou *Pénates* et de *Mania* ou la *Folie*, mère des Lares. Ces fêtes prenaient leur nom du mot latin *compitum*, carrefour, parce que les figures des divinités que l'on y honorait étaient placées dans les carrefours des rues. Les ministres de ces fêtes étaient des affranchis et des esclaves; ces derniers jouissaient de la liberté pendant tout le temps que duraient ces solennités. Dans le principe on y sacrifiait des enfants pour la prospérité des familles, parce que l'oracle avait ordonné qu'on immolât des têtes pour des têtes; mais, après l'expulsion des rois, Brutus abolit cette coutume barbare et fit substituer des têtes de pavots aux têtes d'enfants.

Institution des *féries latines*, en l'honneur de Jupiter. Afin d'accoutumer les peuples d'Italie à reconnaître la suprématie romaine, TARQUIN-LE-SUPERBE leur proposa une alliance que devait consacrer un sacrifice offert en commun à Jupiter, sur le mont Albain. 47 peuples se trouvaient à la première assemblée, et il fut convenu que l'on renouvellerait cette alliance chaque année.

Dédicace du second temple de Jérusalem.

Établissement des *jeux séculaires* à Rome, en l'honneur de tous les dieux et surtout d'Apollon et de Diane. Ces jeux furent institués à l'occasion d'une peste qui avait désolé Rome, et qui cessa après qu'on eut offert des sacrifices à Pluton et à Proserpine. Ces jeux se célébraient avec beaucoup de pompe et de grandes cérémonies; ils duraient trois jours et trois nuits consécutifs. Le jour on sacrifiait à Jupiter, à Junon, à Apollon, à Latone, à Diane et aux génies; la nuit, à Pluton, à Proserpine, aux Parques, aux Pythies, à la Terre. Ces jeux furent célébrés pour la première fois en 508; 60 ans après on les renouvela, et, dans la suite, ils eurent lieu à la fin de chaque siècle, ce qui leur fit donner le nom de *jeux séculaires*.

Fête du *Régifuge* à Rome, en mémoire de la fuite de Tarquin.

## LETTRES, SCIENCES, ARTS, LÉGISLATION, COMMERCE, INDUSTRIE, DÉCOUVERTES, INVENTIONS, ETC.

7

### 550—500 (suite).

Naissance du grand philosophe CONFUCIUS en Chine.

ESOPE, de Cotis, en Phrygie, le plus ancien fabuliste grec. Il était né esclave.

PYTHAGORE, né à Samos, fondateur de l'*école pythagoricienne* ou *dorienne*. *Immortalité de l'âme sous la forme de la métempsycose*. EPICHARME, PHILOLAÜS, ARCHILAS LYSIS, OCELLUS, de Lucanie, EMPÉDOCLE et TIMÉE, de Locres, maître de Platon, furent les plus célèbres représentants de cette école.

*École éléatique*, fondée à Élée, dans la Grande-Grèce, par XÉNOPHANE, de Colophon, contemporain de Pythagore. *Panthéisme idéaliste*. PARMÉNIDES et ZÉNON, d'Élée, MÉLISSUS, de Samos, et ANAXARQUE, d'Abdère, principaux représentants.

PILPAÏ ou BIDPAÏ, fabuliste indien. Ses ingénieux apologues ont été traduits en français par Galland et par Gaulmin.

ABARIS, philosophe scythe, vient à Athènes, en qualité d'ambassadeur de sa nation, dans un temps où presque tout l'univers était affligé de la famine et de la peste. On lui attribue de grandes connaissances en médecine. Quelques-uns le font vivre avant la guerre de Troie.

ANAXIMÈNE, philosophe de l'école ionique. On lui attribue l'invention du *cadran solaire*.

THÉANO, femme de Pythagore, philosophe et poëte.

ECPHANTE, de Syracuse, et HIPPON, de Rhegium, philosophes, disciples de Pythagore.

HARPALE, astronome grec, trouve que l'année est de 365 jours et 6 heures.

CLÉOSTRATE, de Ténédos, astronome grec, découvre le premier les signes du zodiaque, observe ceux du bélier et du sagittaire, et réforme le calendrier des Grecs.

ZALEUCUS, disciple de Pythagore, et législateur des Locriens, en Italie. Il ne reste plus que le préambule de ses lois, conservé par Stobée.

CHARONDAS, législateur de Catane, en Sicile, défendit, sous peine de mort, de se présenter armé dans les assemblées; mais ayant enfreint cette loi par mégarde, il se tua sur-le-champ. Les Thuriens adoptèrent plus tard ses lois, qui peuvent être regardées comme d'excellents principes de morale.

CAÏUS PAPIRIUS, jurisconsulte romain, auteur du *Code Papirien*, recueil des lois instituées par les rois de Rome.

ACUSILAÜS ou ACUSILAS, historien grec d'Argos, passe pour le second historien prosaïste qu'ait eu la Grèce. Il composa l'histoire généalogique des anciennes familles.

DENIS, de Milet, prosateur grec, auteur d'un recueil des anciennes traditions qu'il appelle le *Cycle mythique*, et d'un *Cycle historique*. Ces deux ouvrages sont perdus.

SCYLAX, de Coriandre, en Carie, auteur d'un *Traité de géographie*.

ANACRÉON, poëte lyrique, né à Téos, en Ionie, chantre du vin et des amours. *Genre anacréontique*.

SIMONIDES, de l'île de Cos, poëte mis par les Grecs au même rang que Pindare. *Odes agonistiques* et *Trènes*.

IBYCUS, poëte lyrique, né à Rhegium, dans la Grande-Grèce, périt assassiné par des brigands. On connaît la belle ballade de Schiller sur la mort de ce poëte, dont les ouvrages ne nous sont connus que par quelques fragments. Quelques auteurs mettent Ibycus au 7e siècle.

THÉOGNIS, poëte gnomique de Mégare. *Sentences élégiaques*.

LASUS, d'Hermione, dans le Péloponèse, poëte grec.

MÉLANIPPIDES, poëte tragique.

DÉMOCÈDE, de Crotone, médecin.

MANDROCLÈS, architecte, constructeur d'un pont de bateaux jeté sur le Bosphore de Thrace, par ordre de DARIUS.

Première statue élevée à Rome, en l'honneur d'HORATIUS COCLÈS.

Invention des postes en Perse, sous CYRUS.

Les frères DIPÈNE et SCILLIS, sculpteurs, perfectionnent l'art de travailler le marbre.

État florissant de l'industrie manufacturière des Carthaginois dans les mêmes articles que les Phéniciens.

La vigne et l'olivier sont importés en France par une colonie de Phocéens, fondateurs de Marseille.

G. SILBERMANN.

| AVANT J.-CH. | AFRIQUE. Egypte. Carthage. Cyrène. 1 | ASIE. Inde. Chine. Empire Perse (Perse, Médie, Assyrie, Babylonie, Phénicie, Palestine). 2 | |
|---|---|---|---|
| 534 | . . . . . . . . . . . . . . . . . . . | . . . . . . . . . . . . . . . . . . . . . . . . . . . . . . | . . . . . . . . |
| 532 | . . . . . . . . . . . . . . . . . . . | . . . . . . . . . . . . . . . . . . . . . . . . . . . . . . | POLYCRATE devient tyran de Sam |
| 530 | . . . . . . . . . . . . . . . . . . . | . . . . . . . . . . . . . . . . . . . . . . . . . . . . . . | Guerre de Sparte contre les Tégé |
| 529 | . . . . . . . . . . . . . . . . . . . | CYRUS érige la Cappadoce en royaume, en faveur de PHARNACE.<br>Expédition de CYRUS contre TOMYRIS, reine des Massagètes, peuple scythe au nord de l'Araxe (fleuve que l'on croit le même que l'Iaxartes des anciens ou le Sir-Daria de nos jours). Il tombe dans une embuscade et périt avec toute son armée. D'autres le font mourir, dans son lit, à Pasargade.<br>La vie de CYRUS, de même que la plupart des faits relatifs à l'histoire générale de l'antiquité, est rapportée différemment par les historiens. Selon Ctésias, CYRUS n'était pas même allié par le sang à ASTYAGE, tandis que d'autres prétendent qu'il en fut le petit-fils, qu'il fut associé par lui au trône des Mèdes, et qu'il avait déjà fait toutes ses conquêtes lorsque ASTYAGE, par sa mort, lui transmit le trône. Ce qui est certain, c'est qu'avant CYRUS les Perses n'étaient qu'une nation obscure, soumise aux Mèdes, et vivant dans les régions les plus élevées de la province appelée *Persis*, et, à sa mort, ils étaient devenus le peuple le plus puissant de l'Asie, et étendaient leur domination depuis les côtes de la Méditerranée jusqu'aux Indes.<br>CAMBYSE, fils de Cyrus-le-Grand, lui succède sur le trône des Perses (529—520). | |
| 528 | . . . . . . . . . . . . . . . . . . . | . . . . . . . . . . . . . . . . . . . . . . . . . . . . . . | HIPPARQUE et HIPPIAS, fils de Pis |
| 526 | ARCÉSILAS III, roi de Cyrène. Ses tentatives pour rentrer dans les prérogatives enlevées à son prédécesseur, donnent lieu à une insurrection, à la suite de laquelle il est obligé de fuir à Samos, où il rassemble une armée avec laquelle il rentre dans ses Etats. Chassé de nouveau bientôt après, il est assassiné par des fugitifs de Cyrène. | | |
| 525 | PSAMMETICH III ou PSAMMENITE, fils d'Amasis, roi d'Egypte. | Conquête de l'île de Rhodes par les Perses. | |
| | Invasion de l'Egypte par les Perses sous CAMBYSE. Défaite des Egyptiens près de *Peluse*, sur la Méditerranée. Mort de PSAMMÉNITE. L'Egypte devient une province de l'empire des Perses et est gouvernée par des satrapes. On dit que CAMBYSE avait fait mettre sur son front de bataille des chiens, des chats, des ibis, animaux sacrés pour les Egyptiens, qui préférèrent prendre la fuite que de tuer leurs dieux.<br>Conquête de la Libye et de la Cyrénaïque, jusqu'aux confins du territoire carthaginois, par les Perses. | | |
| 523 | . . . . . . . . . . . . . . . . . . . | CAMBYSE, roi de Perse, fait tuer son frère SMERDIS. | |
| 522 | . . . . . . . . . . . . . . . . . . . | La tyrannie de CAMBYSE excite le mécontentement des mages, qui le font périr dans une révolte. Un mage s'empare du trône en se faisant passer pour SMERDIS, mais il est tué bientôt après par les principaux seigneurs de Perse. | |
| 521 | . . . . . . . . . . . . . . . . . . . | DARIUS Ier, fils d'Hystaspe, succède à Cambyse, après la mort du faux SMERDIS (521—486). Il transporte le siége de son empire à Suze. | |
| 516 | . . . . . . . . . . . . . . . . . . . | Révolte des Babyloniens. Prise et destruction de Babylone par DARIUS, après un siége de 21 mois. — Dévouement de ZOPYRE. On raconte que, pour mettre DARIUS en possession de Babylone, ZOPYRE se mutila affreusement lui-même, et alla près des Babyloniens en se plaignant de DARIUS; ils le mirent à leur tête, mais lui livra la ville à DARIUS.<br>Achèvement du second temple de Jérusalem. | . . . . . . . . |
| 514 | . . . . . . . . . . . . . . . . . . . | Le Pont est érigé en royaume, en faveur d'ARTABAZE, par DARIUS, roi des Perses. | HIPPARQUE, l'un des tyrans d'Athèn et ARISTOGITON. HIPPIAS venge la m jurés dans les plus cruels supplices. |
| 512 | . . . . . . . . . . . . . . . . . . . | Expédition malheureuse de DARIUS contre les Scythes. . . . . . . . . | La Thrace est soumise aux Perses |
| 510 | . . . . . . . . . . . . . . . . . . . | Invasions réitérées des Hiong-Nu (Huns) dans l'empire chinois. . . . . . . . | HIPPIAS, tyran d'Athènes, se réfugi par CLISTHÈNES, qui gouverne la répu l'*ostracisme*, loi en vertu de laquelle pour 10 ans du territoire de la républ mier cette loi rigoureuse (en 50 |
| 509 | Premier traité de commerce entre Carthage et Rome. . . . | Division de l'empire des Perses en 20 satrapies. D'après Hérodote, ce fut DARIUS qui imposa le premier aux peuples vaincus des tributs en argent, au lieu de présents qu'ils donnaient auparavant. | Guerre entre les Athéniens et les Lac |
| 508 | . . . . . . . . . . . . . . . . . . . | Conquête de l'Inde jusqu'à l'Indus par DARIUS Ier. | |
| 507 | . . . . . . . . . . . . . . . . . . . | . . . . . . . . . . . . . . . . . . . . . . . . . . . . . . | AMYNTAS Ier, roi de Macédoine. DAR lui envoie des ambassadeurs qu'ALEXA fin d'un repas, où ils avaient demandé |
| 502 | . . . . . . . . . . . . . . . . . . . | JOAKIM, grand-prêtre des Juifs. | |
| 500 | Malte devient un comptoir des négociants carthaginois. . . | Insurrection des Grecs de l'Asie-Mineure contre DARIUS. Milet est à la tête des insurgés. Incendie de Sardes par les Milésiens, aidés des Athéniens.<br>Invasions fréquentes des Huns (Hiong-Nu) dans la Mongolie. | Les Grecs d'Europe viennent au secour dépendance contre les Perses. Les A |
| 499 | . . . . . . . . . . . . . . . . . . . | . . . . . . . . . . . . . . . . . . . . . . . . . . . . . . | . . . . . . . . |
| 496 | . . . . . . . . . . . . . . . . . . . | . . . . . . . . . . . . . . . . . . . . . . . . . . . . . . | ALEXANDRE Ier (496—454), fils d'Am vivaient PINDARE et les plus célèbres po corps auxiliaire à XERXÈS, il contribu leur livrant les plans de MARDONIUS, qu avec Athènes. |



STRASBOURG, IMPRIMERIE DE G

| EUROPE. | | | |
|---|---|---|---|
| rèce.<br>3 | Italie. Grande-Grèce.<br>4 | Autres pays de l'Europe.<br>5 | LETTRES, SCIENCES, ARTS, LÉGISLATION, COMMERCE, INDUSTRIE. DÉCOUVERTES, ETC.<br>6 |
| . . . . . . . . . . . . . . . . | Tarquin-le-Superbe, 7e et dernier roi de Rome (534—510). Il s'était frayé le chemin du trône en faisant périr son frère Aruns et sa propre femme, pour se marier avec Tullia, épouse d'Aruns; puis Servius Tullius tombe aussi sous ses coups. Il gouverne despotiquement, sans consulter le sénat ni le peuple. Cependant il agrandit la puissance de Rome par ses conquêtes et par ses alliances, surtout avec les villes du Latium; pour cimenter cette union, il institue les *féries latines*, fêtes religieuses et politiques. | | **500—450.**<br>*Système philosophique d'*Héraclite, d'après lequel le feu est le principe générateur et destructeur de toutes choses. |
| s et fait alliance avec Amasis, roi d'Egypte. | | | *Ecole atomistique*, fondée par Leucippe et Démocrite. (La doctrine des atomes était déjà connue des Phéniciens.) |
| ns (Arcadie) et les Argiens (530—491). | | | Athènes devient le centre de la philosophie grecque.<br>*Epoque des sophistes* et de leur dialectique subtile : Gorgias *le Léontin*, Protagoras, d'Abdère, Prodicus, de l'île de Cos, Hippias, d'Elis, Polus, d'Agrigente, Thrasymaque, de Chalcédoine, Euthydème, de Chios.<br>Phaïnus, astronome grec, maître de Méton et d'Euctémon, découvrit, le premier, dit-on, le temps des solstices. |
| istrate, tyrans d'Athènes. | | | PINDARE, le maître et le modèle de la poésie lyrique, né à Thèbes. Il nous reste de lui 44 odes entières et des fragments.<br>ESCHYLE, le père de la tragédie grecque, né à Eleusis, près d'Athènes. Il ne nous reste plus que 7 tragédies des 90 qu'on lui attribue: *Prométhée enchaîné*, *les sept chefs devant Thèbes*, *les Perses*, *Agamemnon*, *les Choéphores*, *les Euménides*, *les Suppliantes*.<br>Epicharme, de Syracuse, réputé le père de la comédie.<br>Corinnè, née à Tanagre, en Béotie, surnommée la *Muse lyrique*. Elle enleva 5 fois la palme à Pindare, dans les jeux olympiques. Sa fille Cléobuline s'adonna aussi à la poésie. |
| . . . . . . . . . . . . . . . . | . . . . . . . . . . . . . . . . . . . . . . . . . . . . . . . . . . . . | Les Carthaginois s'emparent de *Cadix*. | Achæus, de Syracuse, poëte tragique grec.<br>Chérille, de Samos, poëte grec, chanta la victoire des Athéniens sur Xerxès et reçut une pièce d'or pour chaque vers. |
| ènes, est tué dans une fête par Harmodius mort de son frère en faisant périr les con- | | | Télésille, femme poëte d'Argos, se mit à la tête des Argiennes et marcha contre Cléomènes, roi de Sparte, qui assiégeait sa patrie. Il nous reste encore des fragments de ses poésies. |
| s . . . . . . . . . . . . . . . . | Fondation présumée de *Vérone* et de *Padoue*, par les Cénomans, peuplade de la Gaule, sous Elitorius.<br>Destruction de la ville de Sybaris par les Crotoniates, ayant à leur tête le fameux athlète Milon, de Crotone, dont on raconte qu'il assommait un bœuf d'un coup de poing et qu'il le mangeait à son dîner. | | Andocides, orateur athénien. |
| gie chez les Perses, après avoir été chassé épublique jusqu'à sa mort. — Institution de le un citoyen trop puissant peut être banni ablique. Clisthènes lui-même subit le pre- | Conjuration de Junius Brutus et de Tarquin Collatin, à la suite d'un outrage fait par le fils du roi à Lucrèce, épouse de Collatin. Le peuple chasse le tyran et sa famille, et la royauté est abolie.<br>FONDATION DE LA RÉPUBLIQUE ROMAINE.<br>Gouvernement aristocratique. 2 consuls choisis parmi les anciennes familles. Brutus et Collatin, premiers consuls.<br>Guerre contre Porsenna, roi des Etrusques, qui veut rétablir Tarquin sur le trône. — Dévouement d'Horatius Coclès et de Mucius Scævola. Le premier arrête seul, à la tête d'un pont, l'armée des Etrusques; le second pénètre dans le camp, où il essaie de poignarder le roi. Arrêté et prêt à être livré au dernier supplice, il intimide Porsenna par ses discours pleins de menaces et le décide à conclure la paix. Pline-l'Ancien dit que Porsenna réduisit les Romains à l'état de colons, et qu'il ne leur laissa que le fer nécessaire pour les instruments d'agriculture. | Les Phéniciens s'établissent dans la Lusitanie. | Magnès et Chionides, d'Athènes; Simonide, petit-fils de l'ancien Simonide; Panyasis, parent d'Hérodote; Timocréon, de Rhodes; Cratinus et Phérécrate, d'Athènes; Platon (qu'il ne faut pas confondre avec le philosophe); Aristarque, de Tégée; Bacchylide, de l'île de Céos; Praxilla, né à Sicyone; Ion, de Chio; et Hermippe, poëtes grecs.<br>Hellanicus, de Mitylène, historien grec, dont il ne nous reste que quelques fragments. |
| Lacédémoniens . . . . . . . . . | Premier traité de commerce entre la république romaine et Carthage. | | Métrodore, de Cos, et Alcmæon, de Crotone, médecins et philosophes; Alcmæon s'est livré le premier à la dissection des animaux. |
| Darius, roi de Perse, le rend tributaire et lexandre, fils d'Amyntas, fait égorger à la idé les femmes et les filles du roi (507-496). | | | Iccus, de Tarente, et Euriphon, de Gnide, médecins.<br>Téléphane, Phocéen, habile sculpteur, vivait à la cour des rois de Perse. |
| ecours de ceux d'Asie dans leurs guerres d'in- es Athéniens devant Sardes, en Lydie. | Luttes des plébéiens et des patriciens à Rome. Premiers troubles au sujet de l'odieuse oppression qu'exercent les patriciens sur les plébéiens leurs débiteurs. — Création de la dictature : Titus Lartius, premier dictateur.<br>Puissance et splendeur de la ville de Tarente (500—400). | | Sophroniscus, sculpteur, père de Socrate. |
| . . . . . . . . . . . . . . . . | Guerre des Romains contre les Latins, qui avaient accueilli Tarquin. Aulus Posthumius, nommé dictateur, remporte une victoire sur les Latins, près du lac *Régille*. — Nouvelle alliance entre les Latins et les Romains. | | Phoeax, d'Agrigente, en Sicile, habile architecte, à qui on attribue l'invention des égouts. |
| l'Amyntas Ier, roi de Macédoine. A sa cour s poëtes de son temps. Forcé de fournir un ribua à la victoire des Grecs, à Platée, en , qui le choisit pour conduire les négociations | Soumission des Volsques aux Romains.<br>Mort de Tarquin à Cumes, dans la Grande-Grèce. | | Agatharque, peintre de Samos, applique le premier la perspective aux décorations théâtrales.<br>Phrinis, de Mitylène, musicien célèbre. |

DE G. SILBERMANN.

| AVANT J.-CH. | AFRIQUE. Egypte. Carthage. Cyrène. 1 | ASIE. Empire des Perses. Inde. Chine. Palestine. Phénicie. 2 | Grèce. Macédoine. Thrace. 3 |
|---|---|---|---|
| 495 | | Défaite des Grecs ioniens et destruction de Milet par DARIUS. L'Ionie et la Carie sont reprises par les Perses. Mort d'ARISTAGORAS, tyran de Milet, chef de la révolte des Grecs dans l'Asie-Mineure. | |
| 494 | | Les Hyrcans, les Parthes et les Dahaens (nation scythe, à l'est de la mer Caspienne), sont soumis aux Perses vers cette époque. | Fondation des villes d'*Amphipolis*, de *Chalcis*, d'*Olynthe*, de *Périnthe* (d Héraclée) et de *Potidée*. |
| 493 | | GUERRES MÉDIQUES entre les Perses et les Grecs (493—449). Première expédition des Perses, sous le commandement de MARDONIUS, qui s'a jusqu'en Macédoine. Sa flotte périt dans une tempête, près du mont Athos. La Thrace et la Macédoine sont de nouveau soumises à l'empire des Pers | |
| 492 | | Les Rhodiens se constituent en république. Bientôt après, fondation de la ville de *Rhodes* par la réunion des trois villes de *Lindus*, *Talysus* et *Camirus*. | THÉMISTOCLE est nommé archonte d'Athènes et fait construire le port du *Pirée*. |
| 490 | | Deuxième expédition des Perses en Grèce, sous le commandement de DATIS et d'ARTAPHERNES. HIPPIAS, fils de Pisistrate, marchait avec les en de sa patrie. Une flotte de 600 voiles part de la Sicile et vient jeter l'ancre sur les côtes de l'Attique. Bataille de *Marathon*: 100,000 Perses sont vainc 10,000 Athéniens et Platéens, commandés par MILTIADE. Le poëte ESCHYLE se distingue dans cette bataille. Puissance maritime d'Athènes fondé THÉMISTOCLE. | |
| | | | Expédition de MILTIADE dans l'île de Paros; il échoue, est accusé de trahison péculat, et meurt en prison. |
| 489 | | CONFUCIUS, après avoir supporté les mépris et la misère, est recherché par tous les princes chinois pour le mettre à la tête de leur gouvernement. Il se rend à la cour du prince de TCHOU. | |
| 488 | Révolte des Egyptiens contre les Perses; les satrapes sont chassés (488—484). | | |
| 486 | | XERXÈS succède à son père Darius I^er^ sur le trône de Perse (486—465). | |
| 484 | L'Egypte révoltée est de nouveau asservie par XERXÈS, qui augmente le tribut qu'elle avait à payer à la Perse. ACHÉMÈNES, frère de Xerxès, la gouverne. | | |
| 483 | | | ARISTIDE, l'un des dix stratéges de l'armée athénienne et qui avait mérité le surno *Juste*, est exilé d'Athènes par l'influence de THÉMISTOCLE, mais il est rappelé bi après. |
| 480 | Les Carthaginois contractent une alliance avec les Perses, et attaquent les colonies grecques en Italie. | Troisième invasion des Perses, commandés par XERXÈS, en Grèce. Son armée, forte de 1,700,000 fantassins et 80,000 cavaliers, met 7 jours et 7 à passer l'Hellespont, sur 2 ponts de bateaux. Le mont Athos est percé pour donner passage à la flotte composée de 1200 trirèmes. XERXÈS trave Thrace, la Macédoine et la Thessalie, jusqu'aux défilés des *Thermopyles*, où ses masses sont arrêtées par la valeur de LÉONIDAS et de ses 300 compag il envahit ensuite la Béotie et l'Attique et brûle Athènes, qui avait été abandonnée par ses habitants. — Victoires navales de THÉMISTOCLE et d'EURYBIA *Artémise*, en Eubée, le jour même de la bataille des *Thermopyles*, et à *Salamine*. XERXÈS repasse l'Hellespont, laissant le commandement de son ar réduite à 350,000 hommes, à MARDONIUS, qui se retire en Thessalie, où il passe l'hiver. | |
| 479 | | Deuxième prise d'Athènes, par MARDONIUS. Il retourne en Béotie, où il est vaincu à la bataille de *Platée*, par PAUSANIAS et ARISTIDE. Le même jour, dé des Perses à *Mycale*, dans l'Asie-Mineure, par XANTIPPE, père de Périclès, et LÉOTYCHIDAS, roi de Sparte. Mort de MARDONIUS; prise du camp perse les Grecs. *Fin des invasions des Perses en Grèce.*<br>Indépendance de la Thrace et de la Macédoine après le départ des Perses. Les Athéniens s'emparent des côtes. | |
| 478 | | | Reconstruction des murs d'Athènes et du Pirée. THÉMISTOCLE, exilé d'Athènes à l' tigation des Spartiates, se retire chez les Perses. — PAUSANIAS, accusé d'avoir t avec ces derniers, est condamné à mort; il se sauve dans le temple de Minerve, o le laisse mourir de faim. |
| 476 | | | |
| 472 | | | |
| 470 | | C'est vers cette époque que quelques historiens orientaux placent ROUSTEM, le héros de l'Iran, et le roi qui fut vaincu par lui, APHRASIAB, roi du Turkestan et conquérant de la Perse et de l'Inde. ROUSTEM fut, d'après ces historiens, massacré avec toute sa famille, par ordre de BAHAMAN ou ARTAXERXÈS-LONGUE-MAIN, dont il avait tué le fils dans un combat singulier. (Voy. 1500, tabl. 2.) | Le commandement des troupes confédérées de la Grèce (hégémonie) passe à Ath par l'influence d'ARISTIDE (470—404). Mort de THÉMISTOCLE à Magnésie, dans l'A Mineure.<br>ADMÈTE, roi d'Epire. |
| 469 | | Double victoire remportée par les Grecs, sous CIMON, fils de Miltiade, sur la flotte des Perses, mouillée à l'embouchure de l'*Eurymédon*, dans l'A Mineure, et sur leur armée de terre, qui y avait été rassemblée pour protéger la flotte. | |
| 466 | | | Tremblement de terre à Sparte. Soulèvement des Ilotes et des Messéniens. 3^e^ gu de Messénie. Les Athéniens, appelés par les Spartiates, leur deviennent suspects e retirent. Les Spartiates restent vainqueurs (466—456). |
| 465 | | ARTAXERXÈS I^er^, dit *Longue-Main*, monte sur le trône de Perse après avoir tué ARTABAN, le meurtrier de son père Xerxès, qui s'était emparé de la couronne (467-425). Ce monarque passe pour l'AHASVÉRUS de l'Écriture (histoire d'ESTHER et de MARDOCHÉE). | |
| 462 | | ELIASIB, grand-prêtre des Juifs. | |
| 461 | Les Egyptiens sous INARUS se révoltent de nouveau contre les Perses. Les Athéniens viennent à leur secours. ACHÉMÈNES, gouverneur de l'Egypte, est vaincu et tué. Il est remplacé par MÉGABYSE, qui ne parvient qu'en 456 à remettre l'Egypte sous le joug des Perses. | | |

# EUROPE.

## ITALIE.

### République romaine.

4

Les plébéiens se retirent sur le mont Sacré et obtiennent l'institution de *tribuns du* *euple* (d'abord 2, puis 5 et à la fin 10). Les tribuns étaient inviolables et avaient le droit e s'opposer à la promulgation de toute loi qui leur paraissait contraire à la liberté. C'est cet éveuement que se rattache l'épisode de MENENIUS AGRIPPA, qui apaise le peuple ar le célèbre *apologue des membres et de l'estomac.*

Continuation de la guerre des Romains contre les villes et les peuples voisins. Rome nlève aux vaincus une partie de leurs terres et les afferme au profit du trésor public, ais elles finissent par devenir la propriété des fermiers et donnent naissance à ces fornes colossales, qui amènent la décadence et la chute de la république.

Institution des *comices par tribus*, dans lesquels le peuple avait la prépondérance et ui nommaient à un grand nombre de magistratures, faisaient des lois et connaissaient e certaines causes criminelles.

Corioles, une des villes les plus importantes des Volsques, est prise par les Romains, us CAÏUS MARTIUS, qui reçoit le surnom de *Coriolan.*

CORIOLAN, banni pour avoir voulu abolir le tribunat, revient, à la tête des Etrusques, ettre le siége devant Rome. Il se retire à la sollicitation d'une députation de dames omaines, à la tête de laquelle se trouvait sa mère VÉTURIE. (Plusieurs historiens révoent cet événement en doute.)

. . . . . . . . . . . . . . . . . . . . . . . . . .

Première *loi agraire*, proposée par le consul SPURIUS CASSIUS VISCELLINUS, pour le artage des terres conquises entre les citoyens pauvres et les alliés latins. Les patriciens accusent de vouloir rétablir la royauté à son profit, et le font condamner à être précité du haut de la roche Tarpéienne (485).

Rome déclare la guerre aux Véiens. Révolte des Volsques.

. . . . . . . . . . . . . . . . . . . . . . . . . .

Mort héroïque des 306 FABIENS, qui, après avoir battu les Véiens dans plusieurs renntres, périssent, accablés par le nombre, sur les bords de la *Créméra*, en Etrurie.

Troubles à Rome au sujet de l'introduction d'un corps de lois civiles. Auparavant les écisions du sénat ne s'appuyaient que sur l'usage et le droit naturel.

Défaite des Véiens et des Sabins par les Romains. . . . . . . . . . . . . .

. . . . . . . . . . . . . . . . . . . . . . . . . .

. . . . . . . . . . . . . . . . . . . . . . . . . .

. . . . . . . . . . . . . . . . . . . . . . . . . .

. . . . . . . . . . . . . . . . . . . . . . . . . .

Proposition du tribun TERENTILLUS ARSA pour la rédaction d'un *code civil.*

Le Sabin HERDONIUS attaque le Capitole à la tête de 4000 hommes, mais il est vaincu met fin à ses jours pour ne pas tomber entre les mains de ses ennemis.

### Grande-Grèce (Sicile, Syracuse).

5

THÉRON, tyran d'Agrigente.

GÉLON, tyran de Syracuse, fondateur de la puissance et de la splendeur de cette ville (484—478). Alliance avec les Grecs contre les Perses.

Victoire de GÉLON à *Himère*, le jour même de la bataille de Salamine, sur l'armée combinée des Perses et des Carthaginois, commandés par AMILCAR, qui y est tué.

GÉLON fait avec les Carthaginois un traité par lequel ces derniers s'obligent à renoncer aux sacrifices humains.

HIÉRON Ier succède à son frère Gélon à Syracuse (478—467). PINDARE, ESCHYLE et d'autres hommes illustres de l'époque vivaient à la cour de ce prince.

Guerre entre Syracuse et Agrigente.

THRASIDÉE, tyran d'Agrigente, est chassé après 2 ans de règne. Gouvernement démocratique. Splendeur et prospérité de la ville d'Agrigente.

Syracuse, constituée en république démocratique, se place à la tête des villes grecques de la Sicile (466—465).

Loi du *pétalisme*, qui prononce le bannissement des citoyens dont la fortune faisait craindre pour les libertés publiques.

THRASIBULE, frère et successeur d'Hiéron Ier, est chassé de Syracuse après une année de règne.

### LETTRES, SCIENCES, ARTS, LÉGISLATION, COMMERCE, INDUSTRIE, DÉCOUVERTES, INVENTIONS, ETC.

6

500—450 (suite).

Construction du premier théâtre en pierres, en Grèce, dans l'Acropolis d'Athènes, sous Thémistocle.

Construction du Pirée, port d'Athènes, et des murs d'enceinte de cette ville, par THÉMISTOCLE.

Les temples de Thésée, à Athènes, style dorique, et d'Apollon, à Milet, style ionique.

Etat florissant de l'agriculture et de l'horticulture en Perse, favorisées principalement par la législation de Zoroastre.

Exploitation de mines d'or et d'argent en Espagne par les Carthaginois.

## HISTOIRE RELIGIEUSE.

### Mœurs. Usages.

500—450.

Etablissement des *fêtes saturnales* et d'un temple de Saturne à Rome. Ces fêtes étaient destinées à rappeler l'âge d'or, où la liberté et l'égalité régnaient sur la terre. Ces fêtes, dont l'institution était attribuée à Junon et à Hercule, étaient déjà très-anciennes en Italie, lorsqu'elles furent établies à Rome. Leur durée, d'un seul jour d'abord, fut porté à 3, à 5 et, enfin, sous les Césars, à 7 jours, pendant lesquels il n'était permis de traiter aucune affaire. De même qu'aux fêtes compitales, les esclaves étaient libres pendant ces temps de réjouissances et leurs maîtres les servaient à table. Elles se célébraient du 17 au 23 décembre.

Les anciens Perses avaient aussi leurs *Saturnales*, mais au profit des femmes. C'était une fête solennelle, appelée *Merdguiran*, c'est-à-dire la capture des hommes; elle était célébrée une fois par an et ne durait qu'un jour. Les femmes des Perses, qui, comme toutes celles de l'Orient, vivaient dans un état assez voisin de l'esclavage, jouissaient pendant ces quelques heures d'une liberté absolue, et les filles pouvaient exposer leur inclination sur le choix d'un époux, ce qui leur était refusé le reste de l'année.

Etablissement à Rome des *jeux de Castor et Pollux*, en mémoire de la victoire du dictateur POSTHUMIUS près du lac Régille, dont ils passaient pour avoir apporté la première nouvelle à Rome. Le culte de Castor et Pollux ou des *Dioscures* (fils de Jupiter), imité des Grecs, était en grande vénération dans toute l'Italie, et il y était encore en honneur au 5e siècle de l'ère chrétienne. Ces fêtes se célébraient par une procession où les magistrats portaient les statues des dieux, et par une magnifique cavalcade des chevaliers romains.

ZOROASTRE ou ZERDOUSCHT, réformateur de la religion des mages. Sa patrie et l'époque où il vécut sont également incertaines. Quelques historiens le font antérieur à Moïse, d'autres croient qu'il y eut plusieurs Zoroastre et que le dernier naquit soit dans la Bactriane, soit dans la Médie ou l'Adzerbaïdjan. Afin d'en imposer à la multitude, il se retira dans une caverne et composa le livre intitulé *Zend-Avesta* (parole de vie), qu'il prétendait lui avoir été remis par Dieu même, et dans lequel il expose sa doctrine et explique l'origine du monde, de la lumière, du soleil, de la lune, des étoiles, de l'homme et des animaux. Ce livre a été découvert et publié pour la première fois par Anquetil-Duperron, qui l'apporta en France, en 1770.

Destruction du temple de Bélus, à Babylone, par les Perses.

Les Athéniens élèvent un temple magnifique en l'honneur de *Thésée*, dont les os avaient été apportés à Athènes par Cimon.

Temple élevé à Rome en l'honneur de l'Esculape épidaurien.

ESDRAS remet en vigueur, parmi les Juifs, la loi de Moïse et règle le canon des livres sacrés.

DE G. SILBERMANN.

| AVANT J. CH. | AFRIQUE. Egypte. Carthage. Cyrène. 1 | ASIE. Empire des Perses. Inde. Chine. Palestine. Phénicie. 2 | Grèce. Macédoine. Epire. Thrace. 3 | EU… |
|---|---|---|---|---|
| 460 | .......... | ESDRAS obtient d'Artaxerxès-Longue-Main l'autorisation de reconstituer la nationalité juive. Il conduit une nouvelle colonie d'Israélites en Palestine, y rétablit le culte mosaïque et règle le canon des livres sacrés (460—453). | Affaiblissement de l'autorité de l'Aréopage à Athènes, par les menées d'EPHIALTE et de PÉRICLÈS.<br>Les Athéniens, sur le conseil de CIMON, viennent au secours des Lacédémoniens contre les Messéniens et les Ilotes révoltés, mais les Lacédémoniens refusent ce secours. Cet affront fait bannir CIMON par l'ostracisme; il est rappelé bientôt après et rétablit la paix entre Athènes et Sparte. | CINCINNAT… défendant le C… champ lorsqu'… |
| 459 | .......... | .......... | Les Athéniens ravagent le Péloponèse, après avoir battu les Corinthiens, les Epidauriens et les Eginètes près de *Chrésyphale*. | |
| 458 | .......... | .......... | .......... | CINCINNATU… cerner par l'… rentre en trio… |
| 454 | .......... | .......... | PERDICCAS II, roi de Macédoine (454—413). Il s'allie avec Sparte contre Athènes dans la guerre du Péloponèse. Sous son règne les Odryses, peuple de Thrace, font une invasion en Macédoine, mais PERDICCAS parvient à les éloigner en faisant un traité avec leur roi SITALCÈS. | Arrêté du… missaires po… sulat de Rom… |
| 451 | .......... | .......... | .......... | Institution d… ger le nouv… sur la puiss… plébéiens … devant les tri… |
| 450 | Les Carthaginois dévastent la Sardaigne. | Défaite de la flotte des Perses par l'Athénien CIMON, près de l'île de Chypre.......... | | ...... |
| 449 | .......... | Paix entre la Perse et la Grèce. Les Perses s'engagent à ne plus paraître dans les mers de la Grèce et à respecter l'indépendance des Grecs de l'Asie-Mineure. | Mort de CIMON au siége de Citium. | Les décem… devient … à l'armée … qualité de … qu'elle est … jeune fille … est témoin … met la main… et la poign… les consuls … sont exilés. |
| 447 | .......... | Première révolte des satrapes. MÉGABYSE, satrape de Lydie, en avait donné le signal. Origine de la décadence de l'empire perse.<br>NÉHÉMIE reconstruit les murs de Jérusalem. Origine des *synagogues*. — MALÉACHI, dernier prophète. | Guerre entre les Athéniens et les Lacédémoniens. Ces derniers envahissent l'Attique, puis ils enlèvent la Béotie aux Athéniens. | |
| 446 | .......... | .......... | Trève de 30 ans entre les Lacédémoniens et les Athéniens, négociée par l'influence de PÉRICLÈS, qui soumet l'île d'Eubée et rétablit les affaires d'Athènes. | Loi qui … l'admission… |
| 445 | .......... | .......... | .......... | Institution … de 3, puis … |
| 444 | .......... | .......... | PÉRICLÈS, chef du parti démocratique à Athènes, s'empare du gouvernement. Près de 4000 îles et villes paient tribut à Athènes. L'Attique a 500,000 habitants, dont 400,000 esclaves. — Construction du *Parthénon* (temple de Minerve), des *Propylées*, de l'*Odéon*. — La puissance et le luxe d'Athènes sont à leur apogée. | Création … dénombre… leur fortun… sénateurs … des plébéien… |
| 441 | .......... | JOIADAS II, grand-prêtre des Juifs. | Rupture de la trêve entre les Athéniens et les Lacédémoniens. Prise de l'île de Samos par PÉRICLÈS. | |
| 438 | .......... | .......... | .......... | Grande … distribution … Forum par … de nouveau… |
| 437 | .......... | .......... | .......... | MAMERCUS … TOLUMNIUS … |
| 435 | .......... | .......... | .......... | PRISCUS … qui était … et remplacé… |
| 432 | .......... | Mort de NÉHÉMIE. Les Juifs sont gouvernés par les grands-prêtres. | | |
| 431 | Mort d'ARCÉSILAÜS IV, 8e et dernier roi de Cyrène. Les Cyrénéens se constituent en république et restent indépendants jusqu'en 321, où PTOLÉMÉE LAGUS, roi d'Egypte, en fait la conquête. D'autres placent la mort d'ARCÉSILAÜS IV en 514. | .......... | L'intervention des Athéniens dans les querelles des Corinthiens et des Corcyréens, le refus de PÉRICLÈS de rendre compte de l'argent des confédérés, et aussi la jalousie qu'excite la trop grande puissance d'Athènes, donnent naissance à la *guerre du Péloponèse*, entre les Athéniens et les Lacédémoniens et leurs alliés respectifs (431—404).<br>L'Attique est ravagée par ARCHIDAMUS, roi de Sparte. Les Athéniens, d'après les conseils de PÉRICLÈS, restent enfermés dans leurs murailles et attendent que la famine ait forcé les Spartiates à se retirer. — Destruction de la flotte des Locriens par les galères d'Athènes. | |
| 430 | .......... | .......... | Athènes et toute l'Attique sont ravagées par une des pestes les plus célèbres dont l'histoire fasse mention.<br>Mort d'ARCHIDAMUS, roi de Sparte, son fils AGIS lui succède. | |
| 429 | .......... | .......... | Mort de PÉRICLÈS. | |
| 427 | .......... | .......... | Prise de *Potidée* par les Athéniens; destruction de Platée par les Thébains. Victoire des Athéniens sur les Lacédémoniens; prise de l'île de *Sphactérie*, à laquelle assiste le corroyeur CLÉON, qui était parvenu à se faire nommer général des Athéniens. Prise de *Cythère* par l'Athénien NICIAS; défaite des Corinthiens; révolte des Ilotes; les Messéniens, rétablis à Pylos, attaquent les Lacédémoniens jusque dans Sparte.<br>Les Athéniens refusent la paix que leur demande Sparte; ils sont vaincus par les Thébains, à *Délium* (424), et perdent la Thrace. — CLÉON, général des Athéniens, est vaincu et tué devant *Amphipolis*, par BRASIDAS, roi de Sparte (427—422). | Continuation … qui sont tour … |
| 426 | .......... | .......... | .......... | ...... |
| 425 | .......... | .......... | .......... | ...... |

STRASBOURG, IMPR…

E.

## ITALIE.

### République romaine.

4

Quintus) est élu consul en remplacement de P. VALERIUS, tué en
contre le Sabin HERDONIUS. On le trouva occupé à labourer son
lui annoncer son élection au consulat.

dictateur, dégage le consul MINUCIUS AUGURINUS, qui s'était laissé
, termine heureusement la guerre contre les Eques et les Sabins,
à Rome et abdique sa charge 16 jours après.

ui prescrit la rédaction d'un code civil et la nomination de 3 com-
demander aux Athéniens une copie des lois de Solon, sous le con-
de VETURIUS.

ommission législative de dix patriciens (*décemvirs*) chargés de rédi-
. Le consulat et le tribunat sont suspendus. *Loi des Douze-Tables*
ernelle, les débiteurs, les héritages; les mariages entre patriciens et
dus. Les procès devaient être vidés le jour même où ils étaient portés
.

. . . . . . . . . . . . . . . . . . . . . . .

fusent de déposer le pouvoir. APPIUS CLAUDIUS CRASSINUS, l'un d'eux,
c VIRGINIE, fille de VIRGINIUS, plébéien considéré, qui se trouvait
ontre les Eques et les Sabins. Ne pouvant l'épouser à cause de sa
il s'entend avec MARCUS CLAUDIUS, qui veut l'enlever, prétendant
ve, mais le peuple s'y oppose et le force à laisser provisoirement la
mains de ses parents. Le lendemain Virginius paraît sur le Forum et
ntence qui adjuge sa fille à CLAUDIUS; mais au moment où celui-ci
pour l'emmener, il saisit un couteau de boucher sur un étal voisin
nt le peuple assemblé, qui se soulève, brise le décemvirat, rétablit
ie à la mort APPIUS CLAUDIUS et ses complices. Les autres décemvirs

e mariage entre les patriciens et les plébéiens. Troubles au sujet de
éiens au consulat.

*ibuns militaires* revêtus de pouvoirs consulaires, d'abord au nombre
enfin de 6. Ils remplacent le consulat pendant près de 70 ans.

*iseurs*, pris parmi les patriciens. Bornées dans le principe à faire le
citoyens, et à les classer dans les centuries d'après l'évaluation de
fonctions prirent dans la suite une large extension, de sorte que les
nsuls eux-mêmes étaient soumis à leur juridiction comme le dernier

Rome. Un chevalier romain, SPURIUS MELIUS, ayant fait de grandes
, est accusé par les patriciens d'aspirer à la royauté et tué dans le
AHALA, général de cavalerie. A cette occasion, CINCINNATUS avait été
à la dictature.

cs est nommé dictateur dans la guerre contre les Véiens, dont le roi,
.

né dictateur dans la guerre contre les Fidénates. La ville de Fidènes,
e romaine, est prise par les Romains et ses habitants sont massacrés
e nouvelle colonie.

la guerre des Romains contre les Volsques, les Véiens et les Eques,
vainqueurs et vaincus.

. . . . . . . . . . . . . . . . . . . . . . .

. . . . . . . . . . . . . . . . . . . . . . .

### Grande-Grèce (Sicile, Syracuse).

5

Fondation de *Thurium* par les Athéniens, sur l'emplacement de Sybaris, détruite par les Crotoniates.

Guerre des Agrigentins et des Syracusains.

Destruction de Cumes par les habitants de Capoue.

Prise de Messine par les Syracusains et les Locriens.

## HISTOIRE RELIGIEUSE.

### Mœurs. Usages.

6

**450-400.**

NÉHÉMIE, fondateur des synagogues.

MALÉACHI, dernier prophète des Juifs.

MANASSÈS, de la secte des Samaritains, construit un temple sur le mont Garizim, entre Sichem et Silo (Palestine). Voy. tabl. 6, col. 2, année 718.

Le culte des *déesses-mères* (deæ matres, deæ mairæ), qui était passé des Phéniciens en Grèce et en Italie, est introduit dans les Gaules, en Germanie et en Espagne. Elles présidaient aux fruits de la terre et étaient regardées comme dispensatrices des dons de la nature. Elles ont donné naissance aux fées du moyen âge.

Secte des *Caraïtes* chez les Juifs. Elle n'admet que la lettre de la Bible et rejette toutes les interprétations arbitraires. Cette secte existe encore de nos jours, mais elle compte peu d'adhérents. Elle fut fondée, d'après les uns par EDRAS, d'après d'autres par ANAN, à Babylone, en 750.

Le sophiste DIAGORAS, de Mélos, est condamné à mort par les Athéniens, pour athéisme et pour avoir révélé les mystères d'Eleusis. En même temps ALCIBIADE est forcé de se retirer à Lacédémone pour avoir fait abattre toutes les statues de Mercure, dieu tutélaire d'Athènes.

Institution des *fêtes cotyttées*, en l'honneur de l'impudique déesse *Cotytto*. Elles se célébraient de nuit, et il était défendu, sous peine de mort, d'en révéler les infâmes mystères. Elles avaient pris naissance en Thrace et se répandirent à Athènes, à Corinthe, et dans plusieurs autres villes.

## LETTRES, SCIENCES, ARTS, LÉGISLATION, COMMERCE, INDUSTRIE, DÉCOUVERTES, INVENTIONS, ETC.

7

**450-400.**

*Siècle de Périclès.* Le *Parthénon*, ou temple de Minerve, dans l'Acropolis d'Athènes, le plus magnifique édifice de l'antiquité, construit par les architectes ICTINUS et CALLICRATES. On y voyait la statue colossale de la déesse en or et ivoire, par PHIDIAS. — Les *Propylées*, façade décorée de 6 colonnes d'ordre ionique et de magnifiques frontispices; ils servaient d'entrée à la citadelle et furent construits par l'architecte MNÉSILAS. — L'*Odéon* d'Athènes, où les poëtes et les musiciens soumettaient leurs ouvrages au public. — Le magnifique et gigantesque temple de Cérès-Eleusine, construit par l'architecte ICTINUS. — Le temple de Junon à Argos, avec une statue colossale de la déesse, par POLYCLÈTE. — Luxe des Athéniens. Les *hétaires:* ASPASIE, originaire de Milet, en Ionie, la plus célèbre par sa beauté, son éloquence et ses talents politiques.

SOCRATE, né en 470, mort de la ciguë en 400 avant J. Ch. Les Grecs ont dit de lui qu'il a fait descendre la philosophie du ciel sur la terre. Il combattit les sophistes, ramena la philosophie à l'étude de l'homme intérieur, et posa les véritables principes de la science philosophique. ANTISTHÈNES, PLATON, ARISTIPPE, XÉNOPHON, le célèbre historien, SIMMIAS, CÉBÈS et ESCHINE furent ses principaux disciples.

ANTISTHÈNES, fondateur de l'école cynique. DIOGÈNE, son disciple le plus remarquable.

*Ecole cyrénaïque* fondée par ARISTIPPE, de Cyrène, en Afrique, précurseur d'Epicure. D'après son système, la vertu n'est à rechercher qu'autant qu'elle est un plaisir et un plaisir présent; en d'autres termes, il érigeait l'égoïsme en principe, en rapportant tout à la volupté. ARÉTÉ, fille d'Aristippe et son disciple.

EUCLIDE, de Mégare, fondateur de l'*école mégarienne* ou de l'*école éristique*.

PHÆDON, fondateur de la petite *école d'Elis*. Ce philosophe doit la plus grande partie de sa célébrité au livre dans lequel Platon lui fait raconter la mort de Socrate.

PÉRICLÈS, l'un des plus célèbres Athéniens, général, homme d'Etat et orateur. Il mérita de donner son nom à son siècle pour les encouragements qu'il accorda aux sciences et aux arts, auxquels il fit faire de grands progrès.

EPICHARME, poëte et philosophe pythagoricien, auteur de nombreuses comédies, imitées par Plaute, a écrit en vers des *Traités de philosophie et de médecine*.

ARCHELAÜS, de Milet, dernier philosophe connu de l'école ionienne, disciple d'Anaxagore et maître de Socrate. Suidas lui attribue un ouvrage sur la physique.

SIMMIAS, de Thèbes, et APOLLODORE, de Phalère, philosophes, amis de Socrate.

NESSAS ou NESSUS, de Chio, philosophe, disciple de Démocrite.

BION, d'Abdère, mathématicien, disciple de Démocrite, est le premier qui conjectura qu'en certaines régions il y a six mois de nuit et six mois de jour.

MÉTON, astronome d'Athènes, célèbre par la découverte d'un cycle lunaire ou période de 19 ans, au bout de laquelle les nouvelles lunes reviennent aux mêmes jours de l'année solaire.

EUCTÉMON, autre astronome d'Athènes, invente, de concert avec MÉTON, un instrument qui leur sert à mesurer le cours du soleil et qu'ils appellent *héliotrope*.

APOLLODORE, de Lemnos, auteur d'un ouvrage sur l'agriculture.

APOLLODORE, d'Artémite, dans le pays des Parthes, auteur d'une *Histoire des Parthes*, citée par Athénée et Strabon.

HÉRODOTE, d'Halicarnasse (né en 484 avant J. Ch.), *le père de l'histoire*. On connaît la tradition relative à l'enthousiasme qu'il excita aux jeux olympiques par la lecture de son immortel ouvrage.

THUCYDIDE, historien et général athénien; *Histoire de la guerre du Péloponèse*.

SOPHOCLE, né à Colone, près d'Athènes, l'un des grands poëtes tragiques de la Grèce. De ses 130 ouvrages il ne nous reste plus que 7 tragédies: *Ajax furieux*, *Electre*, *Œdipe roi*, *Antigone*, *les Trachiniennes* ou *la mort d'Hercule*, *Philoctète*, *Œdipe à Colone*.

EURIPIDE, le dernier né des 3 grands tragédiens grecs, né à Salamine. Des 84 pièces qu'il composa, nous n'en avons que 19, dont les plus estimées sont: *Médée*, *les Phéniciennes*, *Hippolyte*, *les Bacchantes* et *Iphigénie en Aulide*.

ARISTOPHANE, le plus célèbre des poëtes comiques de la Grèce, et le seul dont il nous soit parvenu des pièces entières. Il composa 56 comédies, dont 11 sont arrivées jusqu'à nous.

DENIS-L'ANCIEN, tyran de Syracuse, en Sicile, auteur de comédies et de tragédies.

G. SILBERMANN.

| AVANT J. CH. | AFRIQUE. Egypte. Carthage. Cyrène. 1 | ASIE. Empire des Perses. Inde. Chine. Palestine. Phénicie. 2 | EUROPE. Grèce. Macédoine. Thrace. 3 |
|---|---|---|---|
| 424 | | XERXÈS II succède à son père, Artaxerxès-Longue-Main, sur le trône de Perse. Il est tué après 45 jours de règne par son frère SOGDIAN, qui, lui-même, est renversé 6 mois après. | |
| 423 | | DARIUS II, *Nothus* ou *le Bâtard*, fils naturel d'Artaxerxès-Longue-Main, s'empare du trône de Perse, après avoir fait périr tous ses concurrents (423—404). | |
| 421 | | | Paix conclue par NICIAS entre Sparte et Athènes. — Commencement de la puissance d'ALCIBIADE. |
| 416 | | | *Seconde période de la guerre du Péloponèse.* Expédition des Athéniens en Sicile, à l'instigation d'ALCIBIADE, pour secourir les Ségestains et les Léontins contre les Syracusains. Ils en confient le commandement à ALCIBIADE, mais à peine est-il sorti du port qu'il est condamné à mort comme sacrilége. Il s'enfuit chez les Lacédémoniens, qu'il excite à venir au secours des Syracusains, et qui font alliance avec les Perses. Puissance maritime des Spartiates, fondée par GYLIPPE, qui fait lever le siége de Syracuse et bat les Athéniens sur terre et sur mer. |
| 414 | AMYRTÉE, l'un des compagnons d'Inarus, affranchit l'Egypte de la domination des Perses et se proclame roi (414-400). | Hordes turques nomades sur l'Oxus et l'Iaxartes. | |
| 413 | | | ARCHÉLAÜS, fils naturel de Perdicas II, usurpe le trône de Macédoine en massacrant son frère, son oncle et le fils de ce dernier (413—400). Cependant il s'applique à faire le bien de ses sujets, introduit la civilisation grecque, attire à sa cour les poëtes Euripide et Agathon et le peintre Zeuxis, et protége les lettres et les arts. |
| 412 | | | Rétablissement du gouvernement oligarchique à Athènes. ALCIBIADE est rappelé et remis à la tête des troupes. Il bat les Lacédémoniens, soumet toutes les villes de l'Hellespont, et rentre à Athènes, au milieu des cris d'allégresse de ce peuple qui, quelque temps auparavant, l'avait condamné à mort. |
| 411 | | | Victoires des Athéniens sous la conduite d'ALCIBIADE (411—407). Ils refusent la paix aux Lacédémoniens. |
| 410 | Guerre de Carthage avec Syracuse (410—368). | | |
| 407 | | Les Sidoniens (en Phénicie) deviennent puissants par leur commerce, et favorisent plusieurs révoltes contre la domination des Perses. | La flotte athénienne, sous la conduite d'ANTIOCHUS, lieutenant d'Alcibiade, est vaincue à Ephèse, par LYSANDRE, chef des Lacédémoniens. ALCIBIADE, menacé d'un jugement, se retire dans un bourg de Phrygie, où le satrape PHARNABAZE le fait assassiner, à l'instigation des Lacédémoniens (en 404). |
| 406 | | | Victoire navale des Athéniens, près de l'île d'*Arginuse*, sur l'amiral lacédémonien CALLICRATIDE, qui est tué. |
| 405 | | EVAGORAS s'empare de l'île de Chypre. | Victoire de LYSANDRE, chef des Lacédémoniens, sur la flotte athénienne commandée par CONON, à *Ægos-Potamos*, dans la Chersonèse de Thrace. Les Spartiates s'écartent de plus en plus de la législation de Lycurgue. |
| 404 | | ARTAXERXÈS II, *Mnémon*, succède à son père, Darius II, sur le trône de Perse (404—361). | LYSANDRE s'empare d'Athènes, en rase les murailles et lui enlève ses vaisseaux. — *Fin de la guerre du Péloponèse. — Nouvelle suprématie de Sparte.* |
| 403 | | | THRASYBULE chasse d'Athènes les 30 tyrans qui y avaient été établis par LYSANDRE. |
| 400 | Expédition des Carthaginois dans les îles Britanniques. Ils s'emparent aussi de la Corse, qui leur est souvent disputée par les Etrusques. Le produit des mines de Sardaigne et d'Espagne leur sert à payer les soldats mercenaires de leurs armées.<br>PSAMMÉTICH, NEPHERITES, AKORIS et PAUSIRIS se succèdent sur le trône d'Egypte depuis environ l'an 400 jusqu'à l'an 376. | MITHRIDATE I^er^, roi du Pont. Il fait alliance avec CYRUS-LE-JEUNE, et est battu à la bataille de Cunaxa (400—368).<br>Révolte de CYRUS-LE-JEUNE, frère d'Artaxerxès II et gouverneur de l'Asie-Mineure. — Bataille de *Cunaxa*, dans la plaine de Babylone; CYRUS-LE-JEUNE y est défait et tué. — Retraite célèbre des 10,000 Grecs, auxiliaires de Cyrus-le-Jeune, sous la conduite de XÉNOPHON, qui les ramène des rives du Gange aux bords de la Propontide. | Condamnation et mort de SOCRATE.<br>ORESTE, fils d'Archelaüs, roi de Macédoine (400—396). |
| 399 | | Expédition d'AGÉSILAS, roi de Sparte, en Asie; il forme le projet de renverser l'empire Perse (390—399). | |
| 397 | | Le grand-prêtre des Juifs JONATHAN, successeur de Joïadas II, poignarde son frère Jésus dans le temple même. | |
| 396 | | | ORESTE, roi de Macédoine, est assassiné par AÉROPUS, son tuteur, qui s'empare de la couronne et la transmet à son fils PAUSANIAS, qui est assassiné en 392. |
| 394 | | AGÉSILAS est forcé de quitter la Perse et de tourner ses armes contre Thèbes et Corinthe. | Alliance des Thébains, des Corinthiens, des Athéniens, des Béotiens et des Argiens contre Sparte. |
| 393 | | Destruction de la flotte lacédémonienne près de *Cnide*, dans l'Asie-Mineure, par l'Athénien CONON et le satrape PHARNABAZE. | Reconstruction des murs d'Athènes. |
| 392 | | | AMYNTAS II, arrière petit-fils du roi Alexandre, monte sur le trône de Macédoine (392—370), après avoir assassiné PAUSANIAS, fils de l'usurpateur AÉROPUS. Son règne fut troublé par des guerres contre les Illyriens et d'autres peuples tributaires, et par les prétentions d'ARGÉE, frère de Pausanias, qui parvint à occuper le trône pendant 2 ans; mais AMYNTAS fut rappelé, se lia avec Sparte, termina heureusement une guerre contre les Olynthiens, et parvint même à s'attacher les Athéniens, en promettant de les mettre en possession d'Amphipolis. Quelques historiens placent le règne d'un AMYNTAS II vers l'an 43?, et regardent le successeur de Pausanias comme le 3^e^ roi de Macédoine qui porta le nom d'Amyntas. |
| 391 | | | |

## ITALIE.

### République romaine.

4

des Romains par les Volsques, qui bientôt
t vaincus par le consul TEMPANIUS.

. . . . . . . . . . . . . . . .

. . . . . . . . . . . . . . . .

lsques enlèvent aux Romains la ville de Voles.
eprise par le tribun POSTHUMIUS REGILLENSIS,
tué.

. . . . . . . . . . . . . . . .

. . . . . . . . . . . . . . . .

. . . . . . . . . . . . . . . .

contre les Véiens. Investissement de la ville de
emières milices permanentes et premier essai
le militaire.

e *Véies* par le dictateur CAMILLE, qui reçoit les
du triomphe. Il est exilé bientôt après, sous
n d'avoir détourné à son profit une partie du

. . . . . . . . . . . . . . . .

ı de l'Etrurie par les Gaulois Sennonois, sous
(*brenn* est un titre générique commun à tous
eltes); siége de *Clusium* (Chiusi), ville alliée de
mbassadeur romain, envoyé comme médiateur,
Gaulois en combattant à la tête des Clusiens.

### Grande-Grèce (Sicile, Syracuse).

5

Prise de Cumes par les Campaniens.

Tentatives inutiles des Athéniens pour s'emparer de Syracuse, à l'occasion de la guerre des Ségestains et des Léontins contre les Syracusains.

Syracuse, assiégée par NICIAS, est sauvée par le Spartiate GYLIPPE, qui bat les Athéniens sur terre et sur mer. Mort de NICIAS.

DIOCLÈS, législateur de Syracuse.

Guerres de Syracuse contre Carthage (410—368).

Prise d'Agrigente, en Sicile, par les Carthaginois; la ville est livrée aux flammes et ses habitants sont massacrés.

DENYS Ier, *l'Ancien*, profite de l'anarchie qui règne à Syracuse pour s'emparer de la suprême puissance (405—368). Guerres contre Carthage.

Siége de Messine par le général carthaginois MAGON. — Les Carthaginois sont vaincus par DENYS, de Syracuse.

## HISTOIRE RELIGIEUSE.

### Mœurs. Usages.

6

#### 400—350.

Etablissement à Rome des *fêtes lectisternes* (*lectus*, lit, et *sternere*, dresser). Elles prirent naissance à l'occasion d'une peste, et consistaient dans des festins que l'on donnait, au nom et aux dépens de la république, aux principales divinités, que l'on croyait se rendre ainsi favorables. Des prêtres appelés *épulons* (*epulum*, festin) présidaient à cette cérémonie; les statues des dieux étaient placées sur des lits magnifiques autour d'une table richement servie; les déesses n'avaient que des siéges. Ces fêtes, qui avaient lieu dans les calamités publiques, duraient plusieurs jours. Le premier lectisterne eut lieu en 399, suivant les uns, et, suivant d'autres, en 356. Les Grecs, les Mèdes et d'autres peuples de l'Orient avaient aussi des lectisternes.

Institution à Rome des *jeux capitolins*, en l'honneur de Jupiter, par CAMILLE, vainqueur des Gaulois, en mémoire de la délivrance de Rome. Ils étaient célébrés tous les 5 ans.

Etablissement à Rome des *fêtes patronales*, célébrées par les dames romaines aux calendes de mars, en mémoire de la médiation des Sabines dans la guerre entre les Romains et les Sabins, pour obtenir la fécondité de la terre et celle des dames romaines, et, enfin, en l'honneur de Junon, de Janus et de Mars. Les servantes jouissaient de certaines prérogatives pendant ces fêtes.

Fête en l'honneur de *Junon Caprotine*, en mémoire de la délivrance de Rome par les femmes esclaves. Les Fidénates étant venus mettre le siége devant Rome, après le départ des Gaulois, demandèrent aux Romains leurs femmes et leurs filles. Les esclaves mirent les habits de leurs maîtresses et se présentèrent au camp des assiégeants, qu'ils excitèrent à toutes sortes de réjouissances et surtout à bien boire. Dès qu'elles les virent dans l'ivresse, elles donnèrent le signal convenu aux Romains, qui en firent un horrible carnage. Pendant ces fêtes, les femmes esclaves régalaient leurs maîtresses hors des portes de la ville.

*Cérémonie du clou sacré.* Outre les fêtes lectisternes, on imagina encore à Rome un moyen singulier pour écarter le fléau de la peste. MANLIUS IMPERIOSUS fut élevé à la dictature pour attacher le clou sacré au temple de Jupiter. On ne connaît pas l'origine de cet usage bizarre, si ce n'est que quelques peuples de l'Etrurie fichaient des clous dans le mur d'un temple pour compter le nombre des années, mais ils n'y attachaient pas un caractère religieux.

Pillage du temple de Delphes par les Phocéens. Les matières d'or et d'argent qu'ils y enlevèrent furent évaluées à plus de 10,000 talents (environ 60 millions de fr.). Cette profanation donna lieu à une guerre religieuse, ordonnée par les Amphictyons, et que termina PHILIPPE, de Macédoine.

## LETTRES, SCIENCES, ARTS, LÉGISLATION, COMMERCE, INDUSTRIE, DÉCOUVERTES, INVENTIONS, ETC.

7

#### 450—400 (suite).

PHILOCLÈS, PHILYLLIUS, SANNARION, ARCHIPPUS, DINOLOCHUS, de Sicile, ANTIPHANE, les Athéniens ARISTOMÈNES, DIOCLÈS, EUPOLIS, PHILONIDES et son fils NICOCHARÈS, poëtes grecs comiques. — CÉPHISIDORE, AGATHON et NICOMAQUE, poëtes grecs tragiques.

CRITIAS, disciple de Socrate et l'un des tyrans d'Athènes, poëte élégiaque.

TÉLESTE, de Sélinunte, poëte dithyrambique.

EMPÉDOCLE, poëte tragique, petit-fils d'Empédocle, philosophe pythagoricien.

PHIDIAS, Athénien, le plus célèbre sculpteur de l'antiquité. Statues colossales de la Minerve du Parthénon et du Jupiter olympien d'Elis, en ivoire incrusté d'or.

POLYCLÈTE, d'Argos, sculpteur, auteur du *Diadumène*, du *Doryphore*, et surtout du célèbre *Canon*, modèle consacré de toute proportion.

MYRON, sculpteur, d'Eleuthères, en Béotie; ses chefs-d'œuvre sont : un *discobole*, un *Hercule*, un *Persée*, une *Minerve*, une *chienne* et une *génisse*.

ALCAMÈNES, CTÉSILAÜS, NAUCYDES, sculpteurs. On attribue à Ctésilaüs la statue en bronze du *gladiateur mourant*, qui se trouve à Rome.

APOLLODORE, d'Athènes, sculpteur, cassait les ouvrages dont il n'était pas content, ce qui le fit surnommer injustement l'*Insensé*.

ARTÉMON, DÉMÉTRIUS et PEONIUS, architectes grecs. Les derniers achevèrent le temple de Diane à Ephèse.

DAMOPHILE et GORGASE, peintres et modeleurs, introduisirent à Rome le goût de la peinture grecque. Pline cite ces deux artistes comme ayant décoré le temple de Cérès à Rome.

POLYGNOTE, de l'île de Thase, MYCON et TYNARÈTE, sa fille, peintres grecs.

EVÉNOR, peintre, père et maître de Parrhasius.

MICON, PANANOS, POLYGNOTE, APOLLODORE, ZEUXIS et PARRHASIUS, EUPOMPUS, NICIAS, peintres. La *Pénélope* et l'*Hélène* de Zeuxis.

HIPPONICUS, un des généraux des Athéniens, célèbre par l'exploitation de ses mines, qui le rendirent le plus riche citoyen de la Grèce. Il périt au combat de Délium, en 424.

*Formation de l'éloquence grecque par les sophistes.* GORGIAS, de Léontium, en Sicile, maître d'Isocrate. — ANTIPHON, né à Rhamnus, en Attique; il nous en reste 16 discours. — LYSIAS, de Syracuse, dont il nous reste 84 discours et qui ouvrit une école célèbre. — ISOCRATE, Athénien, dont il nous reste 21 discours; son *Panégyrique d'Athènes* lui coûta, dit-on, 10 années de travail. — ISÉE, née à Chalcis d'Eubée, maître de Démosthènes; 11 de ses plaidoyers sont parvenus jusqu'à nous.

Invention de la peinture sur cire et sur émail par ARCÉSILAÜS, de Paros.

La 1re année de la 87e olympiade (432—431), réforme du calendrier athénien par l'astronome MÉTON, d'après la découverte qu'il avait faite de l'année décatéride ou cycle de 19 ans, dit aussi nombre d'or et cycle lunaire, après lequel le soleil et la lune se retrouvent dans la même situation relativement à la terre. L'année qui commençait auparavant à la nouvelle lune qui suit le solstice d'hiver, commença dès-lors, à quelques exceptions près, à la nouvelle lune qui suit le solstice d'été, laquelle, en cette première année, eut lieu à Athènes le 16 juillet 432.

Invention du *bélier*, attribuée par les uns aux Carthaginois et par les autres à ARTÉMON, de Clazomène. C'était une poutre suspendue avec des chaînes ou de gros cables, garnie à l'une de ses extrémités d'une tête de bélier en fer ou en bronze, et que l'on lançait contre les murailles pour les faire écrouler. On attribue aussi à ARTÉMON l'invention de la *tortue*, espèce de galerie couverte, montée sur des roues, et à l'abri de laquelle les ouvriers pouvaient s'avancer jusqu'au pied des murailles qu'ils voulaient percer.

Premières milices permanentes et première solde militaire à Rome.

ALCIBIADE, général et homme d'Etat d'Athènes, célèbre par sa beauté, ses talents, sa fortune et ses débauches.

#### 400—350.

PLATON, né à Athènes (429—347), chef de l'*école platonicienne* ou *académicienne*. Dans sa *République* il anéantit toutes les passions individuelles pour n'en faire qu'une passion unique, l'amour de la patrie; aussi détruit-il la propriété, le mariage et la liberté civile et politique. Tous les biens appartiennent à l'Etat, les femmes sont communes et les enfants sont les enfants de l'Etat. 35 de ses *Dialogues* sont parvenus jusqu'à nous. Dans l'un de ses Dialogues, intitulé *Timée*, ce philosophe nous a conservé une tradition des prêtres égyptiens, qui l'avaient racontée à Solon, et d'après laquelle il aurait existé dans la mer Atlantique, au delà des Colonnes-d'Hercule, une île plus grande que l'Afrique et l'Asie réunies, et qui s'appelait *Atlantide*. Elle était gouvernée par des rois puissants, qui cherchaient à étendre leur domination sur le reste de notre hémisphère, lorsqu'un affreux tremblement de terre engloutit en une seule nuit l'île Atlantide. Des savants modernes ont cru reconnaître l'Amérique dans cette île; d'autres soutiennent que c'était une des Canaries ou l'île de Madère, ce qui serait plus probable.

ANNICÉRIS, de Cyrène, ami de Platon, le racheta lorsqu'il fut vendu comme esclave par Denys-le-Jeune.

PHILOLAÜS, de Crotone, dans la Grande-Grèce, philosophe pythagoricien, publia les découvertes de son maître et enseignait que tout se fait par harmonie et nécessairement et que la terre tourne sur elle-même.

ARCHYTAS, philosophe pythagoricien et mathématicien, né à Tarente, dans la Grande-Grèce, applique le premier les mathématiques à la mécanique et à la musique et même à la philosophie métaphysique. On lui attribue diverses inventions et solutions de problèmes, telles que la duplication du cube, la poulie et la vis, et le fameux automate connu sous le nom de *colombe volante*. Il fut élu 7 fois de suite au gouvernement de sa patrie et mourut dans un naufrage sur la côte de la Pouille.

On cite 3 autres ARCHYTAS, dont l'un, de Mitylène, avait écrit sur la musique, un autre sur l'agriculture, et le troisième avait composé des épigrammes.

DE G. SILBERMANN.

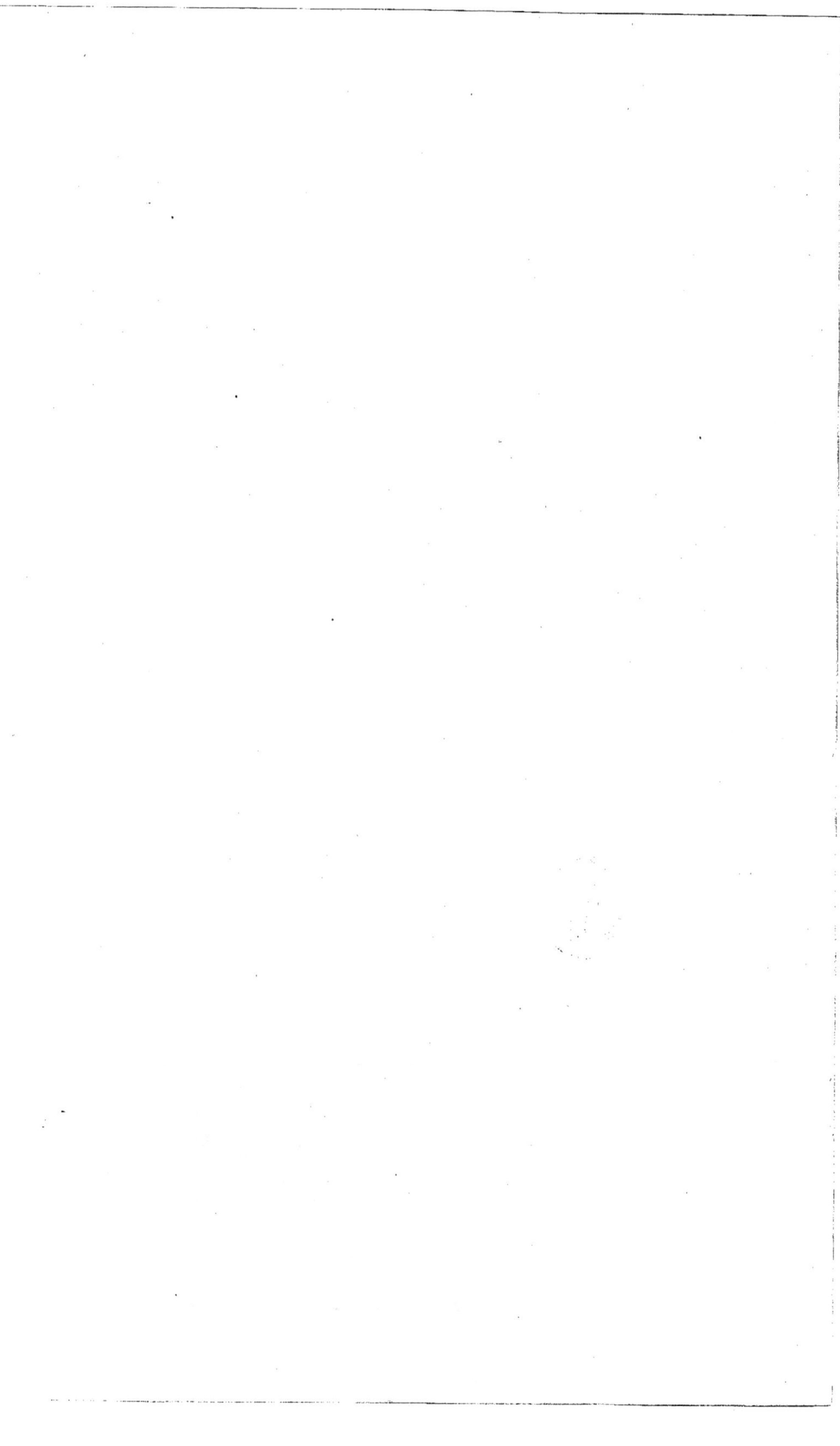

| AVANT J. CH. | AFRIQUE. Egypte. Carthage. Cyrène. 1 | ASIE. Empire des Perses. Inde. Chine. Palestine. Phénicie. 2 | E… Grèce. Macédoine. Thrace. Epire. Thessalie. Illyrie. 3 |
|---|---|---|---|
| 390 | . . . . . . . . . . . | Epoque présumée de la fondation de *Delhi*, dans l'Inde. | . . . . . . . . . . . . . . . . . . . . . . . . . . . . . . |
| 389 | . . . . . . . . . . . | . . . . . . . . . . . . . . . . . . . . . | . . . . . . . . . . . . . . . . . . . . . . . . . . . . . . |
| 387 | . . . . . . . . . . . | Paix négociée par le Spartiate **Antalcidas**, entre la Perse et la Grèce. Ce célèbre traité fut accepté par tous les Etats de la Grèce, et mit sous la d… de la Perse l'île de Chypre et les villes grecques de l'Asie-Mineure. | |
| 384 | . . . . . . . . . . . | . . . . . . . . . . . . . . . . . . . . . | . . . . . . . . . . . . . . . . . . . . . . . . . . . . . . |
| 383 | . . . . . . . . . . . | . . . . . . . . . . . . . . . . . . . . . | Le Spartiate **Phœbidas** s'empare de Thèbes par trahison et contre la foi des traités. Orig… guerre entre les Lacédémoniens et les Thébains. |
| 380 | . . . . . . . . . . . | . . . . . . . . . . . . . . . . . . . . . | **Alectas**, roi d'Epire. |
| 378 | . . . . . . . . . . . | **Ariarathès** Ier, roi de Cappadoce. Après la mort d'Alexandre, **Perdiccas** envoya contre lui **Eumène**, qui le vainquit et le fit mettre en croix avec plusieurs de ses parents et de ses officiers. Il mourut à l'âge de 82 ans.<br>**Bias**, roi de Bithynie (378—328). | **Pélopidas** entre dans Thèbes et massacre les tyrans établis par les Spartiates. Les Théba… la conduite de **Pélopidas** et d'**Epaminondas**, repoussent les Spartiates, qui sont obligés d'ab… Thespies et Platée, et sont battus sur mer par l'Athénien **Chabrias**, près de *Naxos*. |
| 376 | **Nektanebus** Ier, roi d'Egypte (376—365). | **Evagoras**, roi de Chypre, est vaincu par **Artaxerxès**, roi de Perse, et assassiné peu après. | Nouvelle défaite navale des Lacédémoniens par **Timothée**, qui fait décerner aux Athénien… mandement suprême de la flotte des confédérés grecs. |
| 374 | Expédition infructueuse d'**Artaxerxès-Mnémon** en Egypte. L'Athénien **Iphicrate** auxiliaire du roi de Perse. | | Jalousie des alliés de Thèbes contre cette nouvelle puissance; paix entre Sparte et Athènes… |
| 371 | . . . . . . . . . . . | . . . . . . . . . . . . . . . . . . . . . | Bataille de *Leuctres*, en Béotie, gagnée sur les Spartiates par **Epaminondas**. Mort de **Cléo**… roi de Sparte. *Suprématie thébaine.* |
| 370 | . . . . . . . . . . . | . . . . . . . . . . . . . . . . . . . . . | **Alexandre** II succède à son père Amyntas II sur le trône de Macédoine. Sous prétexte d'… Thessaliens contre **Alexandre**, tyran de Phères, il s'empare de plusieurs de leurs places, m… rappelé dans ses Etats par la révolte de **Ptolémée**, d'Alorus, et obligé de consentir à une tr… imposée par le Thébain **Pélopidas**, avec lequel il conclut une alliance, et lui donne entr… otages son frère **Philippe**, père d'Alexandre-le-Grand. Mais bientôt après, **Alexandre** est… par **Ptolémée**, qui se maintient contre un nouveau compétiteur, **Pausanias**, grâce à l'Athén… **crate**, alors occupé au siége d'Amphipolis; mais il ne jouit pas longtemps des fruits de son… tombe sous les coups de **Perdiccas**, frère d'**Alexandre** II, qui monte sur le trône de Mac… sous le nom de **Perdiccas** III (370—360). |
| 369 | . . . . . . . . . . . | . . . . . . . . . . . . . . . . . . . . . | **Epaminondas**, après s'être avancé jusque devant Sparte, est obligé de se retirer par su… défection des Arcadiens, des Argiens et des Eléens. Il fait reconstruire Messène et rappelle… patrie les Messéniens, ces anciens ennemis de Sparte. |
| 368 | . . . . . . . . . . . | . . . . . . . . . . . . . . . . . . . . . | . . . . . . . . . . . . . . . . . . . . . . . . . . . . . . |
| 367 | . . . . . . . . . . . | . . . . . . . . . . . . . . . . . . . . . | Les Arcadiens sont vaincus par les Spartiates, commandés par **Archidamus**. |
| 366 | . . . . . . . . . . . | | **Alexandre**, tyran de Phères, en Thessalie. Ce prince s'empara successivement des villes… liennes restées libres, qui s'adressèrent aux Thébains pour avoir du secours. **Pélopid**… d'**Alexandre** II, roi de Macédoine, leur rendit la liberté; mais, après la mort de ce dernier… recommença les hostilités. Le général thébain, accouru une seconde fois en Thessalie, tomba… voir de son ennemi et fut délivré par **Epaminondas**. La guerre ayant recommencé, **Pélopid**… une troisième fois en Thessalie, où il remporta une grande victoire, qui lui coûta la vie et… gea **Alexandre** de se contenter de la souveraineté de Phères. |
| 365 | **Tachus**, roi d'Egypte (365—363). | . . . . . . . . . . . . . . . . . . . . . | Bataille de *Cynocéphales*, gagnée par **Pélopidas** sur **Alexandre**, tyran de Phères, en T… Mort de **Pélopidas**, qui a pour successeur **Epaminondas**. |
| 363 | **Nektanebus** II, roi d'Egypte (363—354). | . . . . . . . . . . . . . . . . . . . . . | Bataille de *Mantinée*, en Arcadie, gagnée par **Epaminondas** sur les Lacédémoniens. Mor… **minondas** et fin de la puissance de Thèbes. |
| 362 | **Agésilas**, roi de Sparte, vient au secours des Egyptiens contre les Perses. | Révolte des satrapes de la Perse. Les Grecs de l'Asie-Mineure déclarent la guerre au roi de Perse. | . . . . . . . . . . . . . . . . . . . . . . . . . . . . . . |
| 361 | . . . . . . . . . . . | **Artaxerxès** III *Ochus* assassine son frère Artaxerxès-Mnémon et lui succède sur le trône de Perse (361-338). | . . . . . . . . . . . . . . . . . . . . . . . . . . . . . . |
| 360 | . . . . . . . . . . . | . . . . . . . . . . . . . . . . . . . . . | **Perdiccas** III, roi de Macédoine, périt dans une guerre contre les Illyriens et les Pæo… Pannoniens. Son frère **Philippe**, père d'Alexandre-le-Grand, lui succède, au détriment d… Perdiccas, dont il était le tuteur. Ce fut lui qui prépara, autant par la ruse que par la force, … deur future de la Macédoine. Il organise la phalange, prend d'abord les villes d'Amphipolis, … nides et de Méthone, vainc **Bardyllis**, roi des Illyriens, soumet la Pannonie, et, avec… que lui rapportent les riches mines dont il s'est emparé, il entretient des agents dans toute l… soufflant la discorde entre les petits Etats, achetant des influences, excitant des rivalités, et… passer aucune occasion sans en faire son profit. Ce fut en vain que **Démosthène** entreprit de… par ses *Philippiques*, les ambitieux projets du monarque macédonien; la Grèce, affaiblie par… sions intestines, était loin du temps où elle se levait en masse pour défendre sa liberté, sans… le nombre de ses ennemis. Cependant **Philippe**, il faut le dire, n'avait pas en vue l'asserviss… la Grèce, mais il avait besoin d'elle pour l'accomplissement de ses projets sur l'Asie, et aucu… ne lui coûtoit pour parvenir à ses fins.<br>Victoire navale remportée par **Alexandre**, tyran de Phères, sur les Athéniens, comma… **Léosthène**, à Panorme, près de Sunium. Bientôt après, ce prince cruel et perfide fut assas… **Lycophron** et **Tisiphron**, frères de sa propre femme **Thébé**. **Tisiphron** lui succéda. |

'E.

## ITALIE.

### République romaine.

4

Défaite des Romains sur les bords de l'*Allia*, par Brennus; pillage et incendie de Rome. Siége du Capitole, qui est sauvé par Manlius, qui reçoit le surnom de *Capitolinus*. Les *oies sacrées*.

Camille, rappelé de l'exil et nommé dictateur, taille en pièces l'armée gauloise et reçoit le surnom de *Romulus* et de *second fondateur de Rome*.

Défaite des Volsques et des Etrusques par Camille.

Manlius, le sauveur du Capitole, accusé d'aspirer au pouvoir souverain, est précipité du haut de la roche Tarpéienne.

. . . . . . . . . . . . . . . . . .

Colonies romaines en Sardaigne.

Propositions des tribuns Licinius Stollon et L. Sextius : Aucun citoyen ne devait posséder plus de 500 arpents de terres conquises; le tribunat militaire devait être aboli et le consulat rétabli; l'un des consuls devait être pris parmi les plébéiens. L'opposition que les patriciens font à ces lois, fait naître une anarchie qui dure plusieurs années.

. . . . . . . . . . . . . . . . . .

Nouvelle invasion des Gaulois, qui sont défaits par le dictateur Camille.

L. Sextius, premier consul plébéien. Création d'un *préteur* (juge suprême), choisi primitivement parmi les patriciens. Il n'y en eut d'abord qu'un, en 244 deux; l'un, *prætor urbanus*, pour rendre la justice aux citoyens de Rome; et l'autre, *prætor peregrinus*, pour juger dans les contestations entre les citoyens et les étrangers. Plus tard leur nombre fut augmenté à cause des provinces, et ils commandèrent aussi les armées. Spurius Furius Camillus, fils du dictateur Camille, premier préteur.

Rome est désolée de la peste. Mort de Camille.

Les Romains, sous le consul plébéien Genucius, sont défaits par les Herniques, qui sont vaincus par le dictateur Appius.

Les Gaulois, réunis aux Tiburtins, entrent dans la Campanie et sont défaits par le dictateur Sulpicius Ahala.

. . . . . . . . . . . . . . . . . .

### Grande-Grèce (Sicile, Syracuse).

5

Toute la partie de la Sicile située au delà du fleuve Halycus, c'est-à-dire environ le tiers du pays, passe sous la domination des Carthaginois.

Denys II, *le Jeune*, succède à son père Denys Ier dans le gouvernement de Syracuse (368—343).

Platon à Syracuse.

### LETTRES, SCIENCES, ARTS, LÉGISLATION, COMMERCE, INDUSTRIE, DÉCOUVERTES, INVENTIONS, ETC.

6

**400—350** (suite).

Damon et Pythias, philosophes pythagoriciens, célèbres par l'amitié qu'ils se portaient. Damon, faussement accusé d'une conspiration contre Denys-le-Jeune et condamné à mort, obtint la permission de s'éloigner afin de mettre ordre à ses affaires; Pythias s'était rendu caution de son retour. Au jour marqué, Damon n'était pas encore revenu, et Pythias était conduit au lieu du supplice, lorsque son ami accourut et un combat de générosité s'éleva entre eux pour savoir qui devait mourir. Denys, touché de tant de dévouement, accorda la vie à Damon et demanda d'être reçu en tiers dans leur amitié.

Cébès, philosophe grec, disciple de Socrate, né à Thèbes, l'un des interlocuteurs introduits par Platon dans le *Phædon*. Il a fait trois dialogues, dont l'un, intitulé *Pinax* ou *la Table*, est parvenu jusqu'à nous.

Dicéarque, de Messine, en Sicile, philosophe, historien et mathématicien, disciple d'Aristote. *Vies des hommes illustres*; *Description de la Grèce*; *Traité des montagnes du Péloponèse*; une *Carte de la Grèce*, vantée par Cicéron et Atticus pour sa parfaite exactitude, et enfin une *Histoire de la république de Sparte*.

Eudoxe, de Gnide, fils d'Eschine, astronome, géomètre, médecin et législateur, donna des lois à sa patrie et fit plusieurs découvertes dans les sciences qu'il cultivait.

Dinostrate, géomètre, disciple de Platon, invente la *quadratrice* ou courbe mécanique qui se forme par l'intersection des rayons d'un quart de cercle avec une règle qui se meut uniformément et parallèlement à l'un des rayons extrêmes de ce quart de cercle.

Xénophon, né à Erchie, dans l'Attique (445—354), disciple de Socrate, philosophe, historien et général; la *Cyropédie*, le plus célèbre de ses ouvrages.

Eschine, philosophe grec, disciple de Socrate. On lui attribue l'*Axiochus*, qui se trouve dans les dialogues de Platon.

Simon-le-Corroyeur, d'Athènes, philosophe, disciple de Socrate.

Criton, d'Athènes, Diodore, de Jasée, et Glycon, d'Athènes, autres philosophes, disciples de Socrate. Criton conversa avec Socrate jusqu'à sa mort, et Platon a donné son nom à l'un de ses dialogues.

Phèdre, philosophe, ami de Platon, qui a donné son nom à l'un de ses dialogues.

Glaucon, d'Athènes, philosophe, frère de Platon.

Chion, natif d'Héraclée, philosophe, disciple de Platon. Il tua Cléarque, qui s'était rendu le tyran de sa patrie. On lui attribue 17 *lettres*, imprimées dans différentes collections.

Lysis, pythagoricien, précepteur d'Epaminondas. On le croit auteur des *vers dorés*, que l'on attribue à Pythagore. On a sous son nom une *lettre* à Hipparque, où il lui reproche de divulguer les secrets de Pythagore.

Isée, de Chalcis, en Eubée, orateur grec, disciple de Lysias et maître de Démosthène. On a 11 de ses harangues.

Théopompe, de l'île de Chio, orateur et historien, disciple d'Isocrate, *Histoire de la Grèce*; *Histoire du règne de Philippe de Macédoine*.

Lycurgue, orateur athénien, disciple de Platon. Il était intendant du trésor public à Athènes et chargé de la police intérieure de la ville. Sentant sa fin approcher, il se fit porter à la place publique, rendit ses comptes et expira. On a de lui un *Discours*.

Ephore, de Cumes, en Eolie, orateur et historien, fut disciple d'Isocrate et écrivit une *Histoire*, qui s'est perdue.

Denys, de Sinope, Philétère et Araros, tous deux fils d'Aristophane, Anaxandrides, de Rhodes, et Eubulus, d'Athènes, poëtes comiques.

Apharée, d'Athènes, fils adoptif d'Isocrate, poëte tragique et orateur. Il remporta 4 prix destinés aux meilleures tragédies.

Antiphon, poëte tragique, cité par Aristote.

Astydamas, *l'Ancien*, poëte tragique. Il écrivit 240 tragédies, dont 50 furent couronnées. Astydamas, *le Jeune*, son fils, fut aussi un poëte tragique.

Philoxène, nommé aussi Polyxène, de l'île de Cythère, poëte grec dithyrambique.

Hippocrate, né à Cos, dans l'île du même nom, père de la médecine. Méthode d'observation et d'expérimentation. Ses écrits, que des critiques attribuent à plusieurs personnages, forment une sorte d'encyclopédie médicale. Son père Héraclide, médecin lui-même, fut son premier maître.

Polybe, de Cos, gendre et disciple d'Hippocrate. Il nous reste de lui quelques traités sur la médecine.

Thessalus et Dracon, fils d'Hippocrate, médecins.

Ctésias, de Gnide, médecin et historien. Il reste des fragments de son *Histoire des Assyriens et des Perses*.

Droxippe, Philistien, Pétronne, Siennesis et Nicomaque, père d'Aristote, médecins grecs.

Ménechme, de Naupacte, sculpteur, fit une statue de Diane en or et ivoire, placée dans la citadelle de Patras. Il y eut encore un autre Ménechme, disciple d'Eudoxe, qui travailla à la théorie des sections coniques.

Antiphane, sculpteur grec, élève de Périclyte et maître de Cléon.

Dinomède ou Dinomène, sculpteur grec, cité par Pline.

Euxénide, peintre grec. Echion et Thérimaque, peintres et sculpteurs.

Pamphile, d'Amphipolis, musicien.

Fondation d'une bibliothèque publique par Cléarque, tyran d'Héraclée.

Construction du temple de Jupiter-Olympien, à Athènes, dans l'ordre corinthien.

## HISTOIRE RELIGIEUSE.

### Mœurs, usages.

**400—350** (suite).

Dévouement de Marcus Curtius. Un abîme s'étant ouvert à Rome, on ne put plus parvenir à le combler, malgré les décombres qu'on ne cessait d'y jeter. On consulta les augures, qui répondirent que si les Romains voulaient que leur ville portât à jamais le nom d'éternelle, ils devaient y jeter ce qu'ils avaient de plus fort et de plus précieux. D'après les idées de cette époque, ce ne pouvait être qu'un guerrier avec ses armes. Marcus Curtius, armé de pied en cap, monté sur un coursier magnifique, se dévoua pour sa patrie en se précipitant dans le gouffre, qui, dit-on, se referma aussitôt. Ce lieu prit le nom de *lac de Curtius*, mais d'autres traditions en rapportaient l'origine au Sabin Métius Curtius, qui, blessé par Romulus, se réfugia dans un marais, qui, plus tard, fut mis à sec et garda le nom de *lacus Curtius*.

Laïs, la plus belle des prêtresses de Vénus à Corinthe, attire dans cette ville une telle affluence d'étrangers, qu'après sa mort les Corinthiens reconnaissants lui érigent un magnifique tombeau.

| AVANT J.-CH. | **AFRIQUE.** Egypte. Carthage. Cyrène. 1 | **ASIE.** Empire des Perses. Inde. Chine. Palestine. 2 | **EURO**[PE] Grèce. Macédoine. Thrace. Epire. Thessalie. 3 |
|---|---|---|---|
| 358 | | | Guerre d'Athènes contre ses alliés de Cos, Rhodes, Chio et Byzance, qui proclament leur ind[é]pendance. Elle est terminée en 356 par la médiation du roi de Perse. |
| 356 | | *Palibothra*, dans l'Inde, près des lieux où se trouve maintenant Allahabad, devient l'entrepôt du commerce de l'Inde avec la Perse. | *Guerre sacrée* entre les Phocéens, condamnés par le conseil des Amphictyons, pour avoir prof[a]né le temple de Delphes, et les Thébains. — Origine de l'influence de PHILIPPE, roi de Macédoine, da[ns] les affaires de la Grèce. <br> Naissance d'ALEXANDRE, fils de Philippe et d'Olympias, à *Pella*, en Macédoine. — Le même jo[ur] incendie du célèbre temple de Diane, à Éphèse, compté au nombre des merveilles du monde. <br> La Thrace a ses propres rois soumis aux Macédoniens. |
| 354 | | | |
| 353 | | Mort de MAUSOLE, roi de Carie. Son épouse ARTÉMISE, qui lui succède, lui fait élever un tombeau célèbre, qui passait pour une des sept merveilles du monde. | |
| 351 | | La ville de *Sidon*, en Phénicie, est prise et saccagée par ARTAXERXÈS-OCHUS, contre lequel elle s'était révoltée. <br> Révolte des Juifs contre le roi de Perse. | Les Thébains, vaincus par les Phocéens, sont secourus par les Perses. |
| 350 | Les Egyptiens sont de nouveau rendus tributaires de la Perse, par ARTAXERXÈS-OCHUS. | PROTAGORAS, roi de Chypre, se soumet au roi de Perse. <br> JADDUS, grand-prêtre des Juifs. Il a pour successeur son fils OSIAS Ier (350—300). | NÉOPTOLÈME, roi d'Epire. |
| 349 | | Les villes grecques de l'Asie-Mineure retombent sous la domination des rois de Perse. | PHILIPPE, roi de Macédoine, s'empare de Phères, sur PITHOLAÜS. Bientôt après, toute la Thessal[ie] est réduite en province macédonienne. |
| 348 | Deuxième traité de commerce entre les Carthaginois et les Romains. | | |
| 346 | | | Première invasion de PHILIPPE, roi de Macédoine, en Grèce. Il réduit les Phocéens, met fin à [la] guerre sacrée et se fait nommer membre du conseil des Amphictyons. |
| 345 | | | |
| 343 | | | |
| 342 | | | ARYMBAS, roi d'Epire. Il a pour successeur, la même année, ALEXANDRE Ier, beau-frère de Philipp[e] roi de Macédoine. Ce prince fit deux expéditions en Italie, où il marcha au secours des Tarent[ins] dans la première il vainquit leurs ennemis dans une grande bataille, mais dans la seconde il fut défa[it] et tué sur les bords de l'Achéron. Il eut pour successeur EACIDE. |
| 340 | | | PHILIPPE, repoussé de l'île d'Eubée, met le siége devant Byzance, que l'Athénien PHOCION le for[ce] de lever. Alliance d'Athènes et de Thèbes. |
| 339 | | | |
| 338 | | L'eunuque BAGOAS empoisonne le roi de Perse et fait tuer tous ses enfants, à l'exception du plus jeune, AROSTÈS-ARSÈS, qu'il place sur le trône (338—335). | Deuxième invasion de PHILIPPE en Grèce : il remporte sur les Grecs confédérés la victoire de *Ch[é]ronée*, en Béotie. Premiers exploits de son fils ALEXANDRE, à la tête de la *phalange macédonienne*. Destruction du *bataillon sacré* des Thébains. — Le conseil des Amphictyons décrète la guerre cont[re] la Perse et proclame PHILIPPE généralissime des Grecs. |
| 337 | | MITHRIDATE II succède, dans le royaume du Pont, à ARIOBARZANE Ier (337—330). Ce dernier avait régné vers 330. Le royaume du Pont se fond, avec l'empire perse, dans la monarchie macédonienne. | |
| 336 | | | Préparatifs de PHILIPPE pour la conquête de l'Asie. Il est assassiné le jour même où il célèbre l[es] noces de sa fille Cléopâtre avec ALEXANDRE, roi d'Epire. <br> ALEXANDRE-LE-GRAND, âgé de 20 ans, succède à son père Philippe sur le trône de Macédoi[ne] (336—323). |
| 335 | HANNON, un des premiers citoyens de Carthage, ayant voulu s'emparer du pouvoir souverain, est découvert, se retire avec 20,000 esclaves armés dans un château fort, et est pris et mis à mort avec toute sa famille. | ARSÈS, ayant voulu venger la mort de son père, est empoisonné par BAGOAS, qui place sur le trône de Perse DARIUS III *Codoman*, petit-fils d'Ostanès, frère d'Artaxerxès-Mnémon. Bientôt après, BAGOAS, ne trouvant pas dans DARIUS la docilité sur laquelle il avait compté, cherche à l'empoisonner, mais il est découvert et forcé de boire lui-même le breuvage mortel qu'il avait destiné au roi. <br> Le Rhodien MEMNON, général de Darius, réduit les Cyclades et les îles asiatiques de la mer Egée, mais la mort l'enlève au moment de l'invasion d'ALEXANDRE. | Expéditions d'ALEXANDRE contre les peuples tributaires de la Macédoine, qui s'étaient soulevés [à la] nouvelle de la mort de Philippe. — Révolte des Thébains et destruction de Thèbes. — Les Gre[cs] effrayés lui envoient de toutes parts des députés, qui le nomment, à Corinthe, chef des armées de [la] confédération hellénique contre les Perses. |
| 334 | | Expéditions d'ALEXANDRE en Asie. — Fondation de la MONARCHIE GRÉCO-MACÉDONIENNE. <br> Passage de l'Hellespont, première victoire sur les bords du *Granique*; l'Asie grecque et la Lydie se rendent à ALEXANDRE. | |

# ITALIE.

## République romaine.

4

. . . . . . . . . . . . . . . . . .

Guerre des Romains contre les Falisques (peuple de …trurie) et les Toscans. C. MARTIUS RUTILIUS, premier …ctateur plébéien, les bat et obtient les honneurs du …iomphe sans le consentement du sénat. — Conquête de …Ombrie par les Romains.

Première alliance des Romains avec les Samnites.

Nomination du premier censeur plébéien.

Deuxième traité de commerce entre les Romains et les …arthaginois.

Nouvelles incursions des Gaulois, qui sont battus par …UCIUS FURIUS. Cependant leurs invasions ne finirent que …ar la conquête du pays qu'ils occupaient dans le nord de …Italie, qui fut peuplé de colonies romaines.

Les Cuméens se mettent sous la protection des Romains.

Guerres contre les Samnites (343—272). Ils sont défaits …ar VALÉRIUS, et concluent une trêve en 341.

Guerre contre les Latins; dévouement du consul DE…CIUS MUS, qui arrache la victoire aux ennemis en se pré…cipitant au milieu de leurs bataillons. Le consul MANLIUS …TORQUATUS fait trancher la tête à son fils, pour avoir, …contre son ordre, accepté le défi d'un Latin.

Les lois votées par les comices par centuries cessent …d'être soumises à la sanction du sénat.

Soumission des Latins et des Campaniens.

Nomination du premier préteur plébéien. . . . .

Les Latins, soumis complétement par FURIUS CAMIL…LUS, sont admis au nombre des citoyens romains.

Nouvelle guerre des Samnites contre les Romains.

## Grande-Grèce (Sicile, Syracuse).

5

DION s'empare du gouvernement de Syracuse, après avoir chassé Denys-le-Jeune. CALLIPPE, qu'il avait accueilli comme un ami, l'assassine en 353, mais, battu par HIPPARENUS, frère de Denys-le-Jeune, il périt à son tour de la main de ses amis LEPTINES et POLYSPERCHON, et frappé du même glaive dont il s'était servi pour assassiner Dion.

DENYS-LE-JEUNE rentre à Syracuse, où il ne tarde pas à exciter de nouvelles révoltes par ses cruautés.

TIMOLÉON, qui avait tué son frère TIMOPHANE pour avoir essayé de se faire tyran, est envoyé par la ville de Corinthe, sa patrie, pour rétablir la liberté à Syracuse. Denys-le-Jeune est chassé.

Défaite des Carthaginois sur les bords de la Crémise, en Sicile, par TIMOLÉON. Rétablissement d'Agrigente.

Nouvelle défaite des Carthaginois près de Catane. Traité de paix qui rend aux villes grecques leur indépendance.

Mort de TIMOLÉON. Il avait abdiqué volontairement l'autorité souveraine que les Syracusains lui avaient confiée et était allé vivre dans la retraite. Des jeux publics furent institués en son honneur par les Siciliens.

Guerre des Tarentins contre les Brutiens, les Lucaniens et les Samnites. Ces derniers sont vaincus par ALEXANDRE, roi d'Epire, venu au secours des Tarentins.

# LETTRES, SCIENCES, ARTS, LÉGISLATION, COMMERCE, INDUSTRIE, DÉCOUVERTES, INVENTIONS, ETC.

6

## 350—300.

ARISTOTE (384—322), philosophe, médecin, naturaliste, fondateur du *Lycée* ou de l'*école péripatéticienne*, né à Stagyre, en Thrace, précepteur d'Alexandre-le-Grand. Doctrine philosophique basée sur la perception extérieure et sur l'expérience. Son génie encyclopédique embrassa et étendit avec une égale supériorité toutes les branches des connaissances humaines de son temps. La plupart de ses ouvrages sont parvenus jusqu'à nous.

PYRRHON, d'Elis (380—288), fondateur de l'école des *sceptiques* ou du *Pyrrhonisme*.

DIOGÈNE, de Sinope (ville de la Paphlagonie, dans l'Asie-Mineure), le plus célèbre disciple de la secte des cyniques. Son tonneau et sa réponse à Alexandre-le-Grand (?).

STILPON, philosophe mégarien, un des principaux stoïciens, maître de Zénon de Citium. Il fut condamné à l'exil pour s'être montré opposé aux croyances religieuses. MÉNÉDÈME, son disciple, fonda la petite *école d'Erythrée*.

CRATÈS, de Thèbes, philosophe cynique, mérita, par sa vertu, l'estime des Athéniens; on a encore de ses *Lettres*. Sa femme HIPPARCHIA, née à Maronée, en Thrace, s'est acquis de la célébrité parmi les philosophes de cette secte.

XÉNOCRATE, né à Chalcédoine, disciple de Platon, succéda dans l'Académie à Speusippe. Ses ouvrages sont perdus.

POLÉMON, né à Athènes, philosophe académicien, disciple de Xénocrate, auquel il succéda dans l'Académie.

CRANTOR, né à Solès, en Cilicie, poëte et philosophe platonicien.

EVHÉMÈRE, philosophe, historien et voyageur grec, écrivit une *Histoire sacrée*, dans laquelle il soutenait que les dieux des Grecs avaient été des hommes qui s'étaient distingués par des exploits ou des bienfaits, et il indiquait les endroits où ils avaient reçu le jour et les lieux de leur sépulture.

ABYDÈNE, historien grec, auquel on attribue une *Histoire des Assyriens et des Chaldéens*, dont il reste des fragments dans la *Préparation évangélique* d'Eusèbe.

MÉGASTHÈNES, historien et géographe grec, député par Séleucus Nicanor près de Sandrocottus, roi de l'Inde, a écrit une *Histoire des Indes*, citée par Denys d'Halicarnasse et d'autres.

SPEUSIPPE, né à Myrrhina, dans l'Attique, neveu et disciple de Platon, lui succéda dans l'Académie.

EUBULIDE, de Milet, philosophe, disciple d'Euclide et maître de Démosthènes, composa plusieurs *Comédies* et un *Livre* contre Aristote.

EUBULIDES, philosophe cynique et historien, cité par Diogène Laërce.

EUPHANTE et CLINOMAQUE, philosophes mégariens, précepteurs d'Antigone.

ONÉSICRITE, philosophe, disciple de Diogène et compagnon de Néarque, amiral d'Alexandre-le-Grand.

CRATÈS, d'Athènes, philosophe académicien.

THÉOPHRASTE, d'Erèse, dans l'île de Lesbos, né vers l'an 390, mort âgé de plus de 100 ans suivant quelques-uns. Disciple de Platon d'abord, puis d'Aristote, il succéda à ce dernier l'an 322, et enseigna la philosophie à Athènes, dans le Lycée. Diogène Laërce lui attribue plus de 200 ouvrages. Ceux qui sont parvenus jusqu'à nous sont: *Histoire des pierres*, *Traité des plantes* et les *Caractères*, le plus connu de tous, et que La Bruyère a traduits en français

CALLIPPE, astronome grec, né à Cyzique, rectifie le cycle de Méton en le quadruplant, et invente la période de 76 ans, appelée de son nom *callippique*.

ARISTOXÈNE, de Tarente, en Italie, philosophe et musicien. Des 453 ouvrages qu'il écrivit, suivant Suidas, sur la musique, la philosophie, l'histoire et divers sujets littéraires, il ne nous reste plus que ses *Eléments harmoniques*, qui forment le plus ancien traité que nous ayons sur la musique des Grecs.

CALLISTHÈNE, d'Olynthe, petit-neveu et disciple d'Aristote, philosophe et historien, suivit Alexandre-le-Grand, qu'il irrita par ses reproches, lorsque ce conquérant eut adopté le faste et le cérémonial humiliant des rois de Perse. Accusé d'une conspiration, il mourut d'un supplice sur le genre duquel les historiens varient, mais qu'ils s'accordent tous à représenter comme affreux. Ses ouvrages sont perdus.

CALANUS, philosophe indien, accompagna Alexandre-le-Grand dans son expédition aux Indes. Etant tombé malade à l'âge de 83 ans, il se fit porter, suivant l'usage de son pays, sur un bûcher, où il expira tranquillement et sans donner le moindre signe de souffrance. L'armée d'Alexandre assistait à ce sacrifice.

MONG-TSÉ, philosophe chinois, petit-fils de Confucius. SON-SIN et SON TAÏ, ses disciples.

P. SEMPRONIUS SOPHUS ou *le Sage*, jurisconsulte romain.

HANNON, général carthaginois, fait un voyage de découvertes au delà des colonnes d'Hercule (monts *Calpé*, sur le détroit de Gibraltar, et *Abyla*, en Afrique, en face de Gibraltar). La relation qu'il fit, à son retour, fut déposée dans le temple de Saturne. La traduction qu'on en a faite, sous le titre de *Périple d'Hannon*, est regardée par beaucoup d'érudits comme apocryphe. On n'est pas non plus d'accord sur l'étendue de ses découvertes, ni sur l'époque où ce voyage a eu lieu; il y en a qui le reculent jusqu'à l'an 1000 avant J. Ch.

PYTHÉAS, né à Marseille, astronome, géographe et navigateur, fut envoyé par sa ville natale reconnaître par mer de nouveaux pays vers le nord, et retourna après avoir accompli le plus long voyage de mer dont il soit fait mention dans l'antiquité. Strabon, Pline et Hipparque nous ont conservé des fragments de sa *Description de l'Océan* et de son *Périple*. On lui attribue la découverte du rapport qui existe entre les phases de la lune et les marées et celle de la position de l'étoile polaire. PYTHÉAS est le plus ancien écrivain qu'aient produit les Gaules.

EUTHYMÈNE, autre navigateur de Marseille, dont il est fait mention dans Sénèque, Plutarque et Aristide.

DÉMOSTHÈNE, le premier des orateurs grecs, né à Athènes. Il nous reste de lui 61 discours, 65 exordes et 6 lettres politiques. *Les Philippiques*, *les Olynthiennes*, et, surtout, son *Plaidoyer pour la couronne*, sont ses chefs-d'œuvre (voy. l'an 323, col. 3).

ESCHINE, rival de Démosthène. Il se vendit à Philippe de Macédoine et intenta à Démosthène le fameux procès pour la couronne, le perdit, fut exilé d'Athènes, et mourut à Samos. On a de lui sa *Harangue contre Ctésiphon* et d'autres, insérées dans les *Orateurs grecs* de Reiske et de Bekker.

CALLISTHÈNE, orateur athénien, fut un des huit citoyens d'Athènes qu'Alexandre, après la prise de Thèbes, voulait qu'on lui livrât. Il fut sauvé par Démade.

DÉMADE, orateur athénien, connu par l'éclat et l'energie de son éloquence, avait exercé la profession de marinier. Il fut d'une excessive vénalité. Ce fut sur sa proposition que le peuple d'Athènes, après la défaite de Cranon, ordonna la mort de Démosthène. Il périt, en 302, égorgé par Cassandre.

HYPÉRIDES, orateur athénien, disciple de Platon et d'Isocrate, excita les Athéniens contre Antipater, qui parvint à se saisir de sa personne et le fit mourir.

DINARQUE, orateur athénien, disciple de Théophraste. Il reste trois de ses harangues.

THÉODECTE, né en Cilicie, orateur, mit en vers les préceptes de la rhétorique.

ARISTOBULE, officier d'Alexandre-le-Grand, auteur d'une histoire de ce prince. ARISTOBULE, de Cassandrée, aussi historien, n'écrivit qu'à 84 ans.

…G. SILBERMANN.

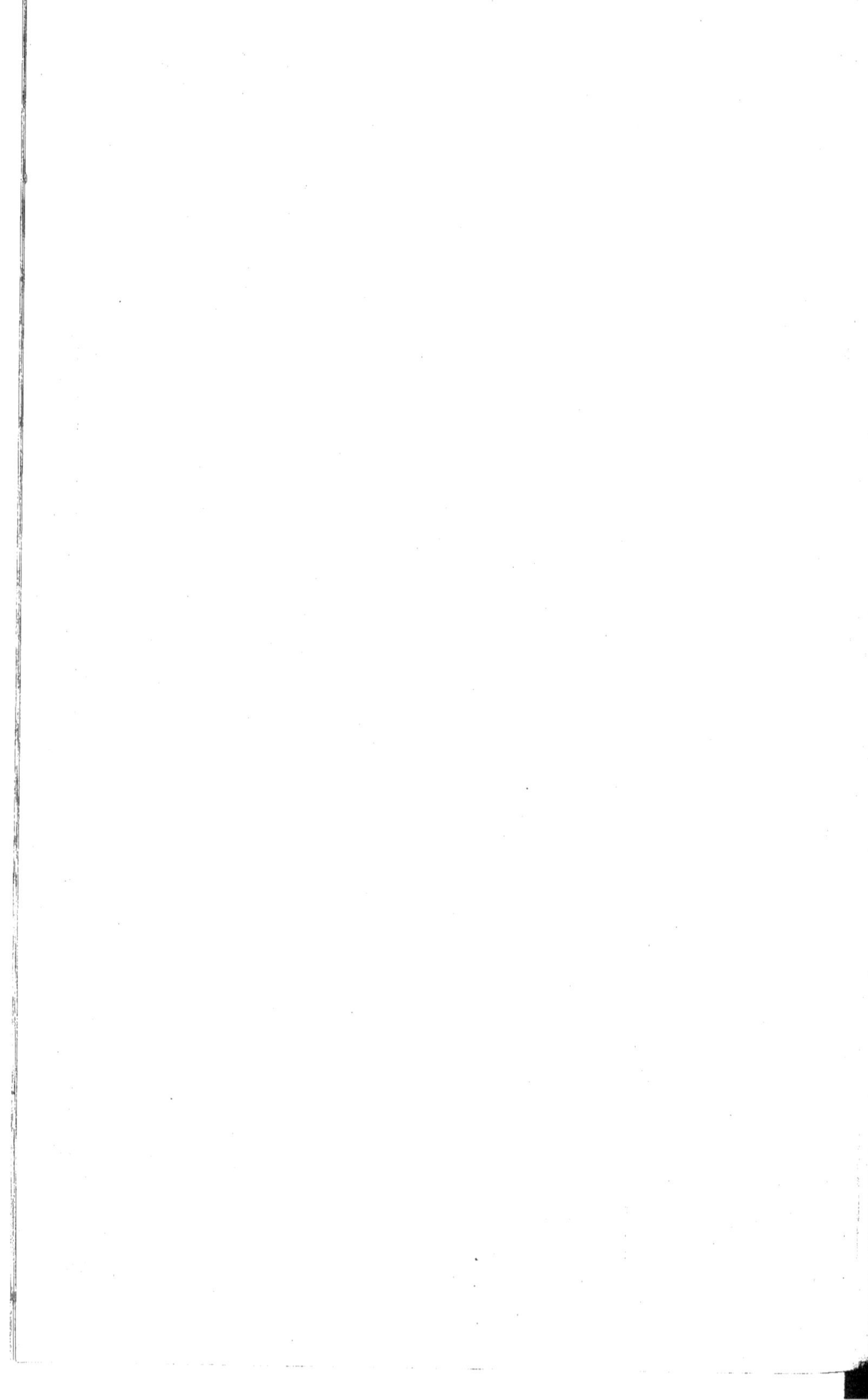

| AVANT J.-CH. | AFRIQUE. Egypte. Carthage. (1) | ASIE. Empire des Perses. Inde. Chine. Palestine. (2) | EUROPE. Grèce. Macédoine. Thrace. Epire. Thessalie. (3) |
|---|---|---|---|
| | | **MONARCHIE GRÉCO-MACÉDONIENNE.** | |
| 333 | . . . . . . . . . . | Marche à travers l'Asie-Mineure. ALEXANDRE tranche le fameux *nœud gordien* (à Gordium) et accomplit ainsi l'oracle qui avait mis à ce prix la conquête de l'Asie. — Il tombe malade à Tarse, après s'être baigné dans les eaux froides du Cydnus. — Victoire d'*Issus*, sur les limites de la Cilicie et de la Syrie; ALEXANDRE s'empare du camp et de toute la famille de DARIUS. — Prise de *Damas*, où se trouvaient déposés les trésors du roi de Perse; conquête de la Syrie et de la Phénicie. | |
| 332 | . . . . . . . . . . | Prise de *Tyr*, en Phénicie, après un siége de 7 mois, et de *Gaza*, en Palestine, après 2 mois de siége. ALEXANDRE fut blessé à ce dernier siége. Conquête de la Palestine; entrée à Jérusalem. — Le gouvernement de Tyr et de Sidon est donné à ABDOLONYME, descendant des anciens rois de Tyr, et celui de la Palestine, à ANDROMACHUS. | |
| 331 | Conquête de l'Egypte; fondation d'*Alexandrie*. — Marche vers la Libye et au temple de Jupiter-Ammon. — Départ pour la Mésopotamie et l'Assyrie, où se livre la célèbre bataille d'*Arbelles* ou de *Gaugamèle*, qui met fin à l'empire des Perses. Les Macédoniens, d'après quelques historiens, furent au nombre de 48,000 contre 650,000 Perses. — Babylone et Suze ouvrent leurs portes au vainqueur. — ALEXANDRE passe les pyles Persides, et s'empare de Pasargade et de Persépolis; destruction du célèbre palais de cette dernière ville (ruines de *Tschilminar*). | | |
| 330 | DARIUS est assassiné par BESSUS, satrape de la Bactriane. — Marche vers Ecbatane, dans la Médie. — Conquête de l'Hyrcanie jusqu'à la mer Caspienne. — ALEXANDRE traverse les montagnes du Paropamise, passe l'Oxus et l'Iaxartes et défait les Scythes. Episode de la reine des Amazones (330—328). | | |
| 327 | ALEXANDRE revient par les montagnes du Paropamise et entre dans l'Inde. Passage de l'Indus. Générosité d'Alexandre envers le prince du pays de Taxile. — Défaite de PORUS et soumission de tout le pays compris entre l'Hydaspe et l'Hyphase. Le conquérant veut passer l'Hyphase et pousser jusqu'au Gange, mais l'armée macédonienne refuse d'aller plus loin et le force de retourner sur ses pas. Il descend l'Indus jusqu'à son embouchure dans l'Océan, où il reprend par terre, à travers les déserts de la Gédrosie, le chemin de la Perse. Une partie de l'armée se rembarque sous la conduite de NÉARQUE, et va gagner l'Euphrate en longeant le golfe Persique, tandis qu'une troisième division, commandée par CRATÈRE, traverse l'Arachosie et la Drangiane, pour aller rejoindre le corps principal conduit par ALEXANDRE. — Mort d'EPHESTION, à Ecbatane. Luxe fabuleux déployé par ALEXANDRE à l'occasion des funérailles de ce favori (327—324). | | |
| 323 | *Entrée d'*ALEXANDRE *à Babylone*. La mort l'y surprend à l'âge de 32 ans et dans la 13e année de son règne, quelques jours après que les députés de la Grèce lui eurent décerné les honneurs divins.<br>A la mort d'ALEXANDRE, les principaux généraux et gouverneurs de son empire étaient : PTOLÉMÉE, fils de Lagus, en Egypte; SÉLEUCUS, à Babylone et dans la haute Asie; ANTIGONE, dans l'Asie-Mineure et centrale; LAOMÉDON, en Syrie et en Phénicie; CASSANDRE, en Carie; MÉNANDRE, dans la Lydie; LÉONNAT, dans la Petite-Phrygie; NÉOPTOLÈME, en Arménie; EUMÈNE, dans la Cappadoce et la Paphlagonie; LYSIMAQUE, dans la Thrace et les pays voisins; ANTIPATER, en Macédoine, en Epire et en Grèce.<br>*Guerres entre les généraux d'Alexandre et partage de son empire.* | | |
| | EMPIRE DES PTOLÉMÉES d'EGYPTE (323—30).<br>PTOLÉMÉE LAGUS ou SOTER, fondateur de la dynastie des Ptolémées ou des Lagides (323—284). — Il étendit son empire sur l'Egypte, la Libye, la Cyrénaïque, l'Arabie Pétrée, la Judée, la Phénicie, Damas, Chypre. Capitale : *Alexandrie*. Origine de la splendeur de cette ville. | PERDICCAS, auquel ALEXANDRE, en mourant, avait donné l'anneau royal, est nommé régent, au nom d'ARRHIDÉE, fils de Philippe, et du jeune ALEXANDRE. Résidence à Babylone. Il épouse CLÉOPATRE, sœur d'Alexandre, et aspire à l'empire. Après avoir aidé EUMÈNE à soumettre la Cappadoce, il tourne ses armes contre ANTIGONE. ANTIPATER, qui venait de terminer la guerre contre les Grecs soulevés, se joint à ANTIGONE et tous deux attaquent PERDICCAS, qui est assassiné par ses soldats révoltés (323—321).<br>MITHRIDATE II recouvre le royaume de Pont auquel est annexée la Paphlagonie (323—302). | ANTIPATER règne en Macédoine et en Grèce.<br>Les Grecs se soulèvent à la voix de DÉMOSTHÈNE. LÉOSTHÈNE, leur général, après avoir vaincu ANTIPATER, près d'Héraclée, met le siége devant Lamia, en Thessalie (*guerre lamiaque*), où il est tué. LÉONNAT, qui arrivait au secours d'ANTIPATER, est vaincu par ANTIPHILE, successeur de Léosthène, et le Thessalien MÉNON. Mais ANTIPATER, ayant fait sa jonction avec LÉONNAT, et CRATÈRE, autre général d'Alexandre, étant arrivé d'Asie avec 10,000 vétérans macédoniens, les Grecs alliés sont battus sur les rives du *Pénée* (bataille de Cranon), et leur ligue est dissoute. ANTIPATER accorde des conditions de paix assez honorables aux vaincus, excepté aux Athéniens, qui sont obligés de lui livrer les instigateurs de la guerre. DÉMOSTHÈNE se réfugie dans l'île de Calausie, où il s'empoisonne au moment d'être pris par des soldats d'ANTIPATER. |
| 321 | La Cyrénaïque est conquise par PTOLÉMÉE. Fin de la république de Cyrène. | . . . . . . . . . . | . . . . . . . . . . |
| 320 | Conquête de la Palestine par PTOLÉMÉE d'Egypte. Plus de 100,000 Juifs sont transportés en Egypte. | | |
| 318 | . . . . . . . . . . | . . . . . . . . . . | PHOCION, après avoir été nommé 45 fois général en chef des troupes athéniennes, essaie de rétablir la liberté d'Athènes, est accusé de trahison et condamné à mort. — DÉMÉTRIUS DE PHALÈRE, archonte d'Athènes. |
| 317 | . . . . . . . . . . | . . . . . . . . . . | Mort d'ANTIPATER. — POLYSPERCHON, autre général d'Alexandre, est nommé régent et tuteur du jeune roi. |
| 315 | . . . . . . . . . . | EUMÈNE, roi de Cappadoce et de Paphlagonie, et dernier soutien de la famille d'Alexandre, est vaincu et tué par ANTIGONE, qui s'empare de presque toutes les provinces asiatiques. | ARRHIDÉE, frère d'Alexandre, est assassiné, avec sa femme EURIDICE, par ordre d'OLYMPIAS. |
| 312 | . . . . . . . . . . | *Empire des Séleucides de Syrie* ou *de Babylone*.<br>SÉLEUCUS Ier, *Nicator*, après avoir, avec le secours de PTOLÉMÉE, vaincu ANTIGONE, qui voulait s'emparer de la Syrie, se rend maître de Babylone et fonde l'*empire des Séleucides de Syrie* ou *de Babylone*. Il étend sa domination sur une partie de l'Asie-Mineure, sur la Syrie, l'Arménie, la Mésopotamie, la Babylonie, l'Assyrie, la Perse et la Médie, depuis le Caucase et l'Iaxartes jusqu'à l'Indus. 72 satrapies. Il avait été le plus habile général d'Alexandre-le-Grand. La capitale de son empire, établie d'abord à *Séleucie*, est transférée plus tard à *Antioche*, après qu'il eut fait construire cette ville.<br>*Ère des Séleucides de Syrie*, qui commence la 12e année après la mort d'Alexandre-le-Grand, 311 ans et 4 mois pleins avant J. Ch., l'an de Rome 442. Elle est aussi appelée *ère des Grecs* ou *ère syro-macédonienne*. | PYRRHUS II, roi d'Epire. Son père EACIDE ayant été détrôné par ses sujets, il fut transporté chez GLAUCIAS, roi d'Illyrie, qui l'aida plus tard à reconquérir ses Etats. Il fit à deux reprises la conquête de la Macédoine, vint au secours des Tarentins contre les Romains, qu'il vainquit dans deux grandes batailles, mais, battu à son tour, il repassa en Grèce, conquit une troisième fois la Macédoine, entreprit de subjuguer le Péloponèse, et fut tué d'un coup de tuile, par une femme, au siége d'Argos. Il fut l'un des plus grands capitaines de l'antiquité, et fut secondé dans ses entreprises par l'éloquence et les talents militaires du Thessalien CINÉAS, son ami intime (312—272). |
| 310 | Guerre de Carthage contre Syracuse (310—306). | . . . . . . . . . . | . . . . . . . . . . |
| 307 | Grande victoire navale remportée, près de l'île de Chypre, par DÉMÉTRIUS POLIORCÈTE, fils d'Antigone, sur Ptolémée, roi d'Egypte. | | DÉMÉTRIUS DE PHALÈRE, après avoir joui de la plus grande faveur à Athènes, est proscrit; les statues élevées en son honneur sont renversées, et il est obligé de chercher un asile à la cour de Ptolémée Soter, où il meurt en 284.<br>DÉMÉTRIUS POLIORCÈTE, fils d'Antigone, proclame la liberté des Athéniens. — Les villes grecques reçoivent garnison macédonienne. — Sparte conserve encore ses rois. |
| | AGATHOCLE porte la guerre en Afrique. Les Carthaginois le forcent de retourner en Sicile. | | |
| | Expédition d'ANTIGONE et de son fils en Egypte. | | |

STRASBOURG, IMPRIMERIE DE C. F

## ITALIE.

### République romaine.

4

. . . . . . . . . . . . . . . . . .

170 femmes romaines, coupables d'avoir empoisonné urs maris, sont exécutées.

Les Samnites, qui avaient repris les armes, sont déits par le dictateur PAPIRIUS CURSOR. Episode du géral de cavalerie FABIUS, que le dictateur condamne à ort pour avoir combattu en son absence, contrairement ux ordres qu'il avait reçus. FABIUS, quoique vainqueur, e dut la vie qu'à l'intercession de tout le peuple romain surtout aux supplications du vieux FABIUS, ancien onsul et dictateur.

Défaite des Romains aux *Fourches-Caudines*, par le énéral samnite PONTIUS. Le traité conclu avec les Samites est annulé par le sénat de Rome.

Soumission de l'Apulie.

. . . . . . . . . . . . . . . . . .

Construction d'un aqueduc et de la route de Rome à apoue, appelée *voie Appienne*, du nom du censeur PPIUS CLAUDIUS, son auteur.

Presque tous les peuples du centre de l'Italie s'allient ux Etrusques et se soulèvent contre les Romains. Ils sont éfaits par le consul FABIUS RULLIANUS, mais les Samites ayant repris les armes, PAPIRIUS CURSOR, *le jeune*, st nommé dictateur et remporte sur eux une grande ictoire, qui n'empêche pas la continuation de la guerre. lle dure jusqu'en 303, où le sénat accorde aux Samnites alliance des Romains et le renouvellement des anciens raités.

. . . . . . . . . . . . . . . . . .

### Grande-Grèce (Sicile, Syracuse).

5

Nouvelle guerre des Bruttiens, des Lucaniens et des Samnites contre les Tarentins. ALEXANDRE, roi d'Epire, revenu au secours de ces derniers, est défait et tué sur les bords de l'Achéron.

AGATHOCLE, fils d'un potier, nommé général en chef des troupes syracusaines, fait massacrer les principaux habitants de Syracuse et s'empare du pouvoir suprême (317—289).

Guerre de Syracuse contre Carthage. AGATHOCLE est défait à *Himera*, par le général carthaginois AMILCAR. Siége de Syracuse par les Carthaginois (310—306).

Alliance entre les Agrigentins et AGATHOCLE contre les Carthaginois.

## LETTRES, SCIENCES, ARTS, LÉGISLATION, COMMERCE, INDUSTRIE, DÉCOUVERTES, INVENTIONS, ETC.

6

### 350—300 (suite).

DINON, historien des Perses.

CLITARQUE, fils de Dinon, suivit Alexandre-le-Grand en Asie et donna une *Relation* des conquêtes de ce prince, qui servit aux historiens Diodore de Sicile et Quinte-Curce; elle est entièrement perdue.

APOLLODORE, de Caryste, en Eubée; APOLLODORE, de Géla, en Sicile; ARISTOPHON; POSIDIPPE, de Cassandrée, en Macédoine; ANTIPHANES, de Rhodes; SOPATER, de Paphos, en Chypre; MACHON, de Sicyone; PHILIPPIDE, d'Athènes, poëtes grecs comiques.

NÉOPHRON et CARCINUS, poëtes tragiques.

HÉRACLIDE, *le Pontique*, auteur tragique et historien, disciple de Platon et d'Aristote.

SIMMIAS, de Rhodes, poëte lyrique. Un autre SIMMIAS, cité par Vossius, d'après Suidas, a écrit sur l'histoire de Samos.

ERASISTRATE et HÉROPHILE se livrent les premiers à l'étude de l'anatomie et font des découvertes importantes. On leur livra les corps des criminels, et on dit même, mais sans preuves suffisantes, qu'HÉROPHILE disséqua des hommes vivants. Avant eux on ne connaissait guère la structure du corps humain que par analogie et d'après quelques dissections d'animaux, principalement de singes. HÉROPHILE se livra particulièrement à l'étude de l'anatomie de l'œil, et pratiqua le premier, dit-on, l'opération de la cataracte.

DIOCLÈS, de Cariste, dans l'île d'Eubée; PRAXAGORAS, de Cos; CHRYSIPPE, de Gnide; EUDÈME, de Rhodes, à qui Aristote a dédié un de ses ouvrages; PHILOTIME; MNÉSITHÉE; HIPPOCRATE, fils de Dracon; PRÉMIGÈNE, et CYNÉTHUS, *l'Homériste*, médecins.

SCOPAS, de Paros, l'un des sculpteurs du tombeau de Mausole, à Halicarnasse; statues de *Vénus*, de *Mercure*, d'une *Bacchante*, le groupe de *Niobé et ses enfants* (au musée de Florence); un fragment de ce groupe se trouve à la glyptothèque de Munich.

PRAXITÈLE, célèbre sculpteur de la Grande-Grèce. Sa *Vénus voilée*, de Gnide, et sa *Vénus nue*, de Cos. On croit que la Vénus qui fut découverte, en 1820, dans l'île de Milo, et qui se trouve actuellement au Louvre, est celle de Cos. Les deux fils de Praxitèle furent aussi sculpteurs.

LYSIPPE, de Sicyone, statuaire, eut le privilége de faire seul les statues en portrait d'Alexandre-le-Grand et de ses lieutenants. On croit que les chevaux antiques, dits de Venise, sont de lui. Winckelmann lui attribue le groupe du Laocoon. Ce groupe a été trouvé, en 1506, à Rome, sous les thermes de Titus, et orne maintenant la cour du Belvédère, au Vatican. Le jardin des Tuileries en possède une copie en bronze sur un modèle de Sansovin. LYSISTRATE, frère de Lysippe, faisait des portraits en cire. EUTYCRATE, fils de Lysippe, sculpteur.

PHILON, *de Byzance*, architecte, auteur d'un traité sur les machines de guerre. PHILON, *d'Athènes*, fut aussi architecte.

PYRGOTÈLES, célèbre graveur en pierres fines.

APELLES, de Cos, PAMPHILE, TIMANTHE, PROTOGÈNE, de Rhodes (rival d'Apelles), ARISTIDE, PAUSIAS, ASCLÉPIODORE, MÉLANTHIUS, NICIAS, d'Athènes, peintres grecs. La *Vénus Anadyomène* et l'*Alexandre tonnant*, d'Apelles, peintre d'Alexandre-le-Grand; l'*Ialyse*, de Protogène; le *Sacrifice d'Iphigenie*, de Timanthe; la *Bataille de Phlionte* et l'*Ulysse en mer*, de Pamphile; *Bataille entre les Grecs et les Perses*, d'Aristide.

EUPHRANOR, peintre et sculpteur, et AMPHION, sculpteur grecs.

PAUSIAS, de Sicyone, peintre. Il avait un genre particulier appelé *caustique*, par lequel il faisait tenir les couleurs sur le bois par le moyen du feu.

ANTIPHILE, peintre grec, natif d'Egypte, inventeur du *genre grotesque*.

APELLES, d'Ephèse, peintre grec. Il vivait à la cour de Ptolémée et fut accusé par ANTIPHILE, son rival, d'avoir conspiré contre le roi, mais son innocence ayant été reconnue, le calomniateur fut condamné à devenir l'esclave du calomnié. Il fit à cette occasion le tableau de la *Calomnie*, dont parle Lucien comme l'ayant vu. Cette anecdote a été attribuée à tort au grand Apelles.

MNÉSIAS, de Tarente, musicien.

OLYMPE, musicien phrygien. On le croit auteur du *genre harmonique* et inventeur du *rhythme prosodiaque*, *choréique* et *bacchique*.

TIMOTHÉE, né à Thèbes, musicien. Il fut appelé aux noces d'Alexandre-le-Grand et s'y fit tellement admirer, que ce conquérant voulut toujours l'avoir près de lui.

Tombeau dans le style corinthien, élevé à Halycarnasse, par ARTÉMISE, reine de Carie, en l'honneur de son époux MAUSOLE, réputé une des sept merveilles du monde. SCOPAS, SATYRUS, PHYTÉUS, BRIAXIS, TIMOTHÉE et LÉOCHARÈS furent les principaux architectes et sculpteurs de ce célèbre monument.

Temple de *Dionysos* (Bacchus), à Téos (côte de l'Ionie), chef-d'œuvre d'architecture ionique, construit par HERMOGÈNE, un des plus célèbres architectes de l'antiquité.

Construction du premier aqueduc à Rome et de la grande route appelée *voie Appienne*, sous le censeur APPIUS.

L'architecte DINOCRATE propose à Alexandre-le-Grand de tailler le mont Athos en statue et de lui donner la forme d'un homme à genoux, tenant dans une main une ville, et dans l'autre une coupe qui recevrait toutes les eaux de la montagne pour les verser dans la mer. Ce même architecte bâtit Alexandrie, en Égypte, et reconstruisit le temple de Diane, à Ephèse.

Découverte du papier appelé *papyrus*. Il se fabriquait avec les pellicules internes d'une plante qui croissait en abondance sur les bords du Nil. Cependant les érudits ne sont pas d'accord sur l'époque où cette utile invention a eu lieu: quelques-uns prétendent qu'elle est beaucoup plus ancienne, puisque Pline la fait remonter aux temps d'Homère, tandis que d'autres soutiennent qu'il s'agit ici seulement d'un perfectionnement, et qu'il y eut un papyrus plus ancien, qui était fait de l'écorce d'un arbre. Quoi qu'il en soit, l'usage du papyrus ne fut entièrement abandonné en Europe que dans le 11e siècle, après l'invention ou l'introduction du papier de chiffons.

Manufactures célèbres de tapis et tapisseries à Pergame et, plus tard, à Alexandrie, en Egypte. D'après Pline, ce fut dans cette dernière ville que l'on fit pour la première fois au métier des tapisseries ornées de dessins, avec des laines de diverses couleurs. Il y avait, en outre, des fabriques de tapis à Sardes, à Milet et à Samos, dans l'Asie-Mineure.

Exploitation de mines d'or en Thrace pour le compte du gouvernement macédonien.

## HISTOIRE RELIGIEUSE.

### Mœurs. Usages.

Alexandre-le-Grand consulte l'oracle de Delphes et force la Pythie à monter sur le trépied. La prophétesse lui répond: *Tu es invincible, mon fils.* Après la conquête de l'Egypte, il alla visiter le temple de Jupiter-Ammon, dont le plus ancien prêtre le qualifia de *fils de Jupiter*, aussi ce conquérant prétendait-il se faire adorer par les Grecs, et, plus tard, il mit, de sa propre autorité, son ami EPHESTION au nombre des dieux.

DÉMÉTRIUS POLIORCÈTE, ayant rendu aux Athéniens l'ancienne forme de leur gouvernement, est mis par eux au rang des dieux et reçoit un culte public. Cependant, après sa défaite à la bataille d'Ipsus (voy. 301), ces mêmes Athéniens lui refusèrent l'entrée de leur ville.

LAÏS, fille de Timandra, maîtresse d'Alcibiade, et PHRYNÉ, célèbres prêtresses de Vénus à Athènes. Telle fut la beauté de cette dernière que Praxitèle la prenait pour modèle de ses statues de Vénus. Il ne faut pas confondre la Laïs d'Athènes avec la Laïs de Corinthe.

G. SILBERMANN.

| AVANT J.-CH. | AFRIQUE. Egypte. Carthage. 1 | ASIE. Chine. Tartarie (Scythie). Arabie. Inde. Perse. Syrie. Palestine. Dans l'Asie-Mineure se trouvent les royaumes de Bithynie, Paphlagonie, Pont, Cappadoce, Pergame (dans la Mysie), Galatie. — L'Arabie Pétrée sous la domination des Ptolémées. 2 | EUROPE. Grèce. Macédoine. Thrace. Epire. Thessalie. Illyrie. 3 | Les *Gaulois*, da… les Apennins et l… les *Sabins*, les O… trale. — Les *Apu*… — Les *Latins* et l… Ré… |
|---|---|---|---|---|
| 306 | Paix entre les Carthaginois et Agathocle. | . . . . . . . . . . | . . . . . . . . . . | . . . . . . |
| 305 | Commerce florissant de l'Egypte avec l'Inde. | Siége de Rhodes, un des plus célèbres de l'antiquité, par DÉMÉTRIUS POLIORCÈTE, qui est obligé de l'abandonner après une année d'efforts continus. La défense avait été conduite par l'architecte DIOGNÈTE.<br>Expédition de SÉLEUCUS NICATOR dans l'Inde. | | |
| 302 | . . . . . . . . . . | MITHRIDATE III, fils de Mithridate II, roi de Pont et de la Paphlagonie. Il s'affranchit de la domination macédonienne (302—268). | CASSANDRE, fils d'Antipater, s'empare du trône de Macédoine, après avoir fait périr toute la famille d'Alexandre. | |
| 301 | Bataille d'*Ipsus*, en Phrygie. ANTIGONE, dont le pouvoir s'étendait, depuis 307, sur presque toute l'Asie et l'Asie-Mineure, est défait par CASSANDRE, SÉLEUCUS, PTOLÉMÉE et LYSIMAQUE. — *Dernier partage de la monarchie d'Alexandre.* La Syrie reste à SÉLEUCUS, l'Egypte, à PTOLÉMÉE, LYSIMAQUE obtient la Thrace et Pergame, et CASSANDRE conserve la Macédoine. — Fondation de la ville de *Lysimachie*, dans la Chersonèse de Thrace, par LYSIMAQUE, sur l'emplacement de la ville détruite de Cardie. | | | |
| 300 | . . . . . . . . . . | ARIARATHÈS II, fils adoptif d'Ariarathès Ier, recouvre la Cappadoce, après avoir vaincu et tué le général macédonien AMYNTAS. Son fils ARIAMNÈS lui succède.<br>SIMON-LE-JUSTE succède à son père Onias Ier dans le souverain pontificat des Juifs. | . . . . . . . . . . | Les plébéien… et d'*augures*. … et des patricie… Presque tou… |
| 298 | . . . . . . . . . . | . . . . . . . . . . | Mort de CASSANDRE, roi de Macédoine. Ses deux fils ANTIPATER et ALEXANDRE se disputent le trône. | |
| 296 | . . . . . . . . . . | . . . . . . . . . . | . . . . . . . . . . | Les Etrusque… joints aux Sam… La rencontre a… ayant plié dev… de Decius Mus… dévouant pour… triomphe. |
| 294 | . . . . . . . . . . | . . . . . . . . . . | DÉMÉTRIUS POLIORCÈTE s'empare du trône de Macédoine, après avoir fait tuer ALEXANDRE et chasser ANTIPATER, fils de Cassandre, qui l'avaient appelé comme arbitre (294—287). | Les Samnite… qui les fait pas… |
| 292 | . . . . . . . . . . | L'île de Chypre passe sous la domination du roi d'Egypte.<br>ONIAS II, grand-pontife des Juifs, sous la tutelle de son oncle ÉLÉAZAR. | | |
| 290 | . . . . . . . . . . | TSCHU-SCHU, empereur de la Chine. . . . .<br>Les Huns sur les fleuves Amour et Onon. | . . . . . . . . . . | Soumission … mains. |
| 289 | . . . . . . . . . . | . . . . . . . . . . | . . . . . . . . . . | . . . . . . |
| 287 | . . . . . . . . . . | . . . . . . . . . . | LYSIMAQUE, roi de Thrace, et PYRRHUS, roi d'Epire, se partagent la Macédoine, après avoir chassé DÉMÉTRIUS POLIORCÈTE. Ce dernier continue sa vie aventureuse jusqu'au moment où il tombe entre les mains de SÉLEUCUS, roi de Syrie, qui le retient prisonnier à *Cyrrestide*, où il meurt après 3 ans de captivité (284). | |
| 284 | PTOLÉMÉE II, *Philadelphe*, fils de Ptolémée Soter, monte sur le trône d'Égypte (284-246). Fondation présumée de la célèbre bibliothèque d'Alexandrie. — Construction du phare d'Alexandrie. | La Judée passe sous la domination de la Syrie, mais elle retourne au roi d'Egypte en 279. | Renouvellement de la LIGUE ACHÉENNE, dans le Péloponèse (284—146). Elle ne fut formée d'abord que de 7 villes, qui se réunirent pour assurer leur indépendance contre la Macédoine; mais, plus tard, ARATUS y fit entrer Sicyone, Corinthe, Argos, Athènes et d'autres villes puissantes. — Trois années après, formation de la LIGUE ÉTOLIENNE, dans la Grèce centrale (281—189). Au lieu de réunir leurs efforts contre l'ennemi commun, les deux ligues hâtèrent, par leurs rivalités, l'asservissement de la Grèce. | Défaite des G… lonie romaine d… de *Sena* (aujou… |
| 283 | . . . . . . . . . . | PHILÉTÈRE, gouverneur de Pergame, se rend indépendant (283—263). | | |
| 282 | . . . . . . . . . . | SÉLEUCUS Ier, roi de Syrie, se fait proclamer roi de Macédoine, après avoir vaincu et tué LYSIMAQUE, à la bataille de *Coros*, dans l'Asie-Mineure. | | Guerre des … leur secours P… |
| 281 | . . . . . . . . . . | SÉLEUCUS Ier, roi de Syrie, est assassiné par PTOLÉMÉE CÉRAUNUS. Son fils ANTIOCHUS Ier, *Soter*, lui succède (281—262).<br>NICOMÈDE Ier, dit *le Grand*, roi de Bithynie (281-246). Il succéda à son père ZYPOETAS, qui était parvenu à secouer le joug macédonien. Il appela les Gaulois dans l'Asie-Mineure, fit massacrer ses deux frères, qui lui disputaient le trône, et bâtit *Nicomédie* qui devint la capitale du royaume. | PTOLÉMÉE-CÉRAUNUS, fils de Ptolémée-Soter, roi d'Egypte, s'empare de la Macédoine, après avoir assassiné SÉLEUCUS. | |
| 280 | . . . . . . . . . . | . . . . . . . . . . | Une armée gauloise, partie des bords du Danube (Pannonie), envahit la Thrace, la Macédoine et la Grèce. Défaite et mort de PTOLÉMÉE CÉRAUNUS. | PYRRHUS, ro… une grande vic… la terreur que … |
| 279 | . . . . . . . . . . | . . . . . . . . . . | . . . . . . . . . . | Bataille d'*As*… refuse les prése… temps de la tra… nant une somm… |
| 278 | . . . . . . . . . . | Fondation du royaume de *Galatie*, dans le centre de l'Asie-Mineure, par les Gaulois, qui, appelés comme auxiliaires par le roi de Bithynie, se fixèrent dans ce pays après avoir remporté la victoire, et le nommèrent *Gallo-Grèce* ou *Galatie*. | ANTIGONE GONATAS, fils de Démétrius Poliorcète, s'empare du trône de Macédoine, en est chassé, en 274, par PYRRHUS, roi d'Epire, revient après la mort de ce dernier, en 272, et règne jusqu'en 243.<br>Une nouvelle armée gauloise traverse la Thessalie et entreprend de piller le temple de Delphes, mais elle est détruite par les Grecs, que le danger avait réunis, et plus encore par la terreur que leur inspire un tremblement de terre survenu pendant le combat. Ceux qui échappent passent dans l'Asie-Mineure. | Les Carthagi… en Sicile, leur … par sa tyrannie … |

STRASBOURG, IMPR…

## ITALIE.

auto-Italie (Gaule cisalpine). Limites: ...n. — Les *Etrusques*. — *Les Samnites*, ..., les *Picentes*, etc., dans l'Italie cen... *Lucaniens*, etc., dans la Basse-Italie. ...*aniens* soumis aux Romains.

**...lique romaine.**

4

. . . . . . . . . . .

... admis aux dignités de *pontifes* ...alité devant la loi des plébéiens

...Basse-Italie obéit à Rome.

...ient repris les armes et s'étaient ...t aux Gaulois du nord de l'Italie. ... dans l'Ombrie, et les Romains ... Gaulois, le consul DECIUS, fils ...te l'exemple de son père, en se ...mée. Son collègue VOLUMNIUS

... battus par le consul ATTILIUS, ...ous le joug.

...trusques et des Sabins aux Ro-

. . . . . . . . . . .

...is Senonais. Fondation de la co...*na Gallica*, sur la petite rivière ...i Sinigaglia).

...ins contre les Tarentins et leurs alliés. Ces derniers appellent à ...us, roi d'Epire.

...pire, vient au secours des Tarentins et remporte sur les Romains ...à *Héraclée*, dans la Lucanie. Ce succès était dû principalement à ...léphants avaient inspirée aux Romains.

...n, gagnée par le roi d'Epire sur les Romains. Le consul FABRICIUS ...u roi d'Epire, qui voulait ébranler sa fidélité, et l'informe en même ... de son médecin, qui offrait aux Romains de l'empoisonner moyen...rgent.

...s'avancent jusque devant les portes de Syracuse. PYRRHUS, appelé ...end toutes leurs conquêtes, à l'exception de Lilybée. Il se fait haïr ...etourne en Italie, en 276.

## Grande-Grèce (Sicile, Syracuse).

5

Paix entre les Carthaginois et AGATHOCLE.

PHINTIAS, tyran d'Agrigente.

AGATHOCLE, après avoir souillé son règne par des atrocités inouïes, est empoisonné à l'âge de 72 ans, par MÉDON, l'un de ses favoris, sur les instigations d'ARCHAGATE, son petit-fils, qui s'empare de l'armée.

## HISTOIRE RELIGIEUSE.

**Mœurs, usages.**

6

**300—250.**

Abolition des sacrifices humains dans l'île de Chypre, par le roi DEPHILUS. Ces sacrifices avaient eu lieu en l'honneur d'Aglaure, fille de Cécrops; on leur substitua des bœufs.

SAMBÈTHE ou SAMBETHON, la plus ancienne des Sibylles, mais dont Pausanias fait une fille de Bérose, l'historien chaldéen, reçoit des honneurs divins.

Traduction grecque de l'Ancien Testament, connue sous le nom de *Version des Septante*. Longtemps on a cru, d'après un récit d'Aristée, reproduit par Josèphe, dans ses *Antiquités judaïques*, que cette traduction était l'ouvrage de 70 traducteurs et qu'elle fut faite par ordre de Ptolémée-Philadelphe. Mais il est plus naturel d'admettre que les Lagides ne furent pour rien dans cette traduction, qu'elle fut faite à des époques différentes et pour l'usage des Juifs d'Alexandrie, qui ne parlaient que le grec.

La vestale SEXTILIA est enterrée vive pour avoir violé son serment de virginité. Plus tard, la vestale TUTIA, condamnée au même supplice pour s'être livrée à un esclave, le prévint en se tuant.

## LETTRES, SCIENCES, ARTS, LÉGISLATION, COMMERCE, INDUSTRIE, DÉCOUVERTES, INVENTIONS, ETC.

7

**300—250.**

La civilisation grecque pénètre dans les trois parties du monde par les conquêtes d'Alexandre-le-Grand.

*Règne des Ptolémées*. Alexandrie devient le centre des arts et des sciences. Fondation du musée, qu'on regarde comme la première académie du monde, et de la célèbre bibliothèque qui passait pour la plus riche et la plus précieuse de l'antiquité. Cette école soutint sa gloire, avec des alternatives diverses, jusqu'au 7e siècle de l'ère chrétienne. On compte parmi ses principales illustrations : les grammairiens ZÉNODOTE, d'Ephèse, commentateur d'Homère, ARISTARQUE, de Samothrace, dont le nom est devenu synonyme de critique éclairé, ARISTOPHANE, de Byzance, CRATÈS, de Malles, DENYS, de Thrace, APOLLONIUS, le sophiste, et ZOÏLE; les poètes APOLLONIUS, de Rhodes, LYCOPHRON, ARATUS, NICANDER, EUPHORION, CALLIMAQUE, THÉOCRITE, PHILÉTAS, PHANOCLÈS, TIMON, le Phlyasien, SCYMNUS, DENYS et les 7 poètes tragiques appelés la *Pléiade d'Alexandrie*; PHILON, d'Alexandrie, un des premiers néo-platoniciens. AMMONIUS, le péripatéticien, AMMONIUS, d'Alexandrie; les mathématiciens EUCLIDE, créateur de la géométrie scientifique, APOLLONIUS, de Perge, connu par un ouvrage sur les sections coniques, NICOMAQUE, qui réduisit l'arithmétique en système; le géographe PTOLÉMÉE; ERATOSTHÈNES, le premier qui fut nommé philologue; les astronomes ARISTARQUE et HIPPARQUE; les anatomistes HÉROPHILES et ERASISTRATE; DÉMOSTHÈNE PHILALÈTHE, auteur du plus ancien ouvrage sur les maladies des yeux; les philologues DIDYME, HARPOCRATION, JULIUS POLLUX, HÉPHESTION et HESYCHIUS, etc.

Magnifiques constructions des Ptolémées à Alexandrie : le temple de Sérapis, le phare, les cinq ports.

EPICURE, philosophe athénien. Le bonheur posé comme but de l'activité humaine; la vertu inséparable du bonheur. Ses disciples substituèrent les jouissances sensuelles aux plaisirs purs et intellectuels. Les philosophes épicuriens instituèrent plus tard, en l'honneur de leur maître, les fêtes des *Icades*, qui se célébraient le 20 de chaque mois. Ce jour là ils portaient le portrait d'Epicure dans toutes les chambres de leur demeure et lui offraient des sacrifices et des libations.

ZÉNON, de Citium (île de Chypre), disciple de Cratès et de Stilpon, fondateur de l'école stoïcienne (nommée ainsi du portique, en grec *stoa*, sous lequel il enseignait). La vertu est le souverain bien; il n'y a d'autre mal pour l'homme que le vice.

STRATON, philosophe péripatéticien, de Lampsaque, disciple de Théophraste, à qui il succéda dans son école, s'occupa de physique. Son système le fit accuser d'athéisme. Il reste quelques fragments de ses ouvrages.

ANNICÉRIS, philosophe grec, de Cyrène, disciple d'Hégésias, fondateur de la *secte annicérienne*, qui admettait, comme celle d'Epicure, la volupté comme le principal objet de la vie, mais l'amitié, la reconnaissance, l'amour paternel et filial, l'amour de la patrie, etc., étaient regardés comme les éléments de la volupté.

ARISTON, de Chio, philosophe stoïcien.

LYCON, philosophe péripatéticien. ARISTON, de Céos, son disciple et son successeur.

CHRYSIPPE, de Solès, dans la Cilicie, philosophe stoïcien, renommé pour la subtilité de sa logique. Diogène Laërce a donné le catalogue de ses ouvrages qui se montaient à 311 *Traités de dialectique*.

THÉODORE, de Cyrène, surnommé l'*Athée*, disciple d'Aristippe, a écrit un livre sur les dieux, qui, d'après ce que l'on croit, le fit condamner à mort.

HÉGÉSIAS, philosophe cyrénaïque, surnommé *Pisithanate* ou l'*Avocat de la mort*, fondateur de la secte des *hégésiaques*. Il enseignait que la mort était un bien, et le prouvait si éloquemment que plusieurs de ses auditeurs se suicidèrent. Cependant il ne crut pas devoir mettre lui-même sa doctrine en pratique, puisque le roi Ptolémée Ier lui fit interdire l'enseignement de sa philosophie et l'exila.

CLÉANTHE, d'Assos, en Eolide, philosophe stoïcien, remplaça Zénon au portique. Il reste quelques fragments de ses écrits.

ERATOSTHÈNE, de Cyrène, orateur, poëte, astronome, philosophe, philologue, bibliothécaire d'Alexandre, trouva, le premier, la manière de mesurer la circonférence de la terre. Il ne reste que des fragments de ses ouvrages.

MÉNÉDÈME, d'Erythrée, philosophe et historien, disciple de Stilpon et ensuite platonicien.

BION, de Borysthène, philosophe cynique, excellait dans la poésie et la musique.

HYPSICLES, mathématicien d'Alexandrie, disciple d'Euclide.

ARISTÉE, mathématicien, auteur de deux ouvrages sur la *Géométrie sublime*.

DIOCLÈS, géomètre, inventeur de la courbe appelée *cycloïde*, pour la solution du problème de deux moyennes proportionnelles.

ARISTARQUE, de Samos, astronome, qui écrivit un des premiers la théorie du mouvement de la terre, auteur présumé du *Traité de la grandeur et de la distance du soleil et de la lune*.

CONON, de Samos, astronome, ami d'Archimède. Bérénice, épouse de Ptolémée-Evergète, roi d'Egypte, avait consacré à Vénus une tresse de ses cheveux. Cette tresse ayant été enlevée, Conon, pour faire sa cour au roi, déclara qu'elle avait été enlevée au ciel et métamorphosée en astre.

ANTIGONE, de Caryste, en Eubée, naturaliste et polygraphe grec. Il ne nous reste de lui qu'un *Recueil de choses merveilleuses*.

ARATUS, de Soli ou de Tarse, poëte et astronome grec, auteur d'un poëme intitulé : *Des Phénomènes et des Signes*, traitant du cours et de l'influence des astres.

MÉNANDRE et PHILÉMON, *l'Ancien*, poëtes comiques grecs de la nouvelle école. MÉNANDRE est le premier qui ait fait de la ressemblance de deux frères le ressort principal d'une intrigue de comédie, pièce qui a servi de modèle aux *Menechmes* de Plaute.

THÉOCRITE, de Syracuse, le premier des poëtes bucoliques. BION, de Phlossa, près de Smyrne, en Ionie, et MOSCHUS, de Syracuse, ses contemporains et rivaux.

Les poëtes LYCOPHRON, CALLIMAQUE et APOLLONIUS, de Rhodes, de l'école d'Alexandrie.

SOTADE, poëte grec, de Maconnée, en Thrace, auteur de vers iambiques, appelés de son nom *vers sotadiques*. Il écrivit une satire contre Ptolémée-Philadelphe, roi d'Egypte, qui le fit jeter dans la mer enfermé dans un coffre de plomb.

PLATON, *le Jeune*, poëte comique, passe pour le chef de la moyenne comédie.

ZOÏLE, d'Ephèse ou d'Amphipolis, grammairien et critique, célèbre comme détracteur d'Homère. Son nom est devenu synonyme de critique passionné et de mauvaise foi.

PALÉPHATE, d'Abydos, historien grec, auteur de *Mémoires* sur l'île de Chypre, sur Délos, sur l'Attique et l'Arabie.

TIMÉE, de Tauroméne, en Sicile, auteur d'une *Histoire générale de la Sicile* et d'une *Histoire des guerres de Pyrrhus*.

...E DE G. SILBERMANN.

| AVANT J.-CH. | AFRIQUE. Egypte. Carthage. (1) | ASIE. Chine. Tartarie. Arabie. Inde. Bactriane. Monarchie Parthe (Perse). Syrie. Palestine. Royaumes de l'Asie-Mineure. (2) | Grèce. Macédoine. Thrace. Epire. Thessalie. Illyrie. (3) |
|---|---|---|---|
| 276 | | | |
| 275 | | | |
| 274 | | | ANTIGONE GONATAS est défait par PYRRHUS, qui s'empare de la Macédoine (voy. l'an 278). |
| 273 | Traité d'amitié entre l'Egypte et les Romains. | | |
| 272 | | | Expédition de PYRRHUS dans le Péloponèse. Il est tué au siége d'Argos (voy. l'an 312) et a pour successeur son fils ALEXANDRE II. Celui-ci entre en Macédoine, dont il fait la conquête, mais il en est chassé par DÉMÉTRIUS, fils d'Antigone, et obligé même de quitter l'Epire. Il se réfugie chez les Acarnaniens, qui l'aident à reprendre ses Etats. |
| 270 | Construction du canal de jonction du golfe Persique à la Méditerranée par le Nil. | | |
| 268 | | MITHRIDATE IV, roi du Pont et de la Paphlagonie. Il fait alliance avec la Syrie. | Prise d'Athènes par ANTIGONE GONATAS. |
| 266 | | | Sparte secoue le joug de la Macédoine. |
| 264 | Première guerre entre Carthage et Rome (264—241). | | DIOGNÈTE, archonte d'Athènes, fait exécuter la chronique connue sous le nom de *marbres de Paros* (voy. colonne 7). |
| 263 | | EUMÈNE succède, à Pergame, à son oncle Philétère (263—241). Il gagne sur les Syriens la bataille de *Sardes*. | |
| 262 | | ANTIOCHUS II succède à son père sur le trône de Syrie (262—247). Il fut surnommé *Théos* (dieu), pour avoir délivré le peuple de Milet de l'oppression de TIMARQUE, gouverneur de Carie. | |
| 261 | | | |
| 260 | Guerre entre l'Egypte et la Syrie (260—252). | MANASSÈS usurpe le souverain pontificat des Juifs. | |
| 258 | | | |
| 256 | Expédition des Romains en Afrique (256—250). | La Parthie et la Bactriane se détachent de la Syrie. ORIGINE DE LA DYNASTIE PARTHE DES ARSACIDES. Elle règne depuis l'an 256 avant J. Ch. jusqu'à l'an 15 après J. Ch.<br>ARSACE Ier, fondateur de la monarchie parthe, déclare la Parthie indépendante (256—253). Capitale: *Ctésiphon*. Guerre contre les Séleucides. | |
| 254 | | THÉODOTE Ier, fondateur du royaume de la Bactriane (254—243). | |
| 253 | | TIRIDATE (Arsace II) succède à son frère Arsace Ier sur le trône des Parthes (253—216). | |
| 251 | | | ARATUS, de Sicyone, est nommé chef (stratége) de la ligue achéenne (251—213). Guerres contre Sparte. |
| 250 | | Réunion de la Chine sous un seul empereur nommé TSCHI-TO-ANG-TI, qui fait construire la fameuse muraille au nord de la Chine, pour réprimer les courses des Tartares, et divise l'empire en 36 provinces gouvernées par des vice-rois. Il livre aux flammes tous les monuments historiques antérieurs à sa dynastie. | |
| 248 | | ARIARATHÈS III, roi de Cappadoce. | |
| 247 | | ANTIOCHUS II meurt empoisonné par LAODICE, sa première femme. SÉLEUCUS II, surnommé *Callinicus*, lui succède (247—227). Il fait assassiner BÉRÉNICE, seconde femme d'Antiochus II, et fille de Ptolémée II, roi d'Egypte. Décadence du royaume. | |
| 246 | PTOLÉMÉE III, *Evergète*, succède à son père Ptolémée II sur le trône d'Egypte (246—221). | ZÉLAS, roi de Bithynie (246—232). | |
| | PTOLÉMÉE III déclare la guerre au roi de Syrie, qui avait fait assassiner sa sœur Bérénice; conquête de la Syrie et des côtes de l'Asie-Mineure, depuis la Cilicie jusqu'à l'Hellespont. Expédition en Mésopotamie, dans la Babylonie, en Perse, dans la Médie et dans la Bactriane; il étend ses conquêtes jusque dans l'intérieur de l'Ethiopie et sur les côtes occidentales de l'Arabie. Des troubles, survenus dans ses Etats, l'obligent de retourner sur ses pas. | | |
| 244 | | Guerres des Parthes contre la Syrie. Conquête de l'Hyrcanie (244—216). | |
| 243 | | THÉODOTE II, roi de la Bactriane (243—221). Il fait alliance avec la Parthie.<br>Guerres entre la Syrie et Pergame (243—240). | DÉMÉTRIUS II succède à Antigone Gonatas sur le trône de Macédoine (243—233).<br>ARATUS chasse les Macédoniens de Corinthe et réunit cette ville à la ligue achéenne, à laquelle se joignent aussi les Etoliens, qui quittent le parti de la Macédoine. |
| 242 | | | |
| 241 | Paix entre Carthage et Rome. Les Carthaginois évacuent la Sicile; leurs finances sont épuisées. | Guerre entre les Rhodiens et les Byzantins. Bientôt après, les Rhodiens font alliance avec les Romains.<br>ATTALE Ier prend le premier le titre de roi de Pergame (241—197), après avoir défait les Gaulois ou Galates, dont un grand nombre de rois et de cités de l'Asie étaient tributaires. Il conquit beaucoup de villes syriennes, et aida plus tard SÉLEUCUS CERAUNUS contre le rebelle ACHÆUS. Vaincu par PHILIPPE III, de Macédoine, il se releva, fit alliance avec les Rhodiens, les Romains et les villes grecques. Il protégea les lettres, fonda, dit-on, la célèbre bibliothèque de Pergame (d'après d'autres, Eumène II) et encouragea l'industrie. C'est de son règne que l'on date l'invention des tapis tissus d'or, appelés *Attalicæ vestes*. | AGIS III, roi de Sparte, essaie de faire revivre l'antique constitution de Lycurgue. Il est traduit devant le tribunal des éphores et condamné à la strangulation. LÉONIDAS II reste seul roi. |

## EUROPE.

| ITALIE. | | Autres pays de l'Europe. | LETTRES, SCIENCES, ARTS, LÉGISLATION, COMMERCE, INDUSTRIE, DÉCOUVERTES, INVENTIONS, ETC. |
|---|---|---|---|
| **République romaine.** 4 | **Grande-Grèce (Sicile, Syracuse).** 5 | 6 | 7 |
| s, revenu en Italie, est battu à *Bénévent*, par l'armée romaine sous CURIUS DENTATUS. Il retourne dans ses Etats. | | L'*Hispanie* (Espagne), habitée primitivement par les *Ibériens* ou *Hispaniens*, formés du mélange d'anciennes colonies africaines, phéniciennes et gauloises. Les Romains la divisèrent en *Taragonaise*, au nord et au centre, *Bétique*, au sud, et *Lusitanie* (Portugal), à l'ouest. Les principaux peuples furent les *Cantabres*, les *Celtibériens*, les *Ibériens*, les *Lusitaniens*, les *Basitaniens*, les *Bastuliens*, etc. Tous ces peuples étaient continuellement en guerre, tantôt entre eux, tantôt contre les étrangers. | **300—250** (suite). |
| . . . . . . . . . . . . . . . . . . . . | HIÉRON II, rejeton de l'ancienne famille royale de ce nom, général des Syracusains et roi en 268 (275—215). — Défaite des Mamertins, brigands italiens, qui s'étaient emparés de Messine. | | BEROSUS, prêtre du temple de Bélus à Babylone, auteur d'une *Histoire de la Chaldée*, dont il reste des fragments. |
| mbassade égyptienne vient contracter un traité d'amitié avec les Romains. | | | MANÉTHON, prêtre et historien égyptien, dont Josèphe et George le Syncelle nous ont conservé quelques fragments. |
| sion complète des Samnites (colonie romaine à Bénévent), des Tarentins et des Lucaniens. — Fin de la guerre ites, qui avait duré 71 ans (343—272). | | | ALEXANDRE II, roi d'Epire, auteur d'un traité sur la tactique, cité avec éloge par Arrien et Elien, mais qui ne nous est pas parvenu. |
| ssion des Picentes (colonie romaine à Rimini). | | | AMMONIUS, chirurgien d'Alexandrie, eut, selon Celse, le premier l'idée de broyer les gros calculs de la vessie et de les extraire en fragments, ce qui lui valut le surnom de *lithotome*. |
| ssion des Ombriens et des Brundusiens. — *Toute l'Italie centrale et la Basse- trouvent sous la domination de Rome.* | | | CLÉOPHANTE, médecin grec, maître d'Antigènes, fonda une doctrine médicale, dont parlent Galien et Cœlius Aurelianus, mais dont les principes ne sont pas bien connus. |
| appelée au secours de Messine par les Mamertins, y envoie une armée sous le commandement d'APPIUS CLAU- emière rencontre avec les Carthaginois. — ORIGINE DE LA PREMIÈRE GUERRE PUNIQUE (264—241). | | | DIOGNÈTE, archonte d'Athènes, fait exécuter la chronique connue sous le nom de *marbres de Paros, d'Arundel* ou *d'Oxford*, et comprenant les plus célèbres époques de l'histoire grecque depuis Cécrops (voy. tabl. 2, col. 3) jusqu'à l'archonte Diognète, c'est-à-dire une période de 1318 ans. Ces marbres furent découverts à Paros, par THOMAS PETRE, qui voyageait en Grèce aux frais de lord Howard, comte d'Arundel, et transportés en Angleterre, en 1627. Ils furent donnés, en 1667, à l'université d'Oxford voy. col. 3). |
| ers combats de gladiateurs à Rome. | Alliance entre les Syracusains et les Carthaginois. Ils sont battus par les Romains | | CHARÈS, de Linde, dans l'île de Rhodes, auteur de la statue du Soleil, connue sous le nom de *Colosse de Rhodes*, et qui passait pour une des merveilles du monde. Cette statue, fondue en airain, fut commencée l'an 300 et achevé en 288. Chaque doigt avait la hauteur d'un homme. Elle était placée à l'entrée du port, de telle sorte que les plus grands vaisseaux pouvaient passer entre ses jambes, toutes les voiles déployées. Ce colosse fut renversé par un tremblement de terre en l'an 222. |
| . . . . . . . . . HIÉRON II fait alliance avec les Romains et leur reste fidèle pendant tout son règne. | | | SOSTRATE, de Cnide, architecte, acheva le phare de l'île de Pharos, dans la baie d'Alexandrie, et construisit des jardins suspendus dans sa ville natale. |
| . . . . . . . . . Prise d'Agrigente par les Romains, sur HANNON, général carthaginois. | | | Le premier cadran solaire à Rome est tracé par le dictateur PAPIRIUS CURSOR, dans le temple de Quirinus. D'après d'autres, ce fut VALÉRIUS MESSALA qui introduisit dans Rome l'usage du cadran solaire, en 263. Cent ans plus tard, SCIPION NASICA introduisit, pendant sa censure, l'usage du clepsydre. |
| omains construisent leur première flotte sur le modèle d'une galère carthagi- ouée sur les côtes d'Italie. | | | Alexandrie devient, sous les Ptolémées, l'entrepôt du commerce de l'univers. Les caravanes de ses négociants allaient dans l'Inde et en Ethiopie, tandis que son commerce maritime s'étendait sur tous les ports de la Méditerranée, du golfe Arabique et de la mer des Indes. Manufactures florissantes de tissus de laine à Alexandrie. |
| res navales remportées sur les Carthaginois par le consul DUILIUS, près des côtes (Melazzo), de la Corse et de Malte. Une colonne de marbre, ornée de poupes et es de navires enlevés aux ennemis, et appelée pour cette raison *colonne rostrale*, e en l'honneur du vainqueur (elle subsiste encore). | | | Commerce florissant des Rhodiens. Première législation maritime de l'île de Rhodes (*lex Rhodia de jactu*); elle était en vigueur sur toutes les côtes et dans tous les ports de la Méditerranée, et devint le fondement du droit maritime de tous les peuples. |
| rse, après avoir été possédée tour à tour par les Etrusques et les Carthaginois, us la domination romaine. | | | Commerce florissant de la ville d'Antioche en Syrie, sous les rois Séleucides. |
| dition de MARCUS ATTILIUS RÉGULUS en Afrique. Les Carthaginois sont vaincus usieurs rencontres et demandent la paix ; mais RÉGULUS, aveuglé par ses succès n haine contre les Carthaginois, exige que ces derniers se soumettent à Rome. s appellent à leur secours le Spartiate XANTIPPE, qui arrive avec un corps de et gagne, sous les murs de Carthage, une bataille où périssent 30,000 Romains ; s lui-même est fait prisonnier. | | | **250—200.** |
| LUS, après avoir été envoyé par les Carthaginois à Rome, pour y traiter de la etourne à Carthage où il est mis à mort. | Siége de *Lilybée*, en Sicile, par les Romains. | | ARCÉSILAS, philosophe grec, disciple et successeur de Crantor, fonda la *seconde* ou *moyenne* Académie. |
| uction d'une partie de la flotte romaine à Drépane (Trapani), par ASDRUBAL ; le reste de la flotte est détruit dans de Lilybée, par CATHALON, général carthaginois, ou périt dans une tempête. — Nomination d'un dictateur. — R BARCAS, général carthaginois, ravage les côtes d'Italie. — Une flotte romaine, après avoir remporté une victoire s rochers d'*Ægimure*, périt dans une tempête. | | | MÉTRODORE, philosophe grec, envoyé par les Athéniens à Paul Emile, qui leur avait demandé un philosophe pour élever ses enfants. |
| | | | QUINTUS MUCIUS SCÆVOLA, célèbre jurisconsulte romain. |
| nouvelle flotte romaine, commandée par LUTATIUS CATULUS, remporte, près des ǎdes, une grande victoire sur les Carthaginois conduits par HANNON. Les Carthalemandent la paix. | | | ARCHIMÈDE, de Syracuse, le plus grand géomètre et mécanicien de l'antiquité, inventa les miroirs ardents avec lesquels il brûlait les vaisseaux romains qui assiégaient Syracuse, découvrit la pesanteur spécifique des métaux, la vis inclinée qui porte son nom, la vis sans fin, la poulie mobile, etc. Pappus compte 40 machines inventées par Archimède, qui sont presque toutes restées inconnues. Il fut tué par un soldat lors de la prise de Syracuse. |
| é de paix entre Carthage et Rome. Les Carthaginois sont forcés d'évacuer la Sicile, de rendre les prisonniers sans et de payer à Rome 3000 talents (environ 15 millions de francs). *Fin de la première guerre punique.* | Grande prospérité de Syracuse sous le règne d'HIÉRON II. | | HÉRON, d'Alexandrie, célèbre mécanicien, fit des automates, perfectionna le cric inventé par Archimède, et inventa la *fontaine de compression* qui porte son nom, et dans laquelle l'eau jaillit au-dessus de son niveau au moyen du ressort de l'air comprimé par une colonne d'eau. Quelques-uns font vivre Héron vers 120 avant J. Ch. |

| AVANT J. CH. | AFRIQUE. Egypte. Carthage. 1 | ASIE. Chine. Tartarie. Arabie. Inde. Royaumes de l'Asie-Mineure. Monarchie des Parthes (Perse). Syrie. Palestine (dépendance de l'Egypte). 2 | Grèce. Macédoine. Thrace. Epire. Thessalie. Illyrie. 3 | |
|---|---|---|---|---|
| 240 | Guerres de Carthage contre les troupes mercenaires qui s'étaient révoltées et contre les peuples tributaires qui s'étaient soulevés avec eux. AMILCAR, père d'Annibal, les fait rentrer dans l'obéissance (240—237). | . . . . . . . . . . | . . . . . . . . . . | Grandeur et |
| 238 | . . . . . . . . . . | ARSACE II prend le titre de roi des Parthes, après avoir vaincu et fait prisonnier SÉLEUCUS II, roi de Syrie. | . . . . . . . . . . | . . . . |
| 237 | . . . . . . . . . . | . . . . . . . . . . | . . . . . . . . . . | . . . . |
| 235 | . . . . . . . . . . | . . . . . . . . . . | . . . . . . . . . . | Le temple de seconde fois de |
| 233 | . . . . . . . . . . | ONIAS II recouvre le grand-pontificat des Juifs. . . . . . . . . | ANTIGONE II, *Doson*, succède à Démétrius II sur le trône de Macédoine (233—221). | |
| 232 | . . . . . . . . . . | PRUSIAS, fils de Nicomède Ier, roi de Bithynie (232—192). Il n'est connu que par une alliance qu'il fit avec les Rhodiens. | | |
| 230 | . . . . . . . . . . | . . . . . . . . . . | Guerre des Romains contre les corsaires illyriens (230—226). Première une paix désavantageuse pour les Illyriens, grâce à la trahison de Démétrius | |
| 229 | . . . . . . . . . . | . . . . . . . . . . | Athènes recouvre son indépendance et entre dans la ligue achéenne. | |
| 227 | . . . . . . . . . . | SÉLEUCUS III, *Céraunus*, succède à Séleucus II sur le trône de Syrie (227—224). | . . . . . . . . . . | . . . . |
| 226 | . . . . . . . . . . | . . . . . . . . . . | CLÉOMÈNE III, roi de Sparte, renverse le gouvernement des éphores et rétablit la constitution de Lycurgue. | Guerre contre 800,000 hommes |
| 225 | . . . . . . . . . . | . . . . . . . . . . | . . . . . . . . . . | Les Gaulois c avoir battu les *Télamone*, en T dans la bataille. |
| 224 | Les conquêtes de l'Egypte dans l'Asie-Mineure sont reprises par SÉLEUCUS III, roi de Syrie. | SÉLEUCUS III recouvre les possessions syriennes de l'Asie-Mineure et est tué par ses soldats. Son frère ANTIOCHUS III *le Grand* lui succède sur le trône de Syrie (224—187). Continuation de la guerre contre l'Egypte. | Victoire de CLÉOMÈNE III, roi de Sparte, sur la ligue achéenne, à *Dymes*. | |
| 223 | . . . . . . . . . . | . . . . . . . . . . | . . . . . . . . . . | Nouvelle défai *Plaisance* et de |
| 222 | . . . . . . . . . . | Tremblement de terre qui renverse le colosse de Rhodes. | CLÉOMÈNE III, roi de Sparte, est vaincu à la bataille de *Sellasie*, dans la Laconie, par le roi de Macédoine ANTIGONE II, accouru au secours d'ARATUS, chef de la ligue achéenne. CLÉOMÈNE se réfugie en Egypte, où il périt avec ses compagnons en 220. Nouvelle prépondérance de la Macédoine en Grèce. | Conquête de VIRIDOMARE, de Un corps nombr lois, dans l'espoi |
| 221 | PTOLÉMÉE IV, *Philopator*, succède à son père Ptolémée Evergète sur le trône d'Egypte (221—204). Ce prince se livre à une débauche effrénée, fait périr sa mère, son frère, sa sœur et sa femme; l'histoire l'accuse, en outre, d'avoir fait empoisonner son père. | EUTHYDÈME, roi de la Bactriane. Il fait la guerre à la Syrie, de 209 à 206. | PHILIPPE III succède à son père Antigone Doson sur le trône de Macédoine (221—179).<br>Guerre de la *ligue étolienne* et de Sparte contre la *ligue achéenne* et PHILIPPE de Macédoine. | . . . . |
| 220 | . . . . . . . . . . | . . . . . . . . . . | AGÉSIPOLIS, fils de Cléomène III, roi de Sparte et le dernier de la race des Héraclides, meurt après un règne de quelques mois. Anarchie à Sparte. | Conquête de l |
| 219 | Bataille de *Raphia*, en Palestine, gagnée par PTOLÉMÉE IV, roi d'Egypte, sur ANTIOCHUS-LE-GRAND, roi de Syrie. La Cœlé-Syrie passe sous la domination du roi d'Egypte. | SIMON II, grand-pontife des Juifs.<br>ARIARATHÈS IV, roi de Cappadoce (219—162). Il donna des secours au roi de Syrie contre les Romains, mais après la défaite de ce dernier il fut condamné à payer 200,000 sesterces. Il se ligua ensuite avec EUMÈNE, roi de Pergame, contre PHARNACE, roi de Pont, et ne fut pas plus heureux. Il fit alliance avec les Romains et leur resta fidèle. | PYRRHUS III, roi d'Epire. . . . . . . . . | Révolte des G |
| 218 | Seconde guerre de Carthage contre Rome (218—201). Le consul SEMPRONIUS débarque en Afrique.<br>Bataille de *Sardes*, gagnée par ANTIOCHUS III, de Syrie, sur PTOLÉMÉE, roi d'Egypte. | . . . . . . . . . . | MACHANIDAS s'empare du gouvernement de Sparte. | La prise de S PUNIQUE (218—2<br>ANNIBAL, à la Pyrénées et les tassins et 6000 c pins. — Premièr |
| 217 | . . . . . . . . . . | Vers cette époque, DÉMÉTRIUS, prince bactrien, fonde un Etat sur l'Indus. | La paix est rétablie en Grèce par PHILIPPE de Macédoine. | ANNIBAL passe rais de Clusium, grande victoire, MINIUS, qui est ses prudentes ma — ANNIBAL se re |
| 216 | . . . . . . . . . . | ARTABAN Ier (Arsace III), roi des Parthes (216—196). . . . . . | . . . . . . . . . . | Bataille de Ca sur les consuls V périt ou tombe a quête d'une port |
| 215 | . . . . . . . . . . | . . . . . . . . . . | Alliance de PHILIPPE de Macédoine avec ANNIBAL, après la bataille de Cannes. | Une armée ro Boiens, dans la |
| 214 | . . . . . . . . . . | Construction présumée de la grande muraille en Chine, pour préserver le pays contre les incursions des Tatars. | Guerre de la Macédoine contre Rome. Victoire des Romains sous le consu la flotte macédonienne. — Traité de paix. | |
| 213 | . . . . . . . . . . | . . . . . . . . . . | ARATUS est empoisonné par PHILIPPE de Macédoine, dont le despotisme s'étend sur toute la Grèce.<br>PHILOPŒMEN, chef de la ligue achéenne (213-183). | |

STRASBOURG, IMPRIMERIE DE

## EUROPE.

| ITALIE. | | | |
|---|---|---|---|
| **République romaine.** 4 | **Sicile (en partie aux Romains). Syracuse.** 5 | **Autres Etats de l'Europe.** 6 | LETTRES, SCIENCES, ARTS, LÉGISLATION, COMMERCE, INDUSTRIE, DÉCOUVERTES, INVENTIONS, ETC. 7 |
| uissance du sénat romain après la première guerre punique. | | | |
| . . . . . . . Les troupes au service de Carthage livrent la | Sardaigne aux Romains. | | |
| . . . . . . . . . . . . . . . . . . . . . . | . . . . . . . . . . . . | Conquêtes des Carthaginois en Espagne sous AMILCAR BARCA et son gendre ASDRUBAL. Fondation de *Barcino* (Barcelone), attribuée à AMILCAR (237—218). | |
| Janus est fermé pour la première fois depuis Numa et pour la ɔuis la construction de cet édifice. | | | |
| apparition des Romains en Grèce. Cette guerre se termina par , de Pharos, amiral de TEUTA, veuve d'ARGON, roi des Illyriens. | | | |
| . . . . . . . . . . . . . . . . . . . . . . | . . . . . . . . . . . . | Fondation de la *Nouvelle-Carthage* (Carthagène) par ASDRUBAL. | |
| les Gaulois cisalpins (226—222). — Rome a une armée de s. | | | |
| salpins réunis aux Gaulois transalpins (d'auprès du Rhône), après Romains près de *Clusium*, sont vaincus près du promontoire de ɔscane. Leurs deux rois et le consul ATTILIUS RÉGULUS périssent | | | |
| te des Gaulois cisalpins. — Fondation des colonies romaines de *Crémone*. | | | |
| *Milan* et de toute la Haute-Italie, par le consul MARCELLUS. — rnier chef gaulois à Milan. — *Première mention des Germains:* eux de cette nation avait passé le Rhin et s'était joint aux Gaur de ravager avec eux l'Italie. | . . . . . . . . . . . . | Le général carthaginois ASDRUBAL est assassiné par un esclave gaulois. | |
| . . . . . . . . . . . . . . . . . . . . . . | . . . . . . . . . . . . | ANNIBAL, fils d'Amilcar, est nommé, à l'âge de 25 ans, généralissime des troupes carthaginoises en Espagne. | |
| a Dalmatie et de l'Istrie, par le consul EMILIUS. | | | |
| aulois cisalpins. . . . . . . . . . . . . . . | . . . . . . . . . . . . | ANNIBAL s'empare de *Sagonte* (aujourd'hui Murviédro), après 7 mois d'un siége mémorable, au mépris d'un traité fait avec les Romains, et par lequel les Carthaginois s'étaient engagés à ne point passer l'Ebre. | |
| Sagonte, par ANNIBAL, donne naissance à la SECONDE GUERRE 201). | . . . . . . . . . . . . | Conquêtes des Romains en Espagne sous les deux Scipions (218—206). | |
| tête de 90,000 hommes à pied et 12,000 cavaliers, franchit les Alpes, et descend en Italie avec une armée réduite à 20,000 fancavaliers. — Prise de *Turin*. — Alliance avec les Gaulois cisalres victoires sur les bords du *Tessin* et de la *Trébie* (Trebbia). | | | |
| e l'Apennin pour aller en Etrurie. Après avoir traversé les ma-, où il perd un œil à la suite d'une fluxion, il remporte une près du lac de *Trasimène* (lago di Perugia), sur le consul FLAtué. — FABIUS MAXIMUS VERRUCOSUS est nommé pro-dictateur; anœuvres lui font donner le surnom de *Cunctator* (temporiseur). etire en Apulie, sur les côtes de la mer Adriatique. | | | |
| *nnes*, sur les bords de l'*Aufidus* (Ofanto), gagnée par ANNIBAL VARRON et PAUL-EMILE; la plus grande partie de l'armée romaine au pouvoir du vainqueur. — ANNIBAL entre à *Capoue*. — Contie de l'Italie centrale et de toute la Basse-Italie. | | | |
| maine, sous le consul LUCIUS POSTHUMIUS, est battue par les Gaule cispadane. | HIÉRONYME, petit-fils d'Hiéron II, monte sur le trône de Syracuse (215—214). — Alliance avec ANNIBAL. | | |
| sul LÆVINUS, à *Apollonie*, sur les côtes de l'Epire. Incendie de | Débauches et cruautés d'HIÉRONYME; il est assassiné dans un soulèvement du peuple. Triomphe du parti carthaginois à Syracuse. | | |

**250—200** (suite).

ERATOSTHÈNES, de Cyrène, poëte, géographe et astronome, auteur des *Catastérismes* (traité des constellations) et de différents autres ouvrages. Il fut surintendant de la bibliothèque d'Alexandrie. Il fut surnommé l'*Arpenteur de la terre* pour avoir mesuré l'arc du méridien entre les deux tropiques et pour sa démonstration de l'inclinaison de l'écliptique (la route du soleil) à l'équateur.

APOLLONIUS, de Perge, de l'école d'Alexandrie, auteur d'un ouvrage sur les *sections coniques*.

JÉSUS SIRACIDE, auteur du livre de l'*Ecclésiastique*.

LIVIUS ANDRONICUS, le père de la poésie latine, fait représenter les premières pièces de théâtre à Rome.

CNÉIUS NÆVIUS, auteur de tragédies latines imitées du grec, de comédies satiriques contre les nobles et d'un poëme sur la première guerre punique. Métellus le fit bannir de Rome.

QUINTUS ENNIUS, de Rudes, en Calabre, poëte, philosophe et historien, l'un des créateurs de la littérature latine.

FABIUS PICTOR, premier historien de Rome d'après le modèle des Grecs.

ARATUS, chef de la ligue achéenne, auteur d'une *Histoire des Achéens*, citée avec éloge par Polybe.

TIMÉE, le sophiste, auteur d'un *Dictionnaire sur Platon*.

ARTÉMIDORE, ANTIGÈNES, le *Cléophantin*, et CHARIDÈME, médecins.

APOLLOPHANES, médecin d'Antiochus-le-Grand, l'un des premiers disciples d'Erasistrate, fonda une école à Smyrne.

ARCHAGATE, Péloponésien, introduit le premier la pratique chirurgicale à Rome, sous le consulat de L. Æmilius Paulus et Livius Salinator (219 avant J. Ch.).

Invention des clepsydres ou horloges d'eau par les Egyptiens.

APOLLONIUS STRATONIUS, médecin de l'école d'Erasistrate. On croit qu'il est le même qu'un APOLLONIUS de Memphis.

Les chefs-d'œuvre des arts grecs sont transportés à Rome après la conquête de la Sicile par Marcellus.

*Lex oppia*, première loi somptuaire contre le luxe des dames romaines. Elle fut rapportée 20 ans plus tard, malgré la résistance de Caton.

Construction présumée de la grande muraille en Chine.

---

## HISTOIRE RELIGIEUSE.

### Mœurs. Usages.

**250—200.**

Le temple de Janus, à Rome, est fermé pour la première fois depuis Numa et pour la seconde fois depuis la construction de cet édifice.

Lors de la prise d'armes des Gaulois, en 226, on consulta, à Rome, les livres sibyllins, et on y vit avec effroi que les Gaulois et les Grecs s'empareraient un jour de la terre romaine. Pour éloigner ce malheur, on chercha à éluder l'oracle, en enterrant vif un Gaulois et une Gauloise, un Grec et une femme grecque. Tite-Live, qui vivait du temps de Jésus-Christ, rapporte ce fait, qu'il semble même excuser, tant est grande la force de la superstition.

Pour obéir aux livres sibyllins, les Romains envoient une ambassade en Phrygie, pour en rapporter l'image de la mère Idéenne (Cybèle), que l'on prétendait être tombée du ciel. Cette image n'était qu'une pierre noire, symbole de la déesse, que les ambassadeurs parvinrent à se procurer avec l'aide du roi Attale. Cette pierre fut déposée par Scipion Nasica au temple de la Victoire, sur le mont Palatin, et Rome institua à cette occasion les jeux mégalésiens, qui se célébraient tous les ans le 14 avril.

PTOLÉMÉE PHILOPATOR, roi d'Egypte, fait élever un temple magnifique en l'honneur d'Homère. Un autre temple en l'honneur de ce poëte se trouvait à Smyrne, ainsi que des jeux à Chio, à Amastris, ville de Pont, et à Argos.

Etablissement des *jeux apollinaires* à Rome, par le préteur VARUS, en l'honneur d'Apollon. Ces jeux étaient célébrés tous les ans le 5 juillet, et se confondirent plus tard avec les jeux séculaires.

E G. SILBERMANN.

| AVANT J. CH. | AFRIQUE. Egypte. Carthage. Numidie. 1 | ASIE. Chine. Tartarie. Arabie. Inde. Royaumes de l'Asie-Mineure. Monarchie des Parthes (Perse). Syrie. Palestine (dépendance de l'Egypte). 2 | Grèce. Macédoine. Thrace. Epire. Thessalie. Illyrie. 3 | |
|---|---|---|---|---|
| 212 | Vers cette époque SYPHAX règne dans la Numidie occidentale ou Massæsylie. Ce prince, d'abord l'allié des Romains, en devint l'ennemi après avoir épousé la célèbre SOPHRONISBE, fille d'Asdrubal, et fut vaincu (en 202) par SCIPION et MASINISSA. Ce dernier devint roi de la Massylie ou Numidie proprement dite. | . . . . . . . . . . . . . . . . . . . . | Les Etoliens et Sparte se liguent avec Rome contre PHILIPPE d | Prise … la défe |
| 211 | . . . . . . . . . . . . . . . . . . . . | . . . . . . . . . . . . . . . . . . . . | . . . . . . . . . . . . . . . . . . . . | ANN… du con |
| 210 | . . . . . . . . . . . . . . . . . . . . | ANTIOCHUS-LE-GRAND renonce à la Parthie et à l'Hyrcanie. | . . . . . . . . . . . . . . . . . . . . | . . . |
| 209 | . . . . . . . . . . . . . . . . . . . . | MÉTÉ, chef des Huns, dans la Mongolie, succède à Teuman (209-174). | . . . . . . . . . . . . . . . . . . . . | Prise colonie |
| 208 | . . . . . . . . . . . . . . . . . . . . | . . . . . . . . . . . . . . . . . . . . | PHILOPŒMEN, chef de la ligue achéenne, remporte une grande victoire sur les Etoliens à *Larisse*. | |
| 207 | . . . . . . . . . . . . . . . . . . . . | La dynastie des HAN monte sur le trône de Chine, qu'elle occupe pendant 426 ans, par 27 empereurs. Les souverains de cette dynastie encouragèrent les sciences et les arts, firent rechercher les ouvrages historiques perdus et publièrent les œuvres de Confucius. | . . . . . . . . . . . . . . . . . . . . | ASDR… mais il consul … ANN… |
| 206 | . . . . . . . . . . . . . . . . . . . . | . . . . . . . . . . . . . . . . . . . . | Victoire de PHILOPŒMEN à *Mantinée*. La paix est rendue à la Grèce.<br>MACHANIDAS, tyran de Sparte, vaincu par PHILOPŒMEN à Mantinée, a pour successeur NABIS, célèbre par ses horribles cruautés. Cependant il relève Sparte, mais il est attaqué par les Romains et les Grecs réunis, et assassiné par ANAXIMÈNE, chef des Etoliens, à qui il s'était allié. | . . |
| 205 | . . . . . . . . . . . . . . . . . . . . | Expédition d'ANTIOCHUS-LE-GRAND dans l'Inde . . . . . . | . . . . . . . . . . . . . . . . . . . . | Les R |
| 204 | PTOLÉMÉE V, *Epiphane*, âgé de 5 ans, succède à son père sur le trône d'Egypte (204—181). Les Romains se chargent de la tutelle du jeune prince et le protégent contre ANTIOCHUS-LE-GRAND.<br>Les Romains, sous CORNÉLIUS SCIPION, débarquent en Afrique. | . . . . . . . . . . . . . . . . . . . . | . . . . . . . . . . . . . . . . . . . . | P. Co consul e |
| 203 | ANTIOCHUS-LE-GRAND enlève la Palestine au roi d'Egypte. Seconde guerre entre la Syrie et l'Egypte (203—198). | | | |
| 202 | Victoire des Romains à *Zama*, à 5 journées de Carthage. | . . . . . . . . . . . . . . . . . . . . | . . . . . . . . . . . . . . . . . . . . | ANNI patrie. - |
| 201 | Les Romains accordent la paix aux Carthaginois, qui sont forcés d'évacuer toutes leurs possessions d'Europe et de livrer leurs flottes.<br>ANNIBAL est mis à la tête de la république; il renverse le gouvernement oligarchique et le tribunal des *cent*. Trois factions se divisent la république : celles des Romains, des Numides et des nationaux. La première révèle au sénat de Rome les projets d'ANNIBAL, c'est-à-dire le plan d'une ligue universelle de l'Orient contre les Romains, qui envoient des ambassadeurs à Carthage demander qu'on leur livre ANNIBAL. | Vers cette époque PHARNACE Ier devient roi du Pont et de la Paphlagonie. Il attaque la Cappadoce et le royaume de Pergame, fait la conquête de Sinope, dont il fait sa capitale, mais il est forcé par les Romains de faire la paix. | . . . . . . . . . . . . . . . . . . . . | SCIPI… en Euro… une con… d'AFRIC…<br>Nouve… décisive… toute pe… |
| 200 | MASINISSA devient roi de toute la Numidie. | MÉNANDRE, roi de la Bactriane (200—181). . . . . . . . . . | Athènes, assiégée par PHILIPPE de Macédoine, appelle Rome à s… de Macédoine.<br>Gouvernement démocratique en Epire. | |
| 198 | . . . . . . . . . . . . . . . . . . . . | Nouvelle conquête de la Syrie par ANTIOCHUS-LE-GRAND. | | |
| 197 | . . . . . . . . . . . . . . . . . . . . | Conquête de l'Asie-Mineure et de la Chersonèse de Thrace par ANTIOCHUS-LE-GRAND.<br>EUMÈNE II, roi de Pergame (197—158). Alliance avec Rome.<br>LIEU-PANG, empereur de la Chine. | Défaite des Macédoniens à *Cynocéphales*, en Thessalie, par le c… sa flotte et en payant une contribution de guerre de 1000 talents. I…<br>*L'indépendance de la Grèce est proclamée par le consul* FLAM… | |
| 196 | . . . . . . . . . . . . . . . . . . . . | PRIAPATE, roi des Parthes (196 - 181). | | |
| 195 | ANNIBAL se retire chez ANTIOCHUS-LE-GRAND, qu'il excite à faire la guerre aux Romains . . . | | . . . . . . . . . . . . . . . . . . . . | . . . |
| 192 | . . . . . . . . . . . . . . . . . . . . | . . . . . . . . . . . . . . Les Etoliens se liguent avec ANTIOCHUS III, de Syrie, contre les Romains; les Achéens et les Macédo… | | |
| | | PRUSIAS II, roi de Bithynie. Guerres contre EUMÈNE, roi de Pergame, qu'il vainquit avec l'aide d'Annibal, et contre son successeur ATTALE, avec lequel les Romains l'obligèrent de faire un traité honteux. Il se rendit odieux par ses cruautés et fut tué dans une révolte des habitants de Nicomédie (192—152). | | Les G… Romains |
| 191 | . . . . . . . . . . . . . . . . . . . . | Victoire des Romains, commandés par le consul ACILIUS, près des *Thermopyles*, sur ANTIOCHUS-LE-GRAND et sur les Etoliens; en mê… Sparte entre dans la ligue achéenne. | | |
| 190 | . . . . . . . . . . . . . . . . . . . . | Défaite d'ANTIOCHUS-LE-GRAND à *Magnésie*, près de Sardes, dans l'Asie-Mineure. Les Romains lui accordent la paix après l'avoir refoulé au delà du mont Taurus, et lui imposent un tribut annuel de 2.000 talents (2,375,000 fr.). | . . . . . . . . . . . . . . . . . . . . | Batail… frère de… toire des… sénat, p… EUMÈNE…<br>Introd… mœurs. |
| 189 | . . . . . . . . . . . . . . . . . . . . | Défaite des Galates par le consul CNÉIUS MANLIUS VULSO.<br>L'Arménie se détache de la Syrie. ARTAXIAS ou ARTAXE Ier, gouverneur de la Grande-Arménie, et ZARIARARDRIS, gouverneur de la Petite-Arménie, se rendent indépendants. | Traité de paix entre Rome et les Etoliens; ces derniers paient une | |

# EUROPE.

| ITALIE. | | | |
|---|---|---|---|
| **République romaine.** 4 | **Sicile (en partie aux Romains). Royaume de Syracuse.** 5 | **Autres Etats de l'Europe.** 6 | LETTRES, SCIENCES, ARTS, LÉGISLATION, COMMERCE, INDUSTRIE, DÉCOUVERTES, INVENTIONS, ETC. 7 |
| doine et les Achéens. . . . . . . . . . . . . . . . . . . . | . . . . . . . . . . . | Double défaite des Romains en Espagne, sous CNÉIUS SCIPION, par ASDRUBAL BARCA, et sous CORNÉLIUS SCIPION, par MAGON et GISCON. | **200—150.** |
| racuse, après 2 ans de siége, par MARCELLUS. Mort du géomètre ARCHIMÈDE. Il avait été chargé de cette ville qu'il a rendue célèbre par l'invention de ses machines et de ses miroirs ardents. | | PUBLIUS CORNÉLIUS SCIPION est nommé proconsul en Espagne. | CARNÉADE, de Cyrène, philosophe grec, fondateur de la troisième Académie et apôtre du pyrrhonisme ou du doute absolu. Il se fit admirer par son éloquence et par son habileté à soutenir le pour et le contre. Il fut envoyé par les Athéniens à Rome, pour obtenir la remise d'une somme au paiement de laquelle ils avaient été condamnés. CARNÉADE parla avec tant de force que CATON dit au sénat : Renvoyez ce Grec; il semble que les Athéniens, en le chargeant de leurs affaires, aient voulu triompher de leurs vainqueurs. |
| ablit son camp à 3 milles de Rome, en vue du Capitole. — Succès RCELLUS. Capoue se rend aux Romains. | | | |
| . . . . . . . . . . . . . . Toute la Sicile est réduite en province romaine. . . . . | | Prise de *Carthagène*, principale place forte des Carthaginois en Espagne, par P. CORNÉLIUS SCIPION. | |
| *arente* par QUINTUS FABIUS; ses 30,000 habitants sont vendus comme esclaves et remplacés par une ne. | | | DIOGÈNE, dit le *Babylonien*, philosophe stoïcien, vint s'établir à Athènes, où il fut disciple de Chrysippe, et fut choisi par les Athéniens pour aller en ambassade à Rome, où il ouvrit une école de dialectique. |
| essaie de se joindre à son frère ANNIBAL avec des troupes d'Espagne, ttu et tué en Ombrie, sur les bords du *Metaurus* (Metro), par le ius NERO. retire dans le Bruttium (Calabre). | . . . . . . . . . . . | INDIBILIS et MANDONIUS, chefs de peuples espagnols, après avoir pris tour à tour le parti des Carthaginois et celui des Romains, sont vaincus par le jeune SCIPION et forcés de demander la paix. | ARISTOBULE, le *Juif*, philosophe péripatéticien, écrivit un *Commentaire sur le Pentateuque*, qu'il dédia à Ptolémée, fils de Lagus. |
| . . . . . . . . . . . . . . . . . . . . . | . . . . . . . . . . . | Les Carthaginois sont forcés d'évacuer l'Espagne. — Continuation des guerres des Romains contre les Espagnols jusqu'à l'an 133 avant J. Ch. | ANTIPATER, de Tarse, philosophe stoïcien, combattit le scepticisme de Carnéade. MÉTRODORE, peintre et philosophe d'Athènes, fut envoyé par les Athéniens à Paul Emile, qui leur avait demandé un philosophe pour élever ses enfants et un peintre pour peindre son triomphe. |
| is, sous CORNÉLIUS SCIPION, s'emparent d'une partie de l'Espagne. | | | CRITOLAÜS, philosophe grec, né à Phasélis, en Lydie, envoyé en ambassade à Rome avec Carnéade et Diogène, s'y fixa et y ouvrit une école. |
| ius SCIPION, de retour d'une expédition en Espagne, est nommé le la guerre en Afrique. | | | CATON (Marcus Porcius), de Tusculum, surnommé le *Censeur* ou l'*Ancien*, agronome et orateur, connu surtout par la sévérité avec laquelle il exerça la censure, et par sa haine violente contre Carthage. Dans toutes les délibérations du sénat il répétait : *Il faut détruire Carthage.* De ses nombreux ouvrages son *Traité de l'agriculture* est le seul qui nous soit parvenu. |
| après avoir occupé l'Italie pendant 16 ans, est rappelé dans sa ctoire décisive des Romains à *Zama*. | | | ÆLIUS SEXTUS POETUS CATUS, jurisconsulte romain, donna son nom à une partie du droit romain, et fut consul l'an 198 avant J. Ch. |
| corde la paix aux Carthaginois; ils perdent toutes leurs possessions ivrent tous leurs vaisseaux de guerre, à l'exception de 10, paient tion de guerre de 10,000 talents, etc. — SCIPION reçoit le surnom — *Fin de la seconde guerre punique.* | . . . . . . . . . . . | Vers cette époque, les Belges, peuple d'origine kimrique, font une irruption dans la Gaule. Déjà vers la fin du 5e siècle, deux tribus de cette nation, les Arékomiques et les Tectosages, s'étaient établies entre le Rhône et les Pyrénées. Les Tectosages eurent pour chef-lieu Toulouse. | PUBLIUS MUCIUS SCÆVOLA, jurisconsulte romain. Son grand-père avait aussi été un jurisconsulte distingué; son cousin, QUINTUS MUCIUS SCÆVOLA, fut maître de Cicéron et se distingua dans la guerre contre les Daces et les Marses et par sa résistance à Sylla; son fils, aussi appelé QUINTUS MUCIUS SCÆVOLA, fut préteur en Asie, et est cité par Cicéron comme jurisconsulte et orateur. |
| évolte des Gaulois cisalpins. Elle dure 10 ans et finit par une victoire portée par SCIPION NASICA, qui les écrase et fait évanouir en eux ultérieure de soulèvement. | | | |
| cours. Les Etoliens, les Achéens, Sparte et Rome contre PHILIPPE | . . . . . . . . . . . | Guerres sanglantes des Celtibériens et des Lusitaniens contre les Romains (200—133). | POLYBE, de Mégalopolis, en Arcadie, célèbre historien grec, ami de Fabius et de Scipion-l'Africain. Il ne nous reste que des fragments de son *Histoire universelle*. |
| FLAMINIUS. — La Macédoine obtient la paix en livrant aux Romains e la domination macédonienne en Grèce. | | | PHILOCHORE, d'Athènes, historien, auteur d'une *Histoire des Pythagoriciens* et d'une *Histoire d'Athènes*. Il reste des fragments de cette dernière. CASTOR, de Rhodes, le plus ancien chronologiste connu. — Il ne faut pas le confondre avec un autre CASTOR, rhéteur de Marseille. |
| . . . . . . . . . . . . . . . . . . . . . Défaite des Celtibériens par les préteurs romains CATON et FLAMINIUS. | | | TÉRENCE, né à Carthage, un des premiers poëtes comiques latins, imita le Grec Ménandre. Six de ses comédies, qui sont comptées parmi les chefs-d'œuvre de la littérature latine, sont parvenues jusqu'à nous. |
| prennent parti pour ces derniers. | | | |
| s cisalpins (Boiens) et les Liguriens sont de nouveau soumis aux 2—173). Fondation de la colonie romaine de *Bologne*. | | | PACUVIUS, de Brindes, poëte satirique romain, auteur de tragédies imitées du grec. PLAUTE, de Sarsine, en Ombrie, le plus célèbre poëte comique que Rome ait possédé. Il nous reste 19 de ses comédies. |
| temps victoire navale sur ANNIBAL. ANTIOCHUS quitte la Grèce. — | | | ARISTOPHANE, de Byzance, grammairien, surintendant de la bibliothèque d'Alexandrie, est regardé comme l'inventeur des accents de la langue grecque, à l'imitation des notes de musique, ainsi que des points et des virgules, qui servent à distinguer les membres et les périodes des phrases. |
| *Magnésie*, près de Sardes, gagnée par LUCIUS CORNÉLIUS SCIPION, pion-l'Africain; il reçoit le surnom d'*Asiatique*. — Première vicmains en Asie. Conquête de l'Asie-Mineure jusqu'au Taurus. Le récompenser la fidélité des alliés de Rome, en donne une partie à oi de Pergame; les Rhodiens reçoivent la Carie et la Lycie. | | | |
| on du luxe asiatique à Rome. Commencement de la dépravation des | | | ARISTARQUE, de Samothrace, grammairien et critique célèbre, précepteur des enfants de Ptolémée-Philométor, composa des commentaires critiques sur Homère, Pindare, etc., et divisa, le premier, l'*Iliade* en 24 chants. |
| tribution de guerre de 500 talents. *Décadence de la ligue étolienne.* | | | SÉRAPION, médecin d'Alexandrie, chef de la secte appelée *empirique*, qui soutint que l'expérience doit seule guider le médecin. |

E DE G. SILBERMANN.

| AVANT J. CH. | AFRIQUE. Egypte. Carthage. Numidie. 1 | ASIE. Inde. Chine. Syrie. Parthie. Arménie. Palestine. Royaumes de l'Asie-Mineure (Pont, Cappadoce, Bithynie, Pergame). 2 | Grèce. Macédoine. Thrace. Epire. Thessalie. Illyrie. 3 | compren |
|---|---|---|---|---|
| 188 | | | Sparte ayant voulu se détacher de la ligue achéenne, à l'instigation de DIOPHANÈS, qui favorisait le parti des Romains, PHILOPŒMEN s'en rend maître, en rase les fortifications et abroge les lois de Lycurgue. | |
| 187 | | ANTIOCHUS-LE-GRAND meurt assassiné par les habitants de la Susiane, pour avoir pillé le temple de Jupiter-Bélus. SÉLEUCUS IV, *Philopator*, lui succède (187—176). | | CATO LIUS, qu se défen |
| 183 | | ANNIBAL, prêt à être livré aux Romains par PRUSIAS, roi de Bithynie, chez qui il s'était retiré après la défaite d'ANTIOCHUS, avale le poison qu'il portait, dit-on, sur lui dans un anneau, et meurt à l'âge de 64 ans. | Guerres de Messène contre la ligue achéenne. PHILOPŒMEN, tombé au pouvoir des Messéniens, est empoisonné à l'âge de 70 ans. Il a mérité le titre de *Dernier des Grecs*. Sa mort fut vengée par LYCORTAS, qui apporta ses restes à Mégalopolis. Un grand nombre de Messéniens et de Lacédémoniens sont exilés. | Mort à ses en où il viv sement et fut co ses bien |
| 181 | Les Egyptiens, fatigués des cruautés de PTOLÉMÉE *Epiphane*, se révoltent contre ce prince, qui est empoisonné. — Troubles au sujet de la succession. PTOLÉMÉE VI, *Philométor*, âgé de 5 ans, roi d'Egypte (181—145). | PHRAHATE Ier (Arsace V), roi des Parthes (181—175).<br>WEN-TI, empereur de la Chine. Sous son règne la Chine fut divisée en empire oriental et empire occidental. Les Huns continuent leurs incursions.<br>EUCRATIDE Ier, roi de la Bactriane (181—148). Guerres contre l'Inde, dont il soumet une partie. | | Les G établir, c sénat ro (voir tab |
| 179 | | MONZÈS, roi de la Paphlagonie. | PERSÉE, fils naturel de Philippe III, monte sur le trône de Macédoine (179–168).<br>Le traître CALLICRATE, général de la ligue achéenne, obtient du | |
| | | | lacédémoniens. | |
| 176 | | ANTIOCHUS IV, *Epiphane*, qui avait été pendant 13 ans en ôtage à Rome, succède à Séleucus IV (176—164).<br>La Syrie sous la dépendance des Romains. | | |
| 175 | | MITHRIDATE Ier (Arsace VI), surnommé le *Grand*, roi des Parthes (175—136). | | |
| 174 | | LAO-CHANG, prince des Huns. Sous son règne les Huns parviennent à l'apogée de leur puissance, à laquelle des dissensions intestines et des guerres succèdent bientôt après. | | |
| 172 | Victoire des Syriens sur les Egyptiens à *Pelusium*; PTOLÉMÉE VI est fait prisonnier. Intervention des Romains, dont l'ambassadeur POPILIUS force le roi de Syrie à restituer les conquêtes qu'il avait faites sur leurs alliés (172—170). | | | |
| 171 | | | Deuxième guerre de la Macédoine contre Rome. Campagnes en Th | |
| | | | qui les refusent. | |
| 170 | | Les Juifs sont persécutés par le roi de Syrie. Pillage et profanation du temple de Jérusalem. | | |
| 168 | | Le prêtre MATATHIAS, chef des *Macchabées* ou *Asmonéens*, soulève les Juifs contre la domination syrienne, détruit les autels des faux dieux et rétablit le culte de Jéhovah (168—166). | Alliance de la Macédoine avec l'Epire et avec GENTIUS, roi d'Illyri (sur le golfe de Salonique, dans la mer Egée). PERSÉE est pris avec du vainqueur. La Macédoine est divisée en quatre gouvernements t | |
| 167 | | | Défaite de GENTIUS, roi d'Illyrie. Conquête de l'Illyrie et de l'Ep trésor public est si riche que les citoyens sont exemptés de toutes c | |
| 166 | | JUDAS MACCHABÉE succède à son père Matathias dans le commandement des armées israélites. Il défait, avec des forces très-inférieures, les généraux syriens APOLLONIUS, NICANOR, GORGIAS et LYSIAS, relève Jérusalem et le temple, et fait alliance avec les Romains (166—161). | Cent des principaux Achéens, au nombre desquels se trouvait Pol dénonciation de CALLICRATE, pour avoir favorisé les projets de Per | |
| 164 | | Grandeur et puissance des Parthes sous MITHRIDATE-LE-GRAND. Conquête de la Babylonie, de la Médie, de la Perse, en un mot, de tous les pays compris entre l'Euphrate et l'Indus. Capitale : *Ctesiphon* (Madaïn), sur le Tigre. MITHRIDATE prend le titre de *roi des rois* (164—136).<br>Mort affreuse d'ANTIOCHUS IV. ANTIOCHUS V, *Eupator*, usurpe la couronne de Syrie, avec l'aide de LYSIAS, son tuteur. Guerres malheureuses contre les Parthes et les Juifs (164-161). | | |
| 161 | | DÉMÉTRIUS Ier, *Soter*, fait assassiner Antiochus-Eupator, son oncle, et lui succède sur le trône de Syrie (161—150).<br>JUDAS MACCHABÉE, surpris par BACCHIDE, général de Démétrius, et abandonné de la plus grande partie de son armée, succombe après des prodiges de valeur, et a pour successeur son frère JONATHAS. Celui-ci chasse BACCHIDE de la Judée, s'allie plus tard avec ALEXANDRE BALAS, puis avec DÉMÉTRIUS NICANOR, qui lui promet de lui rendre la forteresse de Sion, qui se trouvait toujours entre les mains des Syriens, mais n'ayant pas tenu sa parole, JONATHAS passa du côté d'ANTIOCHUS VI, fils de Balas, lorsque TRYPHON, qui se préparait à usurper la couronne de Syrie, l'attire à Ptolémaïs et le fait assassiner avec ses fils (161—143). | | |
| 158 | | ATTALE II, roi de Pergame. Fondation des villes d'*Attalie*, dans la Pamphylie, d'*Euménée* et de *Philadelphie*, dans la Lydie. Il fut tué par son neveu, ATTALE III, prince cruel et sanguinaire (158—133). | | Premie |
| 157 | | ARIARATHÈS V, roi de Cappadoce (157—131). DÉMÉTRIUS SOTER lui suscita un concurrent dans un frère supposé, ARIARATHÈS HOLOPHERNE, et il fut obligé de se retirer chez les Romains, qui le remirent sur le trône. | | |
| 156 | | MITHRIDATE V, roi du Pont (156—124). Il fait alliance avec Rome. | | |
| 152 | Guerre de Carthage contre le roi numide MASINISSA, allié de Rome. Défaite des Carthaginois. Défection d'Utique. | NICOMÈDE II, roi de Bithynie. Il fait alliance avec Mithridate-le-Grand, son oncle, et se brouille ensuite avec lui au sujet de la Paphlagonie et de la Cappadoce (152—90). | *Guerres des prétendants* en Macédoine. ANDRISCUS, surnommé de Persée et s'empare du trône de Macédoine. Après avoir fait ess MÉTELLUS, emmené à Rome et mis à mort par ordre du sénat. Après fils de Persée, et fut défait par le même MÉTELLUS, sur les bords | |
| 150 | | ALEXANDRE BALAS usurpe le trône de Syrie avec le concours de PTOLÉMÉE-PHILOMÉTOR, roi d'Egypte, qui lui donne sa fille Cléopâtre en mariage (150—145). | | |
| 149 | Troisième guerre de Carthage contre Rome. Les consuls MANLIUS et CENSORINUS débarquent en Afrique, et, après s'être fait livrer toutes les armes et les machines de guerre des Carthaginois, dont des divisions intestines paralysaient tout système de défense régulier, ils déclarent que les ordres du sénat sont de détruire Carthage. Alors le courage des malheureux habitants de cette ville se réveille, et, pendant 3 ans, ils opposent aux armées romaines tous les efforts dont le désespoir et l'amour de la patrie sont capables. | | | *Troisi* Romains toutes le ne manq Carthage |

STRASBOURG, IMPRIME

## :UROPE.

### République romaine

le *l'Italie, la Corse, la Sardaigne, l'Istrie, la Sicile*
*s possessions carthaginoises en Espagne.*

4

c contre SCIPION *l'Africain* les deux tribuns PÉTI-
sent d'avoir vendu la paix au roi de Syrie. Au lieu de
rappelle aux Romains ses services.

.ON *l'Africain*. Il avait été obligé, pour se soustraire
de quitter Rome et de se retirer dans la Campanie,
s la retraite. Son frère, SCIPION *l'Asiatique*, fut faus-
l'avoir extorqué de l'argent d'Antiochus et de ses sujets
é à une amende de 4 millions de sesterces; on vendit
ne produisirent pas l'amende exigée.

le la Haute-Italie, dont les ancêtres étaient venus s'y
, sous la conduite de BELLOVESE, sont chassés, et le
éclare que l'Italie est fermée à jamais à leur nation
ol. 4).

s romain qu'il exige le rappel des exilés messéniens et

e (171—168). La Grèce offre des secours aux Romains,

aite de PERSÉE, par le consul PAUL-EMILE, à *Pydna*
sa famille et emmené à Rome, où il orne le triomphe
res des Romains.

ette dernière est réduite en province romaine. — Le
utions. — Progrès du luxe à Rome.

n POLYBE, sont conduits prisonniers à Rome, sur la

nélés des Dalmates avec les Romains.

-*Philippe* (le faux Philippe), se fait passer pour le fils
lusieurs défaites à l'armée romaine, il fut vaincu par
scus, un autre aventurier usurpa le nom d'ALEXANDRE,
ve *Nestus*.

*uerre punique* (149—146) amenée par la jalousie des
és par la politique farouche de CATON *l'Ancien*, qui,
u'il avait à donner son avis sur n'importe quelle affaire,
s d'ajouter : « et je crois, en outre, qu'il faut détruire
*terum censeo Carthaginem esse delendam*).

### Autres pays de l'Europe.

5

*Grande-Bretagne* (Britannia). Outre les *Gaulois*, il y avait encore des *Belges* qui s'y étaient établis et qui avaient refoulé les anciens habitants dans le pays de Galles, en Irlande et en Ecosse. Ces derniers reparurent sous le nom de *Calédoniens* (Galls montagnards), et, plus tard, sous les noms de *Pictes* et de *Scots*. On comptait, en outre, dans la Bretagne méridionale, les *Canthiens* (Kent), au sud-est de la Tamise; les *Trinobantes*, au nord-est de la Tamise; les *Silures*, dans le pays de Galles; les *Cornaviens* (Chester, anciennement *Cestria*, *Deva*), et les *Brigantes*, au nord (York).

Les *Daces*, au nord du Danube. Au nord des Daces et de la mer Noire, les *Scythes* et les *Sarmates*.

GAULES. Les *Gaulois* divisés en une multitude de petites peuplades gouvernées aristocratiquement. Selon César, il n'y avait que deux classes qui fussent comptées pour quelque chose : les *druides* (prêtres) et les *chevaliers* (les nobles). Les hommes du peuple se mettaient au service des grands, soit pour obtenir leur protection (les *ambactes* ou *clients* des Romains), soit moyennant une solde. A l'arrivée de César, les *Belges* occupaient le nord de la Gaule, depuis le Rhin jusqu'à la Marne et la Seine; les *Celtes*, le milieu, depuis la Seine jusqu'à la Garonne; les *Aquitains*, le sud, depuis la Garonne jusqu'aux Pyrénées (voy. la carte de la Gaule).

Les *Belges* au nord, et différentes peuplades d'origine germanique le long des rives du Rhin.

Les *Germains*, au nord du Danube. — Au sud du Danube demeuraient des peuples d'origine gauloise, notamment les *Helvétiens*, dans l'Helvétie, et les *Boïens*, en Bohème.

Le pâtre VIRIATHE soulève les Lusitaniens, ses compatriotes, contre la domination de Rome, défait les armées envoyées contre lui, et conclut enfin un traité de paix et d'amitié avec le proconsul FABIUS SERVILIANUS, qu'il était parvenu à enfermer dans un défilé avec toute son armée (149—141).

## HISTOIRE RELIGIEUSE.

### Mœurs. Usages.

6

#### 200—150.

Naissance des sectes juives des *Sadducéens*, des *Pharisiens* et des *Esséens* ou *Esséniens*.

Les *Sadducéens* s'attachaient à la loi de Moïse et rejetaient les traditions, les commentaires, la croyance aux bons et aux mauvais anges, l'immortalité de l'âme et la résurrection; ils enseignaient que l'on devait aimer et pratiquer la vertu pour elle-même et qu'il n'y avait ni paradis ni enfer. Ils n'étaient pas nombreux, mais ils comptaient beaucoup de personnages importants dans leurs rangs. ANTIGONE SOCHOEUS, fondateur de cette secte, vivait au 3e siècle avant J. Chr.; il soutenait que les hommes devaient servir Dieu non comme des valets à gages, mais par une piété pure et désintéressée. Deux de ses disciples, BAITHOC et ZADOC, dont le dernier a donné son nom à cette secte, étendirent sa doctrine jusqu'aux récompenses de la vie future.

Les *Pharisiens*, qui formaient la secte la plus ancienne et la plus puissante de la nation juive, admettaient, outre la loi de Moïse, un grand nombre de traditions, qu'ils appelaient *loi orale*, parce qu'ils prétendaient qu'elles avaient été transmises de vive voix par Moïse à Josué, par celui-ci aux anciens, et ainsi de suite, par une chaîne non interrompue d'intermédiaires. Ils s'attachaient à une infinité de pratiques et de cérémonies extérieures, qui finirent par matérialiser, pour ainsi dire, leurs doctrines, consignées plus tard dans le livre célèbre appelé *Talmud*.

La doctrine des *Esséniens* s'accordait en beaucoup de points avec celle des Pythagoriciens. Ils formaient une société close, où l'on n'était admis qu'après certaines épreuves et un noviciat de trois années. Ils vivaient en commun; leurs biens appartenaient à la société; ils ne s'adonnaient qu'à l'agriculture et à quelques autres professions qui ne pouvaient ni nuire aux hommes, ni les corrompre. Ils regardaient tous les hommes comme égaux et frères et proscrivaient l'esclavage. Quoique le mariage ne leur fût pas interdit, la plupart d'entre eux y renonçaient. Ils plaçaient la sainteté non dans l'accomplissement de cérémonies extérieures, mais dans la pratique de la vertu. Quelques écrivains ont prétendu à tort que Jésus-Christ était de la secte des Esséniens et qu'il avait été élevé parmi eux. Les Esséniens ne révélaient leur doctrine qu'à ceux qui avaient fait serment de ne pas la divulguer, tandis que Jésus-Christ ordonna à ses apôtres d'enseigner à toutes les nations ce qu'il leur avait appris; leur morale, leurs opinions concernant la justification devant Dieu, leur esprit d'exclusion, leur manière de vivre, enfin, parlent d'ailleurs assez haut contre une supposition qui, pour paraître vraie sous certains rapports, n'en est pas moins tout à fait dénuée de fondement.

Pillage et profanation du temple de Jérusalem par ANTIOCHUS IV, *Epiphane*. Ce roi syrien était si zélé pour sa religion qu'il fit achever à ses frais le temple de Jupiter-Olympien à Athènes et voulut forcer les Juifs à abandonner le culte de leur Dieu. Il fit placer dans leur temple la statue de Jupiter-Olympien et envoyait au supplice tous ceux qui refusaient de prendre part aux sacrifices des faux dieux. Mais ces persécutions firent naître la révolte des Macchabées, qui, après de longs efforts, délivrèrent leur patrie de la domination syrienne. SALOMONÉ, mère des Macchabées, avait préféré mourir avec 7 de ses fils, plutôt que de sacrifier aux idoles.

Etablissement de la *fête des lumières* (Hanuca) chez les Juifs, en mémoire de leur délivrance de la domination syrienne et de la purification du temple de Jérusalem, par JUDAS MACCHABÉE. Cette fête, qui se célèbre encore de nos jours, dure huit jours. Le chef de chaque famille, de même que ses enfants mâles, allume une lampe le soir du premier jour, le lendemain deux, et ainsi de suite, en augmentant chaque fois d'une, jusqu'au huitième jour. Cette cérémonie est accompagnée de chants adaptés à la circonstance, et de toutes sortes de réjouissances; les enfants reçoivent des cadeaux.

Origine du *Sanhédrin*, ou tribunal suprême, civil et ecclésiastique, établi à Jérusalem. Quelques-uns prétendent qu'il avait été institué par Moïse, d'autres par Esdras, après le retour de la captivité de Babylone. Il jugeait les affaires importantes de la nation, était composé de 71 membres, prêtres, lévites, docteurs de la loi ou anciens, et était présidé par le grand-prêtre. Son autorité, qui, dans certains cas, s'étendait même sur le roi, ne commença à faiblir que sous Hérode et fut encore restreinte sous les Romains. Après la destruction de Jérusalem, il s'établit à Tibériade, sous la présidence du patriarche. Les *petits Sanhédrins*, dans les autres villes de la Judée, ne se composaient que de 23 membres et dépendaient du *grand Sanhédrin* de Jérusalem.

Première célébration des *Bacchanales*, en l'honneur de Bacchus, à Rome. Ces fêtes ne furent célébrées dans le principe que trois fois l'an, de jour, et par des femmes seulement. Mais, dans la suite, des hommes y ayant été initiés, elles eurent lieu jusqu'à cinq fois par mois et il y eut des désordres affreux. Le sénat les supprima à Rome et dans toute l'Italie (voy. tabl. 2, col. 6).

#### 150—100.

Les *jeux floraux* deviennent annuels à Rome. Ces jeux avaient été institués en l'honneur de FLORE, déesse du printemps et des fleurs, et avaient pour but d'obtenir l'abondance des produits de la terre, mais ils finirent par dégénérer et devinrent une occasion de corruption et de licence effrénées. L'époque de leur suppression n'est pas connue.

### LETTRES, SCIENCES, ARTS, LÉGISLATION, COMMERCE, INDUSTRIE, DÉCOUVERTES, INVENTIONS, ETC.

7

#### 200—150 (suite).

COSSUTIUS, célèbre architecte romain, fut chargé par Antiochus-Epiphane de continuer les travaux du temple de Jupiter-Olympien à Athènes.

FANNIUS STRABO (Caïus), consul de Rome (en 161), signala sa magistrature par la publication de deux règlements pour arrêter les progrès du luxe. L'un de ces règlements fut converti par le sénat en une loi, qui prit le nom de *Fannia*; c'est la plus ancienne loi somptuaire des Romains. Son fils, CAIUS FANNIUS, fut un des bons orateurs de son temps; son neveu composa des *Annales*, dont Cicéron loue le style.

Première bibliothèque publique établie à Rome.

Fondation de la bibliothèque et du musée de Pergame, par EUMÈNES II. Invention présumée du *parchemin*. Cependant les Juifs et les Perses écrivaient sur des peaux préparées longtemps avant l'existence de la bibliothèque de Pergame.

La philosophie et la civilisation grecques pénètrent dans Rome.

Première loi romaine contre la vénalité des offices (183).

Les censeurs font paver Rome de basalte.

Construction des voies romaines *Flaminia* et *Æmilia*.

Premiers boulangers à Rome.

#### 150—100.

CLITOMAQUE ou ADHERBAL, né à Carthage, philosophe, vint à Athènes, où il suivit les leçons de Carnéade et lui succéda dans l'Académie.

PHILON, de Larisse, philosophe grec.

ANTIPATER, de Sidon, philosophe stoïcien et poëte grec. Cicéron vante sa prodigieuse facilité à faire des vers.

PANÉTIUS, de Rhodes, philosophe stoïcien, vint à Rome, où il se lia avec LÆLIUS et SCIPION.

HIPPARQUE, de Nicée, en Bithynie, le plus célèbre astronome de l'antiquité, trouva, le premier, le moyen de prédire juste les éclipses, qu'il calcula pour 600 ans, imagina l'astrolabe, détermina la révolution du soleil, calcula la durée de celle de la lune et fixa l'inclinaison de son orbite sur l'écliptique, détermina une période lunaire qui porte son nom, etc. On lui attribue, en outre, l'idée de construire les planisphères.

POSIDONIUS, d'Apamée, en Syrie, astronome, inventeur d'une sphère artificielle, qui imitait les mouvements du système planétaire. Quelques savants prétendent qu'il était né à Alexandrie et qu'il est le même que POSIDONIUS, philosophe stoïcien, dont parle Cicéron au premier livre *De natura deorum*.

CTÉSIBIUS, d'Alexandrie, mathématicien, inventeur de l'orgue hydraulique.

LUCILIUS (Caius), né à Suessa, en Campanie, le plus ancien poëte satirique latin dont il reste des fragments. Il était grand-oncle maternel de Pompée.

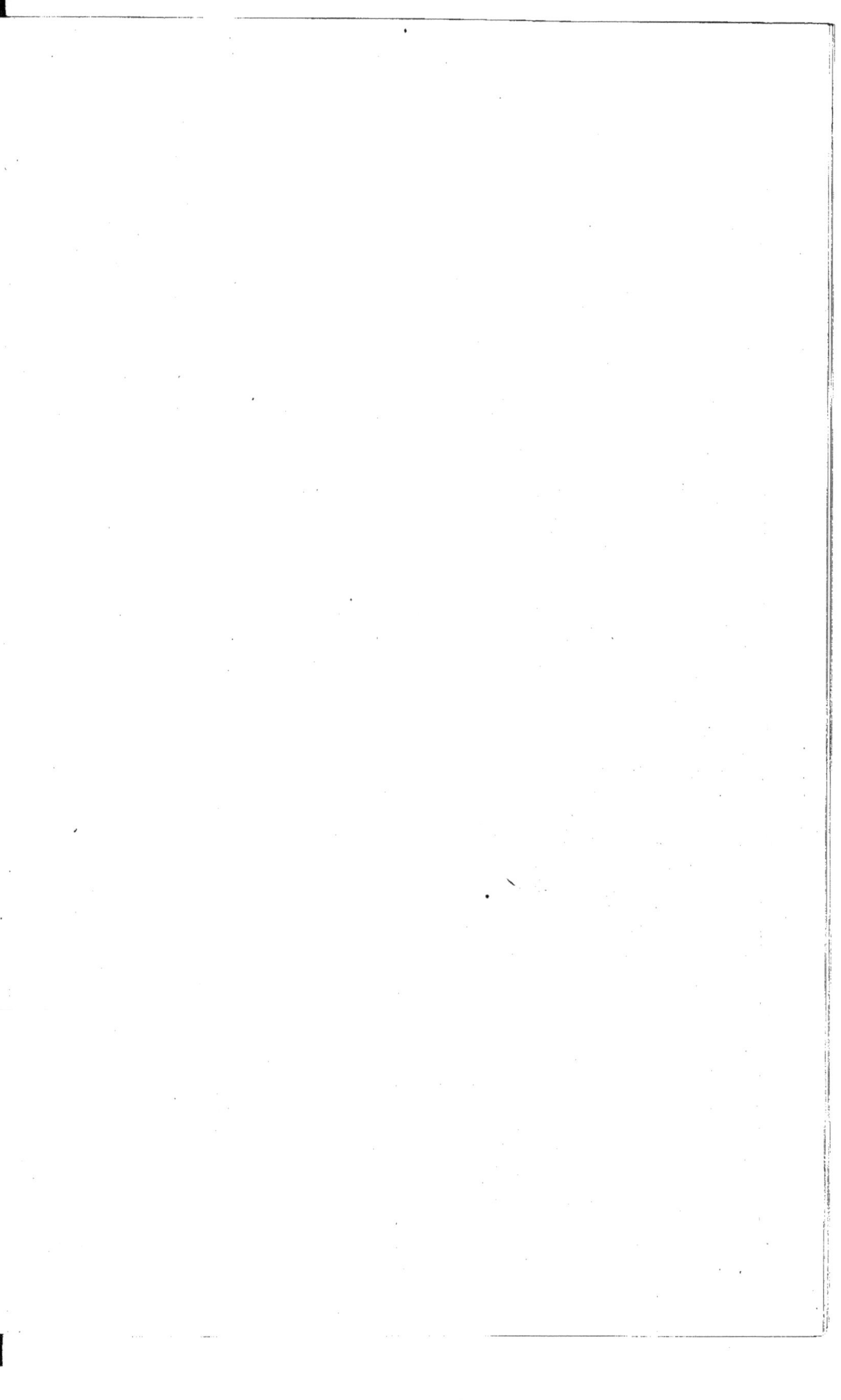

| AVANT J.-CH. | AFRIQUE. Egypte. Carthage. Numidie. Cyrénaïque. L'astérisque (*) indique les articles concernant l'Afrique. — ASIE. Inde. Chine. Syrie. Parthie. Arménie. Bactriane. Palestine. Arabie. Royaumes de l'Asie-Mineure. 1 | Grèce. Macédoine. Thrace. 2 |
|---|---|---|
| 148 | *Mort de MASINISSA, roi de Numidie. Suivant ses intentions, ses Etats sont partagés entre ses trois fils, MICIPSA, GULUSSA et MASTANABAL. Après la mort des deux derniers, MICIPSA demeure seul maître de tout le royaume. | *La Macédoine est réduite en province romaine.* Fin de l'empi à la bataille de *Pydna*. |
| | EUCRATIDE II, roi de la Bactriane (148—126). Guerres contre la Syrie et les Parthes. | |
| 147 | . . . . . . . . . . . . . . . . . . . . . . . . . . . . . . . . . . . . | Guerres des Achéens contre Sparte et Rome. Victoire des Ro à *Leucopetra*, sur les Achéens commandés par CRITOLAUS et Dı |
| 146 | . . . . . . . . . . . . . . . . . . . . . . . . . . . . . . . . . . . . | *La Grèce est réduite en province romaine sous le nom d'A* sa constitution républicaine jusqu'au temps de Vespasien. |
| | *Prise et destruction de Carthage* par SCIPION EMILIEN, 742 ans après sa fondation. L'incendie de cette ville célèbre, qui avait eu 700,000 habitants, dura 17 jours. La république de Carthage | |
| 145 | *PTOLÉMÉE VII, *Physkon*, roi d'Egypte (145—117). | |
| | DÉMÉTRIUS II, *Nicanor*, fils de Démétrius-Soter, chasse du trône de Syrie BALAS, qui est assassiné par ZABDIEL, prince des Arabes, chez lequel il s'était réfugié. | ÉTEN En AFRIQUE : *Carthage*. |
| 144 | ANTIOCHUS VI, *Dionysos*, fils d'Alexandre Balas, dispute le trône à DÉMÉTRIUS II, il est assassiné par TRYPHON, qui s'empare d'une partie de la Syrie. | En ASIE : *Les provinces occidentales de l'Asie-Mineure.* En EUROPE : *Toute l'Italie, la Sicile, la Sardaigne, la Cors*, |
| 143 | SIMON, frère de Jonathas, grand-pontife des Juifs. Il fait la paix avec DÉMÉTRIUS, qui l'affranchit du tribut. ANTIOCHUS SIDÈTES le ménage également, mais, après la mort de TRYPHON, il le fait attaquer par CONDEBÆUS, qui est vaincu par les fils de Simon. Bientôt après, SIMON est assassiné, avec deux de ses fils, par PTOLÉMÉE, son gendre, qui aspirait à s'emparer du gouvernement (143—135). | Les provinces romaines étaient administrées par des proconsuls consul était accompagné d'un questeur provincial chargé de l'admi |
| 140 | DÉMÉTRIUS II tombe au pouvoir du roi des Parthes, qui le traite bien et lui donne même sa fille en mariage, mais le retient prisonnier pendant 10 ans. | Le consul Q. SERVILIUS CŒPION, frère de celui qui avait traité *La Lusitanie est réduite en province romaine.* Cette province Castilles. — Continuation de la guerre contre les Numantins. |
| 138 | ANTIOCHUS VII, *Sidètes*, frère de Démétrius Nicanor, se fait proclamer roi de Syrie (138—131). Il bat et fait prisonnier l'usurpateur TRYPHON. — Défaite des Syriens par les Juifs, sous JEAN, fils du grand-pontife Simon. | |
| 137 | . . . . . . . . . . . . . . . . . . . . . . . . . . . . . . . . . . . . | Une armée romaine, sous le consul HOSTILIUS MANCINUS, est for |
| 136 | PHRAHATE II (Arsace VII), fils de Mithridate-le-Grand, monte sur le trône des Parthes (136—128). — Guerres malheureuses contre ANTIOCHUS SIDÈTES, roi de Syrie. | |
| 135 | JEAN HYRCAN, fils de Simon, grand-pontife des Juifs (135—107). | |
| 134 | . . . . . . . . . . . . . . . . . . . . . . . . . . . . . . . . . . . . | Soulèvement de 50,000 esclaves en Sicile. Le Syrien EUNUS, leur qui le fait mettre en croix (134—131). |
| 133 | . . . . . . . . . . . . . . . . . . . . . . . . ATTALE III, dernier roi de Pergame, *lègue ses Etats aux Romains.* | Luttes entre la nouvelle aristocrati magistrats) et les plébéiens (la plèbe. |
| | Guerres du roi de Syrie contre la Judée. Siége de Jérusalem. Tribut imposé aux Juifs. | Troubles suscités par les GRACQUES. TIBERIUS GRACCHUS, nommé c'est-à-dire la distribution des terres conquises que les patriciens s' |
| 132 | ARISTONICUS, fils naturel d'Eumène II, s'empare du trône de Pergame, après avoir battu et fait prisonnier le consul LICINIUS CRASSUS. Mais il est défait et pris par le consul PERPENNA, conduit à Rome et étranglé par ordre du sénat (132—130). | TIBERIUS GRACCHUS, qui allait être tique, sous le grand-pontife SCIPION N |
| | *Une colonie romaine, la première envoyée hors de l'Italie, passe en Afrique, sous la conduite du tribun C. GRACCHUS, et jette les fondements de la nouvelle Carthage. | |
| 131 | ANTIOCHUS SIDÈTES est défait et tué par les Parthes. DÉMÉTRIUS *Nicanor* remonte sur le trône de Syrie. | |
| | JEAN HYRCAN achève l'œuvre de la délivrance de la Judée, qu'il rend entièrement indépendante de la Syrie, après la défaite d'ANTIOCHUS SIDÈTES par les Parthes. Il soumet Samarie, la Galilée et l'Idumée, et détruit le temple de Garizim. Sous son gouvernement commencent les premiers troubles intérieurs fomentés par les Pharisiens, qui demandent que la dignité de grand-prêtre soit séparée du titre de prince. | |
| | PYLÉMÈNES I et II règnent vers cette époque dans la Paphlagonie jusqu'en 121. | |
| | ARIARATHÈS VI, roi de Cappadoce (131—96). | |
| 130 | Paix entre la Syrie et les Parthes . . . . . . . . . . . . . . . . . . . . . . | Les tribuns obtiennent séance et voix au sénat. |
| | Après la défaite d'ARISTONICUS, le royaume de Pergame est réduit en province romaine. | |
| 129 | *Révolte des Egyptiens contre les cruautés et la tyrannie de PTOLÉMÉE *Physkon*, qui s'enfuit en Chypre. Cette révolte ayant été fomentée par CLÉOPATRE, première femme de PTOLÉMÉE, ce dernier fit égorger le fils qu'il avait eu d'elle, dans la crainte qu'elle ne l'élevât sur le trône. Il reconquit cependant son royaume, et y jouit d'une paix qui ne fut plus troublée jusqu'à sa mort. | |
| 128 | ARTABAN II (Arsace VIII), frère de Phrahate, monte sur le trône des Parthes (128—124). | |
| | ALEXANDRE ZABINAS, fils d'Alexandre Balas, s'empare du trône de Syrie, après avoir défait DÉMÉTRIUS, qui est tué par CLÉOPATRE, sa femme. Bientôt après, cette dernière fait aussi assassiner son propre fils, SÉLEUCUS V, qui s'était emparé du gouvernement d'une partie de la Syrie. | |
| 126 | Conquête de la Bactriane par les Parthes. Guerres contre les Scythes de l'Asie centrale. | |
| | L'empire des Séleucides, qui ne comprend plus que la Syrie et la Phénicie, est livré à la plus grande anarchie. Guerres civiles jusqu'en 85. | |
| 125 | WU-TI, empereur de la Chine. | |
| 124 | MITHRIDATE-LE-GRAND (EUPATOR), âgé de 12 ans, roi de Pont (Asie-Mineure) (124—64). Il fut un des plus grands monarques de l'Asie et peut être compté au nombre des plus vaillants guerriers et des hommes les plus instruits de son temps; il parlait 22 langues. | Conquête des îles Baléares et fondation de la ville de *Palma*, par |
| | ARTABAN II, roi des Parthes, est tué dans une bataille contre les Scythes. Son fils, MITHRIDATE II (Arsace IX) lui succède (124—87). Continuation des guerres contre les Scythes et les Arméniens. | |
| 123 | ANTIOCHUS VIII, *Grypus* (nez crochu), frère de Séleucus V, s'empare du trône de Syrie, après avoir vaincu et tué ZABINAS. | CAIUS GRACCHUS, frère de Tibérius Gracchus, est nommé tribun, |
| 122 | . . . . . . . . . . . . . . . . . . . . . . . . . . . . . . . . . . . . | CAIUS GRACCHUS est nommé tribun pour la seconde fois. – Prem — Les chevaliers reçoivent, à l'exclusion des sénateurs, le droit d'e les droits de citoyen romain et de fonder des colonies romaines hors |
| 121 | . . . . . . . . . . . . . . . . . . . . . . . . . . . . . . . . . . . . | La popularité de CAIUS décroît par l'artifice de LIVIUS DRUSUS qui laires que celles du tribun. CAIUS ayant échoué dans la demande d'u sieurs de ses lois, ce qui occasionne, dans les rues de Rome, un co CAIUS et son ami FULVIUS. — Triomphe du parti aristocratique. |
| 118 | *Mort de MICIPSA, fils de MASINISSA, roi de Numidie. Il avait adopté et associé à l'héritage de ses Etats son neveu JUGURTHA, conjointement avec ses fils ADHERBAL et HYEMPSAL. JUGURTHA assassine ce dernier, chasse l'autre et règne seul sur la Numidie. ADHERBAL recouvre une partie de ses Etats avec le secours des Romains, mais il est aussitôt attaqué par JUGURTHA, qui l'assiége dans *Citra* (aujourd'hui Constantine), s'en rend maître et le fait égorger (118—112). | |
| 117 | *La Cyrénaïque est érigée en royaume, en faveur d'APION, fils naturel du roi d'Egypte. . . . . . . . . | Fondation d'une colonie romaine à *Narbo-Martius* (Narbonne), qu (Provence). Cette contrée prit plus tard le nom de Gaule Narbonnaise |
| | *PTOLÉMÉE VIII, *Lathyrus*, roi d'Egypte (117—107). | |
| 113 | . . . . . . . . . . . . . . . . . . . . . . . . . . . . . . . . . . . . | . . . . . . . . . . . . . . . . . . . . |
| | | Les Cimbres et les Teutons, au nombre de 300 |
| 112 | Les Romains déclarent la guerre à JUGURTHA, roi de Numidie. Le consul CALPURNIUS PISON, gagné par l'or du Numide, lui accorde la paix. JUGURTHA vient se justifier à Rome, y fait assassiner A ALBINUS, envoyé contre lui, l'attaque sans succès. AULUS, frère du consul, se laisse attirer dans l'intérieur des terres et passe sous le joug après avoir fait le traité le plus humiliant (112—106). | |
| | Conquêtes de MITHRIDATE-LE-GRAND, roi de Pont, entre la mer Noire et la mer Caspienne (112—110). | |
| | Les villes de la Chersonèse Taurique (Crimée), attaquées par les Scythes, appellent à leur secours MITHRIDATE-LE-GRAND, roi de Pont (112—105). | |

STRASBOURG, IMPRIMERIE DE C

## EUROPE.

### République romaine. (3) — Espagne. Gaule. Germanie. (4)

ɔirc macédonien après une durée de 640 ans, depuis CARAUNUS jusqu'à la défaite de PERSÉE

nains, sous le préteur MÉTELLUS, à *Scarphée*, dans la Locride, et sous le consul MUMMIUS,
ɪœus, qui se donnent la mort. *Destruction de Corinthe.*

CHAÏE. POLYBE est chargé d'établir la nouvelle forme du gouvernement. Athènes conserve

ɛ est réduite en province romaine sous le nom de *Province d'Afrique.*

:NDUE DE LA RÉPUBLIQUE.

, *l'Illyrie, l'Epire, la Macédoine, la Grèce et une partie de l'Espagne.*

ɪis et des préteurs, revêtus de la suprême puissance civile, judiciaire et militaire. Le pro-
ɪministration des finances, de recevoir les ambassadeurs, etc.

ɪé avec VIRIATHE, fait assassiner le héros lusitanien, dont les soldats sont transportés dans un autre pays et forcés de construire la ville de Valence.
ɛ comprenait la plus grande partie du royaume actuel de Portugal, le nord-ouest de l'Estramadure et une partie des royaumes de Léon et des deux

forcée par les Numantins à une honteuse capitulation. Le sénat, ne voulant pas la ratifier, livre le consul aux Numantins, qui lui rendent la liberté.

ɪeur chef, après avoir défait plusieurs généraux romains, est vaincu et pris par PERPENNA,

ratie (les *nobiles*, *optimates*, familles des sénateurs et des
*bs*).

Prise et destruction de *Numance* par SCIPION EMILIEN; cette ville célèbre avait résisté pendant 11 ans à la puissance romaine. *Toute la Celtibérie* (partie de l'Espagne Tarraconaise) *tombe au pouvoir des Romains.*

nmé tribun du peuple, propose l'exécution de la loi agraire,
ɪs s'étaient appropriées.

ɪre réélu tribun du peuple, est massacré avec 300 de ses partisans, par le parti aristocra-
ɔN NASICA.

par MÉTELLUS.

ɪun, et renouvelle la proposition de la loi agraire.

Premières distributions de blés faites aux citoyens pauvres.
ɪit d'exercer la justice. — Projet de CAIUS d'accorder aux alliés
hors de l'Italie.

*Premier établissement des Romains dans les Gaules*, où ils avaient été appelés au secours de Marseille. Fondation d'*Aix*, en Provence (Aquæ Sextiæ), par une armée romaine commandée par SEXTIUS CALVINUS.

s qui, suscité par le sénat, propose des lois encore plus popu-
ɪe d'un troisième tribunat, le consul OPIMIUS fait abroger plu-
ɪn combat où périssent près de 3000 citoyens, parmi lesquels

Les *Allobroges* (Savoyards) et les *Arvernes* (Auvergnats) sont soumis aux Romains. BITUIT, dernier roi des Arvernes, est pris et envoyé captif à Rome. Les Arvernes se servaient à la guerre de meutes de chiens qu'ils lançaient contre leurs ennemis.

ɛ), qui rétablit la communication des Romains avec l'Espagne. — Les nouvelles conquêtes des Romains dans les Gaules reçoivent le nom de *Provincia*
ɪnaise et comprenait le Dauphiné, la Provence, une partie de la Savoie, du Languedoc et de la Gascogne.

. . . . . . . . . . . . . . . . . . . . . . . . . . . . *Première grande migration des peuples de la Germanie* (113—101).

le 500,000, marchent contre Rome. Première rencontre avec les Romains sur les limites de l'Illyrie : défaite du consul PAPIRIUS CARBON.

ɪner *Massiva*, neveu de Micipsa, et retourne dans la Numidie, où le consul POSTHUMIUS
09).

### LETTRES, SCIENCES, ARTS, LÉGISLATION, COMMERCE, INDUSTRIE, DÉCOUVERTES, INVENTIONS, ETC. (5)

**150—100** (suite).

APOLLODORE, d'Athènes, grammairien et mythographe grec. Sa *Bibliothèque mythologique* est le seul de ses nombreux ouvrages qui soit parvenu jusqu'à nous.

NICANDER, né à Colophon, en Ionie, poëte et médecin grec, a écrit en vers plusieurs ouvrages de matière médicale et de pharmacie, dont il ne reste plus que les poëmes intitulés : *Theriaca* et *Alexipharmaca*.

EZÉCHIEL, d'Alexandrie, poëte dramatique juif, dont il reste des fragments d'une tragédie qu'il avait composée sur la sortie des Israélites de l'Egypte.

SERGIUS GALBA, orateur romain. Il fit égorger 32,000 Lusitaniens pendant qu'il était gouverneur en Espagne.

MAGON, savant agronome carthaginois, auteur d'un traité d'agriculture en 28 livres.

APOLLODORE, médecin et naturaliste de Lemnos. Il y eut encore trois autres APOLLODORE, écrivains médecins, de Tarente, de Citium et de Pergame.

ASCLÉPIADE, de Pruse, en Bithynie, médecin, vint exercer son art à Rome, où il s'acquit une grande réputation. Il nous reste quelques fragments de ses ouvrages. Son disciple THÉMISON, né à Laodicée, Asie-Mineure, fut le fondateur et le chef de la secte médicale des *Méthodistes*.

HERMODORE, de Salamine, célèbre architecte, construisit, à Rome, les portiques du temple de Jupiter-Stator et le temple de mars dans le cirque de Flaminius.

CAIUS MUTIUS CORDUS, architecte romain, construisit, aux frais de Marcellus, le superbe temple de l'Honneur et de la Vertu. Il existe des médailles d'argent qu'on croit avoir été frappées en l'honneur de cet architecte.

Invention du papier en Chine

Les chefs-d'œuvre artistiques de la Grèce sont transportés à Rome.

Premier temple de marbre à Rome, construit par MÉTELLUS, *le Macedonique*.

Premières distributions de blés au peuple romain. Sous César, ces distributions se faisaient à 320,000 citoyens, il les réduisit à 150,000 (122).

**100—30.**

CICÉRON (Marcus Tullius), le plus grand orateur et philosophe romain, né en 107, à Arpinum (Arpino, royaume de Naples), assassiné, en 43, par un émissaire d'Antoine, après la formation du second triumvirat. Le temps n'a pas respecté tous ses ouvrages, a dit un de ses biographes, mais il en reste assez pour conserver à son nom une gloire que les plus grands génies de la postérité n'éclipseront jamais. L'édition la plus estimée des *Œuvres complètes de Cicéron* a été publiée par M Leclerc, avec la *traduction française* en regard, Paris 1821—1825, 30 vol. in-8°. — Le fils de Cicéron, MARCUS, suivit le parti de Pompée et commanda, à Pharsale, une aile de cavalerie. Il s'engagea ensuite dans le parti de Brutus, battit dans un engagement C. ANTOINE, frère du triumvir, et se joignit à Sextus Pompée après la défaite de Philippes. Plus tard, il put rentrer dans Rome, où Auguste l'accueillit avec faveur, l'admit avec lui au consulat et lui donna peu après le gouvernement de Syrie. — QUINTUS CICÉRON, frère de l'orateur, fut lieutenant de César dans les Gaules, en devint plus tard l'ennemi, fut proscrit par les triumvirs et mis à mort avec son fils.

TITUS POMPONIUS ATTICUS, habile politique et philosophe épicurien, reçut le nom d'Atticus à cause de la pureté avec laquelle il parlait la langue grecque. Il fut l'ami de Cicéron, qui lui adressa un grand nombre de *lettres*. Ses ouvrages sont perdus.

MARCUS TERENTIUS VARRON, philosophe, grammairien et historien romain. De ses nombreux ouvrages, qu'on fait monter à plus de 500 volumes, il ne reste plus en entier que son *Traité de la langue latine* et son *Traité d'agriculture*.

ɛ DE G. SILBERMANN.

| AVANT J.-CH. | **AFRIQUE.** Egypte. Numidie. Mauritanie. Cyrénaïque. L'astérisque (*) indique les articles concernant l'Afrique. — **ASIE.** Chine. Arabie. Inde. Parthie. Syrie. Arménie. Palestine. Pont. Cappadoce. Bithynie, etc. | |
|---|---|---|
| 109 | Prise de Samarie par JEAN HIRCAN, grand-pontife et chef des Juifs . . . . . . . . . . . . . . . . . | SYLLA est nommé questeur dans |
| | *Défaite de JUGURTHA, roi de Numidie, par le consul MÉTELLUS. Après quelques négociations, la guerre recommence et traîne en longueur. Arrivée de MARIUS. Alliance de JUGURTHA Mauritanie. Leurs armées sont détruites. BOCCHUS, pour obtenir la paix, livre aux Romains son allié qui, après avoir servi à orner le triomphe de MARIUS, est jeté dans un cachot où partie de la Numidie est donnée à Bocchus, l'autre partie est réunie à la province de Carthage (109—106). | |
| 108 | Alliance de MITHRIDATE-LE-GRAND, roi du Pont, avec les Sarmates et les Germains jusqu'au Danube (108—105). | |
| 107 | *PTOLÉMÉE VIII, roi d'Egypte, est chassé du trône et remplacé par PTOLÉMÉE IX (Alexandre Ier) (107—89). Sa mère CLÉOPATRE l'avait fait reconnaître roi d'Egypte, mais une mésintelligence étant survenue entre elle et son fils, ce dernier la fit périr dans la 18e année de son règne. | MARIUS, chef du parti démocrati |
| | ARISTOBULE, fils d'Hyrcan, lui succède dans le gouvernement de la Judée et prend le titre de roi. Ayant fait assassiner son frère ANTIGONE, faussement accusé, par la reine SALOMÉ, d'aspirer à la couronne, il en ressent un tel chagrin qu'il meurt quelque temps après, dans la première année de son règne. | |
| 106 | ALEXANDRE JANNÉE, frère d'Aristobule, lui succède sur le trône de Judée (106—79). . . . . . . . . . | Révolte des Tectosages. Toulouse d'or et à 1,500,000 livres pesant d'a |
| 105 | Guerres continuelles entre les Parthes et les hordes nomades qui avaient envahi le nord de leur empire . . . . . . . | Nouvelle victoire des Cimbres. L' alliés les Tigurins, les Teutons et l sénat envoie contre eux MARIUS, le |
| 104 | Voyage de MITHRIDATE, roi du Pont, dans une grande partie de l'Asie, de 104 à 102. A son retour, il fait mourir LAODICE, sa femme (et en même temps sa sœur), qui, croyant à sa mort, avait donné sa main et le trône à l'un des principaux seigneurs du royaume. | Nouvelle guerre des esclaves en S vaincus par le consul MANIUS AQUI |
| 102 | Conquêtes de MITHRIDATE-LE-GRAND dans l'Asie-Mineure. Il s'empare de la Paphlagonie, de la Galatie, de la Cappadoce et de la Bithynie (102-89). | Défaite des Teutons et des Ambro 90,000 furent faits prisonniers. Par |
| 101 | ALEXANDRE, roi de Judée, est défait sur les bords du Jourdain, par PTOLÉMÉE LATHYRUS, roi de Chypre. Il est secouru par la mère même de Ptolémée, et, après avoir châtié les alliés de son ennemi, il rentre à Jérusalem. | Défaite et destruction complète de nation des Romains, lors de l'arrivé avait été surnommé le second fonda |
| | | MÉTELLUS, le vainqueur de Jugur tribun SATURNINUS, appuyé par MA |
| 100 | . . . . . . . . . . . . . . . . . . . . . . . . . . . . . . . . . | Naissance de JULES CÉSAR. |
| 96 | . . . . . . . . . . . . . . . . . . . . . . . . PTOLÉMÉE APPION, dernier roi de la Cyrénaïque, lègue ses Etats aux Romains. | |
| | ANTIOCHUS VIII, roi de Syrie, est assassiné par HÉRACLÉON, l'un de ses ministres. SÉLEUCUS VI, son fils, et ANTIOCHUS IX, de *Cyzique*, frère d'Antiochus Grypus, se disputent le trône. | |
| | MITHRIDATE, roi du Pont, fait assassiner ARIARATHÈS VI, roi de Cappadoce, dont la veuve épouse NICOMÈDE, roi de Bithynie, qui s'empare de la Cappadoce et en est chassé par le roi du Pont. Ce dernier place sur le trône ARIARATHÈS VII, fils d'Ariarathès VI, que bientôt après il fait également assassiner. ARIARATHÈS VIII, son successeur, eut le même sort et fut le dernier rejeton de cette famille (96—92). | |
| 95 | Défaite et mort d'ANTIOCHUS IX, de Cyzique, par SÉLEUCUS, fils de Grypus; ANTIOCHUS X, *Eusèbe*, son fils, lui succède dans la Cœlé-Syrie. | |
| | Révolte des Juifs contre ALEXANDRE, qui fait égorger 6000 habitants à Jérusalem. | |
| | TIGRANE II, roi d'Arménie (95—60). | |
| 94 | Guerre des Juifs contre les arabes; l'armée juive tombe dans une embuscade et est taillée en pièces dans les montagnes près de *Gadara*. — Nouvelle révolte des Juifs. Victoire d'ALEXANDRE sur l'armée insurgée et ses alliés. Vengeance atroce du roi; plus de 50,000 insurgés sont massacrés. — Retour du roi à Jérusalem (94—82). | |
| | SÉLEUCUS, fils de Grypus, vaincu par ANTIOCHUS *Eusèbe*, se réfugie dans la ville de Mopsueste, dont les habitants le brûlent dans son palais. Ses frères, ANTIOCHUS XI, *Epiphane*, et PHILIPPE, règnent conjointement. Tous deux vengent la mort de leur aîné par le massacre des habitants de Mopsueste, mais, à leur retour, ils sont défaits par ANTIOCHUS X, roi de la Cœlé-Syrie, et, dans leur fuite, ANTIOCHUS XI se noie dans l'Oronte. PHILIPPE et son frère DÉMÉTRIUS III partagent la couronne de Syrie. | |
| 92 | Conférences des Parthes avec SYLLA, propréteur de la Cilicie, pour la conclusion d'une alliance avec les Romains. A cette occasion, ce prince fait périr OROBAZE, son principal minist (celle du milieu) à SYLLA. | |
| 91 | ARIARATHÈS IX, âgé de 8 ans, que son père MITHRIDATE avait placé sur le trône de Cappadoce, en est chassé par les Romains, qui donnent ses Etats à ARIOBARZANE Ier. Ce roi fut chassé jusqu'à quatre fois par MITHRIDATE et toujours remis en possession par les troupes romaines (91—63). — Origine des guerres de MITHRIDATE contre les Romains. | *Guerre sociale.* Les alliés de Ro LIVIUS DRUSUS. N'ayant rien pu obte d'hui San-Perino, royaume de Naple culum. Le consul RUTILIUS et son li SYLLA et POMPEIUS STRABO rempo sénat à les reconnaître comme citoy (91—88). Les *Marses*, peuple antiq lano, dans l'Abruzze ultérieure), on *sique*. |
| 90 | ANTIOCHUS *Eusèbe* est chassé de la Cœlé-Syrie par PHILIPPE et DÉMÉTRIUS et se retire chez les Parthes, qui le rétablissent deux ans après. | |
| 89 | *PTOLÉMÉE IX, roi d'Egypte, chassé d'Alexandrie, sa capitale, retourne dans l'île de Chypre, qui avait été érigée en royaume en sa faveur. Peu de temps après, il est vaincu et tué dans une bataille navale contre CHÉRÉAS. | |
| | *PTOLÉMÉE VIII remonte sur le trône (89—81). | |
| | Première guerre de MITHRIDATE, roi du Pont, contre Rome (89—85). — MITHRIDATE fait la conquête de l'Asie-Mineure; en un seul jour il fait massacrer 100,000 Romains. ARCHÉLAÜS MITHRIDATE établit sa cour à Pergame. | |
| 88 | NICOMÈDE III monte sur le trône de Bithynie. Il fut expulsé par son frère SOCRATES et rétabli par les Romains; mais, ayant osé attaquer MITHRIDATE, roi du Pont, il fut de nouveau chassé et rentra dans ses Etats, grâce à l'intervention de SYLLA. | *Première guerre civile*, suscitée obtenu le commandement dans la gu 3000 gladiateurs, et organise un co sauver; les décrets du sénat sont ca Retour de SYLLA à la tête de 6 lég |
| 87 | FIMBRIA, qui commande une armée romaine au nom de MARIUS, chasse MITHRIDATE de Pergame et le tient assiégé dans *Pitane*, d'où LUCULLUS, amiral de Sylla, le laisse échapper. | |
| | Défaite et mort de MITHRIDATE II, roi des Parthes, dans une bataille livrée sur les bords de l'*Araxe*, contre TIGRANE II, roi d'Arménie. L'empire de l'Asie et le titre de roi des rois passent momentanément au monarque arménien. | Arrivée de SYLLA en Grèce. Prise de MITHRIDATE, qui est forcé de de |
| | SINATROCÈS succède à Mithridate II sur le trône des Parthes, après avoir vaincu son concurrent MANASCIRES. | Le consul CINNA, ayant demandé rassemble 30 légions, et, ayant réu mettre le siége devant Rome. Le sé MARC-ANTOINE et du consul OCTAV |
| 86 | . . . . . . . . . . . . . . . . . . . . . . . . . . . . . . . . . | Mort de MARIUS, le 17e jour de s fureurs jusqu'en 83. |
| 85 | Entrevue de SYLLA et de MITHRIDATE, roi du Pont, à *Dardanus*, dans la Troade. La paix est conclue. Le roi du Pont est forcé de restituer toutes ses conquêtes, à l'exception de la Paph | |
| | Conquête de la Syrie par TIGRANE II, roi d'Arménie. | |
| | ANTIOCHUS XII, roi de Syrie, qui avait pris la couronne après que son frère DÉMÉTRIUS III fut tombé entre les mains des Parthes, est vaincu et tué par ARÉTAS, roi des Arabes. | |
| 84 | Guerre de MITHRIDATE, roi du Pont, contre les peuples de la Colchide. Il leur donne pour roi son fils, à qui, bientôt après, il fait trancher la tête. | Les consuls CINNA et CARBON par FIMBRIA, autre partisan de Marius, bientôt après, battu par SYLLA et f nait pour un moment la victoire au devant POMPÉE, qui lui fit trancher |



STRASBOURG, IMP

## EUROPE.

### République romaine.
2

e de Numidie. Origine de la rivalité entre MARIUS et SYLLA.

e BOCCHUS, roi de
rt de faim. — Une

st nommé six fois consul, de 107 à 100.

capitale, est prise et pillée par les Romains, sous le consul CÉPION. On dit que le butin qu'ils y enlevèrent s'éleva à 110,000 livres pesant

romaine, sous CN. MALLIUS et SERVILIUS CÉPION, est taillée en pièces non loin du Rhône (département du Gard). Les Cimbres, avec leurs
brons, se dirigent vers l'Espagne, mais, repoussés par les Celtibériens, ils reviennent sur leurs pas et se proposent d'envahir l'Italie. Le
teur de JUGURTHA (105—103).

sous la conduite de SALVIUS (Tryphon) et d'ATHÉNION. Après divers succès, ils sont
4—101).

uple gaulois) à *Aix* (Provence), par le consul MARIUS. D'après quelques historiens, 200,000 hommes restèrent sur le champ de bataille et
derniers se trouvait TEUTOBOCUS, roi des Teutons, qui orna le triomphe du vainqueur.

ée des Cimbres, par MARIUS, à Vérone (selon d'autres à Verceil); BOJORIX et LUIG, principaux chefs des Cimbres, sont tués. La consterna-
es barbares, avait été si grande que sa victoire lui fit décerner le titre de TROISIÈME FONDATEUR DE ROME (Camille, vainqueur des Gaulois,
) Rome).

ls de Métellus, *le Macédonique*, est condamné à l'exil par suite des menées du
Il se retire à Rhodes et est rappelé en 99.

on meilleur général, pour avoir cédé, pendant les négociations, la place d'honneur

nandent les droits de citoyen romain, qui leur avaient déjà été promis par le tribun
organisent une *république italique*, à la tête de laquelle se trouve *Corfinium* (aujour-
t guerre est déclarée après le massacre de quelques Romains par les habitants d'Aus-
int CÉPION sont vaincus et périssent avec une grande partie de leur armée. MARIUS,
ensuite quelques avantages, qui n'empêchent cependant pas les alliés de forcer le
mains. On en fit 8 nouvelles tribus que l'on plaça à la suite des 35 déjà existantes
guerrier qui habitait entre les montagnes du Samnium, au nord du lac Fucinus (Ce-
un grand rôle dans cette guerre, ce qui lui fit aussi donner le nom de *guerre mar-*

es généraux pontiques, soumet Athènes, la Macédoine, la Thrace et menace l'Italie.

rivalité de MARIUS et de SYLLA (88—82). SYLLA, chef du parti aristocratique, ayant
contre MITHRIDATE, MARIUS, son compétiteur, s'adjoint le tribun SULPICIUS, arme
énat, composé de 600 chevaliers romains. SYLLA, revenu à Rome, est obligé de se
et MARIUS est nommé au commandement des troupes qui devaient passer en Asie.
prise de Rome; massacre des partisans de MARIUS. Ce dernier s'enfuit à Carthage.

ènes; victoires de *Chéronée* et d'*Orchomène*, sur ARCHELAÜS et DORILAS, généraux
r la paix.

pel de MARIUS, est chassé par le sénat et déclaré déchu de la dignité consulaire. Il
forces à celles de MARIUS, de SERTORIUS et de CARBON, les quatre armées viennent
t forcé de capituler, et les partisans de SYLLA sont massacrés. Mort du célèbre orateur

consulat. Il est remplacé par CARBON. Le parti de MARIUS continue d'exercer ses

ie et d'une partie de la Cappadoce; il livre 80 vaisseaux et paie les frais de la guerre.

nt l'Italie et soulèvent toutes les villes contre SYLLA. CINNA est tué par un centurion;
nne la mort en Asie, et CARBON, qui prend pour collègue MARIUS, le jeune, est,
e s'embarquer pour l'Afrique, au moment où le Samnite PONTIUS TÉLÉSINUS rame-
démocratique. CARBON fut arrêté plus tard dans l'île de Corcyre et conduit à Lilybée,

### Gaule. Germanie. Helvétie.
3

Les *Cimbres*, après avoir ravagé l'Helvétie et les Gaules, demandent aux Romains de leur céder des terres. Sur le refus de ces derniers, les Cimbres répondent par la destruction de trois armées romaines commandées par les consuls SILANUS, SCAURUS et CASSIUS. L'armée de ce dernier fut anéantie par les *Tigurins*, peuple helvétique allié des Cimbres (109—107). Les *Cimbres* étaient une tribu cimmérienne, qui avait été déplacée par l'invasion des Scythes en Europe, vers la fin du 7e siècle, et était venue s'établir dans la Chersonèse Cimbrique (duchés de Holstein, de Schleswig et Jutland). Les *Teutons*, dont le nom venait, d'après ce que l'on croit, de leur dieu *Teut*, formaient une branche de la nation germaine; on en trouve une mention obscure en 320 avant J. Ch. et on ne les retrouve plus après leur apparition avec les Cimbres, malgré l'opinion de quelques savants, qui croient qu'ils s'établirent plus tard entre l'Oder et l'Elbe. Il est plus probable que le nom de *Teutons* fut dès lors commun à toutes les nations germaines.

## LETTRES, SCIENCES, ARTS, LÉGISLATION, COMMERCE, INDUSTRIE, DÉCOUVERTES, INVENTIONS, ETC.
4

**100—50** (suite).

QUINTUS LUCILIUS BALBUS, philosophe stoïcien romain, dont Cicéron fait un des interlocuteurs dans son *Traité de la nature des dieux*. Plusieurs autres Romains illustres ont porté le nom de BALBUS: OCTAVIUS BALBUS, jurisconsulte distingué; LUCIUS CORNELIUS BALBUS, consul, auteur d'un *Journal des actions de César*; AÉTIUS BALBUS, gouverneur de la Sardaigne, fut l'aïeul d'Auguste; SP. THORIUS BALBUS, orateur et historien; BALBUS, surnommé *Mensor*, ingénieur du cadastre de l'empire sous Auguste, auteur de *Commentaires*, par provinces et par cités, de cette gigantesque opération.

ALEXANDRE CORNEILLE, de Milet, surnommé *Polyhistor*, à cause de sa vaste érudition, philosophe, géographe et historien. Il ne reste plus de ses ouvrages que des fragments de son *Histoire des peuples de l'Orient* et d'un *Traité sur les Juifs*.

APOLLODORE, philosophe épicurien, maître de Zénon, le Sidonien. Diogène Laërce lui attribue plus de 400 écrits.

ZÉNON, de Sidon, philosophe stoïcien, maître de Cicéron et auteur d'une *Apologie de Socrate* et des *Sidoniaques*.

ARISTION, sophiste d'Athènes, fit déclarer cette ville contre les Romains en faveur de Mithridate, y prit le titre de roi et fut mis à mort par Sylla.

ANTIOCHUS, d'Ascalon, en Palestine, philosophe stoïcien, disciple de Carnéade et maître de Cicéron.

NIGIDIUS FIGULUS, philosophe pythagoricien, ami de Cicéron et de Pompée, et l'un des hommes les plus savants de son temps. Cicéron lui a adressé l'une de ses épîtres.

POSIDONIUS, philosophe stoïcien, établit une école à Rhodes. Un autre POSIDONIUS, qui reconnut les lois du flux et du reflux de la mer et les rapports de ce phénomène avec les mouvements du soleil, est regardé par quelques critiques comme le même que le philosophe stoïcien.

NICOMÈDE, géomètre grec, inventeur de la courbe appelée *conchoïde*, qui sert à résoudre les problèmes de la trisection de l'angle et de la duplication du cube.

SALLUSTE (Caius Crispus), historien latin, né à Amiterne, ville du pays des Sabins, auteur de l'*Histoire de la conjuration de Catilina* et de celle des *Guerres de Jugurtha*. Proconsul en Numidie, il revint à Rome avec des richesses immenses, fruit de ses déprédations, et fit construire sur le mont Quirinal une maison magnifique et de vastes jardins, où il rassembla, à grands frais, tout ce qu'il put trouver de précieux en statues, peintures, vases, etc. C'est de ces jardins, qu'on appelle encore aujourd'hui les *jardins de Salluste*, qu'on a tiré une grande partie des plus belles antiques qui nous restent (*Biogr. Weiss*).

TRÉBATIUS (Caius), surnommé *Testa*, savant jurisconsulte romain et philosophe épicurien, fut l'ami de César et sut gagner la faveur d'Auguste. On trouve un grand nombre de ses décisions dans les *Pandectes* de Justinien.

QUINTUS MUCIUS SCÆVOLA, orateur et jurisconsulte romain, auteur de plusieurs ouvrages sur le droit, dont l'un, intitulé *Définitions*, est le plus ancien livre dont on trouve des extraits dans le *Digeste*. Cicéron le nomme le plus grand orateur des jurisconsultes et le plus grand jurisconsulte des orateurs. Étant préteur en Asie, il administra avec tant de prudence et d'équité que les peuples reconnaissants instituèrent en son honneur une fête religieuse. Un autre jurisconsulte, du même nom, a vécu dans la seconde moitié du 3e siècle avant J. Ch.

AQUILIUS GALLUS, savant jurisconsulte romain, composa plusieurs ouvrages qui sont perdus.

ANTOINE, aïeul du triumvir, et L. CRASSUS, orateurs romains.

## HISTOIRE RELIGIEUSE.

### Mœurs. Usages.

**100—50.**

Rétablissement du temple de Jupiter-Capitolin à Rome, par Sylla. Pour remplacer les anciens livres sibyllins, qui avaient été brûlés, le sénat envoya des ambassadeurs en Grèce et dans l'Asie pour recueillir tout ce qui restait encore de vers sibyllins, qui furent placés dans le nouveau temple, après avoir été triés attentivement. Cependant on n'y eut plus autant de foi, surtout depuis que les partisans de César voulurent y trouver qu'un roi seul pourrait vaincre les Parthes. Outre les livres officiels, il y en avait encore beaucoup de particuliers que l'autorité, pour éviter la concurrence, faisait souvent saisir et brûler. Les livres officiels, placés dans deux cassettes d'or, furent déposés sous le socle de l'Apollon-Palatin, et confiés à la garde du collége des Quindécemvirs des Sibylles.

Honneurs divins rendus à MITHRIDATE, roi du Pont.

Les Romains élèvent des temples en l'honneur de POMPÉE.

E DE G. SILBERMANN.

| AVANT J.-CH. | AFRIQUE. Egypte. L'astérisque (*) indique les articles concernant l'Afrique. | ASIE. Chine. Arabie. Inde. Parthie. Syrie. Arménie. Palestine. Pont, etc. | République r 2 |
|---|---|---|---|

83 *Seconde guerre de* MITHRIDATE, roi du Pont, contre Rome. — MITHRIDATE refuse de rendre la Cappadoce à ARIOBARZANE, allié des Romains. Ces derniers, sous le consul MURÉNA, envahi sous GORDIUS. — Victoire de MITHRIDATE sur MURÉNA, qui se réfugie en Phrygie. — GABINIUS, lieutenant de Sylla, réconcilie ARIOBARZANE et MITHRIDATE, et met ainsi fin à la seconde guer

Incendie du Capitole; destruction des livres sibyllins.

CNÆUS POMPÉE (depuis le grand Pompée) forme trois légions de volon d'arrêter la marche de SYLLA, contribue à pacifier la Gaule cisalpine, rep rieuses et rentre en triomphe à Rome, dont il devient bientôt l'idole (83

Retour de SYLLA; défaite des partisans de Marius à la bataille de *Sacri* de Préneste et mort du fils de Marius. Prise de Rome; nouvelles et sang

82 . . . . . . . . . . . . . . . . . . . . . . . . . . . . . . . . . . . | SYLLA, nommé dictateur perpétuel, distribue à ses soldats les terres d du peuple.

81 Siége de *Mytilène*, dans l'île de Lesbos, par le préteur M. MINUCIUS THERMUS. JULES CÉSAR y fait ses premières armes et reçoit une couronne civique en récompense de sa valeur . .

*L'Egypte, sous l'influence absolue de Rome, devient le théâtre permanent de guerres que se livrent les prétendants au trône, sur lequel se succèdent, de 81 à 66, BÉRÉNICE, fille de Ptolémée Lathyrus, PTOLÉMÉE X (Alexandre II) et ALEXANDRE III.

80 . . . . . . . . . . . . . . . . . . . . . . . . . . . . . . . . . . .

79 ALEXANDRA, veuve d'Alexandre Jannée, lui succède sur le trône de Judée (79—71). . . . . . . . | SYLLA abdique volontairement la puissance dictatoriale.

78 Guerre contre les pirates de la Cilicie (Asie-Mineure), qui infestaient les côtes de l'Asie. On envoya contre eux le préteur DOLABELLA, qui était accompagné de ce VERRÈS, plus pirate que les p ses célèbres harangues. — PUBLIUS SERVILIUS bat les pirates sur terre et sur mer, détruit leurs forteresses et s'empare d'*Isaura*, leur principale place forte, ce qui fait donner au vainqueur le

Mort de SYLLA à Cumes.

76 . . . . . . . . . . . . . . . . . . . . . . . . . . . . . . . . . . . | CICÉRON est nommé questeur en Sicile.

75 *Troisième guerre de* MITHRIDATE contre Rome (75—64). Alliance de MITHRIDATE avec SERTORIUS, qui soutenait le parti de Marius en Espagne et qui envoie au roi du Pont un corps de troupes, sous le commandement de MARIUS VARIUS. — MITHRIDATE réunit une armée de 300,000 hommes. Les consuls LICINIUS LUCULLUS et AURELIUS COTTA sont envoyés contre le roi du Pont: Défaite de COTTA sur terre et de son vice-amiral, NUDUS, sur mer. Siége de *Cyzique* par MITHRIDATE.

NICOMÈDE III, roi de Bithynie, lègue ses Etats aux Romains.

74 Victoire de LUCULLUS sur MITHRIDATE sur les bords du Granique; conquête de toute la Bithynie, à l'exception de la ville de Nicomédie, dans laquelle se renferme MITHRIDATE.

Première dignité accordée à JULES CÉSAR, qui est élu membre du collé

73 Victoire navale des Romains à *Lemnos* (île de la Turquie d'Europe); destruction de la flotte pontique destinée à envahir l'Italie. MARIUS VARIUS, lieutenant de Sertorius, est pris et tué. Tout le

MITHRIDATE s'enfuit de Nicomédie, rassemble une nouvelle armée qui, après quelques avantages, est vaincue en Cappadoce (73—71).

*Guerre des esclaves.* Des gladiateurs de Capoue brisent leurs chaînes lieutenants CRIXUS et ŒNOMAÜS. Après avoir battu quatre généraux roma au pied des Alpes et les engage à regagner chacun son pays. Mais, jalou GELLIUS PUBLICOLA et CORNELIUS LENTULUS, les préteurs CN. MANLIUS e MELLIUS SCROFA, sont vaincus par SPARTACUS. Mais l'habileté de ce chef enfin taillés en pièces par le préteur LICINIUS CRASSUS, sur les bords du de échapper à ce désastre furent exterminés par POMPÉE, qui revenait d'Esp

72 . . . . . . . . . . . . . . . . . . . . . . . . . . . . . . . . . . . | PERPENNA, qui avait succédé à SERTORIUS, après l'avoir fait assassiner,

71 MITHRIDATE, après avoir quitté son armée et évité d'être pris par les Romains, en laissant sur sa route un mulet chargé d'or, se réfugie chez son gendre TIGRANE, roi d'Arménie.

HYRCAN et ARISTOBULE, fils d'Alexandre, se disputent le trône de Judée. HYRCAN est obligé de se réfugier auprès d'ARÉTAS, roi de l'Arabie-Pétrée.

70 . . . . . . . . . . . . . . . . . . . . . . . . . . . . . . . . . . . | Recensement de 450,000 citoyens à Rome.

69 LUCULLUS demande au roi d'Arménie l'extradition de Mithridate. TIGRANE, indigné, attaque les Romains. Ses Etats sont envahis et il est vaincu dans une bataille générale, mais les soldats victoire.

ANTIOCHUS XIII, *l'Asiatique*, dernier roi de Syrie.

Un chef arabe, nommé SEMPCICERAUNUS, s'empare d'*Emèse*, une des principales villes de la Syrie, et s'en déclare roi.

CICÉRON, nommé édile, prononce ses harangues contre VERRÈS, qui s'é sa tyrannie et ses cruautés.

Reconstruction et dédicace du Capitole.

Les pirates reparaissent après avoir fait alliance avec les Crétois. MARC envoyé contre eux, est vaincu et meurt de désespoir.

68 Siége d'*Artaxate*, où se trouvaient les femmes et les enfants du roi d'Arménie. TIGRANE, venu au secours de cette ville, est défait sur les bords du fleuve *Arsanias*. . . . . . .

PHRAHATE III (Arsace XII), roi des Parthes (68—58). Ce prince garde la neutralité dans les complications qui surgissent des guerres de MITHRIDATE, roi du Pont, contre les Romains, et maintient la ligne de l'Euphrate comme limite de ses Etats. Il fait une expédition heureuse contre TIGRANE, roi d'Arménie, et périt, en 58, victime d'une conspiration ourdie par ses fils, qui, après sa mort, se disputent le pouvoir.

67 L'armée romaine se révolte contre la sévérité de son général; revers de LUCULLUS. TIGRANE rentre en Arménie et MITHRIDATE dans le Pont. Ce dernier défait les généraux romains FABIUS, T Romains sont chassés du royaume du Pont, de la Cappadoce et de la Bithynie.

POMPÉE purge toutes les mers, depuis les *Colonnes d'Hercule* jusqu'au

Conquête de l'île de Crète par MÉTELLUS. Les célèbres lois de Minos so MÉTELLUS reçoit le surnom de *Creticus*.

66 *PTOLÉMÉE XI (*Aulètes*), roi d'Egypte (66—55). . . . . . . . . . . . | CICÉRON est nommé préteur et favorise la nomination de POMPÉE au com

Campagne de POMPÉE sur l'Euphrate. Le fils de Tigrane, qui s'était révolté contre son père, accompagne le général romain. Bataille de *Nicopolis*: MITHRIDATE, vaincu, prend la fuite, mais co traverser la Thrace, la Macédoine et la Pannonie, et de se joindre aux Gaulois pour pénétrer en Italie par le nord. Il marche vers le Bosphore pour châtier son fils MACHARÈS, qui s'était allié a autre fils de Mithridate, se révolte, et, pour plaire aux Romains, refuse à son père la permission d'aller vivre dans une contrée lointaine. Alors MITHRIDATE, dont on dit que le corps résistait à tous

TIGRANE, roi d'Arménie, demande et obtient la paix moyennant la cession de la Syrie et le paiement d'une somme de 6000 talents (29,000,000 fr.). Il ne conserve plus que les deux Arménies Parthes.

64 POMPÉE fait la conquête du Pont, de la Colchide et du Bosphore. Ce dernier royaume est donné au parricide PHARNACE, avec le titre d'allié de Rome. Le Pont ne fut réduit en province romai

La Syrie, conquise par POMPÉE, est réduite en province romaine. ANTIOCHUS XIII, *l'Asiatique*, dernier roi de Syrie, ne conserve plus que la province de Commagène, avec le titre de roi.

CICÉRON, nommé consul, déjoue la conspiration de CATILINA, qui avait échoué dans sa candidature, avait formé le projet de renverser le gouvern tête d'une armée, mais il périt, avec tous ses partisans, dans une bataille cette occasion que CICÉRON prononça ses quatre fameux discours appelés même le titre de *Père de la patrie* (64—62).

63 Prise de Jérusalem par POMPÉE. ARISTOBULE et sa famille sont emmenés captifs à Rome. — La Palestine tributaire des Romains. HYRCAN II reçoit de POMPÉE la grande sacrificature avec le ti

ARIOBARZANE II, roi de Cappadoce (63—43). | JULES CÉSAR est nommé grand-pontife. — Naissance d'AUGUSTE.

62 . . . . . . . . . . . . . . . . . . . . . . . . . . . . . . . . . . . | Retour de POMPÉE à Rome, de ses expéditions en Asie et en Grèce

61 . . . . . . . . . . . . . . . . . . . . . . . . . . . . . . . . . . . | Deux triomphes de POMPÉE: 15 royaumes conquis, 900 villes prises et

CÉSAR, nommé gouverneur de l'Espagne ultérieure, est arrêté par se CRASSUS, le plus riche citoyen de Rome, s'engage envers les créanciers CÉSAR dompte quelques peuples de l'Espagne et retourne l'année suivante

60 . . . . . . . . . . . . . . . . . . . . . . . . . . . . . . . . . . . | *Premier triumvirat de* POMPÉE, CÉSAR et CRASSUS. Cette coalition é faire revivre les anciennes idées républicaines.

STRASBOURG, IMPRIMERIE

# EUROPE.

## ne.

a Cappadoce et sont repoussés par les troupes pontiques tique (83—81).

avec lesquelles il bat les généraux de Marius qui tentent la Sicile, va porter en Afrique ses armes toujours victo-

(dans le Latium) et sous les murs mêmes de Rome. Prise proscriptions (83—82).

ıées, rétablit l'autorité du sénat et restreint les privilèges

ıus, ennemi de Sylla, se retire en Espagne, où il devient le chef des peuples mécontents de la tyrannie de Rome. Vaincu forcé de passer en Afrique, il revient bientôt après se mettre à la tête des Lusitaniens et bat tous les généraux romains en- tre lui. POMPÉE lui-même est défait à *Lauron*, à *Sucron* et à *Tutia*. MÉTELLUS s'étant joint à POMPÉE, SERTORIUS fut vaincu, ue temps après, assassiné par PERPENNA, l'un de ses lieutenants (81—72).

. . . . . . . . . . . .

s qu'il devait combattre, et contre lequel CICÉRON prononça m d'*Isaurique* (78—69).

ıRIUS érige la Lusitanie en république, institue un sénat, et organise toutes les administrations à l'instar de Rome.

es pontifes, à la place de son oncle C. AURELIUS COTTA.

ume du Pont tombe au pouvoir des Romains.

ix d'un de leurs compagnons, SPARTACUS, qui prend pour il se voit à la tête de plus de 70,000 soldats, qu'il conduit venger, ils ne se contentent plus de la liberté : les consuls ssius, MUMMIUS, lieutenant de Crassus, le questeur TRE- re ne peut suppléer à l'indiscipline de ses soldats, qui sont *Silarus* (Lucanie), dans le pays des Hirpins. Ceux qui purent (73—72).

be dans une embuscade, est fait prisonnier et mis à mort par l'ordre de POMPÉE. Conquête de toute l'Espagne par POMPÉE.

ns se mutinent, ce qui empêche LUCULLUS de profiter de sa

signalé, pendant sa préture en Sicile, par ses concussions,

TOINE, fils de l'orateur et père du triumvir du même nom,

s CÉSAR est envoyé comme questeur en Espagne, sous le préteur ANTISTIUS VERUS.

ARIUS et le consul GLABRION, successeur de Lucullus. Les

oponèse. — Conquête de la Cilicie.

abolies et remplacées par celles qu'imposent les vainqueurs.

andement de la guerre contre MITHRIDATE.

oute il rencontre une nouvelle armée et conçoit le projet de Romains. MACHARÈS se donne la mort, mais PHARNACE, poisons, se fait donner la mort par un officier gaulois (66—64). lont le trône devient tour à tour la proie des Romains et des

que sous Néron.

té son compétiteur au consulat. — CATILINA, furieux d'avoir ıent de la république. Découvert par CICÉRON, il se met à la ue lui livra PETREIUS, près de *Pistoie*, en Etrurie. Ce fut à *atilinaires* et qu'il reçut ou, d'après d'autres, se donna lui-

e de roi (63—39). L'Iduméen ANTIPATER règne sous son nom.

0 vaisseaux enlevés aux ennemis.

créanciers, qui l'empêchent de se rendre dans sa province. moins patients, pour la somme de 830 talents (15,150,000 fr.). n Italie.

t dirigée contre CICÉRON et CATON (d'Utique), qui voulaient

## Germanie. Espagne, etc.

3

Vers cette époque les *Sarmates*, excités par MITHRIDATE, passent le Tanaïs (Don). Les Sarmates sont regardés par PLINE comme étant d'origine médo-perse. Ils auraient quitté la Médie, leur berceau, et se seraient établis dans les steppes comprises entre le Caucase, la mer Caspienne, la mer d'Azof et le Don, puis, après avoir chassé les Scythes, ils établirent leurs demeures sur le Dniéper, le Dniester et le Danube. On regarde généralement les Sarmates comme les ancêtres des *Slaves*, et quelques-uns placent leur première migration vers l'an 601 (voy. tabl. 8, col. 5).

Vers cette époque, MACHARÈS, fils de Mithridate-le-Grand, roi du Pont, devient roi du Bosphore (Crimée).

ARIOVISTE, chef des Suèves, appelé par les Arvernes et leurs alliés les Séquanes contre les Eduens, arrive à la tête d'une armée de 120,000 hommes et s'empare d'une partie de la Gaule, située sur la rive gauche du haut Rhin (comté de Bourgogne).

Les *Germains*, depuis le Rhin et la Vistule et depuis la mer du Nord et la mer Baltique jusqu'au Danube; dans la presqu'île Kymrienne (Danemarck) et dans la Scandinavie (Suède et Norvége). — Gouvernement patriarcal : d'après Tacite, chaque chef était juge suprême dans son canton.

Tacite compte une cinquantaine de *peuplades germaines*, dont vingt appartenaient à la *race suève*. Cette dernière se distinguait par sa valeur et son intrépidité, qui étaient entretenues par le partage annuel des terres à cultiver. Les *Suèves* habitaient toute la Germanie, depuis le haut Rhin jusqu'en Suède. Les plus connus d'entre eux étaient les *Marcomans*, sur le Rhin supérieur et le Mein, les *Longobards* (Lombards), sur l'Elbe, les *Goths*, sur la Vistule et l'Oder, les *Suéons*, dans la Suède méridionale, les *Hermundures*, les *Angles*, les *Vandales*, les *Bourguignons*, les *Rugiens*, les *Hérules*. Les *Frisons* étaient tributaires des Romains.

## LETTRES, SCIENCES, ARTS, LÉGISLATION, COMMERCE, INDUSTRIE, DÉCOUVERTES, INVENTIONS, ETC.

4

### 100—50 (suite).

HORTENSIUS (Quintus), célèbre orateur romain, rival de Cicéron, qu'il défendit même contre Clodius. Sa fille, HORTENSIA, s'est illustrée en plaidant devant les triumvirs Marc-Antoine, Octave et Lépide, la cause de 400 dames romaines dont on voulait taxer les biens pour les frais de la guerre.

COTTA (Lucius Aurelius), orateur romain, que Cicéron se proposa pour modèle lors de ses débuts au barreau.

PLOTIUS GALLUS, rhéteur gaulois, ouvrit le premier dans Rome une école de rhétorique.

MOLON, rhéteur rhodien, vint à Rome, où il professa la rhétorique. Cicéron en fait l'éloge dans son *Brutus*.

SISENNA (Lucius Cornelius), orateur et historien romain, auteur d'une *Histoire de Rome*, dont il ne nous est parvenu que des fragments.

LUCRÈCE, poëte et philosophe latin, auteur d'un poëme en 6 livres sur la *Nature des Choses*, remarquable par la pureté du style et son énergie. Il chercha à concilier la doctrine d'Epicure avec les principes de Démocrite et ceux d'Anaximandre.

SCYMNUS, de Chio, poëte et géographe grec, auteur d'une *Description du monde* en vers iambiques, dont il ne reste qu'une partie.

MÉLÉAGRE, poëte grec, à qui on doit le recueil de la première *Anthologie*.

FURIUS (M. Bibaculus), poëte satirique latin, connu par ses épigrammes contre César et par un poëme épique sur les *Guerres des Gaules*, dont il ne reste que quelques fragments.

CATULLE (Caïus Valérius), né à Vérone, célèbre poëte latin, dont il nous reste des *Chants*, des *Elégies* et des *Epigrammes*.

KALIDASA, le premier des 9 poëtes indiens désignés sous le nom des *Neuf-Perles*, que le roi Vikramadithia entretenait à sa cour, à Palipouthra, sur le Gange. *Sakontala* ou *l'Anneau de la destinée*, son meilleur drame.

ZOPYRE, médecin de Ptolémée Aulètes, roi d'Egypte, imagina pour ce prince l'antidote universel connu sous le nom d'*ambrosia*, et dont on trouve la composition dans Celse (liv. 5, chap. 23), dans Scribonius Largus (*Compositiones medicæ*) et dans Galien (*Antidotarium*, liv. II, chap. 8).

PRAXITÈLE, graveur et orfévre romain, dont les auteurs citent une composition représentant *Roscius enfant, entouré dans son berceau par un serpent qui repose sur son sein*.

CLODIUS ÆSOPUS et QUINTUS ROSCIUS, célèbres acteurs romains, le premier pour le comique et le second pour le tragique. Cicéron, pour se perfectionner dans l'action oratoire, prit des leçons de ces deux acteurs.

LUCULLUS, général romain, célèbre par ses talents militaires et sa magnificence, qui le fit surnommer le *Xerxès des Romains*. Il écrivit une *Histoire des guerres marsiques*, qui n'est point parvenue jusqu'à nous. Il fonda dans son palais une riche bibliothèque, où il admettait les savants, et un musée où se trouvaient les statues et les tableaux les plus précieux. On lui attribue l'importation du parchemin et du cerisier dans l'Occident.

Organisation de colonies de vétérans par Sylla.

Décadence de l'agriculture en Italie, à la suite des guerres civiles et par l'envahissement de la grande propriété. La culture des terres est abandonnée aux esclaves.

Invention de la *tachygraphie* ou de l'art d'écrire, au moyen d'abréviations, aussi vite que la parole, par TIRON, affranchi et secrétaire de Cicéron, dont il recueillait les discours avec des notes, appelées de son nom *tironiennes*, et qui nous ont été conservées par PIERRE DIACRE, moine du Mont-Cassin. La tachygraphie a donné naissance à la sténographie des modernes.

Invention, en Italie, de l'*ordre toscan*, dérivé de l'ordre dorique. Plus tard un architecte imagina l'*ordre composite*, en mariant les feuilles du chapiteau corinthien avec les volutes de l'ordre ionique.

L'édile SCAURUS fait construire un théâtre en bois pour 80,000 spectateurs. La scène, composée de trois ordres, était soutenue par 360 colonnes, et 3000 statues de bronze en ornaient les intervalles.

POMPÉE fait construire à Rome le premier théâtre en pierre pour 40,000 spectateurs. Dans l'enceinte même du théâtre il y avait un temple magnifique dédié à Vénus la Victorieuse.

Premier combat d'éléphants à Rome.

Luxe oriental introduit à Rome par Lucullus et Pompée. Les magnifiques palais de Clodius et de Cicéron; la curie de Pompée; le Forum et la Naumachie de César; les basiliques, où les magistrats rendaient la justice à couvert (les réunions du Forum avaient lieu en plein air). Les villas de la campagne de Rome, à l'exemple de celles de Sylla et de Lucullus.

### 50—1.

DICÉNÉE, philosophe égyptien, passa chez les Scythes, auxquels il enseigna les premiers devoirs de l'homme, et fit pour eux un *Livre de maximes*.

ANAXILAS, de Larisse, philosophe pythagoricien, fut banni de Rome, comme magicien, par ordre d'Auguste. D'après ce que l'on sait de ses expériences, on conjecture qu'il avait découvert l'art de la fantasmagorie.

E C. SILBERMANN.

| AVANT J.-CH. | **AFRIQUE.** Egypte. Mauritanie. Numidie. L'astérisque (*) indique les articles concernant l'Afrique. — **ASIE.** Chine. Arabie. Inde. Parthie. Arménie. Palestine. Pont, etc. 1 | **EU[…]** République romaine. 2 |
|---|---|---|
| 59 | . . . . . . . . . . . . . . . . . . . . . . . . . . . . . . . . | CÉSAR, nommé consul, fait mettre en prison CATON, qui s'était opposé à l'exé et obtient pour cinq ans le commandement des Gaules et de l'Illyrie avec quatre lé |
| 58 | MITHRIDATE III (Arsace XIII) s'empare du trône des Parthes (58—56). . . . . . . . . . | Le tribun CLODIUS fait condamner CICÉRON à l'exil. Il est rappelé l'année suivante |
| | DÉJOTARUS, roi de Galatie, après avoir été dépouillé de ses Etats par MITHRIDATE, remonte sur le trône, s'empare d'une partie de l'Arménie, et en est chassé par CÉSAR pour avoir embrassé le parti de POMPÉE. Plus tard, accusé d'avoir voulu attenter à la vie du dictateur, il fut défendu par CICÉRON, dont on connaît la harangue *pro Dejotaro*. | Les huit campagnes de CÉSAR dans la Gaule, qui perd plus de 2,000,000 de ses<br>Les Helvétiens, après avoir envahi la Gaule, au nombre de 370,000 personnes, livrée près de *Bibracte* (Autun).<br>CÉSAR, appelé au secours des Eduens et des Séquaniens, taille en pièces l'armée |
| 57 | *PTOLÉMÉE AULÈTES, devenu odieux par ses crimes et ses débauches, est chassé du trône d'Egypte et remplacé par sa fille BÉRÉNICE, qui épouse et s'associe dans le gouvernement ARCHELAÜS, grand-prêtre de la déesse de *Comana* et fils d'Archelaüs-le-Cappadocien, général de Mithridate-le-Grand, roi du Pont. | . . . . . . . . . . . . . Victoire de CÉSAR sur le |
| | Les Romains s'emparent de l'île de Chypre, sous le prétexte qu'elle avait été léguée à la République par un des derniers Ptolémées. | |
| | ABGAR, surnommé *Mannus*, le plus connu des princes appelés ABGAR qui régnèrent sur la ville d'Edesse, capitale du petit royaume d'Osrhoëne, en Mésopotamie. — Lorsque CRASSUS entreprit son expédition contre les Parthes, il s'offrit pour lui servir de guide, le conduisit à travers des déserts privés d'eau et fit tomber l'armée romaine entre les mains des Parthes. L'histoire de ce petit Etat est très-obscure. | |
| 56 | ORODES I^er^ (Arsace XIV), roi des Parthes (56—37). Il s'empare de Babylone et fait massacrer sous ses yeux son frère MITHRIDATE III. | Défaite des Aquitains, et, les années suivantes, des autres tribus gauloises, des |
| | VIKRAMADITHIA, nommé vulgairement BIKER-MADJIT, radjah de l'Inde; capitale *Palipouthra*. (Les ruines de cette ville existent encore sous le nom de *Patalipoutra*). Ce prince, qui fut le fondateur de la sixième dynastie du Bengale, illustra son règne par la protection qu'il accorda aux lettres, et il donna son nom à une ère qu'on fait commencer à l'an 56 avant J. Ch. | CÉSAR prend ses quartiers d'hiver à Lucques et y renouvelle le triumvirat avec — CÉSAR obtient de nouveau pour cinq ans le commandement de l'Illyrie et des Ga sus sont nommés consuls; l'Afrique et l'Espagne sont données au premier et l'As reste à Rome et laisse à des lieutenants le commandement de ses armées. |
| 55 | *PTOLÉMÉE AULÈTES est rétabli sur le trône d'Egypte par GABINIUS, lieutenant de Pompée, et fait mourir sa fille BÉRÉNICE. | Premier passage du Rhin par CÉSAR (près de Mayence ou Coblence); défaite des |
| 54 | . . . . . . . . . . . . . . . . . . . . . . . . . Première guerre des Parthes contre Rome (54—51). . . . . . . . . | Seconde invasion de César consolider ses conquêtes. |
| | Pillage du temple de Jérusalem par CRASSUS, qui traversait la Palestine pour aller combattre les Parthes. | Les quartiers de CÉSAR son |
| 53 | Défaite des Romains par le général parthe SURÉNA, dans une grande bataille livrée sous les murs de *Carrhæ* (aujourd'hui Harran, dans la Turquie d'Asie); CRASSUS et son fils y périssent. | Deuxième passage du Rhin |
| 52 | Les Scythes sont chassés de la Parthie et ne reparaissent plus comme nation indépendante. Leur nom disparaît peu à peu de l'histoire. — Invasion des Parthes en Syrie et dans l'Asie-Mineure. | Nouveau consulat de POMPÉE; son influence augmente de jour en jour.<br>Soulèvement général des Gaulois. Les Carnutes massacrent les Romains réunis à et obtient d'abord de grands succès, mais ayant perdu une bataille, il est obligé de un siége qui est regardé comme un des événements les plus remarquables de la g servant plus l'espoir d'être secouru, se livre à CÉSAR, qui le fait égorger après s'en |
| 51 | *PTOLÉMÉE XII (Denys) succède à son père Aulètes sur le trône d'Egypte, dont il exclut sa sœur CLÉOPATRE. | CÉSAR termine la conquête des Gaules. Soumission de plus de 300 peuples, qui p<br>Premières mésintelligences entre POMPÉE et CÉSAR. Ce dernier, quoique absen le consulat à l'expiration de son commandement. Le sénat s'appuie sur POMPÉE, ta pour CÉSAR (51—50). |
| 49 | HYRCAN II, fils de Jannée, est réduit à la souveraine sacrificature par CÉSAR, qui donne l'autorité civile à l'Iduméen ANTIPATER, ministre d'Hyrcan, en reconnaissance des services qu'il lui avait rendus dans la guerre d'Egypte. | *Guerre civile* entre CÉSAR et POMPÉE. CÉSAR, à la tête de 6000 hommes, passe son commandement), près de Rimini, et, en deux mois, se rend maître de tout suivi de ses partisans, avait quitté Rome et s'était réfugié en Epire, où il se trou tête d'une armée de 50,000 hommes.<br>CÉSAR passe en Espagne, où il défait AFRANIUS NEPOS, général de Pompée. A son enlève aux *Massiliens* toutes leurs colonies, détruit leurs machines de guerre, et m<br>LÉPIDE, qui devait plus tard devenir triumvir avec Octave et Marc-Antoine, e s'attache à la fortune de CÉSAR, qui, pendant sa dictature, le nomme général de la |
| 48 | *POMPÉE, arrivé en Egypte, après sa défaite à Pharsale, est assassiné par ordre de PTOLÉMÉE XII, sur la plage d'Alexandrie. | CÉSAR part pour l'Epire avec 20,000 soldats. Il est battu à la bataille de *Dyrrach* salie, où il gagne la sanglante BATAILLE DE PHARSALE, qui décide du sort de P fuit en Egypte et y est assassiné à l'âge de 59 ans. — CÉSAR poursuit son ennemi d'Alexandrie. |
| | *Arrivée de CÉSAR en Egypte. Il est reconnu pour arbitre par PTOLÉMÉE XII et CLÉOPATRE. Séduit par les charmes de cette dernière, il décide que le frère et la sœur doivent partager le trône. PTOLÉMÉE, mécontent, vient assiéger CÉSAR dans son palais, mais il est bientôt attaqué à son tour et vaincu dans une bataille décisive, dans laquelle il périt en traversant le Nil. | |
| | *PTOLÉMÉE XIII, *le Jeune*, second fils d'Aulètes, est nommé roi par CÉSAR, qui lui fait épouser sa sœur CLÉOPATRE, avec laquelle il partage la couronne. | |
| 47 | Révolte de PHARNACE, roi du Bosphore Cimmérien, fils de Mithridate-le-Grand. CÉSAR arrive en Asie et gagne sur ce prince la bataille de *Zéla*, à l'occasion de laquelle il écrit au sénat: *Veni, vi*[…] j'ai vu, j'ai vaincu). DARIUS, fils de Pharnace, obtint plus tard de Marc-Antoine la restitution de la partie orientale du Pont, et eut pour successeurs POLÉMON I^er^ et II. A la mort de ce dernier, en en province romaine. | |
| 46 | *Arrivée de CÉSAR en Afrique. Défaite du parti de Pompée à *Thapsus* (Etats de Tunis). Mort de CATON (le jeune) à Utique. — La Mauritanie et la Numidie sont réduites en provinces romaines. Ju dernier roi. | |
| | | De retour à Rome, CÉSAR est nommé dictateur pour 10 ans et se décerne 4 trio<br>ANTOINE, le futur triumvir avec Octave et Lépide, qui s'était distingué à la ba nommé général de la cavalerie. |
| 45 | . . . . . . . . . . . . . . . . . . . . . . . . . . . . . . . . | CÉSAR envoie une colonie de citoyens de Rome relever Corinthe. Une autre colo de Carthage.<br>Réforme du calendrier romain par ordre de JULES CÉSAR. Dans l'ancien festi de erreur de 67 jours. CÉSAR arrangea le calendrier pour une année de 365 jours, a tous les 4 ans. C'est de cette réforme que date l'*ère julienne*.<br>Guerre d'Espagne contre les fils de POMPÉE, qui sont vaincus à la bataille de Mun vient à se sauver en Sicile. CÉSAR, rentré dans Rome, est nommé dictateur perpét |
| 44 | *CLÉOPATRE fait empoisonner son frère PTOLÉMÉE-LE-JEUNE, et règne seule sur l'Egypte . . . . . . . | Préparatifs de CÉSAR pour faire la guerre aux Parthes. Ses partisans font croire a les livres Sibyllins, les Parthes ne seraient vaincus que par un roi, et lui offrent pub qu'il refuse en voyant le mauvais effet produit par cette démonstration. Bientôt apr juration, à la tête de laquelle se trouvent BRUTUS et CASSIUS : Les conjurés choisir devait s'assembler pour autoriser CÉSAR à porter le titre de roi, hors de l'Italie, en trée du dictateur. ils l'environnèrent sous prétexte de lui demander une grâce. Comm lui rabattit sa toge de dessus les épaules, et, à ce signal, CASCA frappa le premie CÉSAR, malgré une blessure dans la poitrine, se débattait comme un lion. Mais cri 23 coups, aux pieds de la statue de Pompée; il était âgé de 56 ans. Aussitôt le peuple s'éloigna; la terreur et la consternation régnèrent dans Rome. Les conjurés, d de ces temps, effrayés de la liberté dont ils étaient les auteurs, traversaient Rome devant eux le bonnet de l'affranchissement, tâchant de calmer le peuple qu'ils tenai et, sous une escorte de gladiateurs, ils allèrent se mettre au Capitole en défense co pouvoir manquait sans que la liberté fût revenue; et si quelqu'un avait puissance pauvre corps sanglant et criblé de coups, qu'au premier moment de terreur, sénateu laissé seul dans la curie et que maintenant trois esclaves emportaient, le bras pendan Ce n'était pas César qu'il eût fallu tuer, c'était la république et l'esprit de la répu faire revivre (*Histoire des Césars jusqu'à Néron*, par le comte Frantz de Champa<br>OCTAVE, fils adoptif de César, et ANTOINE s'emparent, chacun de son côté, des re BRUTUS et CASSIUS partent comme copréteurs, l'un pour la Macédoine et l'autre po |

STRASBOURG, IMPRIM. DE

**UROPE.**

**Espagne. Gaule. Grande-Bretagne. Germanie.**
3

écution de la loi agraire, légions.
ate.
es citoyens, c'est-à-dire le quart de la population (58—51).
es, dont près de 100,000 combattants, sont défaits par CÉSAR, dans une bataille sanglante
ée d'ARIOVISTE, roi des Suèves, qui s'enfuit presque seul de l'autre côté du Rhin.
les Belges, qui avaient voulu venger la défaite d'ARIOVISTE.

ont les rivalités, sans cesse renaissantes, favorisèrent les projets de CÉSAR.
ec POMPÉE et CRASSUS. Gaules. POMPÉE et CRASSUS Asie au second. POMPÉE

es Germains. — Première invasion de CÉSAR dans la Grande-Bretagne.
AR dans la Grande-Bretagne; il pénètre jusqu'au delà de la Tamise et revient sans avoir pu
ont attaqués à la fin de l'année dans les Gaules, et une légion entière est surprise et détruite.
in par CÉSAR. Les Germains se retirent dans leurs forêts.

à *Genabum* (Orléans). VERCINGÉTORIX, chef des Arvernes, se met à la tête de la ligue, le s'enfermer dans *Alise*, capitale des Mandubiens, peuplade de la Bourgogne, et y soutient guerre des Gaules. Après deux mois d'une courageuse défense, VERCINGÉTORIX, ne con- en être servi pour orner son triomphe.
paient à Rome un tribut de près de 8,000,000 de francs.
ent de Rome, demande tandis que le peuple est
se le *Rubicon* (limite de ute l'Italie. — POMPÉE, ouva bientôt après à la
on retour il s'empare de Marseille, qui avait refusé de recevoir ses lieutenants. Le vainqueur met deux légions en garnison à Marseille, dont il fait raser les fortifications.
est nommé préteur. Il la cavalerie.
*chium* et passe en Thes- POMPÉE. Celui-ci s'en- i en Égypte. — Guerre

Vers cette époque les SARMATES (Sauromates des Grecs) avaient commencé à s'établir sur les débris de la nation scythe, dans les contrées qui prirent d'eux le nom de Sarmatie d'Europe (Prusse, Pologne et Russie actuelles). On les regarde généralement comme les ancêtres des Slaves. Les peuples qui sortirent plus tard de ces contrées, furent: les *Roxolans*, sur le Don, les *Alains*, sur la mer d'Azow, les *Lygiens* (Lèches?), sur la Vistule, les *Jazyges*, dans l'Ukraine, les *Mélanchlænians*, sur le Dniéper, les *Gélons* et les *Budiniens*, sur le Bog, en Pologne, les *Tauriens* et les *Scytho-Tauriens*, dans la Chersonèse Taurique (Crimée), les *Æstyens*, sur les côtes de la mer Baltique, les *Venèdes*, sur la Vistule, les *Bastarnes*, sur le Dniester, les *Gètes*, sur le Bas-Danube, et les *Goths* (Gothons), sur l'embouchure du Danube. Un grand nombre de ces peuples étaient de race germanique.

*vidi*, *vici* (je suis venu, 65, le Pont fut réduit
JUBA, allié de Pompée,
omphes.
ataille de Pharsale, est
lonie va renforcer celle
c Numa), il y avait une avec un 366e intercalé
*nda* (aujourd'hui Mondego, petite rivière). CNÉIUS POMPÉE est tué; son frère SEXTUS par- tuel.
au peuple que, d'après bliquement le diadème, rès se forme une con- ent le jour où le sénat et, au moment de l'en- nc il la refusait, CIMBER er, mais en tremblant. afin il tomba, percé de sénat prit la fuite, le dit un excellent peintre deux à deux, portant ient de faire souverain, ontre ce souverain. Le dans Rome, c'était ce urs et conjurés avaient ant hors de la litière... ublique qu'il eût fallu gny).
ênes du gouvernement ur la Syrie.

### HISTOIRE RELIGIEUSE.
**Mœurs. Usages.**
4

50—1.

Après la défaite de POMPÉE à Pharsale, les Romains élevèrent à CÉSAR une statue avec cette inscription: *A César demi-dieu*, et on la plaça dans le Capitole, vis-à-vis celle de Jupiter. Des honneurs divins lui furent décernés sous le nom de *Jupiter Julius*, et il eut des autels, des temples et des prêtres. Après sa mort, il fut, par un décret du sénat, mis au rang des dieux; Romulus l'avait été le premier. AUGUSTE, qui eut des autels de son vivant, institua l'apothéose légale des empereurs. La cérémonie durait huit jours. Après les obsèques de l'empereur défunt, on plaçait son image en cire sur un lit d'ivoire, dans une grande salle du palais. Cette image était censée être l'empereur malade lui-même, et recevait en cette qualité la visite des sénateurs et des dames de distinction. Le huitième jour, le lit et l'image étaient portés dans la place publique par les jeunes chevaliers et les jeunes seigneurs; là on chantait des hymnes, composés en l'honneur du défunt, dont le nouvel empereur prononçait l'éloge funèbre. Après cette cérémonie, on se rendait au champ de Mars, où avait été dressé un magnifique pavillon de bois, en forme de pyramide, à plusieurs étages, et rempli de matières combustibles. Le lit et l'image, après avoir été couverts de parfums et d'aromates, étaient placés, par les prêtres, au second étage. Les chevaliers exécutaient alors autour du bûcher une cavalcade, qui était suivie de chariots sur lesquels se trouvaient les statues des plus illustres Romains, celles des parents et les figures symboliques des provinces soumises à Rome. Toutes ces cérémonies étant achevées, l'empereur mettait le feu au bûcher, et aussitôt que les flammes commençaient à s'élever, on lâchait du faîte de l'édifice un aigle qui, suivant la croyance populaire, portait au ciel l'âme du prince déifié. Il recevait le titre de *divus* et des temples étaient érigés en son honneur. Les mêmes cérémonies étaient observées à l'apothéose d'une impératrice, avec cette exception que le rôle de l'aigle était rempli par un paon.

Une théogonie aussi monstrueuse, qui offrait à l'adoration de ses adeptes des dieux dont tant de familles avaient eu à supporter les cruautés sanguinaires, ou dont les honteuses faiblesses avaient eu le monde entier pour théâtre, une pareille théogonie, disons-nous, était le signe évident de la décadence des croyances religieuses. En effet, l'antique piété des Romains avait fait place au scepticisme et à la démoralisation. Leur foi diminuait à mesure que le nombre des dieux augmentait, et par les apothéoses nouvelles et par l'adoption de toutes les divinités des peuples vaincus. Le personnel des prêtres trouvait difficilement à se recruter de nouveaux sujets, et, malgré toute son autorité, AUGUSTE était impuissant à réformer les mœurs, ou plutôt, plus il les réformait, plus elles se corrompaient et se dépravaient. La philosophie païenne, arrivée à sa dernière étape, le matérialisme, avait sapé les fondements de la vieille société, qui montrait à nu sa dissolution prochaine, en même temps que les esprits sérieux méditaient sur les éléments propres à régénérer l'état social. Mais cette régénération n'était possible que par une révolution radicale, qui vînt non pas étayer l'ordre de choses établi, mais en changer complétement la face: elle allait s'accomplir.

Renouvellement des *jeux actiaques* par AUGUSTE. Ces jeux, fondés très-anciennement à Actium, et qui avaient lieu tous les trois ans, furent renouvelés par AUGUSTE en mémoire de sa victoire sur Antoine, et se célébraient tous les cinq ans. Ils furent transférés dans la suite à Rome, ainsi que dans plusieurs provinces d'Asie et en Égypte, et donnèrent lieu à une ère nouvelle, l'*ère actiaque*, que l'on datait à Rome du 1er janvier de l'an 29 avant J. Ch. L'usage de cette ère fut abandonné bientôt après.

### LETTRES, SCIENCES, ARTS, LÉGISLATION, COMMERCE, INDUSTRIE, DÉCOUVERTES, INVENTIONS, ETC.
5

50—1 (suite).

HILLEL, l'ancien, docteur juif, né à Babylone, président du Sanhédrin de Jérusalem, fonda une école célèbre et soutint les traditions orales chez les Juifs, contre SCHAMMAI, qui soutenait qu'il fallait s'en tenir littéralement au texte des Écritures.

CRATIPPUS, philosophe péripatéticien, ouvrit une école à Athènes, et reçut de César le titre de citoyen romain.

ATHÉNODORE, de Tarse, philosophe stoïcien, précepteur d'Octave et, plus tard, de Claude.

NICOLAS DAMASCÈNE, ainsi surnommé de Damas, sa patrie, philosophe, poëte et historien. Il ne reste que des fragments de ses ouvrages.

GÉMINUS, de Rhodes, mathématicien, auteur d'une *Introduction à l'étude des phénomènes célestes.*

THÉODOSE, né en Bithynie, géomètre, a laissé trois ouvrages, dont le principal est son *Traité de la sphère*.

CASCELLIUS (AULUS), jurisconsulte romain, souvent cité dans le *Digeste*.

ALFÉNUS VARUS, jurisconsulte romain, né à Crémone, d'abord cordonnier, consul en l'an 2 de J. Ch., auteur de 40 *livres de Digestes*.

JULES CÉSAR, célèbre capitaine, habile politique et grand écrivain, auteur de plusieurs ouvrages, tant en vers qu'en prose, dont il ne reste plus que les *Commentaires sur la guerre des Gaules et sur les guerres civiles*, monument précieux pour la connaissance des peuples de la Gaule, de l'Espagne, de la Germanie et de la Grande-Bretagne.

DIODORE de Sicile, célèbre historien grec. Il nous reste encore 15 livres des 40 dont se composait sa *Bibliothèque historique*.

TROGUE-POMPÉE, historien latin, que quelques chronologistes placent au 2e siècle de l'ère vulgaire, auteur d'une *Histoire universelle*, depuis Ninus jusqu'à Auguste, qui est perdue, mais dont Justin, qui vivait au 3e siècle, a écrit un *Abrégé*.

CORNÉLIUS NEPOS, historien latin, né près de Vérone. On a de lui les *Vies des grands capitaines*; la deuxième partie, contenant les Romains, a été perdue, sauf la vie de Caton-l'Ancien.

POLLION (Caïus Asinius), orateur, poëte et historien romain, se distingua en outre comme consul et comme général. On dit qu'il fonda la première bibliothèque publique à Rome.

JUBA, fils de Juba Ier, roi de Numidie, amené à Rome par César, auteur de plusieurs ouvrages historiques, dont aucun n'est parvenu jusqu'à nous. Pline nous a conservé quelques morceaux de son *Histoire d'Arabie*.

CONON, le mythographe, auteur de 50 *Narrations* mythologiques et historiques, dont Photius a donné un abrégé dans sa *Bibliothèque*.

DENYS, d'*Halicarnasse*, célèbre rhéteur et historien grec. Il nous reste 11 livres des 20 que comprenait son *Histoire des antiquités romaines*.

APOLLODORE, de Pergame, rhéteur grec, vint à Rome, où il ouvrit une école et compta parmi ses élèves Octave, depuis empereur.

HYGIN (Caius Julius Hyginus), savant grammairien, affranchi d'Auguste et ami d'Ovide. Ses ouvrages, à l'exception de quelques fables qu'on lui attribue, ne sont point parvenus jusqu'à nous.

VIRGILE (Publius Virgilius Maro), le prince des poëtes latins, né en 70, à Andès (Pétiola), près de Mantoue, mort en 19 avant J. Ch. On lui doit l'*Énéide*, poëme épique, dans lequel il célèbre les hauts faits d'Énée et son établissement en Italie, après la destruction de Troie; les *Géorgiques*, poëme didactique sur l'art de cultiver la terre, composé sur la demande de Mécène, pour inspirer aux Romains le goût des travaux champêtres; les *Bucoliques*, recueil de poésies pastorales.

HORACE (Quintus Horatius Flaccus), le premier des poëtes lyriques et satiriques de Rome, né à Venouse, en Apulie, en 66, mort en 9 avant J. Ch., fils d'un affranchi, percepteur des deniers publics, qui lui fit donner une brillante éducation. Il suivit le parti de Brutus, mais après la bataille de Philippes, il revint à Rome, se livra à la poésie, se lia avec Virgile et Varius, et devint le favori d'Auguste et de Mécène. On a de lui des *Odes*, la plupart dans le genre d'Anacréon, des *Epîtres*, des *Satires* et l'*Art poétique*, poëme sous la forme d'une épître.

OVIDE (Publius Ovidius Naso), le plus gracieux et l'un des plus célèbres parmi les poëtes latins, né à Sulmone, en 43 avant J. Ch., mort en 17 de l'ère vulgaire. Après avoir joui de la faveur d'Auguste, il fut exilé dans le Pont-Euxin pour une cause qui est restée inconnue. On a de lui les *Métamorphoses*, les *Tristes*, les *Fastes*, les *Héroïdes*, l'*Art d'aimer*.

VARIUS (Lucius), poëte épique et dramatique latin, ami de Virgile et d'Horace.

G. SILBERMANN.

| AVANT J. CH. | **AFRIQUE.** **Egypte.** L'astérisque (*) indique les articles de l'Afrique. — **ASIE.** **Chine. Inde. Arabie. Parthie. Arménie. Palestine, etc.** 1 | **EURO** **République romaine.** 2 |
|---|---|---|
| | | ÉTENDUE DE LA RÉPUBLIQUE.<br>Europe : *Latins* et *Campaniens* (depuis 338), *Etrusques* et *Sabins* (290), *Moyenne* et *Basse-* *Corse* (258), *Sardaigne* (238), *Haute-Italie* (222), *Dalmatie* et *Istrie* (221), *Sicile* (210), *u* *l'Espagne* (205), *Epire*. *Illyrie* (167), *Macédoine* (148), *Grèce* (146), *Lusitanie* (140), *les t* (124), *toute l'Espagne* (72), *les Gaules* (51).<br>Asie : *Asie-Mineure jusqu'au Taurus* (190). *royaume de Pergame* (133), *Bithynie* (75), *Cilic* *Crète* (67), *le Pont*, *le Bosphore*, *la Colchide*, *la Syrie* (64), *l'île de Chypre*, *la Palestine* (57)<br>Afrique : *Carthage* (146), *la Cyrénaïque* (96), *la Numidie* et *la Mauritanie* (46). |
| 43 | Ariobarzane III, roi de Cappadoce (43—39). . . . . . . . . | Fondation de la ville de *Lyon* par P. L. M. Plancus, un des lieutenants de César. Cette cité la faveur d'Auguste, la capitale des Gaules.<br>La Thrace passe sous la domination romaine.<br>Octave se met au service du sénat et marche avec les consuls Pansa et Hirtius contre Antoin geait dans Modène Decimus Brutus, parent de Junius Brutus, l'un des meurtriers de César, e plus contribué au succès de la conjuration tramée contre le dictateur. Antoine est vaincu, m jaloux de Brutus, néglige de le poursuivre. Les deux consuls sont tués pendant la bataille.<br>Octave arrive avec ses légions aux portes de Rome et se fait nommer consul. Les meurtriers d décrétés d'accusation et la loi de proscription contre Antoine et Lépide est levée.<br>Conférences de l'île de Réno, près de Bologne, où se constitue le<br>DEUXIÈME TRIUMVIRAT, entre Octave, Antoine et Lépide. Les nouveaux chefs livrent Ro horribles proscriptions : 300 sénateurs et 2000 chevaliers périssent par l'ordre des triumvirs; une des plus illustres victimes. |
| 42 | . . . . . . . . . . . . . . . . . . . . | Guerre des triumvirs contre les meurtriers de César : Brutus et Cassius sont vaincus et s mort à la *bataille de* PHILIPPES, en Macédoine, qui dure 2 jours.<br>*Partage de la République :* Octave prend l'Italie et les provinces occidentales de l'Europe, An Mineure et l'Egypte, et Lépide obtient l'Afrique septentrionale. Sextus Pompée se maintient en |
| 41 | *Le triumvir Antoine près de Cléopatre. . . . . . . . . . .<br>Conquête de la Syrie et de la Palestine par Pacorus, fils d'Orodes I^er^, roi des Parthes (41—39). | Pillage général de l'Italie par Octave au profit de ses vétérans. Lucius Antonius, frère de M se met à la tête des mécontents; la guerre civile éclate de nouveau. Prise et destruction de *Péro* Etats de l'Eglise), où L. Antonius s'était enfermé. 300 sénateurs sont immolés par Octave sur l'au |
| 40 | . . . . . . . . . . . . . . . . . . . . | Retour d'Antoine en Italie; il s'allie avec Sextus Pompée. La guerre est sur le point de recom les triumvirs, mais leurs partisans les réconcilient. Antoine épouse Octavie, sœur d'Octave. tage du monde : Antoine eut toutes les provinces de l'Orient jusqu'à l'Illyrie; Lépide, l'Afrique l'Occident. Sextus Pompée se fait adjuger, par la paix de *Misène*, les îles, l'Achaïe et la mer. |
| 39 | Antigone, fils d'Aristobule II, et le dernier des Macchabées, est fait roi de Judée par les Parthes, qui bientôt après sont chassés de la Syrie et de la Palestine par Ventidius, lieutenant de Marc-Antoine. | Antoine se rend en Grèce. Les Athéniens le reçoivent comme un dieu et lui offrent leur dée en mariage, qu'il accepte en demandant 1000 talents pour sa dot (39—38). |
| 38 | . . . . . . . . . . . . . . . . Pacorus est défait et tué sur les bords de l'Euphrate par le général romain Ventidius. | |
| 37 | . . . . . . . . . . . . . . . . Antoine établit ses quartiers d'hiver en Egypte, auprès de Cléopatre (37—33).<br>Abdication d'Orodes I^er^, roi des Parthes, en faveur de son fils Phrahate IV (Arsace XV), qui le fait bientôt après assassiner ainsi que 29 de ses frères (37—4).<br>Prise de Jérusalem par Marc-Antoine. Mort d'Antigone. Avénement de la *dynastie hérodienne* (37 à l'an 70 après J. Ch.). — HERODE-LE-GRAND, fils d'Antipater, est nommé par le s roi de Judée (37—4). | |
| 36 | Guerre des Parthes contre le triumvir Marc-Antoine, qui est défait et obligé de passer l'Araxe et de gagner l'Arménie, où il se signale par sa belle retraite (36—33). | Sextus Pompée, après avoir vaincu Octave dans deux combats sur mer, d'abord près de C seconde fois près du roc de *Scylla*, perd contre Agrippa, lieutenant d'Octave, la bataille navale près des côtes de Sicile. Lépide, quoiqu'il ait contribué à la victoire, est dépouillé de son gou meurt 13 ans avant J. Ch. avec le titre de grand-pontife, que lui avait laissé Octave. — Sextus Orient, mais, abandonné de ses troupes, il est forcé de se rendre, est transféré à Milet et égor jours après, par ordre d'Antoine. |
| 35 | . . . . . . . . . . . . . . . . . . . . | . . . . . . . . . . . . . . . . . . . . Conquête de la |
| 34 | Archélaüs, fils de Glaphyra, maîtresse d'Antoine, reçoit de ce dernier le royaume de Cappadoce. Après la bataille d'Actium, Octave lui laissa ses Etats, mais Tibère le fit venir à Rome, où il mourut en 17 après J. Ch., et la Cappadoce fut réduite en province romaine. | |
| 33 | Conduite scandaleuse d'Antoine en Egypte. Il proclame Cléopatre reine d'Egypte, de Chypre, de Lydie et de Syrie, et donne aux deux fils qu'il avait eus d'elle presque tous les trônes<br>Guerres des Parthes contre les Mèdes, alliés des Romains. Artavazde, leur roi, est fait prisonnier, mais il parvient à s'échapper. | |
| 32 | . . . . . . . . . . . . . . . . . Conquête de l'Arménie par les Parthes; destruction des troupes romaines dans ce royaume. | *Quatrième guerre civile*. Antoine, qui avait répudié Octavie, sœur d'Octave, est déclaré déchu de la puissance triumvirale, ainsi que du consulat, qu'il devait exercer l'année suivante démembré l'empire romain au profit de Cléopatre et de ses enfants. |
| 31 | . . . . . . . . . . . . . . . . . . . . | *Victoire navale* d'Octave à ACTIUM (côtes de l'Acarnanie, en Epire). Antoine prend la fuite la mort à Alexandrie; son amante Cléopatre suit son exemple pour échapper à l'ignominie d'orne du vainqueur. FIN DE LA RÉPUBLIQUE ROMAINE.<br>**MONARCHIE ROMAINE.** |
| 30 | *L'Egypte et l'île de Chypre sont réduites en provinces romaines. . . . . . .<br>*Les deux Mauritanies et une partie de la Gétulie sont érigées, par Octave, en royaume, en faveur de Juba II, fils de Juba I^er^. | CÉSAR OCTAVE EST PROCLAMÉ EMPEREUR (il règne depuis 30 avant J. Ch. jusqu'à l'an 14<br>Les formes républicaines sont conservées; toutes les magistratures ordinaires de la républiqu dans la personne d'Octave, qui est nommé consul, tribun, imperator et grand-pontife. Le maintenu que pour la forme; un conseil privé était chargé de la délibération des affaires publiq |
| 29 | Phrahate IV, devenu odieux aux Parthes par son orgueil et sa tyrannie, est chassé du trône et remplacé par Tiridate, roi d'Arménie. Il est rétabli par les Scythes et chassé de nouveau par Tiridate.<br>*Première année d'Auguste en Egypte, et commencement de l'*ère actiaque*, l'année qui suivit la mort d'Antoine et de Cléopâtre. | |
| 28 | . . . . . . . . . . . . . . . . . . . . | Fondation de colonies de vétérans. — Création de 9 cohortes prétoriennes, espèce de garde i campaient autour de Rome, et de 3 cohortes urbaines, qui avaient leur garnison en Italie. Orga mées permanentes dans les provinces. |
| 27 | Hérode, roi de Judée, déjà meurtrier d'Aristobule, son beau-père, grand-prêtre des Juifs, fait mettre à mort Mariamne, son épouse, Alexandra, sa belle-mère, Hyrcan, grand-père de cette princesse, ses deux fils Alexandre et Aristobule, et un grand nombre d'autres victimes. | Le sénat décerne à Octave le titre d'AUGUSTE, que conservent ses successeurs. — Remanie de l'administration provinciale : partage des provinces entre l'empereur et le sénat. Les *provinc* étaient sous l'autorité de gouverneurs investis des pouvoirs civils et militaires, tandis que les *natoriales* étaient administrées par des magistrats purement civils.<br>*Etablissement de nouveaux impôts*. Droits de douane, impôts sur les successions, sur les ventes et d'esclaves. — *Les fonctions publiques cessent d'être gratuites.* |
| 25 | La ville de Samarcande, en chinois *Khang*, dans l'ancienne Sogdiane (Grande-Bucharie) est conquise par les Chinois. Elle est devenue plus tard la capitale de Tamerlan. | Après 200 ans de luttes, les Cantabres (peuple d'Espagne, dans la Tarraconaise, au milieu de la |
| | La Galatie est réduite en province romaine. | |
| 24 | Expédition des Romains dans l'Arabie-Heureuse, sous Ælius Gallus, préfet d'Egypte; elle échoue complétement. | |
| 23 | Phrahate IV remonte sur le trône des Parthes . . . . . . . . . | Mort de Marcellus, fils adoptif d'Auguste, qui l'avait désigné pour son successeur. |



STRASBOURG, TY

(266), …tie de …éares …île de …, par …assié- …vait le …TAVE, …r sont …x plus …ON est …ent la …l'Asie- …toine, …rugia, …César. …entre …u par- …TAVE, …inerve …omain …et une …nsale, …nent et …tire en …elques

### Espagne. Germanie.

3

Les FINNOIS (Fenni), appartenant à la souche mongole, occupaient, selon Tacite, les forêts marécageuses entre la mer Blanche et la rive Baltique. Ils peuvent être comptés au nombre des principales nations de l'ancien monde, tant sous le rapport de leur antiquité que sous celui de l'étendue des contrées qui sont encore habitées par des peuplades de leur race. Tacite en fait le portrait le plus hideux : C'est un peuple sauvage, dit-il, vivant dans la plus profonde misère, n'ayant ni armes, ni chevaux, ni habitations fixes, se nourrissant d'herbes, se couvrant de peaux et couchant sur la terre. Pendant que les hommes et les femmes allaient à la chasse, pour laquelle ils se servaient de flèches garnies d'os, les enfants et les vieillards se retiraient sous des branches d'arbres entrelacés pour se mettre à l'abri de la pluie et des attaques des bêtes féroces. Cependant, outre le pays que Tacite leur assigne, les Finnois occupaient encore la Scandinavie, dont ils sont même regardés par quelques auteurs comme les premiers habitants. Dans un savant article, consacré à l'histoire de ces peuples dans le *Dictionnaire de la conversation*, et dû à la plume élégante de M. de Vaudoncourt, ces peuples sont divisés en *Finnois scandinaves*, *Finnois du continent* et *Finnois orientaux*. Parmi les *Finnois scandinaves*, les plus anciens sont : les *Quænes*, les *Finnois proprement dits* et les *Kyriules*. Ils habitaient déjà la Scandinavie lors de l'arrivée d'Odin et de ses Ases. Les *Finnois du continent* possédaient toute la côte depuis le Niémen ou Mémel jusqu'à l'embouchure de la Neva. On distinguait parmi eux les *Lives*, les *Esthiens* ou habitants de l'Esthonie, et les *Ingriens*. Sous le titre de *Finnois orientaux*, l'auteur comprend sept peuplades encore existantes, et qui habitent sur le Volga ou entre ce fleuve et l'Oby (Asie); ce sont : les *Syrænes*, les *Permiens*, les *Vogules*, les *Votiakes* ou *Votes*, les *Tchéremisses*, les *Mordvines* et les *Ostiakes Kondiens*. Les Finnois n'ont jamais formé aucun Etat capable de conserver son indépendance. Dans le cours des siècles ils sont devenus la proie des Scandinaves, des Russes et des peuples germains. Aujourd'hui les plus civilisés d'entre eux sont les Finnois proprement dits ou Finlandais et les Esthoniens, ainsi que ceux en petit nombre répandus au nord de la Suède et de la Norvége.

Passage du Rhin par AGRIPPA, appelé au secours des *Ubiens* (habitants du pays de Nassau et de Darmstadt), qui s'établissent dans la Gaule et fondent la ville de *Cologne*.

…onie par les Romains.

…nt.

A l'occasion du renouvellement du triumvirat entre OCTAVIEN, MARC-ANTOINE et LÉPIDE, les Espagnols, pour témoigner à OCTAVIEN leur satisfaction d'avoir été compris dans son partage, commencent une nouvelle ère qu'ils datent de l'an de Rome 714 (38 avant J. Ch.). Cette ère eut cours plus tard, non-seulement en Espagne et en Portugal, mais aussi en Afrique et dans les parties de la France qui relevaient de la monarchie des Visigoths.

…sénat …r avoir …donne …omphe …Ch.). …éunies …n'était …le, qui …d'ar- …omplet …triales …ces sé- …chères

…ptentrionale) sont domptés par AGRIPPA. — Fondation de *Saragosse* (Cæsaraugusta).

### HISTOIRE RELIGIEUSE.

**Mœurs. Usages.**

4

30—1 (suite).

Reconstruction du temple de Jérusalem par HÉRODE. Naissance de la secte juive des *Hérodiens*, qui regardaient HÉRODE comme le Messie. D'autres sectes surgirent vers cette époque parmi les Juifs : les *Masbothéens*, qui se distinguaient par l'observation plus rigoureuse du sabbat; les *Thérapeutes*, qui se vouaient au célibat, à la contemplation et à une vie solitaire, et donnaient l'exemple de toutes les vertus; les *Hémérobaptistes*, qui se purifiaient tous les jours le corps au moyen d'ablutions, niaient la résurrection des morts et pensaient du reste comme les Scribes et les Pharisiens. Il y a eu aussi des chrétiens *hémérobaptistes* ou *chrétiens de saint Jean;* ils croyaient indispensable au salut de réitérer le baptême tous les jours.

Les principaux de la Gaule, convoqués à Lyon, votent en l'honneur d'Auguste un temple magnifique, auquel 60 peuples contribuent. En même temps la flatterie lui élève d'autres autels à Narbonne, à Béziers, à Nîmes et à Bonn.

NAISSANCE DE JÉSUS-CHRIST, à Bethléhem, en Judée, cinq ans avant l'ère vulgaire, selon les recherches les plus estimables. Les circonstances de cette naissance sont racontées ainsi dans l'évangile de saint Luc (II, 1-18) : En ce temps là, on publia un édit de la part de César Auguste, pour faire un dénombrement des habitants de toute la terre. Ce dénombrement se fit avant que Quirinus fût gouverneur de Syrie. Ainsi tous allaient, pour être enregistrés, chacun dans sa ville. Joseph aussi monta de Galilée en Judée, savoir, de la ville de Nazareth à la ville de David, nommée Bethléhem, parce qu'il était de la maison et de la famille de David, pour être enregistré avec Marie, son épouse, qui était enceinte. Et pendant qu'ils étaient là, le temps auquel elle devait accoucher arriva. Et elle mit au monde son fils premier-né, et elle l'emmaillotta, et le coucha dans une crèche, parce qu'il n'y avait point de place pour eux dans l'hôtellerie. Or, il y avait dans la même contrée des bergers qui couchaient aux champs et qui y gardaient leurs troupeaux pendant les veilles de la nuit. Et tout à coup un ange du Seigneur resplendit autour d'eux et ils furent saisis d'une grande peur. Alors l'ange leur dit : N'ayez point de peur, car je vous annonce une grande joie, qui sera pour tout le peuple : c'est qu'aujourd'hui, dans la ville de David, le Sauveur qui est le Christ, le Seigneur vous est né. Et vous le reconnaîtrez à ceci, c'est que vous trouverez le petit enfant emmaillotté et couché dans une crèche. Et au même instant il y eut avec l'ange une multitude de l'armée céleste, louant Dieu et disant : Gloire soit à Dieu, au plus haut des cieux; paix sur la terre, bonne volonté envers les hommes! Et après que les anges se furent retirés d'avec eux dans le ciel, les bergers se dirent les uns aux autres : Allons jusqu'à Bethléhem et voyons ce qui y est arrivé, et que le Seigneur nous a fait connaître. Ils y allèrent donc en diligence, et ils trouvèrent Marie et Joseph, et le petit enfant qui était couché dans la crèche. Et l'ayant vu, ils publièrent ce qui leur avait été dit touchant ce petit enfant. Et tous ceux qui les entendirent, étaient dans l'admiration de ce que les bergers leur disaient.

HÉRODE, roi de Judée, craignant, d'après d'anciennes prédictions, la venue du Messie, dans lequel il voyait un roi temporel qui renverserait son trône, ordonna d'égorger tous les enfants qui étaient dans Bethléhem et dans tout son territoire, depuis ceux de deux ans et au-dessous, selon le temps dont il s'était informé auprès des Mages. Mais déjà Joseph et Marie avaient pris la fuite et s'étaient retirés en Egypte, où ils restèrent jusqu'à la mort d'Hérode (s. Matth. II). Alors ils allèrent de nouveau demeurer à Nazareth, et l'histoire ne dit plus rien de précis sur la vie de Jésus, depuis cette époque jusqu'à sa trentième année, si ce n'est qu'il alla une fois à Jérusalem, à l'âge de 12 ans, en compagnie de ses parents, qui s'y rendaient tous les ans, à la fête de Pâque, et qu'il y conversa avec les docteurs de la loi, qui étaient *ravis de sa sagesse et de ses réponses* (s. Luc II, 41-47).

### LETTRES, SCIENCES, ARTS, LÉGISLATION, COMMERCE, INDUSTRIE, DÉCOUVERTES, INVENTIONS, ETC.

5

30—1 (suite).

TIBULLE (Albius Tibulus), poëte élégiaque latin. On a de lui trois livres d'*Elégies*, pleines d'une sensibilité touchante et vraie, que l'on ne trouve pas dans Ovide et Properce, ses rivaux.

PROPERCE (Sextus Aurelius Propertius), poëte élégiaque latin, né à Mevania (aujourd'hui Bevagna, Etats de l'Eglise). Il reste de lui 4 livres d'*Elégies*.

CORNÉLIUS SEVERUS, poëte latin, dont il ne reste qu'un poëme sur l'Etna, mais qui avait commencé un poëme sur la guerre de Sicile, que la mort ne lui permit pas de terminer, et qui, suivant Quintilien, l'eût mis immédiatement après Virgile. Son *Elégie sur la mort de Cicéron* a été longtemps attribuée au prince des poëtes latins.

CORNÉLIUS GALLUS, né à Juliiforum (Fréjus), poëte élégiaque, plus connu par les exactions qu'il commit, étant préfet d'Égypte, et qui le firent condamner par le sénat.

DENYS, de Charax, poëte et géographe, auteur d'un poëme en vers hexamètres, intitulé *Periegesis oicoumenos* (voyage autour du monde habitable). Cet ouvrage lui fit donner le surnom de *Périégète*.

PUBLIUS SYRUS, poëte mimique, né en Syrie, fut amené jeune à Rome, où il obtint la faveur de Jules César, a laissé un *Recueil de sentences*.

MANILIUS (Marcus), poëte latin, auteur d'un *Poëme sur l'astronomie*, dont il nous reste 5 livres, qui traitent des étoiles fixes.

ALBINOVARUS (Caïus Pedo), poëte romain, dont il ne reste plus que quelques vers conservés par Sénèque.

GRATIUS, surnommé *Faliscus*, de Faleries, lieu de sa naissance, poëte latin, ami d'Ovide, qui le cite avec éloge, auteur d'un poëme sur la chasse, intitulé *Cynegeticon*, qui fut longtemps perdu et retrouvé, en 1503, par le poëte napolitain Sannazar.

PARTHÉNIUS, de Nicée, poëte grec, fut fait prisonnier dans la guerre contre Mithridate, et, ayant été amené à Rome, il y obtint la liberté en faveur de ses talents.

ANTONIUS MUSA, célèbre médecin, guérit Auguste d'une maladie contre laquelle tous ses confrères avaient échoué, fut comblé de richesses par l'empereur, et obtint de la reconnaissance du peuple romain une statue dans le temple d'Esculape.

THÉMISON, né à Laodicée, dans l'Asie-Mineure, médecin, fondateur de la secte des *Méthodistes*.

MARCUS ARTORIUS, médecin et ami d'Auguste.

ZEUXIS, de Laodicée, médecin souvent cité par Galien.

TITUS AUFIDIUS, médecin sicilien, auteur de deux ouvrages, sur *l'Ame* et sur *les Maladies chroniques*. — AUFIDIUS CHIUS, jurisconsulte romain, vivait à une époque incertaine; CNÉIUS AUFIDIUS écrivit une *Histoire grecque* mentionnée par Cicéron.

VITRUVE, le plus grand architecte romain. Son *Traité d'architecture en X livres* est le seul ouvrage de ce genre que l'antiquité nous ait transmis.

CORNÉLIUS (Cnéius), ingénieur romain, directeur des machines de guerre sous Auguste.

SOSIGÈNE, d'Alexandrie, astronome. Ce fut lui qui réforma, par ordre de César, le calendrier romain de Numa. Des 12 mois de l'année, 7 eurent 31 jours, 4 autres 30, et le mois de février 28 pendant 3 années de suite, et 29 la quatrième année. C'est de cette réforme que date l'*ère Julienne*. L'année de Sosigène était trop longue de 4 minutes 48 secondes, ce qui nécessita plus tard une nouvelle réforme, qui fut l'ouvrage du pape Grégoire XIII (en 1582).

*Ère d'Espagne*. Cette ère commença avec le 1er janvier 38. Elle fut d'un usage général en Espagne, en Afrique et dans le midi de la France; l'adoption générale de l'ère chrétienne en fit perdre l'usage, et cette ère fut abolie par l'autorité publique, dans la Catalogne en 1180, Aragon 1350, Valence 1358, Castille 1393, Portugal 1422, ou en 1415 selon quelques auteurs. Cette ère était réglée par l'année julienne ordinaire.

Etablissement d'une bibliothèque publique à Rome, par AUGUSTE. — Cet empereur fait aussi élever un amphithéâtre pour les combats des gladiateurs et de bêtes féroces, où l'on voyait les statues symboliques de toutes les provinces de l'empire. — Construction du théâtre de Marcellus, par AUGUSTE, pour 22,000 spectateurs; c'était le plus petit de Rome.

AUGUSTE fait faire le recensement général et dresser l'état des revenus de l'empire entier, c'est-à-dire presque du monde alors connu, y compris la Judée, dont le cadastre eut lieu, selon l'historien Josèphe, l'année de la mort d'Archélaüs, en 7—8 de l'ère chrétienne. Cette date serait même, selon l'évangéliste Luc, celle de la naissance de Jésus-Christ et aurait suivi de 14 ans l'époque d'Hérode, à laquelle on fait remonter ce grand événement (*Nouv. Biogr. génér.*, de Firmin Didot frères).

Destruction de la bibliothèque d'Alexandrie, lors de la prise de cette ville par César. Antoine y fit transporter plus tard celle du roi de Pergame.

Le mois appelé *Sextilis* (il avait été le sixième de l'ancienne année romaine) reçoit le nom d'*Augustus* (août).

Découverte des mines de mercure d'Almaden, en Espagne. Elles sont encore aujourd'hui les plus riches de l'Europe et produisent annuellement jusqu'à 20,000 quintaux.

*Milliaire doré*, colonne élevée par Auguste au milieu de Rome, et d'où l'on commençait à compter les milles pour tous les grands chemins de l'empire.

…s DE G. SILBERMANN.

| AVANT J. CH. | **ASIE.** Chine. Inde. Arabie. Palestine, etc. 1 | Monarchie romaine. 2 |
|---|---|---|
| 20 | PHRAHATE IV restitue aux Romains les étendards et les prisonniers pris sur CRASSUS, pour racheter son fils, qui leur avait été livré par TIRIDATE. | AUGUSTE, après avoir soumis Cyzique, puni les Tyriens et les Sidoniens et réuni la Phénicie à la S rentre l'année suivante à Rome, où le temple de Janus est fermé pour la première fois depuis 206 ans |
| 19 | Reconstruction du second temple de Jérusalem par HÉRODE-LE-GRAND. | |
| 16 | . . . . . . . . . . . . . . . . . . . . . . . . . . . . | . . . . . . . . . . . . . . . . . . . . . . . . . . . . |
| 15 | Conquêtes des Chinois sur les côtes de la mer Caspienne . . . . . . . . . | Conquête de la Rhétie, de la Vindélicie et du Norique (pays entre le Danube et les Alpes, depu Vindelicorum), dans la Vindélicie. |
| 12 | . . . . . . . . . . . . . . . . . . . . . . . . . . . . | Mort d'AGRIPPA, gendre d'AUGUSTE. Il avait été le personnage le plus marquant de l'empire, aprè aux ennemis de Rome. Nommé gouverneur de cette ville, il l'embellit de plusieurs monuments, tels taient son nom, et surtout les magnifiques aqueducs et le célèbre Panthéon; ces deux dernières cons par le pape Boniface IV, à la vierge et à tous les saints (Sainte-Marie-aux-Martyrs.)<br>Les 4 campagnes de DRUSUS en Germanie. — Victoires sur les *Chérusques* (entre le Weser et l'E de Paderborn). — DRUSUS meurt d'une chute de cheval, à l'âge de 30 ans, et lègue à son fils le tit |
| 10 | Rétablissement de Samarie, sous le nom de *Sébaste*, par HÉRODE . . . . . . . | Guerres des *Daces* contre les Romains. Les Daces occupaient les pays entre le Don et les monts K |
| 9 | . . . . . . . . . . . . . . . . . . . . . . . . . . . . | Soulèvement dans les Gaules à l'occasion du cens ou dénombrement ordonné par AUGUSTE. Il est la Gaule à Lyon, et qui parvient même à leur faire ériger en cette ville un autel à l'empereur. |
| 8 | . . . . . . . . . . . . . . . . . . . . . . . . . . . . | Mort de MÉCÈNE, ami et ministre d'AUGUSTE. Son nom est devenu synonyme de protecteur éclairé dut ses plus grandes illustrations et la gloire de devenir l'âge d'or de la littérature latine.<br>Les sciences et les arts parviennent à l'apogée de leur splendeur. |
| | | Campagnes de TIBÈRE, frère de Drusus, et de |
| 3 | Après la mort d'Hérode (en 4), AUGUSTE partagea son royaume entre ses trois fils : ARCHÉLAÜS fut nommé ethnarque (prince de la nation) de Judée, de Samarie et de l'Idumée, ce qui com Galilée et la Pérée ou les pays au delà du Jourdain; PHILIPPE, l'Iturée, la Trachonite et la Batanée. Ces deux derniers princes eurent le titre de *tétrarques* (de *tetra*, quatre, et *archè*, comm Etats de leur père. | |

# ÈRE VU

PREMIÈRE ANNÉE DE L'ÈRE DE L'INCARNATION OU DE L'ÈRE VULGAIRE; ELLE A POUR ORIGINE LA NAISSANCE DE JÉSUS-CHRIST. — La première année de Jésus-Christ est : *depuis la création du monde*, la 4005e suivant le texte hébreu supputé par Ussérius, la 4306e suivant le texte samaritain, la 5509e suivant les Septante et les Grecs de Constantinople, la 3762e suivant les Juifs modernes; *depuis le déluge*, la 2349e suivant le texte hébreu, la 2999e suivant le texte samaritain, la 3247e suivant les Septante. Enfin, la première année de Jésus-Christ correspond à la 777e des olympiades ou à la première de la 195e olympiade, à la 754e de Rome selon Varron et à la 753e suivant les Fastes capitolins, à l'année du consulat de Caïus Marius et d'Æmilius Paulus, à la 747e année de l'ère de Nabonassar, à la 313e de l'ère des Séleucides, à la 46e de l'ère de Jules-César ou de la réforme du calendrier romain, à la 39e de l'ère d'Espagne ou de sa réduction par Auguste, à la 30e de l'ère actiaque ou de la réduction de l'Egypte, et à la 28e de l'ère d'Auguste ou de l'époque où Octave reçut ce nom.

| ANNÉES DE J. CH. | **ASIE.** Chine. Tartarie (Scythes). Arabie. Inde. Empire parthe (Perse). Arménie. 1 | **EUROPE.** Monarchie romaine. ASIE, AFRIQUE ET EUROPE. 2 |
|---|---|---|
| 2 | . . . . . . . . . . . . . . . . . . Campagne des Romains en Arménie. | . . . . . . . . . . . . . . . . . . . . . . . . . . . . |
| 3 | . . . . . . . . . . . . . . . . . . . . | Conspiration de CINNA (Cnéius Cornélius), arrière-petit-fils du grand Pompée. AUGUSTE lui pardonne et le nomme consul trait de clémence est contesté par quelques auteurs). D'autres conspirateurs, comme CÆPIO, MURÉNA, EGNATIUS, etc., ne fu pas aussi heureux. |
| 4 | PHRAHATE IV, roi des Parthes, est assassiné par THERMUSA, sa concubine; elle place sur le trône son fils PHRAHATACE, qui est mis à mort par les Parthes, ainsi que sa mère, dans l'année même de son avénement. Troubles suscités et entretenus par les Romains. | Mort de CAÏUS CÉSAR, petit-fils d'Auguste; son frère LUCIUS CÉSAR était mort 18 mois auparavant. Ils étaient fils d'Agrip de Julie. AUGUSTE adopte TIBÈRE, que l'impératrice LIVIE avait eu d'un premier mariage. — POSTHUMIUS AGRIPPA, fils posth d'Agrippa et de Julie, fut exilé grâce aux intrigues de TIBÈRE et de LIVIE; il allait être rappelé après 7 ans, quand Tibère l assassiner à l'âge de 26 ans (en 14). Ce fut le dernier des petits-fils d'Auguste. |
| 5 | ORODES II, fils de Pacorus, monte sur le trône des Parthes et est massacré après 7 mois de règne. Guerres pour la succession entre VORONÈSE Ier et ARTABAN III. Ce dernier reste vainqueur (il règne de l'an 5 à 43). | . . . . . . . . . . . . . . . . . . . . TIBÈRE passe l'Elbe et attaque les Lo |
| 6 | . . . . . . . . . . . . . . . . . . . . | Révolte des Pannoniens et des Dalmates, comprimée par TIBÈRE (6—9).<br>Les Romains, après avoir essayé d'attaquer les Marcomans, sont forcés, par suite de la révolte des Pannoniens et des Dalm<br>Le proconsul P. QUINTILIUS VARUS, qui, suivant l'expression d'un écrivain de son temps, était entré pauvre dans la Syrie ri légions de la Basse-Germanie, et mécontente les Germains en les accablant d'impôts et en les citant à tout propos à son tri |
| 7 | Les cruautés d'ARCHÉLAÜS, ethnarque de Judée, portent les anciens du peuple à l'accuser devant l'empereur. Il avait occasionné une révolte parmi les Juifs, en faisant placer un aigle d'or au fr tispice du temple, et avait fait mettre à mort, à cette occasion, plus de 3000 personnes. Mandé devant AUGUSTE, il fut condamné et déclaré déchu, puis exilé à Vienne, dans les Gaules, o mourut à une époque que l'histoire n'a point précisée. Quant à la Palestine, elle fut réduite en province romaine et gouvernée par des procurateurs. | |
| | SYRHÉNÉUS, gouverneur de Syrie, achève le dénombrement dans la Palestine, après avoir apaisé la révolte que cette mesure avait fait naître, et qui avait été excitée par JUDAS et SADOC. | |
| 9 | WANGMANG s'empare de la partie occidentale de l'empire chinois. | ARMINIUS ou HERMANN, chef des Chérusques, qui avait été élevé à Rome, et qui avait obtenu le titre de chevalier et romaine. Il servait comme officier dans l'armée de VARUS, tandis qu'il faisait révolter secrètement les districts les plus él par SÉGESTE, chef des Cattes, marcha avec trois légions contre les rebelles, laissant derrière lui ARMINIUS et ses auxiliaires romaine vit tout à coup toutes les hauteurs couvertes de Germains et apprit qu'ARMINIUS avait attaqué l'arrière-garde. Pend troisième jour les escarmouches se changèrent en une bataille décisive, qui finit par la destruction des trois légions. Varus, épée. Cette défaite eut lieu, d'après ce que l'on croit, dans la forêt de Teutobourg, entre les villes de Detmold et de Wiede et du Weser. On dit qu'AUGUSTE, en apprenant ce grand revers, tomba dans un tel désespoir que, pendant plusieurs mois, statue de bronze de 13 mètres de hauteur, sur un socle de 29 mètres, a été élevée, il y a une dizaine d'années, à la mém Teutobourg, près de Detmold, en Westphalie. Cette statue est l'ouvrage du sculpteur Ernest de Bandel, d'Ansbach, en Bav |
| 10 | . . . . . . . . . . . . . . . . . . . . | Arrivée de TIBÈRE et de GERMANICUS, son neveu, sur le Rhin, à la tête de 8 légions, pour venger la défaite de Varus |
| 11 | . . . . . . . . . . . . . . . . . . . . | AUGUSTE associe TIBÈRE à l'empire. |
| 12 | . . . . . . . . . . . . . . . . . . . . | TIBÈRE revient à Rome et reçoit les honneurs du triomphe pour ses victoires sur les Pannoniens et les Dalmates. |



STRASBOURG, IMPRI

## EUROPE.

### Espagne. Gaule. Grande-Bretagne. Germanie.

3

revient à Samos, où il reçoit une ambassade indienne. Il

. . . . . . . . . . . . . . . . . . . Guerre des Sarmates contre les Romains. — LOLLIUS est défait dans les Gaules par les Sicambres.

ac de Constance jusqu'à Vienne) par les Romains. — Fondation des colonies romaines de *Ratisbonne* (Augusta Tiberii) et d'*Augsbourg* (Augusta

USTE. Ses victoires avaient rendu son nom redoutable e Portique et le temple de Neptune, les bains qui porons existent encore. (Le Panthéon fut consacré, en 607,

sur les *Cattes* (dans la Hesse). — Construction de 50 forts sur le Rhin (*Mayence, Bonn*), dans le Taunus, sur l'Ems et sur la Lippe (*Aliso*, près *Germanicus* (12—9).

La Pannonie et la Dalmatie sont réduites en provinces romaines.

hes, la Hongrie actuelle, à l'est de la Theiss, la Transylvanie, la Moldavie et la Valachie.

Conquête de la Mœsie (la Bulgarie) par les Romains.

é par l'adresse de DRUSUS, qui convoque les députés de

ettres, et ce fut peut-être à lui que le *siècle d'Auguste*

ieutenants en Germanie (8 avant à 5 après J. Ch.). — Transplantation de tribus germaines dans la Gaule.

t la moitié du royaume de son père; ANTIPAS eut la nent), parce qu'ils n'avaient chacun que le quart des

### LETTRES, SCIENCES, ARTS, LÉGISLATION COMMERCE, INDUSTRIE, DÉCOUVERTES, INVENTIONS, ETC.

4

30—1 (suite).

AUGUSTE marque son séjour dans les Gaules par l'érection de divers monuments et par la fondation de plusieurs villes, auxquelles il donne son nom ou celui de son père adoptif, ainsi qu'à plusieurs autres déjà existantes. Telles furent: *Augusta Tricastinorum*, Saint-Paul-Trois-Châteaux; *Apta Julia*, Apt; *Forum Julii*, Fréjus; *Albaugusta*, Albi; *Augustoritum*, Limoges; *Augusta Ausciorum*, Auch; *Aquæ Augustæ Tarbellicæ*, Dax; *Vicus Julii*, Aire; *Augustodunum*, Autun; *Juliobona*, Lillebonne; *Juliomagus*, Angers; *Cesarodunum*, Tours; *Augustobona*, Troyes; *Augusta Trevorum*, Trèves; *Cesaromagus*, Beauvais; *Augustomagus*, Senlis; *Augusto Suessionum*, Soissons; *Augusta Veromanduorum*, Saint-Quentin; *Augusta Rauracorum*, Augst près de Bâle.

## AIRE.

*L'ère de Jésus-Christ* fut proposée au sixième siècle par DENYS, surnommé le *Petit*, abbé à Rome, et fut adoptée dès le siècle suivant en France et en Angleterre. e reçut sa forme actuelle vers l'an 720, par les soins de BÉDA-le-VÉNÉRABLE, moine anglais. Cependant elle ne s'est bien établie en France que vers le huitième cle, par la volonté de Pépin et de Charlemagne, et successivement chez la plupart des autres peuples chrétiens. On la trouve employée pour la première fois dans actes des conciles de Germanie, de Liptines et de Soissons, en 742, 743 et 744, sous Pépin-le-Bref. Dans sa supputation, Denys se trompa de cinq ans, c'est-à-dire 'il plaça la naissance de Jésus-Christ cinq ans trop tard; mais lorsque cette erreur fut reconnue, elle ne pouvait plus être réformée sans occasionner de la confusion s les dates, et l'on continua à calculer l'ère chrétienne d'après Denys ou la *période dionysienne,* non pas à partir de la mort du Christ, comme c'était d'abord l'usage, is à partir de sa naissance.

### Grande-Bretagne. Germanie. Sarmatie. Dacie.

3

MARBOD ou MAROBODUUS, chef des Marcomans, parvient, par la force ou par l'adresse, à ranger sous ses ordres une puissante confédération de peuples suèves, depuis le Danube jusqu'aux bords de l'Elbe. Il fixe le centre de sa puissance en Bohême, d'où les Boïens refoulés passent dans le Norique (Styrie, Carinthie, une partie du Salzbourg et de la Carniole). Les Lombards faisaient partie de cette alliance.

ards entre Magdebourg et Lunebourg.

s, d'entrer en accommodement avec eux.

et était sorti riche de la Syrie pauvre, est nommé commandant des général sur le Weser, qu'il transformait en une cour de justice (6-9).

en romain, conçoit le projet de délivrer sa patrie de la domination pays. Le général romain, quoique averti de l'existence du complot ais s'étant engagée dans un défilé de bois et de montagnes, l'armée eux jours les Romains furent harcelés sans pouvoir se défendre; le sé, ne voulut pas survivre à sa honte et se perça lui-même de son , dans le défilé appelé Hœllenschlucht, non loin des sources de l'Ems l'entendit s'écrier souvent: *Varus! rends-moi mes légions!* Une ARMINIUS, sur une montagne haute de 390 mètres, dans la forêt de

mettre les Gaules à l'abri des invasions des Germains (10—11).

*Ligues* des Chérusques au nord et des Marcomans au sud.

## HISTOIRE RELIGIEUSE.

### Mœurs. Usages.

4

1—30.

Institution des *fêtes quinquennales* par AUGUSTE, à l'imitation des jeux olympiques des Grecs. — *Fêtes Augustinales*, instituées par TIBÈRE, en l'honneur d'AUGUSTE. — Érection d'un temple dédié à la Concorde, par TIBÈRE.

*Jeux palatins*, institués par l'impératrice LIVIE, femme d'AUGUSTE, en l'honneur de cet empereur. Ils se célébraient sur le mont Palatin et duraient huit jours, à partir du 15 décembre.

Secte juive des *Dosithéens*. DOSITHÉE, de Samarie, s'appliquait les prophéties qui se rapportent au Messie. Il avait à sa suite 30 disciples et faisait observer à ses sectateurs la circoncision, les jeûnes et la virginité. Il finit par se retirer dans une caverne où il se laissa mourir de faim. Cette secte, qui subsista jusqu'au 6e siècle, vit sortir de son sein les *Simoniaques*, ainsi nommés de leur maître SIMON-LE-MAGICIEN, né au bourg de Githon, dans la Samarie. Ce Simon, qui avait été disciple de Dosithée, se faisait considérer comme étant d'une nature supérieure, et se faisait appeler la *grande Vertu de Dieu*, la *Parole de Dieu*, la *Beauté de Dieu*, le *Tout-Puissant*, etc. Plus tard, il se convertit au christianisme et reçut le baptême des mains de Philippe, dans la conviction qu'il apprendrait des secrets supérieurs aux siens. Déçu dans ses espérances, il offrit de l'argent aux apôtres pour acquérir le don d'opérer des miracles, mais Pierre, indigné, le maudit. Alors il entreprit de rivaliser avec les apôtres, les devança dans plusieurs provinces, et vint faire des dupes jusqu'à Rome. Il s'était associé une courtisane de Tyr, nommée Hélène, qu'il faisait passer pour celle qui avait causé la destruction de Troie, souvent aussi pour Minerve, et toujours pour l'intelligence première et la mère de toutes choses. On dit que, voulant donner à Néron une preuve de sa puissance, il offrit à cet empereur de se faire enlever en sa présence dans un char de feu, mais qu'il tomba et mourut de sa chute.

CAÏPHE est nommé (en 26) grand-pontife des Juifs, par VALERIUS GRATUS, procureur de la Judée. Son nom ne se trouve pas dans la liste donnée par l'historien Josèphe; à sa place il nomme JOSEPH, qu'il met après SIMON, fils de Camith, qui fut investi de la souveraine sacrificature vers l'an 18. On présume que Caïphe fut son surnom.

### LETTRES, SCIENCES, ARTS, LÉGISLATION, COMMERCE, INDUSTRIE, DÉCOUVERTES, INVENTIONS, ETC.

5

1—30.

PHILON, d'Alexandrie, célèbre philosophe, surnommé le *Platon juif* ou *Philon-le-Platonicien*, auteur d'un grand nombre d'ouvrages sur l'Ecriture-Sainte, la philosophie et la morale, dont la plupart sont perdus. Le plus important de ceux qui restent, au nombre de 28, est sa *Vie contemplative*.

GAMALIEL, savant docteur juif, de la secte des Pharisiens, disciple de Hillel, et maître de Paul, de Barnabé et d'Etienne. Ce fut lui qui conseilla de permettre aux apôtres de prêcher leur doctrine: « Si leur entreprise vient des hommes, disait-il, elle se détruira d'elle-même, et si elle vient de Dieu, vous ne pouvez la détruire. » Quelques auteurs soutiennent qu'il était disciple secret de J. Ch. et qu'il fut baptisé, avec son fils ABIBAS, par les apôtres saint Jean et saint Pierre. Pise se glorifiait autrefois (et peut-être encore de nos jours) de posséder ses reliques, ainsi que celles de son fils et de Nicodème.

QUINTUS SEXTIUS, philosophe pythagoricien, maître de Sénèque. Au témoignage de ses contemporains, il avait uni aux anciennes mœurs romaines la sagesse des philosophes grecs. Il avait écrit en grec, et Rufin le traduisit en latin, sous le nom de Xistus II, pape et martyr. Il a été traduit en français, il y a une dizaine d'années, par M. le comte de Lasteyrie.

THÉON, *l'Ancien*, de Smyrne, mathématicien grec, auteur d'un *Abrégé des quatre sciences mathématiques:* l'arithmétique, la musique, la géométrie et l'astronomie.

THÉON, d'Alexandrie, sophiste ou rhéteur, a vécu dans la seconde moitié de ce siècle, suivant d'autres à Alexandrie. On a de lui des *Exercices de rhétorique*.

TITE-LIVE, de Padoue, l'un des historiens latins les plus éloquents. Il nous reste 35 livres des 140 qui composaient son *Histoire romaine* depuis Enée jusqu'à Auguste.

VALÈRE-MAXIME, écrivain latin, auteur d'un recueil de *Dits et faits mémorables*, tiré de l'histoire ancienne.

VELLEIUS PATERCULUS, historien latin. Les fragments de son *Histoire grecque et romaine* furent découverts en 1515, au couvent de Murbach, en Alsace.

AULUS CREMUTIUS CORDUS, historien des guerres civiles de Rome, fut accusé par Séjan de lèse-majesté pour avoir appelé Brutus et Cassius les derniers des Romains, et se laissa mourir de faim pour ne pas périr de la main du bourreau.

G. SILBERMANN.

| ANNÉES DE J.-CH. | **ASIE. — AFRIQUE.** **Chine. Tartarie (Scythes). Arabie. Inde. Empire parthe (Perse). Arménie.** L'astérisque (*) indique les articles concernant l'Afrique. 1 | **EUROPE.** **Monarchie romaine.** ASIE, AFRIQUE ET EUROPE. 2 | **Grande-Bretagne. Germanie. Dacie.** 3 |
|---|---|---|---|
| 14 | ORODES Ier, roi d'Arménie. . . . . . . . . . | Mort d'AUGUSTE à *Nola*, près de Capoue, à l'âge de 76 ans (19 août), après en avoir régné 44, depuis la bataille d'Actium. Pendant son long règne, les Germains et les Parthes étaient à peu près les seuls peuples qui figurassent dans le monde à côté de l'empire romain, dont un demi-siècle de prospérité ne fut guère troublé que par la défaite de VARUS en Germanie. AUGUSTE, aidé longtemps par les sages conseils et les talents militaires et politiques d'AGRIPPA, avait su, par la douceur de son gouvernement, conserver jusqu'à sa mort l'amour d'un peuple qu'il avait dépouillé de sa liberté. Sans avoir un génie supérieur ou des talents extraordinaires, il eut assez d'habileté et de prudence pour se servir de toutes les occasions qui pouvaient le conduire au but de son ambition, et il devint meilleur lorsque l'autorité illimitée lui eut rendu le crime inutile. Il ne cessa d'être dissimulé et adonné à la volupté, mais le repos qu'il avait procuré à l'empire, l'état florissant dans lequel il le laissa, et la douceur avec laquelle il gouverna, couvrirent ou excusèrent ses défauts aux yeux des Romains, et, grâce aux flatteries des poëtes, qu'il protégeait, les firent presque oublier par la postérité. | |
| | | TIBÈRE, qui s'était déjà emparé du pouvoir, se fait supplier par le sénat d'accepter l'empire. Il était âgé de 56 ans, et régna de l'an 14 à l'an 37. — Gouvernement lâche et despotique. Les dernières libertés sont enlevées au peuple par la suppression des *comices*, et la décision des affaires qui y étaient traitées est remise à un sénat composé de ce qu'il y avait de plus vil dans l'empire. Les accusations de lèse-majesté reçoivent une extension redoutable. La peur, la trahison et l'espionnage volontaire étaient partout; le sénat, instrument docile des vengeances et de la politique sanguinaire de l'empereur, quoiqu'il frappât sans relâche, n'échappait cependant pas lui-même à la soif de sang de TIBÈRE; et telle fut l'abjection de ce corps autrefois si illustre, qu'à chaque victime qui tombait, il rendait grâces aux dieux et célébrait, dans les discours fleuris de l'époque, la justice, voire même la clémence de l'empereur. | |
| | | Campagnes de GERMANICUS, fils de Drusus, dans la Germanie (14—17). Ses légions, mécontentes du nouvel empereur, lui offrent la c… il rejette leur proposition et apaise la sédition au péril de sa vie. Les Marses, les Bructères, les Tubantes, les Usipiens, sont taillés e… célèbre temple de *Tanfana* (peut-être aussi un bois sacré) est détruit. Une nouvelle invasion lui livre la capitale des Cattes, *Mattium*… la Lahn). THUSNELDA, épouse d'ARMINIUS, tombe au pouvoir des Romains. — Arrivée de GERMANICUS dans la forêt de Teutobourg, o… ossements des légions de Varus, auxquels il fait rendre les derniers honneurs. — Victoire de GERMANICUS sur ARMINIUS à *Idistavise*, (entre Minden et Vlotho, en Prusse). Les auteurs ne sont cependant pas d'accord sur l'emplacement d'Idistavise. — TIBÈRE, jaloux d… GERMANICUS, le rappelle à Rome. Une tempête détruit sa flotte au sortir de l'Ems. Les Romains se retirent sur la rive droite du Rhin et… jusqu'au Danube, et cherchent principalement à couvrir les Gaules. | |
| 17 | Campagnes de GERMANICUS contre les Parthes. — La Cappadoce est réduite en province romaine. | | |
| | La Commagène, partie septentrionale de la Syrie, entre le Taurus, l'Euphrate et la Cyrrhestique, est réduite en province romaine. Cette contrée s'était détachée de la Syrie, lors des troubles qui agitèrent ce royaume, et s'était constituée en Etat indépendant, ayant *Samosate* pour capitale. ANTIOCHUS Ier, qui sut gagner les bonnes grâces de Pompée, en avait été le premier roi, et MITHRIDATE II le dernier. CALIGULA rétablit le royaume de Commagène, qui fut définitivement incorporé à l'empire romain sous VESPASIEN. | | |
| | Fondation de *Tibériade*, par HÉRODE ANTIPAS. | | |
| | Tremblement de terre qui renverse 12 villes dans l'Asie-Mineure. | Le Numide TACFARINAS soulève les Africains contre la domination romaine et se met à la tête de plusieurs peuplades, les Muzulains, les Maures, les Erithiens, etc. Avec des chances diverses, il lutta pendant 8 années contre les légions romaines, mais il fut enfin vaincu et tué par le proconsul DOLABELLA. | |
| 19 | *PTOLÉMÉE, fils de Juba II et de Cléopâtre-Sélène, fille de Marc-Antoine et de la fameuse Cléopâtre, monte sur le trône de Mauritanie. Il ne se fit remarquer que par son goût pour les plaisirs et son attachement pour les Romains. Etant venu à Rome, sous Caligula, il excita par ses habillements magnifiques et par ses richesses la cupidité de ce tyran, qui le fit assassiner. | | |
| | | GERMANICUS meurt à Antioche, empoisonné par PISON, gouverneur de Syrie. TIBÈRE, à l'instigation duquel le crime avait été commis, fait étrangler l'assassin. | MARBOD, roi des Marcomans, est battu par… s'enfuit à Ravenne, où il meurt en 37. |
| 21 | . . . . . . . . . . | Les Gaulois, accablés d'impôts par les Romains, se soulèvent sous JULIUS FLORUS et JULIUS SACROVIR, mais ils sont vaincus et dispersés. | ARMINIUS, soupçonné par ses concitoyens… royauté, est assassiné dans une conjuration, à l'… Décadence de la nation des Chérusques qu'af… plus en plus les irruptions des Lombards et qu… nationalité au 3e siècle et disparaissent dans la… des Francs. |
| 23 | . . . . . . . . . . | SÉJAN, préfet du prétoire, devient le ministre favori de TIBÈRE (23—31). Ces deux hommes, dignes l'un de l'autre par leurs cruautés et leur politique sanguinaire, ne reculaient devant aucun crime pour satisfaire leur ambition ou pour assurer leur sécurité. Leurs noms sont marqués dans l'histoire d'une égale exécration. TIBÈRE, par crainte, avait fait périr le jeune AGRIPPA POSTHUMIUS et le vertueux GERMANICUS; SÉJAN, pour s'ouvrir le chemin du trône, fit empoisonner DRUSUS, fils de TIBÈRE. Cependant, il faut le dire, après le supplice de SÉJAN, les crimes et les infamies du vieil empereur n'eurent plus de bornes, non que SÉJAN l'en eût empêché pendant sa vie, mais parce que, libre de honte et de crainte, il se crut alors seulement assez fort pour n'agir que par son propre génie et pour se livrer sans réserve à ses crapuleux instincts. A la fin de sa vie, a dit un historien, il ne s'agissait plus pour TIBÈRE de tuer ses ennemis, mais de tuer beaucoup : c'était Marat avec ses deux cent mille têtes. | |
| 26 | . . . . . . . . . . La Galatie est réduite en province romaine. | | |
| | | TIBÈRE se retire dans l'île de *Caprée*, d'où il peut exercer sa tyrannie avec plus de sécurité. | |
| 27 | . . . . . . . . . . PONCE PILATE est nommé procurateur de la Judée. | | |
| 28 | . . . . . . . . . . | Les Frisons, exaspérés par la cupidité des exacteurs romains, se révoltent et s'affranchissent de la domination étrangère. | |
| 31 | . . . . . . . . . . | TIBÈRE, instruit des projets de SÉJAN, nomme MACRON commandant des gardes prétoriennes et l'envoie à Rome avec l'ordre d'arrêter le favori, qui est étranglé dans sa prison, et son corps, livré aux insultes de la populace, est jeté dans le Tibre. | |
| | | TIBÈRE adopte CALIGULA, le seul fils de Germanicus encore vivant. | |
| 35 | PHRAHATE V, nommé par TIBÈRE roi des Parthes, meurt en Syrie, avant d'avoir entrepris rien de remarquable pour remonter sur le trône. | | |
| 36 | TIRIDATE, après avoir été couronné roi des Parthes, avec l'aide des Romains, est chassé par ARTABAN III. | | |
| 37 | . . . . . . . . . . | TIBÈRE meurt dans l'île de Caprée, au milieu des débauches les plus monstrueuses, après avoir choisi pour son successeur CALIGULA, âgé de 25 ans, fils de Germanicus et d'Agrippine (37—41). | |
| | CALIGULA donne à AGRIPPA, petit-fils d'Hérode, les tétrarchies de Philippe et de Lysanias de Chalcis avec le titre de roi. Ces faveurs furent confirmées plus tard par l'empereur CLAUDIUS, qui ajouta même à ses Etats la Judée tout entière et le pays de Samarie. Philippe était mort en 35. | | |
| 40 | *EDÉMON, un des affranchis de PTOLÉMÉE, roi de Mauritanie, voulant venger la mort de son souverain, assassiné par ordre de CALIGULA, excite les Mauritaniens à faire la guerre aux Romains; mais ils sont vaincus après une lutte opiniâtre par SUÉTONIUS PAULINUS, et la Mauritanie (Algérie et partie des royaumes de Fez et de Maroc) est réduite en province romaine et divisée en *Mauritanie césarienne* et *Mauritanie tingitane* (40—42). | | Incursion des Cattes dans les Gaules (40—50). |
| | ORODES II, roi d'Arménie. | | |

Sarmatie.

couronne, mais
s en pièces et le
: (Marbourg, sur
où il trouve les
e, sur le Weser
. de la gloire de
it depuis le Mein

par ARMINIUS et

s d'aspirer à la
l'âge de 37 ans.
l'affaiblissent de
qui perdent leur
la confédération

50).

## HISTOIRE RELIGIEUSE.

### Mœurs. Usages.

4

**1—50** (suite).

Prédication de saint JEAN-BAPTISTE, précurseur de Jésus-Christ, fils de Zacharie et d'Elisabeth. Il se retira fort jeune dans le désert, où il mena une vie très-austère. L'an 29 de Jésus-Christ, il vint prêcher sur les rives du Jourdain la venue du Messie, donna le baptême à un grand nombre de Juifs et à Jésus-Christ lui-même. Son austérité le fit regarder comme le Sauveur annoncé par les prophètes, mais il répondit à ceux qui l'interrogeaient: Je suis la voix de celui qui crie dans le désert: Préparez le chemin du Seigneur; aplanissez ses sentiers. Saint Jean fut mis en prison pour avoir parlé contre le commerce impudique d'Hérode-Antipas avec sa belle-sœur Hérodiade, dont la fille, Salomé, demanda sa tête au roi, qui le fit mettre à mort l'an 32 de l'ère chrétienne.

La croyance généralement répandue parmi les Juifs que le Messie aurait un précurseur chargé d'annoncer son arrivée, s'appuie sur ce passage du prophète Malachie (III, 1): « Voici, je vais envoyer mon ange et il préparera la voie devant moi, et aussitôt le Seigneur que vous cherchez et l'ange de l'alliance que vous désirez, entrera dans son temple; voici il vient, a dit l'Éternel. »

*Religion de Jésus-Christ ou christianisme.* Il ne peut pas entrer dans notre plan de donner ici une esquisse de la doctrine chrétienne telle qu'elle se trouve formulée dans les nombreux livres dogmatiques qui ont été publiés par ses différents sectateurs. Nous essaierons seulement d'en exposer les principes généraux d'après le livre appelé le *Nouveau Testament*, qui, sauf quelques variantes, est regardé par toutes les communions chrétiennes comme la source et le fondement du christianisme.

Les Evangiles contiennent les prédications de Jésus-Christ pendant sa vie terrestre. Il y déclare qu'il n'est point venu abolir, mais accomplir la loi qui avait été donnée aux Juifs, et lorsque interrogé par un Pharisien quel était le plus grand commandement de la loi, Jésus lui répondit: Tu aimeras le Seigneur ton Dieu de tout ton cœur, de toute ton âme et de toute ta pensée. C'est là, dit-il, le premier et le grand commandement, et voici le second qui lui est semblable: Tu aimeras ton prochain comme toi-même (s. Matth. XXII, 37-39). Tout l'Ancien Testament roule en effet sur ces deux commandements, et les Pharisiens n'auraient certes jamais songé à condamner le Christ, s'il n'eût pas en même temps proclamé d'autres principes qui tendaient au renversement de toutes les idées qui régissaient alors l'ordre social. L'ancien monde était partagé en deux camps: les hommes libres ou citoyens et les esclaves. Ces derniers n'étaient pas regardés comme des hommes; ils étaient la propriété, la *chose* de leurs maîtres. Quant aux hommes libres, de même que dans l'antiquité on ne reconnaissait cette qualité qu'au Grec à Athènes, au Romain à Rome, tandis que tous les étrangers étaient regardés comme des barbares et des ennemis, à plus forte raison le Juif, qui, par ses croyances, se trouvait isolé de toutes les nations, devait-il regarder comme ennemis tous ceux qui, comme lui, ne portaient pas sur le corps le sceau de l'alliance que Dieu avait faite avec Abraham. Il ne reconnaissait donc comme prochains que ses coreligionnaires; la loi elle-même ne lui imposait pas d'autre obligation à ce sujet, et, à cet égard, le Grec et le Romain agissaient absolument de la même manière, avec cette différence cependant qu'aucune loi politique ou religieuse n'ordonnait à ces derniers d'aimer leur prochain; le législateur ne leur demandait d'autres vertus que des vertus politiques, et ne leur imposait d'autres obligations que celles envers l'État. C'est qu'en effet toute la société antique n'était fondée que sur l'égoïsme de tous, et cet égoïsme n'était tempéré et dominé que par l'égoïsme de l'Etat, qui s'occupait du citoyen et non de l'homme; or, on n'était considéré réellement comme citoyen que lorsque l'on était riche et que l'on avait des loisirs à donner à la chose publique; Aristote lui-même dit que la qualité de citoyen n'appartient qu'à ceux qui n'ont pas besoin de travailler pour vivre. Chez les Israélites, au contraire, la loi consacrait non-seulement l'égalité civile et politique, mais elle tendait même à maintenir parmi eux, au moyen de la loi du jubilé, l'égalité des fortunes. Cependant les relations des Juifs avec les Egyptiens, les Grecs et les Romains, pouvaient bien avoir relâché leur attachement aux préceptes de Moïse, et, par suite, l'amour du prochain, car nous voyons que les Pharisiens avaient cru nécessaire d'introduire tout un nouveau système de doctrines religieuses qui, sous le titre de *Traditions* ou de *Loi orale*, avaient fini par étouffer la constitution mosaïque, et n'avaient laissé debout que l'ombre des antiques institutions sur lesquelles reposait l'ancienne alliance. Quelle doit donc avoir été la stupeur de ces fiers Pharisiens, qui formaient la classe privilégiée de la nation, en entendant sortir de la bouche de Jésus ce commandement de l'amour le plus illimité, et qui, à lui seul, était toute une révolution morale: Aimez vos ennemis, leur dit-il, bénissez ceux qui vous maudissent, faites du bien à ceux qui vous haïssent, et priez pour ceux qui vous outragent et qui vous persécutent, afin que vous soyez enfants de votre père qui est dans les cieux, car il fait lever son soleil sur les méchants et sur les bons et il fait pleuvoir sur les justes et sur les injustes (s. Matth. V, 44, 45). Quant au principe de l'égalité, conséquence naturelle de l'amour du prochain, Jésus lui donne la même extension: Quiconque voudra être le plus grand parmi vous, dit-il, qu'il soit votre serviteur, et quiconque voudra être le premier entre vous, qu'il soit votre esclave (s. Matth. XX, 26, 27). Aux cérémonies et aux interminables prières dont les Pharisiens avaient entouré le culte, Jésus oppose la simplicité et le culte en esprit, recommande de ne point user de redites comme font les païens, qui croient qu'ils seront exaucés en parlant beaucoup (s. Matth. VI, 7), et donne lui-même le plus admirable modèle de la simplicité dans la prière (*Ib.* 9-13), car Dieu est esprit, et il faut que ceux qui l'adorent, l'adorent en esprit et en vérité (s. Jean IV, 24). Il n'ordonne pas de mépriser la vie comme les Stoïciens, mais il enseigne de ne pas la mettre au-dessus de nos devoirs: Ne craignez point, dit-il, ceux qui ôtent la vie du corps et qui ne peuvent faire mourir l'âme, mais craignez plutôt celui qui peut perdre et l'âme et le corps dans la géhenne.... Celui qui aura conservé sa vie la perdra, mais celui qui aura perdu sa vie, à cause de moi, la retrouvera.

Quoique Jésus n'ait pas cessé de proclamer que tous les hommes naissent enfants de Dieu, il n'en a pas moins insisté dans un sens particulier sur sa qualité de *fils de Dieu* et sur sa nature divine. C'est ainsi qu'il demanda aux Pharisiens de qui ils croyaient que le Messie devait être fils, et ils lui répondirent de David. Comment donc, leur dit-il, David l'appelle-t-il par l'esprit son Seigneur (Ps. CX, 1), en disant: Le Seigneur a dit à mon Seigneur: Assieds-toi à ma droite, jusqu'à ce que j'aie mis tes ennemis pour te servir de marchepied! Si donc David l'appelle son Seigneur, comment est-il son fils (s. Matth. XXII, 42-45)? Dans une autre occasion, il répond aux Juifs qui lui avaient demandé s'il était le Christ ou le Messie: Je vous l'ai dit et vous ne le croyez pas; les œuvres que je fais au nom de mon père, rendent témoignage de moi. Mais vous ne croyez pas, parce que vous n'êtes point de mes brebis, comme je vous l'ai dit. Mes brebis entendent ma voix, et je les connais, et elles me suivent. Je leur donne la vie éternelle, elles ne périront jamais, et nul ne les ravira de ma main. Mon père, qui me les a données, est plus grand que tous; et personne ne peut les ravir de la main de mon père. *Moi et mon père nous ne sommes qu'un* (s. Jean X, 24-30).

## LETTRES, SCIENCES, ARTS, LÉGISLATION, COMMERCE, INDUSTRIE, DÉCOUVERTES, INVENTIONS, ETC.

5

**1—50** (suite).

DOMITIUS AFER, orateur romain, né à Nîmes, enseigna l'éloquence à Quintilien. Consul sous Caligula, il se déshonora par ses délations. *Traité des preuves; Art oratoire.*

MONTANUS VOTIÉNUS, orateur, poète et grammairien latin, né à Narbonne, fut exilé aux îles Baléares pour avoir parlé trop librement des dérèglements de Tibère. Martial et Tacite le citent avec éloge.

DIDYME, grammairien, né à Alexandrie, a composé, suivant Sénèque, plus de 4000 traités de critique, et plus de 6000 suivant Origène. Deux autres auteurs de ce nom, également nés à Alexandrie, ont écrit, l'un sur la grammaire et l'autre sur l'agriculture. CLAUDIUS DIDYME écrivit un *Traité sur les fautes de Thucydide contre l'analogie* et un *Epitome d'Héraclion*. ATTIUS DIDYME était un philosophe académicien; DIDYME, fils d'Héraclide, était grammairien et musicien à Rome du temps de Néron. DIDYME, de Cnide, mathématicien, avait écrit des *Commentaires sur Aratus*.

VERRIUS FLACCUS, célèbre grammairien, d'abord esclave, ouvrit à Rome une école de grammaire, qui fut bientôt la plus renommée de la ville. Auguste le nomma précepteur de ses petits-fils Caïus et Lucius Agrippa, et lui permit de s'établir dans le palais impérial.

REEMMIUS PALÉMON, grammairien, né à Vicence, enseigna à Rome avec une grande distinction, auteur d'un poëme sur les *Poids et mesures*.

APION, grammairien grec, né en Egypte, auteur de plusieurs ouvrages, parmi lesquels on distingue un *Traité contre les Juifs*, conservé par Josèphe, et un *Livre sur l'Egypte*.

PHÈDRE, célèbre fabuliste latin. Le recueil de ses fables ne fut découvert que vers la fin du 16e siècle, par Franç. Pithou.

POMPONIUS MELA, né en Espagne, le plus ancien géographe romain, nous a laissé un ouvrage sur la *Situation de l'univers*.

STRABON, d'Amasie, en Cappadoce, célèbre géographe. Nous possédons sa *Géographie* en 17 livres, dans laquelle il fait mention des origines, des traditions, des mœurs et des institutions des peuples.

ISIDORE, de Charax, auteur grec, dont il nous reste un *Itinéraire du pays des Parthes*. Quelques auteurs le font vivre au 3e siècle avant J. Ch.

CAPITO et LABÉO, jurisconsultes romains. SEMPRONIUS PROCULUS, élève de Labéo; MASURIUS SABINUS et CASSIUS LONGINUS, disciples de Proculus.

CELSE, philosophe et médecin, surnommé *l'Hippocrate romain*. Il nous reste de lui un *Traité de médecine* en 8 livres.

ZEUXIS, de Laodicée, médecin, souvent cité par Galien.

XÉNOCRATE, médecin grec, auteur d'un écrit intitulé: *De la nourriture tirée des poissons*, réimprimé plusieurs fois.

SCRIBONIUS LARGUS, médecin de l'empereur Claude. Il ne reste de ses ouvrages qu'un *Traité de la composition des médicaments*.

CHARMIS, de Marseille, médecin empirique, s'établit à Rome. Sénèque et Pline le citent avec éloge.

CAIUS POSTHUMIUS et LUCIUS COCCEIUS AUCTUS, célèbres architectes romains, exécutèrent les passages souterrains de la route de Naples à Pouzzoles, ainsi que la grande voie romaine appelée la *Grotte de Pausilippe*. Cette dernière cependant est, suivant quelques-uns, antérieure au siècle d'Auguste.

ARCHÉLAÜS, sculpteur, fils d'Apollonius, fit en marbre l'*Apothéose d'Homère*, retrouvée en Italie, en 1658.

SOLON, APOLLONIDÈS, POLYCRÈTE, CRONIUS et DIOSCORIDÈS, célèbres graveurs en pierres fines. Le dernier grava sur une pierre fine un portrait d'Auguste, qui fut regardé comme un chef-d'œuvre et servit aux successeurs de cet empereur pour sceller leurs édits.

DIOGÈNE, sculpteur athénien, fit les ornements du Panthéon d'Agrippa, à Rome.

LUDIUS, célèbre peintre à fresques romain.

PYLADE et BATYLLE, célèbres pantomimes romains. Leurs troupes rivales firent naître à Rome deux factions, qui nécessitèrent plus d'une fois l'intervention de l'autorité.

THRASYLLE ou THRASULLE, de Mende, astrologue de Tibère, à qui il avait prédit son prochain rappel lorsqu'il se trouvait avec lui à Rhodes. Il encouragea à Caprée les débauches de cet empereur par ses prédictions.

AUGUSTE proclame la loi *Papia Poppæa*, d'après laquelle le mariage est déclaré une charge publique, un impôt qu'on doit à l'État; le veuvage même ne doit pas être trop long, en dépit de l'ancienne morale qui n'aimait pas les secondes noces et honorait la femme d'un seul époux (*univira*). Quiconque à 25 ans ne sera pas marié encore, quiconque veuf ou divorcé ne sera pas remarié au bout de la courte vacance que la loi lui donne (c'était pour les femmes 2 ans après la mort, 18 mois après le divorce); quiconque, enfin, se sera marié seulement à l'âge auquel la loi ne tient plus le mariage pour suffisant (60 ans pour les hommes, 50 pour les femmes), est réputé célibataire et puni comme tel. Il ne peut recueillir ni hérédité testamentaire, ni legs, ni succession, si ce n'est de ses parents les plus proches. A 25 ans pour les hommes, à 20 pour les femmes, la loi exigeait des enfants, sinon, mari et femme ne pouvaient se donner l'un à l'autre que le dixième de leurs biens et ne touchaient que la moitié des legs qu'un étranger leur laissait. Au contraire le père de famille recueillait la part de ses cohéritiers célibataires; sa femme et lui pouvaient disposer l'un pour l'autre de toute leur fortune; il avait le pas dans les cérémonies, la meilleure loge au théâtre, chaque enfant le dispensait d'une année d'âge pour les magistratures; et s'il a 3 enfants (3 à Rome, 4 en Italie, 5 dans les provinces), la loi l'affranchit des charges publiques, le dispense des tutelles, lui donne une double part dans les *frumentations* (distributions de blés). Le sénateur qui a la plus nombreuse famille, opine le premier au sénat, etc. Quelle devait être la haine de ce siècle pour le mariage, quand le législateur en arrivait à de telles promesses et à de telles menaces! (*Les Césars*, par le comte Frantz de Champagny.)

Académies fondées à Autun, à Lyon, à Bordeaux, à Toulouse et à Narbonne, par les Romains.

Caisse militaire établie par AUGUSTE, qui lui assigne pour dotation le vingtième de tous les legs, à l'exception de ceux en faveur des parents ou des pauvres. Cette caisse avait pour but d'acquitter les dettes de l'Etat envers les vétérans.

Les trésors des arts égyptiens sont transportés à Rome.

Construction d'un canal de 23,000 pas de long, entre le Rhin et la Meuse, par CORBULON, gouverneur de la Germanie. — Aqueducs de l'empereur Claude à Rome.

Commerce direct de Rome avec l'Inde par Alexandrie. L'empereur Auguste reçut à Samos une ambassade indienne qui lui demandait son alliance.

Le pommier est transporté de la Syrie en Italie.

Exploitation de mines d'or dans l'Asie-Mineure, en Macédoine, en Illyrie, en Sardaigne, en Italie et dans les Gaules, et de mines d'argent en Espagne.

| ANNÉES DE J.-CH. | **ASIE.** Chine. Tartarie (Scythes). Arabie. Inde. Empire parthe (Perse). Arménie. 1 | **EUROPE.** Monarchie romaine. ASIE, AFRIQUE ET EUROPE. 2 | Grande-Bretagne. G Dacie. Sca 3 |
|---|---|---|---|
| 41 | . . . . . . . . . . . . . . . . . . . . | CALIGULA est assassiné par CHÉRÉAS, capitaine des gardes. Les commencements de son règne avaient été heureux, mais bientôt l'extravagance de son caractère se dévoila dans tous ses actes : il se fit adorer comme un dieu, se bâtit un temple, se nomma des prêtres, se fit offrir des sacrifices, et poussa l'égarement jusqu'à associer sa femme et son cheval au collége sacerdotal chargé de son propre culte. Il voulut être le mari de la lune, et fit bâtir une maison superbe à *Incitatus*, son cheval, qu'il invitait à sa table et auquel il présentait de l'orge doré et faisait boire du vin dans une coupe d'or où il avait bu le premier. Il se proposait de le nommer consul, lorsque la mort de cet animal vint mettre un terme aux folies dont il était l'objet de la part de son maître. Il fit mourir le jeune TIBÈRE, fils de Drusus et petit-fils de l'empereur Tibère. MACRON, auquel il devait l'empire, fut de même envoyé à la mort. Ses trésors s'étant trouvés épuisés, il eut recours aux proscriptions. Ce fut lui qui poussa la cruauté jusqu'à souhaiter *que le peuple romain n'eût qu'une tête pour pouvoir la trancher d'un seul coup*. Au reste, le caractère de folie dont furent empreintes les cruautés de CALIGULA, a fait penser à plusieurs historiens que ses facultés avaient été dérangées par une grave maladie.<br>CLAUDIUS Ier (Tibérius Drusus), âgé de 50 ans, succède à Caligula (41—54). Il est le premier empereur nommé par les prétoriens, à l'exclusion du sénat. Petit-fils d'Auguste et repoussé par lui à cause de sa stupidité, il commença son règne par quelques réformes utiles, mais bientôt son caractère féroce prit le dessus; d'un geste il envoyait les accusés au supplice, le plus souvent sans s'être informé du sujet de l'accusation. L'empire était livré aux affranchis PALLAS et NARCISSE, et surtout à cette infâme MESSALINE qui, dit-on, après s'être prostituée aux muletiers de Rome, osa célébrer ses secondes noces du vivant de son mari, avec son amant SILIUS. — MESSALINE ayant été mise à mort par l'affranchi Narcisse, CLAUDE épousa sa nièce AGRIPPINE et adopta NÉRON, qu'elle avait eu de son premier mariage avec DOMITIUS AHENOBARBUS. | C'est vers cette époque, ou chroniques du Nord placent l ODIN, à la fois prêtre, conqué Il avait quitté la Sarmatie asiat Scythes et était venu s'établir Il mit environ 40 ans à conqué Norvége, la Suède et les pays son nom primitif de SIGGE c divinité des anciens Scandinav peuples du Nord. Il est regar ville de *Sigtuna*, en Suède, chef des races royales du D Suède jusqu'en 1061 et de la<br>Les anciens ne désignalent Scandinavie que la péninsule D'un autre côté, les Romains c les royaumes actuels de Dane Suède. Parmi les peuples menti dinavie, on remarque les *Danci* les *Sveones* (Suédois). On cro mains, toute la Scandinavie pr des peuples de race finnoise. A sur ces temps reculés ne sont de conjectures, puisque les pre de la littérature scandinave ne que certains historiens fassent jusqu'à Gomer, arrière-petit-f serait venu habiter la Chersoné J. Ch. |
| 42 | . . . . . . . . . . . . . . . . . . . . | Révolte des légions d'Illyrie, qui proclament empereur SCRIBONIANUS, leur chef. D'après DION, elle avait pour but de rétablir l'ancien gouvernement. Quoi qu'il en soit, les soldats, sur la foi d'un présage défavorable, refusèrent de marcher et massacrèrent SCRIBONIANUS et leurs officiers. C'est à cet événement que se rattache le touchant épisode d'ARRIA et de son époux CÆCINA PÆTUS. Ce dernier, impliqué dans la conspiration de SCRIBONIANUS, fut condamné à mort par l'empereur CLAUDE. ARRIA, après avoir fait d'inutiles efforts pour sauver son mari, se poignarda devant lui pour lui donner l'exemple de la fermeté, et, retirant le fer de la plaie, elle le présenta à PÆTUS, en disant : Prends, il ne fait point de mal! Celui-ci suivit son exemple. | |
| 43 | VARDANE, fils d'Artaban III, lui succède sur le trône des Parthes (43—47), qui lui est disputé par GOTARZÈS, son neveu. | Premières conquêtes des Romains dans la Grande-Bretagne, par PLAUTIUS. L'empereur CLAUDE vint se joindre à lui et s'empa lui valut le titre de *Britannicus*, que prit en même temps son fils. | |
| 44 | Mort d'AGRIPPA, roi de Judée. Son fils AGRIPPA étant trop jeune pour gouverner, CLAUDE donne le commandement de la Judée à CASPIUS PHÆDUS et accorde à HÉRODE, oncle du jeune roi, l'administration du temple et du trésor et le droit de nommer le grand-prêtre. A PHÆDUS succède bientôt après TIBÉRIUS ALEXANDRE, qui est remplacé par CUMANUS. Ce nouveau gouverneur, voulant prévenir les troubles qu'occasionnait souvent pendant les fêtes de la Pâque la multitude immense de gens qui y accouraient de toutes les parties du royaume, avait placé une cohorte à la porte du temple. Un soldat de cette troupe s'étant indécemment déshabillé, le peuple se soulève, mais une charge qu'ordonne CUMANUS met les Juifs en fuite, et ils se poussent tellement qu'il y en a plus de 20,000 d'étouffés. | | |
| 46 | La Médie Atropatène (*Aderbaïdjan*) est conquise par les Parthes. Ce royaume avait reçu son nom d'ATROPATOS, gouverneur persan, qui défendit l'indépendance de cette province contre Alexandre-le-Grand, et qui, en étant devenu roi, en avait transmis l'héritage à ses enfants. | | |
| 47 | VARDANE, roi des Parthes, est assassiné; GOTARZÈS lui succède (47—50). | | |
| 50 | VORONÈSE II, fils de Gotarzès, monte sur le trône des Parthes et meurt dans l'année même de son avénement. VOLOGÈSE Ier (Arsace XXIII) lui succède (50—90). | . . . . . . . . . . . . . . . . . . . . | Fondation de la colonie romaine de *Cologne*. |
| 51 | MING-TI, empereur de la Chine. . . . . . . . | NÉRON est nommé prince de la jeunesse.<br>Fondation des colonies romaines de *Londres*, d'*York*, etc., dans la Grande-Bretagne. CARACTACUS ou CARADOC, roi d'une p après avoir résisté pendant 9 ans aux Romains, est chassé de ses Etats par le propréteur OSTORIUS, et se sauve chez les *Brigante* qui le livrent avec sa famille au général romain. Conduit à Rome et rendu à la liberté par CLAUDE, il retourne dans son pays nombre de généraux romains, entre autres VESPASIEN, continuent à faire la guerre aux Bretons. | |
| 54 | *Saba*, principale ville de l'Yémen, est détruite par une inondation. | AGRIPPINE empoisonne CLAUDE et fait élire par les prétoriens son fils NÉRON, âgé de 17 ans (54—68).<br>Le nom de NÉRON est devenu synonyme de tout ce que la perversité humaine offre de plus atroce. Meurtrier de son frère BRITANNICUS, de sa mère AGRIPPINE, de son épouse OCTAVIE, de sa maîtresse POPPÉE et d'une foule d'autres Romains; fou, dont les désordres ne peuvent être expliqués que par l'extravagance la plus furieuse; ce NÉRON, qui a laissé dans l'histoire une longue traînée de sang, a trouvé des historiens qui ont essayé de réhabiliter sa mémoire en attribuant à un système politique préconçu toutes ces sanglantes orgies des successeurs d'Auguste. Si une pareille prétention pouvait être admise, la Saint-Barthélemy, l'inquisition, les dragonnades, le tribunal révolutionnaire, les massacres du Midi, les cours prévôtales, seraient justifiés du coup et ne pourraient plus être regardés que comme des mesures politiques, tant soit peu énergiques, il est vrai, mais ne devant nullement entraîner pour leurs auteurs la réprobation de l'histoire. | |
| 55 | . . . . . . . . . . . . . . . . . . . . | Les commencements du règne de NÉRON avaient donné de grandes espérances aux Romains, mais bientôt son caractère déborde : il fait empoisonner son frère BRITANNICUS, dont les dépouilles servent à enrichir ses précepteurs BURRHUS et SÉNÈQUE; son épouse OCTAVIE est exilée et, plus tard, mise à mort pour faire place à l'affranchie ACTÉE. La fameuse empoisonneuse LOCUSTE, qui avait fourni les poisons pour Claude et pour Germanicus, fut gorgée de richesses pour ses odieux services. | |
| 56 | Guerres des Parthes contre Rome pour la possession de l'Arménie. Le général romain CORBULON entre dans l'Arménie, en prend tous les forts et livre aux flammes la ville d'Artaxate. | | |
| 58 | . . . . . . . . . . . . . . . . . . . . | NÉRON devient amoureux de POPPÉE, épouse d'OTHON, auquel il donne, pour l'éloigner, le gouvernement de la Lusitanie. AGRIPPINE, qui essaie de s'opposer à cette liaison, est assassinée. Le philosophe SÉNÈQUE fait l'apologie de ce parricide et le sénat l'approuve publiquement. — Noble résistance du sénateur THRASÉAS, qui est condamné à mort pour avoir refusé d'entendre cette apologie. | |
| 60 | Prise de Tigranocerte par CORBULON, et soumission de toute l'Arménie, qui est donnée à TIGRANE VI, petit-fils d'Archélaüs, dernier roi de Cappadoce. | | |
| 61 | . . . . . . . . . . . . . . . . . . . . | BOADICÉE succède à son époux PRASUTAGUS, roi des *Icènes*, tribu de la côte orientale de la Bretagne. Bientôt après, ses Etats enlevées par les Romains. Elle forme alors une ligue avec les *Trinobantes*, les *Silures*, les *Ordovices* et les *Brigantes*. *Camalod* (Londres) et *Verulamium*, colonies fondées par les Romains, sont prises et livrées aux flammes, et plus de 70,000 Romains ou dans les diverses rencontres. La cause des Romains semblait perdue dans la Bretagne, lorsque SUETONIUS PAULINUS, chef de la 10,000 hommes, sut forcer les confédérés à une bataille générale dans laquelle la science militaire l'emporta sur la valeur na Bretons succombèrent, dit-on, dans cette affaire. BOADICÉE, ne voulant point survivre à sa défaite, s'empoisonna. Cependant la se maintenir. | |
| 62 | Les Arméniens, aidés de VOLOGÈSE, chassent TIGRANE VI et donnent la couronne à TIRIDATE Ier, frère du roi des Parthes. Mais CORBULON étant entré de nouveau en Arménie, TIRIDATE fut vaincu et réduit à chercher un asile en Médie, d'où il consentit à se rendre à Rome pour recevoir la couronne des mains de NÉRON. | | |

STRASBOURG, IMP

**anie. Sarmates.**
**avie.**

) avant J. Ch., que les
quête du Danemark par
monarque et législateur.
la tête d'une colonie de
l'Europe septentrionale.
Russie, le Danemark, la
. On croit qu'il changea
celui d'ODIN, principale
généralement de tous les
mme le fondateur de la
lac Mœlar, et comme le
k jusqu'en 1042, de la
e jusqu'en 1342.
le nom de *Scandie* ou
Suède et de la Norvége.
naient dans la Germanie
de la Norvége et de la
comme habitant la Scan-
anois), les *Gutæ* (Goths),
vant l'arrivée des Ger-
ent dite était habitée par
, les notions historiques
ées que de traditions et
monuments historiques
que du 8e siècle, quoi-
ter les origines danoises
aphet, qui, le premier,
abrique, l'an 2098 avant

quelques places, ce qui

le la Grande-Bretagne,
plade du duché d'York),
meurt en 54. Un grand

nvahis et ses deux filles
(Colchester), *Londinum*
es Romains succombent
on, qui ne comptait que
t sur la justice; 90,000
des Bretons continua à

# HISTOIRE RELIGIEUSE.

**Mœurs. Usages.**

4

### 1—50 (suite).

Les dogmes fondamentaux du christianisme sont renfermés dans ces passages du Nouveau-Testament : Il y en a trois qui rendent témoignage dans le ciel, le Père, la Parole ou le Fils, et le Saint-Esprit, et ces trois là sont un (s. Jean V, 7). Il y a un seul Dieu et un seul médiateur entre Dieu et les hommes, savoir Jésus-Christ homme, qui s'est donné lui-même en rançon pour tous (1 Tim. II, 5-6). Jésus-Christ est mort pour nos péchés, selon les Ecritures; il a été enseveli et il est ressuscité le troisième jour, selon les Ecritures (1 Corinth. XV, 3-4).

Jésus-Christ s'est donc annoncé comme le Sauveur ou le Rédempteur du monde. Être chrétien, c'est croire en lui, c'est renoncer au péché, c'est aimer son prochain jusqu'à vendre ce que l'on a pour le donner aux pauvres (s. Matth. XIX, 21). Car là où l'homme a son trésor, là sera aussi son cœur. C'est ainsi que l'entendaient les premiers disciples de Jésus-Christ, et ces premiers disciples étaient tous Juifs. Ils ne s'appelaient pas *chrétiens*; ils se donnaient entre eux les noms d'*élus*, *frères*, *saints*, *fidèles*, *nazaréens* (purifiés), etc. Leur vie répondait à ces qualifications, qui pourraient avoir quelque chose de choquant de nos jours: tous ceux qui croyaient étaient ensemble dans un même lieu, et avaient toutes choses communes; ils vendaient leurs possessions et leurs biens, et les distribuaient à tous, selon le besoin que chacun en avait. Et ils étaient tous les jours assidus au temple d'un commun accord, et, rompant le pain de maison en maison, ils prenaient leurs repas avec joie et simplicité de cœur (Actes II, 44-46). La formation d'une pareille société au milieu de l'égoïsme et de la corruption de ces temps était elle-même un miracle aussi grand que la résurrection de Lazare, surtout si l'on considère quels ont été les instruments dont Jésus s'est servi pour propager sa doctrine, car la plupart des apôtres avaient quitté leurs filets de pêcheurs pour suivre le Sauveur, et cependant, moins d'un demi-siècle après, des églises étaient fondées à Rome, à Corinthe, à Ephèse, à Philippes, à Colosses, à Thessalonique, au Pont, en Galatie, en Cappadoce, en Bithynie et en Asie. Mais, il faut le dire, déjà la première ferveur s'était refroidie; la polémique avait pris la place de la foi et les dissidences commençaient à étouffer la charité. Peut-on en accuser le divin fondateur du christianisme ou ses apôtres? On voit par les épîtres de ces derniers quels efforts ils ont faits pour maintenir parmi les disciples le niveau de la foi, de la fraternité et de l'amour. S. Paul recommande à Tite d'avertir les fidèles de ne médire de personne, de n'être point querelleurs, d'être modérés et de témoigner une parfaite douceur envers tous les hommes, enfin de réprimer les questions folles, les généalogies, les contestations et les disputes touchant la loi, car, dit-il, elles sont inutiles et vaines. Afin d'imposer un frein à l'orgueil et à l'esprit d'exclusion que produit une piété mal entendue, le même apôtre, dans son épître aux Romains (XI, 17-24), donne ces salutaires avertissements, qui ont été si souvent et si universellement méconnus depuis; après avoir parlé de la rejection des Juifs, il ajoute : Si toi, qui étais un olivier sauvage, as été enté en leur place et as été fait participant de la racine et du suc de l'olivier, ne t'élève pas contre les branches; que si tu t'élèves, sache que ce n'est pas toi qui portes la racine, mais que c'est la racine qui te porte. Tu diras : les branches ont été retranchées afin que j'y fusse enté. Cela est vrai; elles ont été retranchées à cause de leur incrédulité, et toi tu subsistes par la foi; ne t'élève point par orgueil, mais crains, car si Dieu n'a point épargné les branches naturelles, prends garde qu'il ne t'épargne pas non plus. Enfin s. Paul trace, dans sa première épître aux Corinthiens (XIII), le tableau inimitable de la charité, de cette fille du ciel, qui forme à elle seule le fondement et le faîte de tout l'édifice évangélique; elle n'est point, dans le langage inspiré de l'apôtre des gentils, cette froide philanthropomanie, qui jette de temps en temps un regard de compassion sur les misères des hommes, mais c'est une chaleur brûlante qui doit pénétrer toutes nos actions et toutes nos pensées : Quand même, dit s. Paul, je parlerais toutes les langues des hommes et même des anges, si je n'ai point la charité, je ne suis que comme l'airain qui résonne, ou comme une cymbale qui retentit. Et quand même j'aurais le don de prophétie, et que je connaîtrais tous les mystères et la science de toutes choses, et quand même j'aurais toute la foi jusqu'à transporter des montagnes, si je n'ai point la charité, je ne suis rien. Et quand même je distribuerais tout mon bien pour la nourriture des pauvres, et que même je livrerais mon corps pour être brûlé; si je n'ai point la charité, cela ne me sert de rien. La charité est patiente; elle est pleine de bonté, elle n'est point envieuse, elle ne s'enfle point d'orgueil, elle n'est point malhonnête, elle ne cherche point son intérêt, elle ne s'aigrit point, elle ne soupçonne point le mal. Ces trois vertus, dit-il enfin, demeurent : la foi, l'espérance et la charité; mais la plus grande est la charité.

JÉSUS-CHRIST est crucifié sous PONCE-PILATE, gouverneur de Judée (en 33).

Première pentecôte des disciples de Jésus-Christ. Envoi du Saint-Esprit.

L'évangile est annoncé d'abord aux Juifs et aux Samaritains. HÉRODE-AGRIPPA et les chefs des Juifs oppriment les chrétiens. S. ETIENNE, premier martyr.

Les apôtres : SIMON, qui est appelé PIERRE, ANDRÉ, JACQUES dit le *Majeur*, fils de Zébédée, JEAN, PHILIPPE, BARTHÉLEMI, THOMAS, MATTHIEU, JACQUES dit le *Mineur*, fils d'Alphée, THADDÉE, SIMON *le Chananéen* et MATHIAS, ce dernier élu à la place de Judas. PAUL et BARNABÉ sont aussi comptés au nombre des apôtres. — *Diacres* et *diaconesses* élus par l'assemblée des fidèles. — Les disciples se dispersent en Judée, en Samarie, en Phénicie et dans l'île de Chypre.

SAUL, d'abord persécuteur des disciples de Jésus-Christ, reçoit le baptême et prêche l'évangile (en 35). Après la conversion du proconsul PAUL SERGIUS, il prend le nom de PAUL.

Quoique fréquentant le culte juif, les disciples ont des assemblées particulières. Le culte consiste en lectures, exhortations, chants et prières. Outre la cène, qu'ils célèbrent fréquemment, ils ont des *agapes* ou repas de charité. Le baptême a lieu par immersion.

Première controverse à Antioche entre les judéo-chrétiens et les gentils devenus chrétiens, et première mention du nom de CHRÉTIENS, donné à Antioche aux disciples de Jésus-Christ (en 41).

D'après la tradition reçue dans l'Eglise romaine, s. Pierre vient à Rome en 42, et y fonde son siége 6 ans après avoir fondé celui d'Antioche. D'autres font commencer son pontificat en 52, d'autres soutiennent qu'il n'est jamais venu à Rome.

Mort de la vierge Marie, à Ephèse, en 48.

Premier concile à Jérusalem, qui proclame l'inutilité des observances légales (50).

Expulsion du *bouddhisme* des pays du Gange par le *brahmanisme*, et naissance de la religion *bouddhiste* dans le Thibet, la Chine, la Mongolie et dans les îles de la Malaisie et des Indes orientales (voy. tabl. 4, col. 5).

Le culte des druides est aboli dans les Gaules et dans la Grande-Bretagne par un édit de l'empereur Claude. Les druides entretenaient parmi les Gaulois et les Bretons la haine du nom romain et les excitaient à secouer le joug étranger (voy. tabl. 2, col. 6). Un grand nombre de monuments de l'histoire des Gaules furent détruits à cette occasion. Cependant le culte des druides continua à être professé en secret, puisque, à la fin du 6e siècle, un évêque écrivit à Brunehaut pour l'inviter à en faire cesser les sacrifices.

### 51—100.

*Auteurs chrétiens inspirés* : S. MATTHIEU, 1 Evangile; s. MARC, 1 Evangile; s. LUC, 1 Evangile et les Actes des apôtres; s. JEAN, 1 Evangile, 3 Epîtres et l'Apocalypse; s. PAUL, 13 Epîtres, savoir : 1 aux Romains, 2 aux Corinthiens, 1 aux Galates, 1 aux Ephésiens, 1 aux Philippiens, 2 aux Thessaloniciens, 2 à Timothée, 1 à Tite, 1 à Philémon et 1 aux Hébreux; s. JACQUES, 1 Epître; s. PIERRE, 2 Epîtres; s. Jude, 1 Epître.

Les apôtres répandent les doctrines du christianisme dans l'Asie-Mineure, en Syrie, en Egypte, dans plusieurs contrées au delà de l'Euphrate, en Grèce et en Italie.

# LETTRES, SCIENCES, ARTS, LÉGISLATION, COMMERCE, INDUSTRIE, DÉCOUVERTES, INVENTIONS, ETC.

5

### 51—100.

SÉNÈQUE, *le Philosophe* (Lucius Annæus), un des plus célèbres écrivains de Rome, précepteur de NÉRON. Il nous reste de lui un grand nombre de traités de philosophie fort remarquables. Quant aux 10 tragédies connues sous le nom de SÉNÈQUE, des commentateurs les attribuent à son frère (ANNÆUS NOVATUS GALLUS), qu'ils appellent SÉNÈQUE *le Tragique*. — SÉNÈQUE *le Rhéteur*, père du philosophe, a laissé deux recueils de déclamations.

PLINE, *l'Ancien* ou *le Naturaliste*, mort, l'an 79 de J. Ch., victime de la première éruption du Vésuve qu'il avait voulu observer de trop près. De ses nombreux ouvrages il ne nous reste que son *Histoire naturelle* en 37 livres.

EPICTÈTE, d'Hiéropolis, en Phrygie, célèbre philosophe stoïcien. Arrien, son disciple, rédigea ses leçons et les publia en 4 livres, sous le titre de *Manuel*.

ANNÆUS CORNUTUS, philosophe stoïcien, né à Leptis, en Afrique, ouvrit à Rome une école célèbre, d'où sortirent Lucain et Perse. Il fut exilé par Néron, dont il avait froissé l'orgueil littéraire. On a de lui un *Traité de la nature des dieux*.

APPOLLONIUS DE TYANE, en Cappadoce, philosophe pythagoricien. Les païens lui attribuèrent une foule de miracles et l'appelèrent *dieu* de son vivant.

DÉMÉTRIUS, *le Cynique*, disciple d'Apollonius de Tyane. Sénèque lui donne beaucoup d'éloges et rapporte plusieurs de ses maximes.

AGRIPPA, astronome, observa (92), en Bithynie, que la lune était en conjonction avec les Pléiades.

MANILIUS (Marcus), astronome et poëte latin, auteur d'un poëme intitulé *les Astronomiques*.

TACITE (Caïus Cornélius Tacitus), un des trois grands historiens de Rome. Plusieurs de ses ouvrages ont été perdus, mais nous possédons en partie ses *Annales* et ses *Histoires*, et en totalité la *Vie d'Agricola* et les *Mœurs des Germains*. Le *Dialogue sur l'éloquence* lui est attribué par quelques-uns, par d'autres à Quintilien.

QUINTE-CURCE, historien d'Alexandre-le-Grand. Son histoire est une sorte de roman, et les critiques, partagés sur l'époque où il a vécu, le placent du 1er au 15e siècle. Freinsheim en combla les lacunes dans des *Suppléments*, qu'il publia en 1649.

FLAVIUS JOSÈPHE, célèbre historien juif. *Histoire de la guerre des Juifs contre les Romains*; *Antiquités juives*; *Martyre des Macchabées*.

PLUTARQUE, de Chéronée, en Béotie, célèbre philosophe et biographe grec. Ses *Vies parallèles*, où il met en présence les hommes illustres de la Grèce et de Rome, sont le chef-d'œuvre de ses nombreux ouvrages.

PHLÉGON, historien, surnommé *Trallien*, parce qu'il était né à Tralles, en Lydie. Parmi les ouvrages qui restent de lui, on remarque un *Traité de choses merveilleuses* et un fragment de son *Histoire des Olympiades*.

QUINTILIEN (Marcus Fabius Quintilianus), né à Calaguris, en Espagne (suivant d'autres à Rome), célèbre critique et rhéteur latin. Ses *Institutions oratoires* forment le cours de rhétorique le plus complet que les anciens nous aient laissé; une copie complète de cet ouvrage fut trouvée au monastère de Saint-Gall par le Pogge, qui vivait au 15e siècle.

DION CHRYSOSTOME, de Pruse, en Bithynie, rhéteur et philosophe grec. Il nous reste de lui 90 *Discours*.

ISÉE, orateur grec, vivait à Rome, et est cité avec éloge par Pline-le-Jeune.

ASCONIUS PEDIANUS, grammairien, de Padoue, auteur de *Commentaires* sur les ouvrages de Cicéron, dont il ne reste plus que ceux sur les *Verrines*.

JUVÉNAL (Décimus ou Décius Junius Juvenalis), né à Aquinium (aujourd'hui Aquino, dans l'Abruzze), l'un des plus célèbres poëtes satiriques latins. Les satires qui nous restent de lui, au nombre de 16, offrent la peinture la plus vraie des mœurs des Romains sous les règnes de Claude, de Néron et de Domitien. On en a fait un grand nombre d'éditions depuis 1470 jusqu'à nos jours.

MARTIAL (M. Valerius Martialis), né à Bilbilis (aujourd'hui Calatayud, en Aragon), en Espagne, poëte latin, vécut dans la faveur de Domitien, qu'il accabla de flatteries. On a de lui un grand nombre d'*Epigrammes*, en 12 livres.

STACE (Publius Papirius Statius), poëte latin, né à Naples, vint à Rome et sut gagner la faveur de Domitien par ses flatteries. On a de lui les *Sylves*, recueil de divers poëmes; la *Thébaïde*, poëme, en 12 chants, sur la guerre des Thébains et des Argiens, et les deux premiers chants de l'*Achilléide*, que la mort l'empêcha d'achever.

LUCAIN (Annæus Marcus Lucanus), poëte latin, né à Cordoue, auteur d'un poëme intitulé : *la Pharsale*. Il fut d'abord l'ami de Néron, qu'il flatta outre mesure, mais ayant eu le malheur de le vaincre aux jeux quinquennaux, il tomba dans la disgrâce, entra dans une conspiration qui fut découverte, et eut la lâcheté de dénoncer sa propre mère. Condamné à mort, Néron lui laissa le choix du supplice.

VALERIUS FLACCUS, poëte latin. Poëme héroïque du *Voyage des Argonautes*.

SILIUS ITALICUS, poëte latin, auteur d'un poëme historique sur la *Deuxième guerre punique*.

PERSE, né à Volterre, en Italie, et PÉTRONE, de Marseille, poëtes satiriques latins.

COLUMELLA, habile agriculteur et savant agronome. Son *Traité d'agriculture* est un des plus complets et des plus curieux que l'antiquité nous ait transmis.

FRONTIN (Sextus Julius Frontinus), fut trois fois consul et commanda les armées romaines en Bretagne, où il remporta de grands avantages, écrivit plusieurs ouvrages sur la *Science militaire*, la *Tactique d'Homère*, les *Aqueducs de Rome* et sur les *Stratagèmes de la guerre*. Ce dernier ouvrage seul nous est parvenu.

DE G. SILBERMANN.

| ANNÉES DE J.-CH. | ASIE. Chine. Tartarie (Scythes). Arabie. Inde. Empire parthe (Perse). Arménie. 1 | EUROPE. Monarchie romaine. ASIE, AFRIQUE ET EUROPE. 2 |
|---|---|---|
| 63 | | BURRHUS, l'un des précepteurs de NÉRON, meurt en prison, probablement assassiné. — Retraite de SÉNÈQUE. L'infâme TIGELLIN devient le favori et le ministre des débauches et des crimes de NÉRON. |
| 64 | | Incendie de Rome attribué à NÉRON. Il contemple du haut d'une tour ce vaste embrasement, et, la lyre en main, chante un poëme qu'il avait composé sur les désastres de Troie. Les chrétiens, que l'on accusait de ce malheur, éprouvent la première persécution. |
| | FLORUS, nommé gouverneur de la Judée, prend sous sa protection une troupe de brigands et se joint à eux pour piller les riches et pour opprimer le peuple. Enfin il excite une nouvelle révolte en faisant massacrer un grand nombre de Juifs qui allaient au devant des troupes romaines venant de Césarée. De tous côtés on se rassemble, on court aux armes, on délivre le temple, on chasse les Romains, et FLORUS est obligé de se réfugier à Césarée. Cette révolte était entretenue principalement par les Juifs zélateurs, nouvelle secte, qui soutenait qu'on ne doit reconnaître pour seigneur et pour roi que Dieu seul. ELÉAZAR et MANAEM furent les chefs de cette secte, mais ce dernier, étant entré dans le temple avec des habits royaux, après la prise de la forteresse de Massoda, est envoyé au supplice par son propre parti. | |
| 65 | CESTIUS GALLUS entre en Judée à la tête d'une armée romaine, mais il est battu à Bethoron et forcé de se retirer. Il revient avec de nouvelles forces, s'empare de Jérusalem, échoue contre le temple, fait sa retraite en désordre et perd plus de 4000 hommes. Les Juifs élisent pour généraux ELÉAZAR, SILAS, JEAN et JOSÈPHE, l'historien. En même temps FLORUS dévaste la Judée à la tête d'une troupe de brigands (65—66). | |
| | NÉRON donne le trône d'Arménie à TIRIDATE, frère de VOLOGÈSE I^er^. Prépondérance des Romains dans ce royaume. | |
| | | Découverte de la conspiration de PISON. Mort de SÉNÈQUE, du poëte LUCAIN, du satirique PÉTRONE et de l'héroïne EPICHARIS. Cette dernière, malgré les tortures les plus cruelles, ne révéla le nom d'aucun des conjurés. |
| 66 | Le Bosphore et le Pont sont réduits en provinces romaines. Le Bosphore avait déjà été enlevé par CLAUDE à POLÉMON II, dernier roi du Pont. | |
| | | NÉRON fait un voyage en Grèce, qu'il parcourt en comédien et où il parodie FLAMINIUS, en proclamant l'indépendance hellénique. |
| | | CORBULON, qui s'était illustré dans la guerre contre les Parthes, est dépouillé de ses charges et exilé dans l'île de Cenchrée, où il se donne la mort. |
| 67 | NÉRON donne à VESPASIEN le gouvernement de la Syrie, ainsi que le commandement de l'armée qui devait réduire les Juifs. Défaite des Juifs à *Ascalon*; 18,000 hommes et 3 de leurs généraux, SILAS, JEAN et ÉLÉAZAR, restent sur le champ de bataille. VESPASIEN et son fils TITUS entrent en Galilée; la consternation des Juifs est telle, que JOSÈPHE se voit abandonné par presque toute son armée, et s'enferme, avec le peu de braves qui lui restent, dans la ville de Jotapat, qui est prise après une longue résistance. Les principaux de l'armée s'entretuent plutôt que de se rendre aux Romains; JOSÈPHE et un de ses amis se mettent seuls à la merci des vainqueurs (67—68). | |
| 68 | | Les Gaules sous VINDEX, la Lusitanie et l'Espagne sous OTHON et GALBA, et l'Afrique sous MACER se révoltent. — GALBA, âgé de 72 ans, est proclamé empereur par les prétoriens (68—69). |
| | | NÉRON, dernier empereur de la famille d'Auguste, est déclaré ennemi public par le sénat et se donne la mort. — Les larmes données à la mémoire de NÉRON par la populace de Rome, qu'il avait comblée de ses largesses, les fleurs qu'elle répandit, encore longtemps après sa mort, sur son tombeau, ont servi à étayer les apologies dont nous avons parlé plus haut; mais, a dit un historien, *cent ou cent cinquante mille lazzaronis à Rome eussent-ils proclamé Néron un grand homme, Thraséas un faquin, le meurtre d'Agrippine une belle action, l'histoire est-elle forcée d'être de leur avis? Et la tyrannie impériale est-elle justifiée parce qu'elle s'arrêtait là où il n'y avait que de médiocres profits à faire et d'inutiles vengeances à exercer?* |
| 69 | | OTHON, l'ancien mari de POPPÉE, est élu empereur par les soldats, mécontents de ce que le vieux GALBA, qui voulait réformer les abus, leur eût refusé le *donativum*, gratification que les empereurs donnaient à leur avénement. — GALBA et son fils adoptif, LICINIUS PISON, sont massacrés. |
| | | VITELLIUS, ancien commensal de Tibère aux honteuses orgies de l'île de Caprée, est proclamé empereur à Cologne, par les légions germaniques, et gagne sur OTHON la bataille de *Bedriac*, entre Crémone et Mantoue. OTHON se donne la mort. Ce fut en visitant le champ de bataille de Bédriac, quelques jours après sa victoire, qu'il prononça le premier, dit-on, ces horribles paroles : *le corps d'un ennemi mort sent toujours bon.* Son règne de huit mois répondit à ce que l'on pouvait attendre d'un pareil début. |
| | | VESPASIEN est proclamé empereur par les légions d'Orient (69—79). PRIMUS, son général, défait les troupes de VITELLIUS près de Crémone. SABINUS, frère de VESPASIEN et préfet de Rome, ayant voulu forcer VITELLIUS à abdiquer, est mis en pièces par les légions germaniques, mais PRIMUS arrive, s'empare de Rome qu'il incendie, et fait massacrer VITELLIUS, dont la tête est promenée au bout d'une lance. |
| | | Les Bataves, dans la Gaule belgique, entre la Meuse et le Rhin, se soulèvent sous CIVILIS, à la voix de la prophétesse VELLÉDA. La Gaule presque entière se joint aux Bataves. VELLÉDA avait prédit la chute prochaine de Rome. Les coalisés obtinrent d'abord de grands succès; mais la jalousie s'étant mise dans leurs rangs, ils furent battus par CÉRIALIS, envoyé par VESPASIEN, et ce fut encore VELLÉDA qui contribua à faire conclure la paix. Plus tard elle appela de nouveau ses compatriotes à la liberté, mais elle fut prise par RUTILLIUS GALLICUS, dont elle orna le triomphe à Rome (69—70). C'est à cet événement que se rattache l'épisode de SABINUS et de son épouse EPONINE. SABINUS avait fait révolter une partie des Gaules et pris le titre de César, mais après la soumission des rebelles, il fit répandre le bruit de sa mort et se cacha dans un souterrain, où sa femme le suivit. Découverts, après un séjour de 9 ans dans cette affreuse demeure, et conduits devant VESPASIEN, EPONINE implora vainement la grâce de son époux et voulut partager son supplice. |
| | Prise de Gamala, en Palestine, par VESPASIEN. Cette ville est reprise par les Juifs, qui sont de nouveau chassés par TITUS. Celui-ci poursuit ensuite dans Giscala, en Galilée, un des plus célèbres chefs des Juifs, JEAN, de Giscala, qui se sauve à Jérusalem, où il fait alliance avec les zélateurs et ouvre la ville aux Iduméens, qui exercent d'horribles cruautés et massacrent même le sacrificateur ZACHARIE. Son ambition divise les zélateurs en deux partis. SIMON, fils de Joras, combat JEAN, qui est vaincu, mais sa victoire n'est pas décisive, et les factions de ces deux chefs continuent de remplir la cité sainte de massacres et de pillage. | |
| | Siége de Jérusalem par VESPASIEN, qui est proclamé empereur par son armée, passe en Italie pour combattre VITELLIUS, et charge son fils TITUS de continuer la guerre (69—70). | |
| 70 | | VESPASIEN arrive à Rome où il est reçu en triomphe. Il réforme l'administration des finances, rétablit la discipline dans l'armée, organise des écoles pour la jeunesse, construit des routes, et fait élever à Rome un grand nombre d'édifices publics, parmi lesquels on remarque encore aujourd'hui le *Colisée* (amphithéâtre destiné à toutes espèces de jeux). L'histoire lui reproche cependant d'avoir vendu la justice et une avarice sordide. Sous son règne les stoïciens furent chassés de Rome, à cause de leurs manœuvres séditieuses. |
| | TITUS fait entourer Jérusalem d'une grande muraille, garnie de tours, pour la priver de vivres et de tous secours. La guerre civile continue cependant dans la ville : ELÉAZAR, occupant la partie supérieure du temple, SIMON, la ville haute, et JEAN, de Giscala, la ville basse, combattent entre eux, mais lorsque le danger devient trop pressant, leurs troupes, réunies sur les murailles, résistent vaillamment aux Romains, font de fréquentes sorties, détruisent les travaux des assiégeants, et, après les avoir repoussés, reviennent dans la ville pour se battre de nouveau entre elles. Jamais aucune autre cité dans l'univers, dit l'historien Ségur, ne fut en proie à plus de malheurs. La haine, la vengeance, l'avarice, l'ambition, le fanatisme et le désespoir se joignaient aux désastres de la guerre pour déchirer Jérusalem. Le fléau de la famine vint mettre le comble à ces calamités et les morts y servirent bientôt de pâture aux vivants. On vit une mère égorger son propre enfant pour en faire un affreux repas. TITUS, maître de la première et de la seconde muraille de Jérusalem, assiége le temple, où les Juifs, malgré leurs discordes, se défendent longtemps. Mais enfin le prince romain s'empare de la maison du Seigneur. Un soldat se fait soulever par un de ses compagnons et jette une poutre enflammée au travers de la fenêtre d'or, dans l'intérieur du saint asile. La flamme dévorante s'étend avec rapidité, et en peu d'heures la destruction de cet illustre et saint monument est entièrement consommée. Il périt le même jour du même mois où Nabuchodonosor l'avait autrefois détruit. Les murailles et la plupart des maisons de Jérusalem furent rasées; 1,100,000, d'après d'autres 1,300,000 Juifs périrent dans cette guerre. JEAN, de Giscala, et SIMON, avec 700 des principaux de la nation, servirent à orner le triomphe de TITUS et de VESPASIEN. | |
| 72 | Irruption des Alains dans la Médie et l'Arménie. | |
| 74 | | L'île de Rhodes est réduite en province romaine. |
| 78 | | C. JULIUS AGRICOLA, nommé gouverneur de la Grande-Bretagne par VESPASIEN, porte la guerre dans la Calédonie, qu[...] fait le tour de la Bretagne et soumet en passant les Orcades (78—84). |
| 79 | | TITUS succède à son père Vespasien sur le trône impérial (79—81). — Les historiens se sont plu à donner à TITUS le magnifique surnom de *délices du genre humain.* Sans vouloir rien rabattre des mérites de cet empereur, nous croyons cependant, même en admettant toutes ses qualités, qu'il eût été plus logique de restreindre ce titre aux seuls Romains, car la protestation de 1,100,000 Juifs, qui périrent lors de la destruction de Jérusalem, mériterait certainement d'être comptée pour quelque chose dans la balance. — TITUS sévit principalement contre les délateurs, cette lèpre du gouvernement romain; il destitua les juges convaincus de corruption, et éleva un grand nombre d'édifices publics. Il pardonna généreusement à deux sénateurs qui avaient conspiré contre lui, et passe pour avoir dit, à la fin d'une journée où il n'avait eu aucune occasion de faire du bien à quelqu'un : *Mes amis, j'ai perdu un jour.* |
| | | Première éruption connue du *Vésuve*; destruction des villes d'*Herculanum*, de *Pompeïa* et de *Stabiæ*. PLINE-L'ANCIEN ou le NATURALISTE mourut dans cette dernière ville, où il s'était rendu pour observer ce terrible phénomène. |

STRASBOURG, IMPRIM[...]

**etagne. Germanie. Sarmates. Dacie. Scandinavie.**

3

ordes de barbares, les Sarmates, les Ja-
çoivent de Rome un tribut annuel, ce qui
pas de faire des incursions dans l'empire,
s la Mœsie.

les Chauces attaquent également l'empire
attes demeuraient dans les contrées ac-
le, de Hanau, de Hesse, et, en partie,
ce de Westphalie et le duché de Nassau.
abitaient les pays connus aujourd'hui sous
ise, d'Oldenbourg et de Brême.

nnait la domination des Romains. Sa flotte

## HISTOIRE RELIGIEUSE.

**Mœurs. Usages.**

4

**51—100** (suite).

Second grand voyage de s. Paul, en 52. Fondation d'églises indépendantes du judaïsme. Pendant cette période, le christianisme se répand de l'Euphrate au Tibre et du mont Hæmus (Balkan) au lac Mœris.

Cérinthe, hérésiarque, disciple de Simon-le-Magicien, commence vers l'an 54 à publier sa doctrine à Antioche. Il niait la divinité de Jésus-Christ, soutenait la nécessité de la circoncision et prétendait que le Dieu souverain n'était point le créateur du monde. Quelques auteurs font vivre Cérinthe du temps de l'empereur Adrien. On le regarde généralement comme l'un des chefs de la première école des Gnostiques ou du gnosticisme juif, qui l'aurait eu pour fondateur avec Simon-le-Magicien, Dosithée et Ménandre (voy. *Histoire religieuse*, 101—150).

Première persécution des chrétiens sous Néron. S. Pierre est mis en croix et s. Paul, qui était citoyen romain, est décapité.

Barnabé, compagnon de s. Paul et apôtre de Milan. — Hermas, disciple de s. Paul, auteur d'un livre intitulé le *Pasteur*.

S. Lin, pape ou évêque de Rome (66—78).

S. Clet ou Anaclet, pape (78—91). Il est honoré comme martyr, ainsi que son prédécesseur, sans qu'on en ait d'ailleurs des témoignages certains. D'autres ne font durer son pontificat que jusqu'à l'an 80.

Prise et destruction de Jérusalem par Titus, fils de l'empereur Vespasien, en 70. Institution par les Juifs d'un jeûne en mémoire de la cessation des sacrifices. Ce jeûne est encore observé de nos jours par un grand nombre d'Israélites.

Beaucoup de Juifs passent en Egypte, à Cyrène et à Babylone, où il y avait déjà de riches communautés de leurs coreligionnaires; ceux des tribus de Juda et de Benjamin se retirent en Espagne. Fondation d'académies rabbiniques à Tibériade et à Lydda.

Vespasien ferme pour la quatrième fois le temple de Janus.

Nouveaux *jeux capitolins* institués par Domitien. Ils se célébraient tous les 5 ans, et on y distribuait des prix et des couronnes aux poëtes, aux orateurs, aux comédiens, aux musiciens, etc. (en 86). Le même empereur établit les jeux quinquennaux en l'honneur des empereurs qui avaient été mis au rang des dieux par la cérémonie de l'apothéose. Il se fait lui-même décerner des honneurs divins (en 87).

S. Clément, pape (91—100). Quelques-uns lui attribuent la célèbre mission qui donna des pasteurs aux principales villes de la Gaule; d'autres la descendent un siècle et demi plus bas, au temps de s. Fabius.

Secte des *Nicolaïtes* fondée par Nicolas, un des sept diacres de Jérusalem. Les *Nicolaïtes* enseignaient d'abuser de la chair au lieu de la mortifier, mangeaient des viandes offertes aux idoles et permettaient la communauté des femmes.

Séparation complète du christianisme et du culte mosaïque.

Deuxième persécution des chrétiens sous Domitien. Timothée est lapidé à Ephèse et Denis-l'Aréopagite à Athènes.

S. Jean écrit son *Apocalypse* dans l'île de *Pathmos*, où il était relégué durant la persécution de Domitien.

S. Denis-l'Aréopagite, converti au christianisme et créé évêque d'Athènes par s. Paul, périt pendant la persécution de Domitien. Les ouvrages qui ont été publiés sous son nom, et parmi lesquels on distingue une *Théologie mystique* et le *Traité des noms divins*, ne datent que du 5e siècle et ont joui d'une haute estime pendant tout le moyen âge.

Le culte de *Fo* (bouddhisme) est introduit en Chine (selon d'autres, 200 ans avant J. Ch.).

*Mythologie des Scandinaves.* — Dans le principe, les peuples scandinaves reconnaissaient en tête de leurs dieux une trinité représentant la Puissance, la Sagesse et la Bonté, sous les noms de *Thor* ou *Har*, *Odin* ou *Safubar*, *Freyr* ou *Thridi*. Mais à la suite de plusieurs révolutions dans les croyances religieuses, auxquelles la politique n'était pas étrangère, *Odin* devint le dieu suprême et *Thor* ne fut plus considéré que comme son fils. Tous les dieux scandinaves descendent des *Ases*, race divine qui vint d'Asie, sous la conduite de *Sigge*, et pénétra jusqu'aux extrémités de l'Europe septentrionale, à travers l'Allemagne et la Russie. Leur chef alla établir en Suède le siége de son empire et prit le nom d'*Odin*. Il est regardé comme le fondateur des villes sacrées d'Upsal, en Suède, et de *Lethra* ou *Leyre*, dans la Séelande. D'autres mythographes soutiennent que chaque royaume du Nord avait son dieu particulier: Les Suédois adoraient principalement *Freyr*, les Norwégiens *Thor* et les Danois *Odin*. Ce dieu *Odin* apparaissait, à ce qu'on prétendait, au milieu des combats et faisait pencher la balance du côté de ceux qui l'invoquaient. Il n'en fallut pas davantage pour lui donner la prééminence parmi les dieux. Son culte l'emporta sur tous les autres: on le nomma *Vera Tyr*, le dieu des hommes, *Valgantur*, le gardien du carnage, ou *Valford*, père du carnage, pour marquer l'empire qu'il avait sur la vie et la mort des combattants, car on croyait que tous ceux qui mouraient à la guerre devenaient ses fils bien aimés.

La déesse *Freya* prétendait partager avec lui cet empire; on disait qu'elle possédait un appartement dans le ciel, appelé le *grand receptacle des peuples*, qu'elle courait à cheval de rang en rang dans les combats et qu'elle prenait une partie des âmes des morts. Quelques-uns ajoutaient que son palais, qu'ils nommaient la *large demeure*, devenait le séjour des âmes de ceux qui lui avaient rendu un culte particulier, de celles des femmes de distinction et des personnes qui se donnaient la mort à elles-mêmes. — Mais *Odin* s'attribua enfin l'empire sur toutes les âmes de ceux qui étaient morts ou qui mourraient par les armes; il annula la prétention de *Freya*, qui voulait en avoir la moitié, et ne lui laissa que les âmes des femmes.

*Thor* ou *Ake Thor* présidait à l'air, aux saisons et à tous les phénomènes atmosphériques; *Freyr* était le dieu de l'agriculture, de la paix, des richesses et de l'abondance; *Ægir* ou *Hler*, dieu de l'Océan, luttait sans cesse avec le grand serpent *Jormoungandour* qui, couché au fond de l'Océan, entoure la terre comme une vaste ceinture; *Kar* était le dieu des vents; *Locke*, le dieu du feu, engendra, avec la géante *Angourbodi*, le serpent *Jormoungandour* et le loup *Fenric*; ce dernier doit rester enchaîné à un rocher jusqu'au dernier jour, où il brisera ses fers et dévorera les astres. Nous abrégeons cette nomenclature pour passer à la description du *Walhalla*, paradis des guerriers tués dans les combats, et, en général, de tous ceux qui avaient péri d'une mort violente.

La demeure d'Odin et de tous les autres dieux (Ases) se trouve dans la ville d'*Asgard* (séjour des Ases). Cette ville ne se compose que de palais d'or et d'argent, parmi lesquels on distingue le *Walhalla*, qui n'a pas moins de 540 portes. Odin y préside sur un trône élevé, d'où il examine tout ce qui se passe dans le monde; deux corbeaux, l'un nommé *Hugin* (la Pensée) et l'autre *Munin* (la Mémoire), se tiennent ordinairement sur ses épaules et lui rapportent tout ce qu'ils voient ou entendent dire.

## LETTRES, SCIENCES, ARTS, LÉGISLATION, COMMERCE, INDUSTRIE, DÉCOUVERTES, INVENTIONS, ETC.

5

**51—100** (suite).

Athénée, célèbre médecin grec, né à Tarse ou à Attalia, en Cilicie, fondateur de la secte des *Pneumatistes*, ainsi appelée parce qu'elle admettait en principe que les maladies étaient causées par une altération de l'esprit (*Pneuma*).

Alexandre Philalèthe, chef de la célèbre école de médecine hérophiléenne, établie à Men-Carus, en Phrygie. Aristoxène, *l'Erasistratien*, son disciple le plus connu.

Andromaque, *l'Ancien*, de Crète, premier médecin de Néron, inventa, dit-on, la thériaque, sur laquelle il composa un poëme et qui passait pour un antidote universel. Son fils, Andromaque, *le Jeune*, lui succéda comme *archiatre* ou chef des médecins de Néron, et laissa divers écrits qui se sont perdus.

Thessale, médecin de Néron, écrivit contre les aphorismes d'Hippocrate un ouvrage cité par Galien et par les anciens.

Arétée, médecin de Cappadoce, fut appelé le meilleur observateur après Hippocrate, et laissa deux ouvrages édités par Bœrhaave.

Castor, médecin et botaniste grec, établi à Rome, où il possédait, d'après le témoignage de Pline, un jardin botanique, qu'il cultivait lui-même. C'est le premier exemple connu d'un établissement de ce genre.

Rufus, médecin grec, né à Ephèse, auteur d'un *Traité d'anatomie*, d'un *Traité sur les maladies des reins et de la vessie*, et d'autres ouvrages dont il ne reste que des fragments.

Cassius Félix, surnommé *l'Iatrosophiste*, médecin grec, connu par un ouvrage intitulé: *Questions de médecine et problèmes naturels*.

Dioscoride, médecin grec, né à Anarbaze, en Cilicie, avait écrit un ouvrage en 24 livres sur la *Matière médicale* tirée des trois règnes de la nature.

Zopyre, de Gordium, en Phrygie, ou de Gortyne, en Crète, médecin, cité par Plutarque dans ses *Symposiaques* ou *Propos de table*.

Agésandre, Polydore et Athénodore, sculpteurs grecs, nés à Rhodes, auxquels Lessing attribue le célèbre *groupe du Laocoon* (voy. tabl. 16, col. 6).

Zénodore, célèbre sculpteur grec, fut chargé par Vibius Avitus, préfet d'Auvergne, de fondre une statue colossale de Mercure, à laquelle il travailla pendant 10 ans. Il fit ensuite la statue de Néron, de 120 pieds de haut, mais après que la mémoire de cet empereur eut été flétrie par le sénat, elle fut changée en statue du Soleil et placée dans la Voie sacrée, près de Rome.

*Maison d'or* construite par Néron après l'incendie de Rome, et dont l'enceinte renfermait des bois, des lacs et d'immenses jardins. Ce fut dans cette demeure voluptueuse que les chrétiens enveloppés de bitume et de résine servirent de flambeaux pour éclairer les orgies nocturnes de l'empereur.

Rabirius, architecte romain, construisit pour l'empereur Domitien un palais et quelques autres édifices dont on voit encore les ruines.

Au rapport de Pline, un bouvier, en marchant sur des rochers, s'aperçut que les clous de sa chaussure et le bout ferré de son bâton s'attachaient contre une pierre; il la prit et reconnut que cette pierre attirait le fer. Si ce fait n'est pas authentique, on y trouve du moins la preuve que l'aimant était connu du temps de Pline.

Vespasien chasse de Rome tous les philosophes, à l'exception du stoïcien Musonius Rufus, qui avait été exilé sous Néron et qui fut rappelé.

Construction du *Colisée* à Rome, par Vespasien (terminé par Titus); c'était un amphithéâtre destiné aux combats des gladiateurs et des bêtes féroces. Ses ruines gigantesques existent encore. L'arc-de-triomphe et les thermes de Titus (voy. 1606). Le temple de la Paix, le plus grand et le plus magnifique qui fût dans Rome; les dépouilles du temple de Jérusalem y furent déposées.

Les chrétiens érigent des écoles pour l'instruction de la jeunesse.

Fondation d'une nouvelle bibliothèque à Rome par Vespasien.

Reconstruction du Capitole par Domitien. On dit que les dorures seules coûtèrent 12,000 talents (66,000,000 fr.).

Amphithéâtre de Vérone pour 20,000 spectateurs; on en admire encore les restes.

**101—150.**

Maxime, de Tyr, philosophe platonicien, dont il nous reste 41 *Discours* ou *Dissertations* sur des sujets philosophiques. Claude Maxime, philosophe stoïcien, fut maître de Marc-Aurèle.

Alcinous, philosophe platonicien gaulois, auteur d'une *Introduction à la philosophie de Platon*.

| ANNÉES DE J.-CH. | ASIE. Chine. Tartarie (Scythes). Arabie. Inde. Empire parthe (Perse). Arménie. 1 | EUROPE. Monarchie romaine. ASIE, AFRIQUE ET EUROPE. 2 | |
|---|---|---|---|
| 81 | . . . . . . . . . . . . . . . . . . . . . . . . . . . . | DOMITIEN, frère de Titus, qu'il est soupçonné d'avoir empoisonné, lui succède sur le trône impérial, à l'âge de 30 ans (81—96).<br>Comme Néron et d'autres tyrans, DOMITIEN commence son règne par d'heureuses institutions, mais bientôt la férocité de son caractère déborde : il remet en honneur la délation et les confiscations; il se fait un plaisir de voir les tourments des condamnés et d'entendre leurs gémissements, et chasse de Rome tous les hommes de lettres. — Le Capitole, qui avait été incendié, en 69, par PRIMUS, fut reconstruit par ses soins. — Ce fut sous son règne que l'empire fut pour la première fois attaqué avec succès par les Barbares. | |
| 82 | . . . . . . . . . . . . . . . . . . . . . . . . . . . . | Expédition ridicule de DOMITIEN en Germanie. Il aida, par des secours pécuniaires, deux rois germains à reconquéri… Cattes, acheta ensuite des prisonniers et rentra en triomphe à Rome. | |
| 85 | . . . . . . . . . . . . . . . . . . . . . . . . . . . . | . . . . . . . . . . . . . . . . La Grande-Bretagne est réduite en province romaine (jusqu'en 426). L'Écosse… | Décéb… |
| 86 | . . . . . . . . . . . . . . . . . . . . . . . . . . . . | . . . . . . . . . . . . . . . . . Guerres de DÉCÉBALE contre l'Italie. Premières agressions des Barba… | |
| 90 | . . . . . . . . . . . . . . . . . . . . . . . . . . . . | Les Quades, les Jazyges et les Marcomans s'étant joints aux Daces, DOMITIEN achète d'eux la paix par un tribut annuel… triomphe à son retour à Rome.<br>Incursions des Marcomans dans la Pannonie. Les Romains maintiennent cependa… | |
| 91 | ARTABAN IV succède à Vologèse I^er^ sur le trône des Parthes (91—93). | | |
| 92 | . . . . . . . . . . . . . . . . . . . . . . . . . . . . | Révolte de LUCIUS ANTONIUS dans la Haute-Germanie, comprimée par les légions de NORBANUS. Un grand nombre de… | |
| 93 | PACORUS, fils d'Artaban IV, lui succède sur le trône des Parthes. Il soumet les peuples du Dilem, qui s'étaient révoltés, et donne, dit-on, le nom de *Ctésiphon* à la ville de *Chalné*, capitale de ses États (93—107).<br>Les Chinois détruisent l'empire des Huns, nation tartare, en guerre perpétuelle avec eux. Leur émigration forcée, en poussant d'autres Barbares vers l'occident, donne à ceux-ci une impulsion qui, gagnant de proche en proche, amène insensiblement la destruction de l'empire romain. | | |
| 96 | Décadence de l'autorité des souverains de la Chine. Les ministres et les eunuques gouvernent sous leur nom. | DOMITIEN trouve dans son propre palais des conspirateurs que dirige sa femme DOMITIA LONGINA. *Le Néron chauve*, comme l'appelle JUVÉNAL, tombe sous les poignards de PARTHÉNIUS et de STEPHANUS, ses officiers.<br>NERVA, âgé de 70 ans, est élu empereur (96—98). — Cet empereur rappela les exilés, supprima les impôts nouveaux, fit des lois contre les dénonciateurs, arrêta la persécution dirigée contre les chrétiens, abolit le crime de lèse-majesté, et chercha, en un mot, à rendre à l'empire son ancien lustre. TACITE a dit de lui qu'il sut allier deux choses que l'on croyait incompatibles : l'autorité suprême et la liberté. Cependant d'autres historiens blâment sa faiblesse et disent de lui que la seule vertu qui lui manqua, ce fut la fermeté. | Premièr… trionale: … etc. |
| 97 | . . . . . . . . . . . . . . . . . . . . . . . . . . . . | TRAJAN est adopté par NERVA et associé à l'empire. Il était né près de Séville, en Espagne, et avait servi dans les armées romaines sous Vespasien et Titus. Il se trouvait à Cologne, où il commandait les légions de la Basse-Germanie, quand il apprit son adoption par NERVA. | |
| 98 | . . . . . . . . . . . . . . . . . . . . . . . . . . . . | Mort de NERVA. — TRAJAN est le premier étranger élevé à l'empire (98—117). — Il rétablit les élections populaires et les comices, et rendit au sénat et aux magistrats leur ancienne considération. Il avait pour maxime qu'il fallait que les citoyens le trouvassent tel qu'il eût voulu lui-même trouver l'empereur, s'il eût été simple citoyen. Quoique sa vie privée inspire le plus profond dégoût, il mérita cependant comme empereur d'être appelé le *père de la patrie*. Au reste, il défendit d'exécuter les ordres qu'il pouvait donner après s'être livré aux excès de la table. — Il peut aussi être compté parmi les persécuteurs des chrétiens. Il jugea lui-même saint IGNACE, évêque d'Antioche, qu'il envoya à Rome pour être dévoré dans le cirque. Saint SIMÉON, de Jérusalem, souffrit aussi le martyre sous son règne. Plus tard il se relâcha de sa sévérité, grâce aux conseils de PLINE-LE-JEUNE. — Il vainquit les Daces, les Arméniens, les Parthes, les Arabes, les Assyriens, étendit les frontières de l'empire au delà du Tigre et poussa la domination romaine aux limites les plus éloignées qu'elle pouvait désormais atteindre.<br>LA PLUS GRANDE ÉTENDUE DE L'EMPIRE ROMAIN SOUS TRAJAN.<br>Depuis l'Atlantique jusqu'au Tigre, et depuis le mur d'Antonin dans la Grande-Bretagne, le Danube, les monts Karpathes et la mer Noire jusqu'aux déserts de l'Afrique et de l'Arabie. Il avait près de 600 lieues du nord au midi et plus de 1000 d'orient en occident (180,000 lieues carrées).<br>Les possessions romaines étaient :<br>En EUROPE : *l'Espagne, la Gaule, la Grande-Bretagne, l'Italie, la Rhétie, la Vindélicie, le Norique, la Pannonie, l'Illyrie, la Grèce, la Macédoine, la Thrace, la Mœsie et la Dacie.*<br>En ASIE : *l'Asie-Mineure, la Syrie, la Phénicie, la Palestine, les côtes septentrionales et orientales de la mer Noire, l'Arménie, la Mésopotamie et l'Assyrie.*<br>En AFRIQUE : *l'Égypte et toute la côte septentrionale.*<br>*Population* : Près de 120,000,000 d'habitants, d'après Gibbon, savoir : citoyens, 20,000,000; sujets et affranchis, 40,000,000; esclaves, 60,000,000. — Rome a 3,000,000 d'habitants, dont 300,000 citoyens. Dans tout l'empire on comptait 6000 villes; l'Italie seule en avait 1200. *Rome, Alexandrie* et *Antioche* étaient les villes les plus considérables.<br>*L'armée de terre* était forte de 30 légions, d'environ 12,500 hommes chacune, et ainsi réparties : 11 sur le Danube, 5 sur le Rhin, 3 dans la Grande-Bretagne, 1 en Espagne, 8 sur l'Euphrate, 1 en Égypte et 1 sur les côtes septentrionales de l'Afrique. Il y avait en outre en Italie les cohortes de la garde prétorienne et des gardes urbaines, fortes de 20,000 hommes. — La marine comptait 2 flottes, à Ravenne et à Naples, et 50,000 hommes. — Les revenus ordinaires se montaient à 900 millions de francs. | |
| 100 | . . . . . . . . . . . . . . . . . . . . . . . . . . . . | . . . . . . . . . . . . . . . . . . . . . . . . Guerres des Daces contre TRAJAN, qui refusait de payer… | |
| 101 | Une grande famine désole la Chine et cause des révoltes dans l'ouest de l'empire. Au lieu de recourir à la répression par la force armée, l'empereur fait distribuer des grains aux malheureux et tout rentre aussitôt dans l'ordre. | | |
| 102 | Quelques peuples de Huns quittent la haute Asie et émigrent vers l'occident. | TRAJAN, après avoir passé le Danube près de Widdin, entre dans la Dacie et y livre une grande bataille dans laquel… fut si grande que le linge pour le pansement des blessés manqua, et TRAJAN fut obligé d'y suppléer par le sien propre… | |
| 104 | Établissement de caravanes commerciales entre l'Inde et l'Europe par la mer Caspienne et le Pont-Euxin (mer Noire). | DÉCÉBALE ayant rompu la paix, TRAJAN fait construire un pont sur le Danube (près de Carnety, entre Widdin et O…) … guerres, est réduite en province romaine et divisée en trois préfectures : *Ripensis* (partie de la Hongrie et de la Vala…), … (la Moldavie). DÉCÉBALE se donne la mort (104—106). — Construction de forteresses et de routes romaines. Des colon… latine dans la Hongrie. | |
| 107 | COSROËS I^er^ (Arsace XXV) monte sur le trône des Parthes (107-121). | | |
| | Les Romains, sous CORNÉLIUS PALMA, s'emparent de l'Arabie-Pétrée. | | |
| 114 | Guerre des Parthes contre les Romains (114—116). | | |
| | L'Arménie est réduite en province romaine. | | |
| | | Tremblement de terre qui renverse une grande partie de la ville d'Antioche, en Syrie. TRAJAN, qui s'y trouvait, échappe avec peine à ce grand désastre. Quelques années après, un autre tremblement de terre détruit Nicomédie et plusieurs autres villes de la Bithynie. | |

STRASBOURG, IMPR…

rmanie. Sarmatie. Dacie.

3

ırs Etats qui leur avaient été enlevés par les

Irlande restent indépendantes.

, roi des Daces (85—106).

ontre l'empire (86—90).

qui ne l'empêche pas de se faire décerner le

ontre eux la ligue du Danube.

ains périssent dans les plus atroces supplices.

mention des peuples de la Germanie septen-
s *Angles*, les *Rugiens*, les *Varnes* ou *Varins*,

le tribut annuel (100—106).

ÉBALE fut vaincu, mais la perte des Romains
ALE obtint la paix à des conditions très-dures.

et entre dans la Dacie, qui, après 3 ans de
*Alpestris* (la Transylvanie) et *Mediterranea*
aines couvrent la Dacie. Origine de la langue

# HISTOIRE RELIGIEUSE.

## Mœurs. Usages.

4

### 51—100 (suite).

Les délices dont les âmes devaient jouir dans le Walhalla se rapportaient toutes aux sens, et comme on ne pouvait douter que les corps n'eussent été détruits dans ce monde et réduits en cendres, soit par le feu, soit par la corruption, on s'imaginait que les âmes prenaient un autre corps dans le Walhalla et qu'elles y jouissaient des honneurs et des plaisirs qu'elles avaient affectionnés pendant leur vie. Les héros s'exerçaient tous les jours au métier de la guerre et se livraient des combats comme ils avaient fait sur la terre; les tués ressuscitaient le jour même pour recommencer le lendemain. Du pis de la chèvre *Heidrun*, dit la mythologie scandinave, coulent l'hydromel et la bière, que les héros boivent dans des coupes faites des crânes de leurs ennemis; ils se nourrissent du lard du sanglier *Sæhrimnir*, qu'on fait bouillir chaque jour dans une grande chaudière et qui chaque soir se retrouve en entier. Cette vie ne devait durer que jusqu'à la fin du monde, après la destruction duquel tout l'univers devait être partagé en deux demeures, l'une nommée *Gimle*, où seraient reçus les justes, et que gouvernerait Odin, et l'autre nommée *Nastrond*, où un dragon noir ferait souffrir aux méchants des supplices cuisants et éternels.

Les livres renfermant les traditions épiques, héroïques et mythologiques des peuples du Nord s'appellent *Edda*, et les poëtes qui les ont chantées, *Scaldes*.

*Mythologie des anciens Germains.* Nous ne possédons que des données très-obscures sur la religion des anciens Germains, qui, d'après ce que l'on croit, vénéraient les mêmes divinités que les peuples scandinaves, et ne différaient d'eux que par le culte qu'ils leur rendaient et les noms qu'ils leur donnaient. De même que chez d'autres peuples de l'antiquité, le feu, la terre et les astres furent les premiers objets de leur vénération. *Tuiston*, *Thuiskon*, *Teut* ou *Theut* fut ensuite la personnification nationale de leur divinité, et dut céder plus tard le pas à *Wodan*, le même qu'Odin, qui devint le dieu de tous les peuples germains. Cependant leur divinité la plus vénérée, et en même temps la plus connue, était *Hertha* (*Erde*, Terre) ou *Ærtha*, qui était adorée comme créatrice, mère et conservatrice par la plupart des tribus germaniques. Le char qui lui était consacré se trouvait dans un bois d'une île de l'Océan (peut-être l'île de Rügen), au milieu de laquelle se trouvait un lac; il était couvert d'un tapis, que les prêtres seuls avaient le droit de toucher, de même que seuls ils savaient quand elle devait y prendre place. Alors le char, traîné par des génisses, était promené en triomphe dans tous les pays où son culte était reconnu. Partout où elle arrivait la guerre cessait, et les peuples se réconciliaient dans une fête solennelle. Une fois la paix rétablie, les prêtres la ramenaient dans son île et le char était conduit dans le lac, où la déesse se faisait baigner par des esclaves, qui, après avoir rempli leur tâche, étaient précipités dans les flots. Les Germains, comme les Celtes, et beaucoup d'autres peuples anciens, n'élevaient ni temples ni statues à leurs dieux. Ils offraient des sacrifices humains au dieu suprême et différents animaux à leurs autres dieux. Un arbre, une épée, une pierre brute et informe étaient des simulacres de leurs divinités. La célèbre *Irminsul* (colonne d'Irmin) était une haute colonne, peut-être même un tronc d'arbre, symbole du dieu teuton *Irmin*, adoré par les anciens Saxons. Celle qui se trouvait à Eresbourg, sur la Diemel, fut détruite par Charlemagne, en 772.

Les procès qui ne pouvaient pas être vidés par les juges se décidaient par l'épreuve du feu ou par le duel, qui étaient regardés comme le jugement de Dieu; dans des cas particuliers, on s'en rapportait aussi au sort. Ils avaient des prêtres et des prêtresses, et cherchaient à connaître l'avenir par le hennissement de leurs chevaux sacrés, qui étaient élevés dans les forêts et qui ne devaient se souiller par aucun travail profane.

### 101—150.

Dans le second siècle, l'évangile est annoncé en Médie, en Parthie, en Perse, dans la Bactriane, en Arabie, aux Indes, en Egypte, en Mauritanie, dans l'Afrique propre, en Numidie, dans la Grande-Bretagne, en Irlande, en Gaule, en Germanie et en Espagne.

Parrains donnés aux enfants lors du baptême, que l'on regarde comme enlevant tous les péchés, ce qui en porte un grand nombre à ne se faire baptiser qu'à la mort. — On prie debout et tourné vers l'Orient. — Etablissement de diverses fêtes.

Mort de saint JEAN-L'EVANGÉLISTE, à Ephèse, où il avait écrit son Evangile.

ALEXANDRE I^er^, Romain, pape (109—119). Son nom figure comme martyr dans le *Sacramentaire* de Grégoire-le-Grand.

Saint XISTE ou SIXTE I^er^, Romain, pape (119—127).

Saint TÉLESPHORE, Grec d'Anachorita, pape et martyr (127—139).

Saint HYGIN, d'Athènes, pape (139—142).

Saint PIE I^er^, d'Aquilée, pape (142—168). Ce pape et son prédécesseur Hygin sont placés dans le martyrologe, bien qu'ils ne paraissent pas avoir subi le martyre.

*Sectes chrétiennes.* Les écoles *gnostiques* (de *gnôsis*, connaissance, science) de la Syrie et de l'Egypte; les premières dualistes, les secondes panthéistes. Le gnosticisme était un syncrétisme de doctrines tirées de la philosophie de Pythagore et de Platon, des théogonies orientales et de la cabale juive, avec quelques idées chrétiennes. Ils supposaient une série d'émanations, d'intelligences célestes, d'*éons*, comme ils les appelaient, et qui formaient, suivant eux, autant de degrés qui allaient toujours en dégénérant depuis le Dieu suprême, principe et source de tout ce qui est bon, jusqu'à l'homme, où commençait le mal moral. Dans leur système, le Jéhovah des Juifs et le Christ n'étaient que des intelligences intermédiaires. CERDON, MARCION, SATURNIN, d'Antioche, BARDESANE, TATIEN, BASILIDE, VALENTIN, furent les chefs les plus connus des différentes écoles gnostiques, qui donnèrent naissance à un grand nombre de sectes: CERDON fonda celle des *Docètes* ou *Fantastiques*, qui admettaient deux principes, rejetaient la plus grande partie des Ecritures, et soutenaient que Jésus-Christ n'avait qu'un corps fantastique et qu'il ne s'était incarné qu'en apparence. MARCION enseignait les mêmes doctrines, auxquelles il joignit les rêveries de Valentin sur les *éons*; il prétendait que Jésus-Christ n'était né, mort et ressuscité qu'en apparence. SATURNIN, BARDESANE et TATIEN furent les chefs des écoles de Syrie; BASILIDE et VALENTIN, de celle d'Egypte. A cette dernière se rattache l'école des *Ophites* ou des *Serpentins gnostiques*, qui enseignaient que le Christ était caché sous la forme du serpent qui séduisit Eve. La divinité de BASILIDE était *Abraxas*, auquel il attribuait 365 vertus; SATURNIN condamnait le mariage et la génération. TATIEN traitait également le mariage de débauche et de corruption, ce qui fit donner à ses sectaires le nom d'*encratites* ou de *continents*. Ils s'abstenaient de chair et même de vin, qu'ils remplaçaient par l'eau dans l'Eucharistie. CARPOCRATE, autre gnostique, enseignait la doctrine de Simon-le-Magicien, joignait le culte de Jésus-Christ à celui du polythéisme, et se distinguait par plusieurs pratiques singulières; son fils EPIPHANE introduisit d'autres innovations, et son disciple PRODICUS fonda la secte des *Adamites*, qui priaient Dieu nus comme Adam, et rejetaient l'unité de Dieu et le mariage. Les *Séthiens* et les *Caïnites* sortirent de l'école des Ophites: les premiers croyaient que Jésus-Christ était Seth; les seconds soutenaient que Caïn et tous les personnages que la Bible présente comme ayant quitté les voies de Dieu, étaient l'ouvrage du principe supérieur, et persécutés à ce titre par Jéhovah. Les *Alogiens*, appelés aussi *Théodotiens* et *Béryliens*, des noms de leurs chefs, le Byzantin THÉODOTE et BÉRYLLE, évêque de Bostres, en Arabie; ils niaient que Jésus-Christ fût le *Logos* ou le Verbe, et rejetaient l'Evangile de Saint-Jean et l'Apocalypse. Le *Montanisme* naquit en Phrygie et eut pour fondateur MONTANUS, qui prétendait être le consolateur promis par Jésus-Christ.

# LETTRES, SCIENCES, ARTS, LÉGISLATION, COMMERCE, INDUSTRIE, DÉCOUVERTES, INVENTIONS, ETC.

5

### 101—150 (suite).

PTOLÉMÉE (Claude), le plus célèbre, sinon le plus grand astronome de l'antiquité, et le père de la géographie mathématique, était né, suivant les uns, à Péluse, en Egypte, suivant d'autres, à Ptolémaïs, de la Thébaïde. De ses nombreux ouvrages nous citerons: l'*Almageste*, renfermant son système du monde, la science astronomique de son temps et celle des temps antérieurs; et sa *Description générale de la terre*, l'un des ouvrages les plus précieux que l'antiquité nous ait légués.

EUPHRATE, philosophe stoïcien, dont Pline-le-Jeune parle avec éloge. Honoré de l'amitié de l'empereur Adrien, il lui demanda, dans sa vieillesse, la permission de s'ôter la vie et s'empoisonna l'an 118.

APOLLONIUS, de Chalcis, philosophe stoïcien, précepteur de Marc-Aurèle.

FAVORINUS, d'Arles, en Provence, philosophe et grammairien, professa à Athènes, puis à Rome.

OENOMAÜS, philosophe et orateur grec, auteur d'un *Recueil des mensonges de l'oracle de Delphes*.

DIOGNÈTES, philosophe stoïque, fut le maître de l'empereur Marc-Aurèle.

DÉMONAX, de Crète, philosophe cynique. Au moment de mourir, il dit à ses amis: Vous pouvez vous retirer, la farce est jouée.

SALVIUS JULIANUS, de Milan, célèbre jurisconsulte, fut chargé par l'empereur Adrien de rédiger l'*Edit perpétuel*.

CELSUS (Jubentinus), jurisconsulte romain. On trouve dans le *Digeste* quelques fragments de ses ouvrages.

MÉNÉLAÜS, géomètre grec, auteur de deux ouvrages, l'un relatif au calcul des cordes, et l'autre ayant pour titre *Sphériques*; tous deux sont perdus, mais il reste du dernier deux traductions, l'une arabe et l'autre hébraïque.

ARTÉMIDORE, d'Ephèse, célèbre naturaliste, auteur d'un traité de l'*Interprétation des songes*.

PLINE-LE-JEUNE, célèbre orateur et homme d'Etat (neveu de Pline-l'Ancien), gouverneur du Pont et de Bithynie. Il nous reste de lui le *Panégyrique de Trajan* et un recueil de *Lettres*.

POLÉMON, Antoine, sophiste et orateur célèbre, né à Laodicée, en Lycie, ouvrit une école à Smyrne et s'attira de nombreux ennemis par son orgueil et sa vanité. On dit qu'il se fit enterrer vivant, à l'âge de 56 ans, pour se délivrer d'un violent accès de goutte. Il reste de lui des *Déclamations*.

ARISTIDE (Ælius), orateur grec, né à Mysie, détermina par son éloquence Marc-Aurèle à rebâtir Smyrne, récemment renversé par un tremblement de terre. Il reste de lui 54 *Discours*.

SUÉTONE (Caïus Suetonius Tranquillus), célèbre historien latin, secrétaire d'Adrien, et auteur des *Vies des douze premiers Césars*.

APPIEN, d'Alexandrie, historien grec, auteur d'une *Histoire romaine* jusqu'à Auguste.

FLORUS (Lucius Annæus Julius), historien latin, originaire d'Espagne, auteur d'un *Abrégé de l'histoire romaine* jusqu'à l'établissement de l'empire.

PHILON, de Byblos, en Phénicie, grammairien et historien. Entre autres ouvrages, il publia une traduction en grec de l'*Histoire phénicienne* de Sanchoniaton, dont quelques écrivains croient qu'il fut lui-même l'auteur.

AULU-GELLE, célèbre grammairien et critique, né à Rome. On a de lui les *Nuits attiques*, recueil de fragments d'anciens auteurs perdus et de discussions critiques et grammaticales.

AQUILA, de Sinope, fit une traduction en grec de l'Ancien Testament, dont il ne reste plus que des fragments.

ARCHIGÈNES, d'Apamée, en Syrie, médecin, s'établit à Rome et passe pour le fondateur de la secte médicale des *éclectiques*. Galien le cite comme l'auteur de *Dix livres sur les fièvres*.

SEXTUS EMPIRICUS, médecin et philosophe sceptique. Il nous reste de lui une *Exposition abrégée du Pyrrhonisme* et un ouvrage *Contre les mathématiciens*. On le croit le même que SEXTUS de Chéronée, petit-fils de Plutarque.

ARÉTÉE, célèbre médecin de Cappadoce, vivait, selon quelques-uns, avant Jules César. Il fut l'un des meilleurs observateurs et ses ouvrages sont encore consultés de nos jours.

NICON, de Pergame, architecte et un des plus savants mathématiciens de son temps, était fils du célèbre Galien.

E G. SILBERMANN.

| ANNÉES DE J. CH. | ASIE. Chine. Tartarie (Scythes). Arabie. Inde. Empire parthe (Perse). 1 | EUROPE. Monarchie romaine. ASIE, AFRIQUE ET EUROPE. 2 | Ger |
|---|---|---|---|
| 115 | . . . . . . . . . . . . . . . . . . . . | ANDRÉ, juif de Cyrènes, soulève ses compatriotes contre les Romains, et leur promet de les faire rentrer triomphants à Jérusalem. Il se voit bientôt à la tête d'une armée, remporte plusieurs avantages sur LUPUS, préfet d'Egypte, qu'il force à se renfermer dans Alexandrie et qui se venge par le massacre de tous les Juifs de cette cité. Par représailles, ANDRÉ envahit la Libye, dont il immole, dit-on, plus de 200,000 habitants. Les Juifs de l'île de Chypre se soulèvent également, sous un nommé ARTÉMION, et renversent Salamine, capitale de l'île. Après plusieurs combats sanglants, ils furent soumis par MARTIUS TURBO (115—116). Cependant les soulèvements des Juifs continuent et Adrien fait renverser Jérusalem de fond en comble en 118. | Les *Got* Don. Ils o Vistule et Leur princ peuples le L'histoire de Suède, Goths de l Euxin (me |
| 116 | Prise de Babylone et de Ctésiphon par les Romains; conquête de la Mésopotamie et de l'Assyrie. Le Tigre devient la limite de l'empire romain en Orient. | | |
| 117 | PARTHAMASPATE, Arsacide d'Arménie, est placé par les Romains sur le trône des Parthes, mais il est chassé la même année et COSROÈS est rétabli. | TRAJAN meurt, à son retour d'Orient, à Sélinonte, en Cilicie, appelée depuis *Trajanopolis*.<br><br>ADRIEN (Publius Ælius Adrianus ou Hadrianus), cousin germain de Trajan, est élu empereur, grâce à la ruse de PLOTINE, épouse de Trajan, qui tint la mort de ce dernier secrète jusqu'à ce qu'on eût fabriqué un testament dans lequel Trajan adoptait ADRIEN et le désignait comme son successeur à l'empire (117—138). — Ce monarque rendit aux Parthes les conquêtes que Trajan avait faites sur eux, réprima les soulèvements des provinces et les hostilités des nations voisines de l'empire, s'attacha à gagner l'affection du peuple et du sénat en remettant ce qui était dû au fisc depuis 16 ans, mais il fut cruel et soupçonneux et eut la manie de vouloir exceller dans toutes les branches des connaissances humaines. De tous les monuments qui attestent sa dévorante activité, l'*Edit perpétuel*, qui porte son nom, est celui qui lui fait le plus d'honneur, et sa promulgation est une des plus importantes époques de l'histoire du droit. — TACITE, PLINE-LE-JEUNE, PLUTARQUE et JUVÉNAL illustrèrent son règne, sous lequel les Juifs et les chrétiens furent également persécutés.<br><br>ADRIEN réprime, par lui-même ou par ses généraux, des révoltes en Egypte, en Mauritanie, dans la Lycie, la Palestine et en Dacie. | Les *Ale* Leurs allié situés entr D'après l'é réunion d *Suevia*, la Suévie. Co |
| | L'Euphrate redevient la limite entre les possessions romaines et parthes, par suite de la renonciation d'ADRIEN aux conquêtes de TRAJAN. | | |
| 118 | . . . . . . . . . . . . . . . . . . . . | ADRIEN arrive à Rome. Il fait remise à toute l'Italie du coronaire, c'est-à-dire de l'or qu'on versait dans le trésor de l'empereur comme droit de joyeux avénement; il remet, en outre, à toute la population de l'empire l'arriéré de ce qui était dû au fisc depuis 16 ans, et, afin de donner toute sécurité aux débiteurs, il fait brûler les obligations dans le forum de Trajan. | |
| 119 | . . . . . . . . . . . . . . . . . . . . | . . . . . . . . . . . . . . . . . . . . ADRIEN achète la paix des Sarmates et des Roxolans, qui avaient | |
| 120 | . . . . . . . . . . . . . . . . . . . . | ADRIEN entreprend ses voyages dans toutes les parties de l'empire, et, d'après ce que l'on dit, à pied et souvent nu-tête. Ils durèrent jusqu'en 135. Il était suivi d'une foule d'architectes, d'ingénieurs, de constructeurs : il fit élever à Nîmes une vaste basilique en l'honneur de PLOTINE; il fit aussi, dit-on, jeter les fondements des arènes et de l'aqueduc connu sous le nom de *Pont du Gard*, achevés plus tard par ANTONIN. Il divise la Gaule en cinq provinces : *Provincia præsidialis Sequanorum*, *Germania inferior*, *Germania superior*, et *Belgica prima* et *secunda*. En Germanie, il fait construire de nouvelles forteresses sur la rive droite du Rhin, et fonde plusieurs colonies, entre autres *Juvavia*, dans le Norique (Salzbourg, dans la Haute-Autriche). Dans la Grande-Bretagne, il fit construire une immense muraille, au sud de la chaîne des monts Cheviots, qui séparent aujourd'hui l'Angleterre de l'Ecosse, entre le golfe de Solway, dans la mer d'Irlande, et l'embouchure de la Tyne dans l'océan Germanique; elle était destinée à préserver le pays des incursions des Pictes. Partout il laissa des marques de sa munificence. Mais ce fut principalement la Grèce, et surtout Athènes, qu'il favorisa de sa prédilection. Dans ce berceau de la civilisation, il fit ériger une cité nouvelle, appelée *Athènes d'Adrien*, et y éleva le fameux temple de Jupiter-Olympien. Il se fit initier aux mystères d'Eleusis, et, à la même époque, QUADRATUS, évêque d'Athènes, lui présenta une apologie de la religion chrétienne. En Egypte, il bâtit la ville d'*Antinopolis*, en l'honneur de son cher *Antinous*, et, de retour à Rome, il y fit construire ce fameux mausolée appelé *môle d'Adrien*, et qui aujourd'hui sert de citadelle à la ville sous le nom de *château Saint-Ange*. | Les *Fra* *Cattes* (H d'attaque Les *Sa* droite de Ils monta et se livra habitait d guerre, o guerre fin D. M.). |
| 121 | VOLOGÈSE II, fils de Cosroès, lui succède sur le trône des Parthes (121—149). | | |
| 123 | . . . . . . . . . . Traité d'alliance entre les Parthes et les Romains. | | |
| 130 | . . . . . . . . . . . . . . . . . . . . | Reconstruction de *Jérusalem* par ADRIEN, sous le nom d'*Ælia Capitolina*. Il érige sur le Calvaire un temple à Jupiter et fait placer la statue d'Adonis dans la crèche de Bethléhem. | |
| 132 | . . . . . . . . . . . . . . . . . . . . | Un imposteur, nommé BARCHO-CHÉBAS, se fait passer pour le Messie des Juifs et couronner par AKIBA, chef du Sanhédrin; tous les Juifs se soulèvent à sa voix. L'empereur ADRIEN fait venir de la Grande-Bretagne JULIUS SEVERUS, qui, après avoir défait les Juifs dans plusieurs batailles, met le siége devant *Bether*, où BARCHO-CHÉBAS s'était formé. Ce dernier meurt les armes à la main, et avec lui près de 600,000 Juifs. La Judée devint presque déserte, et l'entrée de Jérusalem fut défendue aux Juifs (132—135). Dispersion totale et définitive des Juifs. | |
| 135 | . . . . . . . . . . . . . . . . . . . . | ADRIEN, de retour à Rome, éprouve les premiers symptômes de l'hydropisie qui devait l'enlever. Il devient sombre et cruel, fait périr sa femme SABINE, son beau-frère SERVIEN, âgé de 90 ans, et le petit-fils de ce dernier, FUSCUS, âgé de 18 ans; il redoubla ses persécutions contre les chrétiens et les Juifs. Il adopte COMMODUS VERUS et donne le titre de César à ÆLIUS VERUS; tous deux meurent bientôt après. | |
| 136 | . . . . . . . . . . . . . . . . . . . . | ADRIEN adopte T. AURÉLIUS VERUS, qui meurt en 138 et est remplacé par T. AURÉLIUS ANTONINUS, sous la condition d'adopter à son tour M. AURÉLIUS VERUS (depuis Marc-Aurèle) et L. SÉSONIUS COMMODUS. | |
| | | Les Alains attaquent les frontières de l'empire et sont re | |
| 138 | . . . . . . . . . . . . . . . . . . . . | ADRIEN meurt à Baies (aujourd'hui Baïa, royaume de Naples). ANTONIN-LE-PIEUX, son fils adoptif, lui succède sur le trône à l'âge de 52 ans (138—161).<br>Jamais Rome et l'empire ne furent aussi heureux que sous son règne. Il évita la guerre, fit au peuple et aux soldats de grandes largesses prises sur sa propre fortune, qui était considérable, fit construire un grand nombre d'édifices publics, répara les anciens, fonda des maisons d'éducation pour les enfants pauvres, fit cesser les persécutions contre les chrétiens, et mérita enfin les beaux surnoms de *Pieux*, de *second Numa*, de *Père de la patrie*. Il laissa une mémoire si vénérée qu'il donna son nom à son siècle et que ses successeurs crurent gagner en considération en ajoutant son nom au leur. | |
| 139 | . . . . . . . . . . . . . . . . . . . . | La considération dont jouit ANTONIN est telle qu'il est pris pour arbitre dans les contestations de plusieurs nations étrangères : il fait remonter RHIMÉTALCE sur le trône du Bosphore Cimmérien; il donne des rois aux Lades, peuple de la Colchide, aux Arméniens et aux Quades. Une de ses lettres suffit pour faire déposer les armes aux Parthes, prêts à envahir l'Arménie; un simple vœu qu'il avait exprimé, fait rentrer dans ses Etats ABGARE, prince d'Edesse. L'Hircanie, la Bactriane, les Indes, lui envoient des ambassadeurs. | |
| 140 | . . . . . . . . . . . . . . . . . . . . | LOLLIUS URBICUS, gouverneur de la Grande-Bretagne, y construit une seconde muraille, appelée *rempart d'Antonin*, à la suite | |
| 141 | . . . . . . . . . . . . . . . . . . . . | Mort de l'impératrice FAUSTINE. Elle avait souillé par ses déréglements le trône que les vertus de son mari entouraient de tant d'éclat, et cependant tel était l'aveuglement d'ANTONIN, qu'il fit décerner à son indigne épouse les honneurs de l'apothéose et lui éleva des statues, des temples et des autels. Sa fille, FAUSTINE la jeune, épouse de Marc-Aurèle, surpassa encore sa mère par la dissolution de ses mœurs, et trouva dans son époux la même faiblesse que celle dont avait fait preuve Antonin. | Les Alain |
| 144 | . . . . . . . . . . . . . . . . . . . . | Les Maures, peuple indépendant de la Libye, attaquent l'empire et sont repoussés par ANTONIN. (D'après d'autres, cet événement eut lieu en 160.) | |
| 149 | VOLOGÈSE III (Arsace XXVII) succède à son frère Vologèse II sur le trône des Parthes (149—191). | | |
| 150 | . . . . . . . . . . . . . . . . . . . . | . . . . . . . . . . . . . . . . . . . . | Vers cet des peuple Rhin. Les le sud et établis sur Valachie ac Les Marc |

**ns. Sarmates. Grande-Bretagne (Calédoniens).**

3

epuis la mer Baltique jusqu'à la mer Noire et depuis le Danube jusqu'au
alliances avec les *Rugiens*, sur la mer Baltique ; les *Bourguignons*, sur la
; les *Vandales*, dans la Silésie ; les *Alains*, sur le Dniéper et le Don.
point d'attaque contre Rome était la Dacie. — Les Goths formaient un des
fameux et les plus considérables de l'antiquité. On ignore leur origine.
ncontre pour la première fois au nord de l'Europe, dans les pays actuels
anemark et de Prusse. Au 3e siècle ils se divisèrent en *Ostrogoths* ou
*Visigoths* ou Goths de l'ouest ; les premiers étaient établis sur le Pont-
e) et les seconds sur le Danube.

, au sud du Mein, sur le Rhin supérieur et le Neckar jusqu'au Danube.
t : les *Suèves*, sur le Mein, et les *Marcomans*, en Bohême. Les pays
hin, le Mein et le Danube formaient leur point d'attaque contre Rome.
ogie du mot *Alemans* (All-Mann), on a avancé qu'ils étaient formés de la
érents peuples suèves et germains. Le canton qu'ils habitaient s'appelait
*be*, quoique la situation de cette dernière soit fort éloignée de l'ancienne
le a donné le nom d'Allemagne à toute la Germanie.

des troubles en Illyrie et en Mœsie.

au nord du Mein, sur le Rhin moyen et le bas Rhin jusqu'à la mer. Les
forment le noyau de leur confédération. Les Gaules leur offrent un point
pal contre l'empire romain (voy. l'an 238).

originaires du Holstein, furent bornés, dans leur état primitif, par la
uchure de l'Elbe. Ils étaient de haute taille et portaient la chevelure longue.
petites barques légères, dans lesquelles ils bravaient les périls de la mer
la piraterie sur les côtes de la Gaule et de la Grande-Bretagne. Ce peuple
rais inaccessibles ; il immolait aux dieux ses prisonniers. En temps de
ait un général, qui était revêtu d'une autorité presque souveraine ; la
se démettait de sa charge (*Géogr. anc. et histor.* de D'Anville, par L. B.

sés par le gouverneur de Cappadoce.

ne expédition contre les Brigantes (dans le Northumberland).
ssent en Occident.

que, *grande migration des tribus germaines vers le sud.* Mouvements
ace suève, qui s'étendent depuis la mer Baltique jusque sur l'Elbe et le
, après avoir quitté les bords de la Vistule et de l'Oder, se dirigent vers
ssent le pays des Marcomans. A la fin du 2e siècle, les Goths étaient
ves de la mer Noire, sur le Dniéper et le Don, et dans la Moldavie et la
s.

s et les Sarmates forment une ligue contre les Romains.

# HISTOIRE RELIGIEUSE.

**Mœurs. Usages.**

4

## 101—150 (suite).

*Secte des Ebionites et des Nazaréens.* Les Ebionites (du mot hébreu *Ebion*, pauvre) prétendaient que le Christ, né de Joseph et de la vierge Marie, avait été adopté de Dieu pour son fils, à cause de ses œuvres ; ils se mariaient avant l'âge de puberté et permettaient la pluralité des femmes. On les appelait *pauvres* parce qu'ils n'admettaient que le sens littéral de la Bible et rejetaient les richesses de l'allégorie. Les Nazaréens observaient la loi de Moïse, tout en admettant l'Evangile hébreu de saint Matthieu.

Secte des *Antitrinitaires*, qui niaient la sainte Trinité et prétendaient que ce dogme avait été transporté du platonisme dans le christianisme.

Saint IGNACE, surnommé *Théophore*, c'est-à-dire Porte-Dieu, évêque d'Antioche, auteur ecclésiastique. Il fut livré aux bêtes féroces par ordre de Trajan.

Saint PAPIAS, évêque d'Hiéraples, en Phrygie, disciple de saint Jean, auteur d'un ouvrage intitulé *Exposition des discours du Seigneur.*

Saint QUADRATUS, disciple des Apôtres, évêque d'Athènes, auteur d'une *Apologie de la religion chrétienne*, dont un fragment a été conservé par Eusèbe.

Troisième persécution contre les chrétiens, auxquels Pline-le-Jeune rend un témoignage favorable dans une lettre adressée à l'empereur Trajan (en 102).

Excommunication de VALENTIN, chef d'une secte de gnostiques (en 143). Il admettait deux mondes, le monde invisible qui était Dieu lui-même, du sein duquel émanaient l'esprit, la vérité, le verbe ou raison, la vie, etc., et le monde visible, ouvrage d'une puissance secondaire, à laquelle il attribuait les imperfections de la création.

Le patriarche JEHUDA-LE-SAINT entreprend le premier la publication de la *Mischna* ou Recueil des lois civiles, des usages, des antiquités et des traditions orales des Juifs (voy. *Histoire religieuse*, 251—300, article *Talmud*).

Origine de la *Cabbale* ou *Kabbalah*, attribuée au rabbin AKIBA. D'autres croient qu'elle ne date que du 7e siècle. Sous le nom de *Kabbalah*, les docteurs juifs comprenaient, dans le principe, la science d'interpréter les Saintes-Ecritures au moyen de certaines combinaisons et de transpositions de mots et même de lettres. Les rabbins font remonter cette doctrine à Abraham et même jusqu'à Adam, à qui elle aurait été enseignée par l'ange Raziel, pour le consoler de sa chute ; c'est la cabbale symbolique. La cabbale philosophique, qui a beaucoup de rapports avec le parsisme et le gnosticisme, s'occupe de la science de Dieu, des anges, des démons et de leur influence. Enfin la cabbale dite *pratique* s'occupe de la prétendue science de se soumettre les puissances supérieures au moyen de certaines pratiques ou formules magiques. Le plus ancien ouvrage sur la cabbale est le livre *Yetzira*, attribué, faussement suivant quelques uns, au rabbin AKIBA. Le *Zohar*, autre livre cabbalistique, est plus récent et jouit, en outre, d'une plus grande popularité.

Trajan voulut consulter l'oracle d'Héliopolis sur le succès de la guerre qu'il allait entreprendre contre les Parthes (en 114). Mais avant de lui donner sa confiance et pour mettre le dieu à l'épreuve, il lui envoya un papier blanc bien cacheté, demandant réponse sur le contenu. Les prêtres, qui savaient décacheter ces lettres sans qu'il y parut, renvoyèrent ce papier sans un mot d'écriture, comme pour faire entendre qu'ils avaient deviné le piége qu'on leur tendait. L'empereur ne soupçonna point la fraude ; assuré de la divinité de l'oracle, il lui adressa, dans une lettre cachetée comme la première, une consultation sérieuse, par laquelle il lui demandait le sort qu'il devait se promettre dans cette guerre, et s'il retournerait à Rome vainqueur des Parthes. L'oracle lui envoya pour réponse une baguette de sarment, rompue en plusieurs endroits. Après l'événement on ne manqua pas de trouver dans la réponse du dieu une prédiction claire de la mort de l'empereur, qui périt dans cette guerre. On prétendait que la baguette rompue représentait le corps du prince, réduit en cendres et reporté à Rome en cet état (*Géogr. anc. et histor.* de D'Anville, par L. B. D. M.).

Adrien fait mettre son favori ANTINOÜS au rang des dieux et fait construire un temple à Jupiter-Capitolin sur l'emplacement du temple de Jérusalem, après la révolte des Juifs sous le faux Messie BARCHO CHÉBAS (voy. l'an 132).

Au rapport de Lampride, Adrien avait conçu le dessein d'élever un temple au Christ et de l'admettre au nombre des dieux du paganisme.

ANTONIN établit des jeux en l'honneur d'Adrien et fait dresser des autels à son épouse FAUSTINE.

Honneurs divins rendus au philosophe APOLLONIUS, de Tyane, à qui on attribuait une foule de miracles. Le bourg de Tyane, en Cappadoce, lui dédia un temple et obtint en son honneur le droit de cité sacrée, ce qui lui donnait le privilége d'élire ses magistrats.

## 151—200.

Introduction du christianisme dans les Gaules. Premières églises fondées à Lyon et à Vienne, en Dauphiné, par des apôtres venus de l'Asie-Mineure. Bientôt après, fondation d'églises chrétiennes dans la Grande-Bretagne et en Espagne.

Quatrième persécution contre les chrétiens (163), sous Marc-Aurèle ; elle fut longue et cruelle. Athénagore présente à l'empereur une apologie de la foi chrétienne.

Saint SOTER, Campanien, de Fondi, pape (168—177).

Saint ELEUTHÈRE, Grec, de Nicopolis, pape (177—193).

Saint VICTOR Ier, Africain, pape (193—202). Il lance l'excommunication contre les Orientaux, au sujet de la célébration de la fête de pâques, et reçoit à ce sujet de vives représentations de la part des évêques d'Occident.

# LETTRES, SCIENCES, ARTS, LÉGISLATION, COMMERCE, INDUSTRIE, DÉCOUVERTES, INVENTIONS, ETC.

5

## 101—150 (suite).

L'empereur Adrien cultive lui-même et encourage tous les genres de littérature, d'arts et de sciences. Il aimait la conversation des savants et des artistes, exerçait leurs talents, mais, par une basse jalousie, ne souffrait pas qu'ils eussent raison contre lui. Il bannit l'architecte APOLLODORE, et, quelque temps après, le fit mourir sous un faux prétexte, pour avoir osé blâmer le dessin qu'il avait fait lui-même d'un temple, et sur lequel il lui avait demandé son avis. On juge bien qu'il eut peu de semblables contradicteurs. Comment, disait le philosophe FAVORINUS, résister à un homme qui a trente légions armées.

Publication de l'*Edit perpétuel d'Adrien*, exécuté, d'après les ordres de cet empereur, par le jurisconsulte SALVIUS JULIANUS. C'était un recueil de tous les édits des préteurs et des édiles ; il reçut plus tard le nom de *Droit perpétuel*.

*Magnifiques constructions romaines* sous TRAJAN et ADRIEN. Le Forum de Trajan et le fameux pont jeté sur le Danube (entre Orsowa et Widdin, en Bulgarie), par l'architecte APOLLODORE, d'Athènes. Ce pont avait 20 arches et une longueur de 1040 mètres, ce qui donne 7 fois la largeur de la Seine, au Pont-Royal, à Paris. *La colonne Trajane*, une des productions les plus remarquables de la magnificence romaine, également due à APOLLODORE. Elle est aujourd'hui surmontée de la statue de saint Pierre. Elle fut érigée pour perpétuer le souvenir de la conquête de la Dacie. Une colline de 144 pieds de haut fut aplanie, et l'on en forma une place où l'on éleva cette colonne, à laquelle on donna la hauteur qu'avait eue la colline. C'est sur ce modèle qu'a été élevée la colonne de la place Vendôme, à Paris.

Construction d'un port à *Centumcellæ* (Civita-Vecchia) et d'une route à travers les marais Pontins.

ADRIEN fait construire le pont du Gard, aqueduc à trois rangs d'arcades, destiné à conduire à Nîmes les eaux de la fontaine d'Eure, par-dessus une vallée de 160 pieds de profondeur.

Construction du mausolée d'Adrien, du vivant même de ce prince, par l'architecte APOLLODORE. Ce monument, revêtu de marbre de Paros, fut dépouillé de ses ornements au moyen âge et forme aujourd'hui le château Saint-Ange.

La *Villa de Tibère*, contenant dans sa vaste enceinte des temples, des bibliothèques, un théâtre, un hippodrome, une naumachie, un gymnase, des thermes, etc. La plupart des musées de l'Europe se sont enrichis des dépouilles de cette gigantesque fantaisie impériale. Adrien avait formé le projet d'y faire reproduire les monuments les plus célèbres de l'empire.

Les grandes constructions de *Palmyre* et d'*Héliopolis* (Baalbek). Le temple du Soleil à Héliopolis. Ses ruines existent encore.

## 151—200.

L'empereur MARC-AURÈLE-ANTONIN, le philosophe, auteur d'un livre de *Réflexions* sur sa vie, un des meilleurs ouvrages de morale des anciens.

LUCIEN, de Samosate, en Syrie, célèbre sophiste grec et un des plus spirituels écrivains de la Grèce, professa les belles-lettres à Antioche. Ses principaux ouvrages sont : *Timon ; le Songe ou le Coq ; Dialogues des dieux ; Dialogues des morts ; Histoire véritable.*

NUMÉNIUS, philosophe chrétien, d'Apamée, en Syrie, partisan de Pythagore et de Platon, prétendait que ce dernier avait tiré de Moïse ce qu'il dit de Dieu et de la création du monde. Il ne reste de ses ouvrages que des *fragments*.

CRESCENS, philosophe cynique, célèbre par ses invectives contre les chrétiens. Saint Justin écrivit contre lui sa seconde Apologie.

PÉRÉGRIN, philosophe et charlatan célèbre, vint en Palestine, où il se fit chrétien, se sépara de ses coreligionnaires après avoir souffert quelques persécutions, passa en Egypte, puis en Italie, et se fit chasser de Rome à cause de ses discours contre l'empereur. S'étant rendu en Grèce, il y parodia Diogène, et, enfin, se brûla volontairement à Olympie, pendant la célébration des jeux olympiques.

TITIUS CAIUS, jurisconsulte romain, auteur des *Institutiones*, qui servirent plus tard de base aux *Institutes* de Justinien.

DE G. SILBERMANN.

| ANNÉES DE J.-CH. | ASIE. Chine. Tartarie (Scythes). Arabie. Inde. Empire parthe (Perse). 1 | EUROPE. Monarchie romaine. ASIE, AFRIQUE ET EUROPE. 2 |
|---|---|---|
| 161 | . . . . . . . . . . . . . . . . . . . . | MARC-AURÈLE-ANTONIN (Marcus Aurelius Verus), surnommé le *Philosophe*, fils adoptif d'ANTONIN-LE-PIEUX, lui succède sur le AURELIUS VERUS (Lucius Censonius Commodus), autre fils adoptif d'Antonin-le-Pieux, est associé à l'empire (161—169).<br>Le règne de MARC-AURÈLE fut si heureux pour le monde romain qu'il fit presque oublier celui d'ANTONIN. Il fut surtout accueilli quand on le vit, quoique élu seul empereur, partager le pouvoir avec VÉRUS; c'était la première fois que Rome voyait deux emp égale puissance. Cependant les chrétiens souffrirent quelques persécutions. Il nous reste de MARC-AURÈLE 12 livres de *Réflexions* rent de MARC-AURÈLE, VÉRUS se livrait aux plaisirs et à la dissipation. Il eut le commandement de l'armée envoyée contre les Pa toutes les villes sur son passage pour se livrer à la débauche, laissant le soin de la guerre à ses généraux, et n'en revint pas moins nant les titres de *Parthique*, d'*Arménique* et de *Médique*. Jules Capitolin évalue à près de 1,100,000 fr. de notre monnaie (6, donné par VÉRUS à 12 convives.<br>Les Lombards quittent leurs anciennes demeures (le Brandebourg), passent le Danube et s'emparent d'une partie de la Thrace et plus de deux siècles, on n'entend plus parler d'eux. |
| 162 | Guerre des Parthes contre MARC-AURÈLE pour la possession de l'Arménie (162—166). — VOLOGÈSE III fait égorger les garnisons romaines, taille en pièces l'armée de SÉVÉRIEN et fait couronne à la place de SOHÉMUS, élu par les Romains; mais ces derniers s'avancent contre VOLOGÈSE, qui est vaincu dans plusieurs batailles. | |
| 165 | Grande peste en Orient. Elle dure plusieurs années. | |
| | Nouvelle prise de Ctésiphon par les Romains et destruction de Séleucie par CASSIUS. VOLOGÈSE III est déposé par ses sujets. Les Parthes demandent la paix et cèdent aux Romains la Mésopota romaine, en retournant en Italie, y apporte la peste, qui se répand dans presque tout l'empire et y exerce d'horribles ravages. | |
| 167 | VOLOGÈSE III est rappelé sur le trône des Parthes. | . . . . . . . . . . . . . . . . . . . . . . . . . . . . . . . . . . . . |
| 169 | . . . . . . . . . . . . . . . . . . . . | Les Marcomans, après avoir passé le Danube, envahissent l'Illyrie et arrivent devant Aquilée. Ils sont défaits, mais non vaincus, |
| 170 | . . . . . . . . . . . . . . . . . . . . | Irruption des Cattes dans la Rhétie; ils sont repoussés et vaincus par les Romains. DIDIUS JULIANUS achève de les subjuguer. Depu des Francs. |
| 174 | . . . . . . . . . . . . . . . . . . . . | Grande victoire remportée par MARC-AURÈLE, à Bregetio, dans la Pannonie (suivant d'autres, à Aquilée, en Illyrie), sur l'armée victoire fut attribuée par les historiens ecclésiastiques à la 12e légion (légion fulminante), toute composée, dit-on, de chrétiens, qui sante, tandis qu'un orage épouvantable vint effrayer les ennemis, qui, en proie à une terreur panique, prirent la fuite en abandonn<br>Nouvelle cause de désorganisation de l'empire par l'admission des Barbares dans les armées romaines. |
| 175 | . . . . . . . . . . . . . . . . . . . . | Révolte d'AVIDIUS CASSIUS, général de l'armée d'Orient, qui se fait proclamer empereur par ses troupes, d'après les instigation MARC-AURÈLE. Il est tué par un centurion au moment où l'empereur marchait contre lui. |
| 176 | . . . . . . . . . . . . . . . . . . . . | FAUSTINE, épouse de MARC-AURÈLE, si célèbre par ses débordements, meurt pendant un voyage que l'empereur faisait avec elle fonde, dans le lieu où elle mourut (en Cappadoce), une ville à laquelle il donne le nom de *Faustinopolis*. |
| 178 | . . . . . . . . . . . . . . . . . . . . | Deuxième guerre des Marcomans et de leurs alliés contre Rome. Irruption des Barbares dans l'empire : les Bastarnes, les Alains, les du Rhin et du Danube. Premières traces de la migration des peuples dans l'empire romain. ARIOGÈSE, roi des Quades, tombe au pouv |
| 180 | Hordes turques sur l'Irtyche et le Jaïk (Oural) . . . | MARC-AURÈLE meurt à Sirmium, en Pannonie, où il avait été obligé de se rendre en 178, pour repousser une nouvelle invasion AURÈLE finit l'heureuse période des Antonins. Rome devient la proie d'une poignée de soldats indisciplinés, qui vendent l'empire à jusqu'à Constantin le-Grand, 27 périssent de mort violente.<br>COMMODE (T. Commodus Antoninus), fils de Marc-Aurèle, lui succède sur le trône (180—192). — Son règne retraça toutes les bar de Néron et de Domitien. Son imagination, aussi déréglée que son cœur était barbare, lui persuada de rejeter le nom de son père à l'une de ses concubines. Au lieu de porter le nom de Commode, fils d'Antonin, il prit celui d'Hercule, fils de Jupiter, et malheur Il achète la paix des Barbares, confie le gouvernement à des ministres corrompus, PERENNIS et CLÉANDRE, fait mettre à mort marquants, parmi lesquels on compte sa propre sœur et plusieurs autres de ses parents, et couvre la vaste capitale du monde un mot, il y avait en lui du Néron et du Caligula. Rome, qui avait foulé aux pieds les droits de tant de nations, qui pendant si longtem monde le meurtre et l'incendie, Rome autrefois si fière de sa liberté, ne devait plus être que l'esclave de tyrans imbéciles qui, manité du sang que cette insatiable dominatrice des peuples avait fait couler. |
| 183 | . . . . . . . . . . . . . . . . . . . . | . . . . . . . . . . . . . . . . . . . . . . . . . . Invasion des Calédoniens dans la Grand |
| 185 | . . . . . . . . . . . . . . . . . . . . | Un grand nombre de sénateurs et de membres de la famille impériale, impliqués dans une conspiration contre la vie de l'empereur, plice. LUCILE, sœur de COMMODE, et célèbre par son libertinage, est exilée dans l'île de Caprée et plus tard assassinée. |
| 187 | . . . . . . . . . . . . . . . . . . . . | PERENNIS, préfet du prétoire et principal ministre de l'empereur, est mis en pièces par ses soldats. CLÉANDRE, qui lui succède, éprou sort, de même qu'un grand nombre d'autres, dont le pouvoir ne dure pas quelquefois au delà de quelques heures. |
| 188 | . . . . . . . . . . . . . . . . . . . . | Le feu du ciel consume le Capitole et les bibliothèques qu'il contient. La peste ravage l'Italie. |
| 191 | VOLOGÈSE IV (Arsace XXVIII), roi des Parthes (191—208). Il profite des désordres de l'empire romain pour reconquérir la Mésopotamie. | Une grande partie de la ville de Rome est de nouveau consumée par un incendie. |
| 192 | . . . . . . . . . . . . . . . . . . . . | LÆTUS, préfet du prétoire, ECLECTUS, chambellan, et MARCIA, concubine de COMMODE, ayant voulu détourner ce dernier du projet les consuls désignés pour se mettre à leur place, le tyran, pour se débarrasser de leurs obsessions, les congédie, inscrit sur ses s'endort. Mais ces tablettes tombent entre les mains d'un enfant qui les porte à MARCIA; celle-ci en fait part aussitôt à LÆTUS viennent COMMODE en l'empoisonnant, mais le poison n'agissant pas assez vite à leur gré, ils le font étrangler par l'athlète NARCISSE. |
| | Les Sarrazins se font connaître par une grande victoire qu'ils remportent sur les Romains dans l'Arabie-Déserte. | |
| 193 | . . . . . . . . . . . . . . . . . . . . | PERTINAX (Publius Helvius), fils d'un marchand de charbons de la Villa Martis, dans la Ligurie, mais que ses services et ses aux plus hautes dignités, est élu empereur. Son règne ne dura que 87 jours, mais ils furent remplis par un grand nombre de réformes de l'administration. Déjà il avait fait renaître l'ordre et donné aux Romains les plus belles espérances, lorsqu'il fut assassiné par les et fatigués d'ailleurs de la discipline qu'il avait voulu leur imposer. L'empire est vendu à l'enchère.<br>DIDIUS JULIANUS se rend adjudicataire du trône ensanglanté de Pertinax, moyennant 25,000 sesterces (environ 6000 fr. de notre torien. A peine a-t-il rendu les derniers honneurs à son prédécesseur qu'il est condamné à mort par le sénat, qui avait appris SEPTIME-SÉVÈRE, en Pannonie, de PESCENIUS NIGER, en Syrie, et de CLODIUS ALBINUS, dans la Grande-Bretagne. |
| 194 | . . . . . . . . . . . . . . . . . . . . | SÉVÈRE dissout la garde prétorienne et en organise une nouvelle, composée de 50,000 hommes. Il fait la paix avec ALBINUS, à qui et marche en Orient contre NIGER qui, après avoir été vaincu dans deux batailles, est tué en voulant se réfugier chez les Parthes suivi le parti de Niger, est prise et démantelée après un siége de 3 ans (en 197). Son théâtre est renversé, ses bains et ses édifices au rang de simple bourgade. |
| 197 | SÉVÈRE marche contre VOLOGÈSE, roi des Parthes, s'empare de Babylone et de Séleucie, et saccage Ctésiphon, d'où le roi parthe, après une défense mémorable, s'échappe avec quelques proclamer *Auguste* son fils CARACALLA, âgé de 9 ans, et donne le titre de *César* à son plus jeune fils GÉTA. | |
| | | SÉVÈRE, débarrassé de NIGER, essaie vainement de faire assassiner ALBINUS, qui se proclame empereur. Les deux rivaux entre Lyon et Trévoux; 160,000 hommes y combattent avec furie; ALBINUS vaincu se donne la mort. SÉVÈRE fait égorger la femme, tisans de son compétiteur; il avait déjà fait éprouver le même sort à la famille de NIGER et à tous ceux qui avaient soutenu sa |
| 200 | Vers cette époque, grandes migrations des peuples de la Tartarie. — Les Chinois refoulent toujours davantage vers le Volga les Huns, qui avaient habité jusque-là le nord de la Chine. | |
| 202 | . . . . . . . . . . . . . . . . . . . . | PLAUTIEN devient le favori de l'empereur, qui le fait son premier ministre et préfet des gardes prétoriennes. Avide et orgueilleux, par les voies les plus odieuses, et eut une grande part dans les meurtres si fréquemment ordonnés par SÉVÈRE. Il eut l'adresse TILLE à CARACALLA, fils de SÉVÈRE, et lui donna une dot qui aurait suffi, dit-on, pour marier 30 reines. Mais le caractère impérieux en aversion à son époux, qui la menaçait du plus triste sort lorsqu'il aurait en main l'autorité. PLAUTIEN, instruit des desseins de dans une conspiration, mais CARACALLA le fit égorger en présence de son père, pendant la célébration des jeux séculaires (202— |
| 207 | . . . . . . . . . . . . . . . . . . . . | . . . . . . . . . . . . . . . . . . . . . . . . . . . . . . . . . . . Nou |
| 208 | ARTABAN V et VOLOGÈSE V se disputent le trône des Parthes. | |



STRASBOURG, IMPRIMERIE

(161—180). — Lucius

des cris d'admiration,
s commander avec une
*phiques.* — Bien diffé-
s, mais il s'arrêta dans
mpher à Rome, en pre-
000 sesterces) un festin

Pannonie, d'où ils sont bientôt après chassés par les généraux romains, et, pendant

osroès, roi d'Arménie,

et l'Adiabène. L'armée

Guerre de Rome contre les Marcomans (167—174).

Iarc-Aurèle et Vérus. Ce dernier y meurt de la peste (169—172).

temps, leur nom disparaît peu à peu de l'histoire et se confond plus tard dans celui

isée des Germains, des Quades, des Sarmates, des Jazyges et des Marcomans. Cette
arent par leurs prières, pour l'armée romaine périssant de soif, une pluie rafraîchis-
ous leurs bagages.

e Faustine, épouse de

Orient. Marc-Aurèle

zyges, les Vandales, les Quades et beaucoup d'autres peuples passent les frontières
des Romains, qui le relèguent à Alexandrie (178—180).

Barbares. Avec Marc-
ncan. De 36 empereurs

rs de ceux de Caligula,
donner celui de sa mère
conque niait sa divinité.
nombre de personnages
ches et de meurtres. En
avait promené dans le
savoir, vengeaient l'hu-

-Bretagne. Ils sont repoussés par Albinus et Marcellus.

nt livrés au dernier sup-

e bientôt après le même

qu'il avait formé de tuer
es leur arrêt de mort et
lectus. Tous trois pré-

militaires avaient élevé
dans toutes les branches
iens, excités par Lætus,

aie) payés à chaque pré-
même temps l'élection de

onfère le titre de César,
le de Byzance, qui avait
étruits et elle est réduite

avaliers. L'empereur fait

ontrent dans les Gaules,
enfants et tous les par-

quit de grandes richesses
e épouser sa fille Plau-
le Plautille la fit prendre
endre, chercha son salut

elles incursions des Calédoniens dans la Bretagne romaine.

## Germains. Sarmates. Grande-Bretagne (Calédoniens).

3

Les Narisques, les Buriens et plusieurs autres peuples germains demandent la paix à Marc-Aurèle et promettent de fournir des soldats. L'empereur leur offre des terres dans la Dacie, dans la Pannonie et même dans l'Italie.

L'Irlande (Hibernie, Jerne), que le géographe Ptolémée avait fait un peu mieux connaître, commence à être visitée par les négociants romains.

Les Atuariens, les Bructères, les Chamaves, les Saliens, les Frisons, les Cauques et les Ambivares se liguent contre les Romains, sous la conduite de Farabertus, roi des Sicambres.

# HISTOIRE RELIGIEUSE.

## Mœurs. Usages.

4

### 151—200 (suite).

Secte des *Hermogéniens*, fondée par Hermogène, philosophe africain. Ils croyaient que Dieu avait fait toutes choses d'une matière incréée et coéternelle, et regardaient l'idée comme la mère des éléments. Dieu, selon eux, est corporel, et Jésus-Christ n'est point monté au ciel avec son corps, mais il l'a laissé dans le soleil, d'où il avait été tiré. Ils expliquaient la résurrection par la génération ordinaire, et regardaient l'âme comme matérielle. Les *Hermiens* et les *Séleuciens*, ayant pour chefs Hermias et Séleucus, professaient les mêmes doctrines.

Secte des *Praxiens*, ayant pour chef Praxias. Ils n'admettaient qu'une seule personne en Dieu et soutenaient que c'était Dieu le Père qui avait été crucifié. On les appelait aussi *monarchiques*.

Saint Justin, docteur de l'Eglise, d'abord philosophe platonicien, né à Naplouse (Sichem), en Palestine. Il publia sa première *Apologie* sous Antonin, et une seconde sous Marc-Aurèle. Condamné à mort, il eut la tête tranchée l'an 167. Il avait ouvert à Rome une école de philosophie chrétienne, où se réunissaient de nombreux auditeurs.

Saint Polycarpe, évêque de Smyrne, disciple de saint Jean-l'Evangéliste, souffrit le martyre l'an 167. Il reste de lui une *Epître* aux Philippiens.

Hégésippe, le plus ancien historien ecclésiastique, auteur d'une *Histoire de l'Eglise depuis Jésus-Christ jusqu'à son temps*; il n'en reste que des fragments conservés dans Eusèbe.

Saint Théophile, évêque d'Antioche et l'un des pères de l'Eglise, auteur d'un grand nombre d'ouvrages pour la défense des pures doctrines contre les erreurs de Marcion et d'autres philosophes païens, mais il ne reste de lui qu'une *Apologie de la foi chrétienne* adressée à son ami Antolycus.

Saint Irénée, évêque de Lyon, martyre (140—202), auteur de *Cinq livres contre la fausse gnosis.*

Athénagoras, d'Athènes, philosophe éclectique, ouvrit à Alexandrie une école où il professa une doctrine basée sur les dogmes du platonisme et de la religion chrétienne, et publia une *Apologie* de la religion nouvelle.

Saint Pantène, philosophe stoïcien, embrassa la foi chrétienne et fut placé à la tête de l'institut des catéchumènes d'Alexandrie, qu'il éleva au rang d'école savante. On croit qu'il porta l'Evangile aux Indes. Ses *Commentaires* sur la Bible se sont perdus.

Saint Clément d'Alexandrie (Titus Flavius Clemens), docteur de l'Eglise, l'un des écrivains les plus éloquents de son temps; il avait été philosophe platonicien et succéda à saint Pantène dans la direction de l'école des catéchumènes d'Alexandrie. Ses principaux ouvrages sont : *Exhortations aux païens; Stromates* ou *Tapisseries; Hypotyposes* ou *Instructions* (mort en 220).

Tertullien (Quintus Septimus Florens Tertullianus), l'un des plus illustres docteurs de l'Eglise, fut d'abord un ardent adversaire du christianisme et en devint plus tard l'un des plus éloquents défenseurs. Il adopta les erreurs de Montan, et eut lui-même quelques sectateurs nommés les *Tertullianistes*. Parmi ses écrits on distingue : l'*Apologétique; Traité contre les Juifs; Cinq livres contre Marcion.*

Théodotion ou Théodote, troisième traducteur de l'Ancien Testament en grec.

Grande discussion entre les chrétiens d'Orient et ceux d'Occident au sujet de la célébration de la fête de Pâques. Les premiers, appelés *Quartodécimans*, la célébraient le même jour que les Juifs, c'est-à-dire le 14e de la lune de mars, quelque jour de la semaine que ce fût; les autres, le dimanche suivant.

Traduction de la Bible dans la langue des peuples nouvellement convertis.

Formation d'une nouvelle collection de *livres sibyllins*, pour remplacer celle qui avait été brûlée sous Néron. On y trouva ou on crut y trouver des prédictions concernant le Messie, des passages tirés des prophètes de l'ancienne alliance, et même la ruine de l'empire y était annoncée si les Romains n'embrassaient la religion chrétienne.

*Sacrifices tauroboles et crioboles.* Ces sacrifices furent inventés par les prêtres païens pour les opposer au baptême des chrétiens. Le taurobole était le sacrifice d'un taureau à Cybèle, le criobole, d'un bélier en l'honneur d'Atys, amant de Cybèle. L'animal était immolé sur une pierre percée de trous et qui recouvrait une fosse dans laquelle se plaçait la personne qui avait besoin de cette expiation, et qui recevait ainsi sur son corps le sang de l'animal immolé; elle sortait ensuite de la fosse et le peuple se prosternait devant elle. L'effet de cette expiation était réputé valable pour 20 ans.

## LETTRES, SCIENCES, ARTS, LÉGISLATION, COMMERCE, INDUSTRIE, DÉCOUVERTES, INVENTIONS, ETC.

5

### 151—200 (suite).

Apulée (Lucius Apulejus), de Madaure, en Afrique, philosophe, poëte et jurisconsulte, auteur d'un roman célèbre intitulé *l'Ane d'or*.

Fronton, célèbre orateur romain, de Cirte, dans la Numidie, enseigna l'éloquence à L. Vérus et à Marc-Aurèle. On a de lui quelques *Fragments*.

Atticus (Hérode), célèbre rhéteur, précepteur de l'empereur Vérus, fut élevé au consulat l'an 143. Il ne reste que des fragments de ses ouvrages. Ce savant eut un fils qui était né avec si peu d'intelligence qu'il ne pouvait apprendre les 24 lettres de l'alphabet. Son père fut obligé de lui donner 24 domestiques, dont chacun portait le nom d'une des lettres et en avait la figure peinte sur l'estomac. A force de les voir et de les appeler, il apprit à lire.

Philostrate, de Lemnos ou d'Athènes, rhéteur grec, auteur d'une *Vie d'Apollonius de Tyane*. Philostrate, *le Jeune*, son neveu, vivait sous les empereurs Macrin et Héliogabale.

Harpocration (Valérius), rhéteur d'Alexandrie, auteur d'un *Lexique grec*.

Hermogène, de Tarse, en Cilicie, rhéteur célèbre par la précocité de son génie. A l'âge de 24 ans il avait publié sa *Rhétorique* et plusieurs traités sur l'*Art oratoire*, mais alors il perdit subitement la mémoire et tomba dans l'imbécillité.

Athénée, de Naucratis, en Egypte, célèbre grammairien, auteur d'un ouvrage extrêmement curieux, intitulé : *le Banquet des savants*. Il y est question de tout ce qui, d'après les usages des Grecs, pouvait embellir un banquet, et il y cite un nombre immense de faits curieux et de notices littéraires.

Pausanias, de Césarée, en Cappadoce, célèbre géographe et antiquaire grec. Son *Voyage historique en Grèce* est l'un des ouvrages les plus précieux que l'antiquité nous ait légués.

Polyen, écrivain grec, né en Macédoine, auteur d'un *Recueil de stratagèmes* ou *Ruses de guerre*. Un autre Polyen a laissé quelques épigrammes grecs insérés dans l'Anthologie.

Solin (C. Julius Solinus), compilateur et géographe, auteur d'un ouvrage intitulé *Polyhistor* ou *Recueil de choses mémorables.*

GALIEN, de Pergame, le plus célèbre médecin de l'antiquité après Hippocrate. On lui attribue un grand nombre d'ouvrages, fruits de ses savantes recherches, mais dont un petit nombre seulement est parvenu jusqu'à nous.

Samonicus (Quintus Serenus), poëte et médecin. Il passe, avec son fils, pour l'auteur d'un poëme contenant des préceptes de médecine.

Alexandre, médecin et fameux imposteur, né à Aboris-Tichos, en Paphlagonie. Il s'associa avec un charlatan de Byzance, nommé Cocconas, et amassa des richesses immenses en se faisant passer pour Esculape lui-même.

La colonne *Antonine*, élevée en l'honneur de l'empereur Antonin-le-Pieux. Elle fut restaurée sous le pontificat de Sixte-Quint et est surmontée de nos jours de la statue de saint Paul

Antonin fait reconstruire Narbonne, détruite par un incendie, et fait tracer des voies publiques dans la Gaule.

Rédaction de l'*Itinéraire d'Antonin*, qui marque tous les grands chemins dans l'empire et toutes les stations des armées romaines. C'est probablement par son ordre que cet *Itinéraire* fut rédigé, et qui fut publié pour la première fois par H. Estienne, en 1512.

Décadence de la peinture et de la sculpture.

G. SILBERMANN.

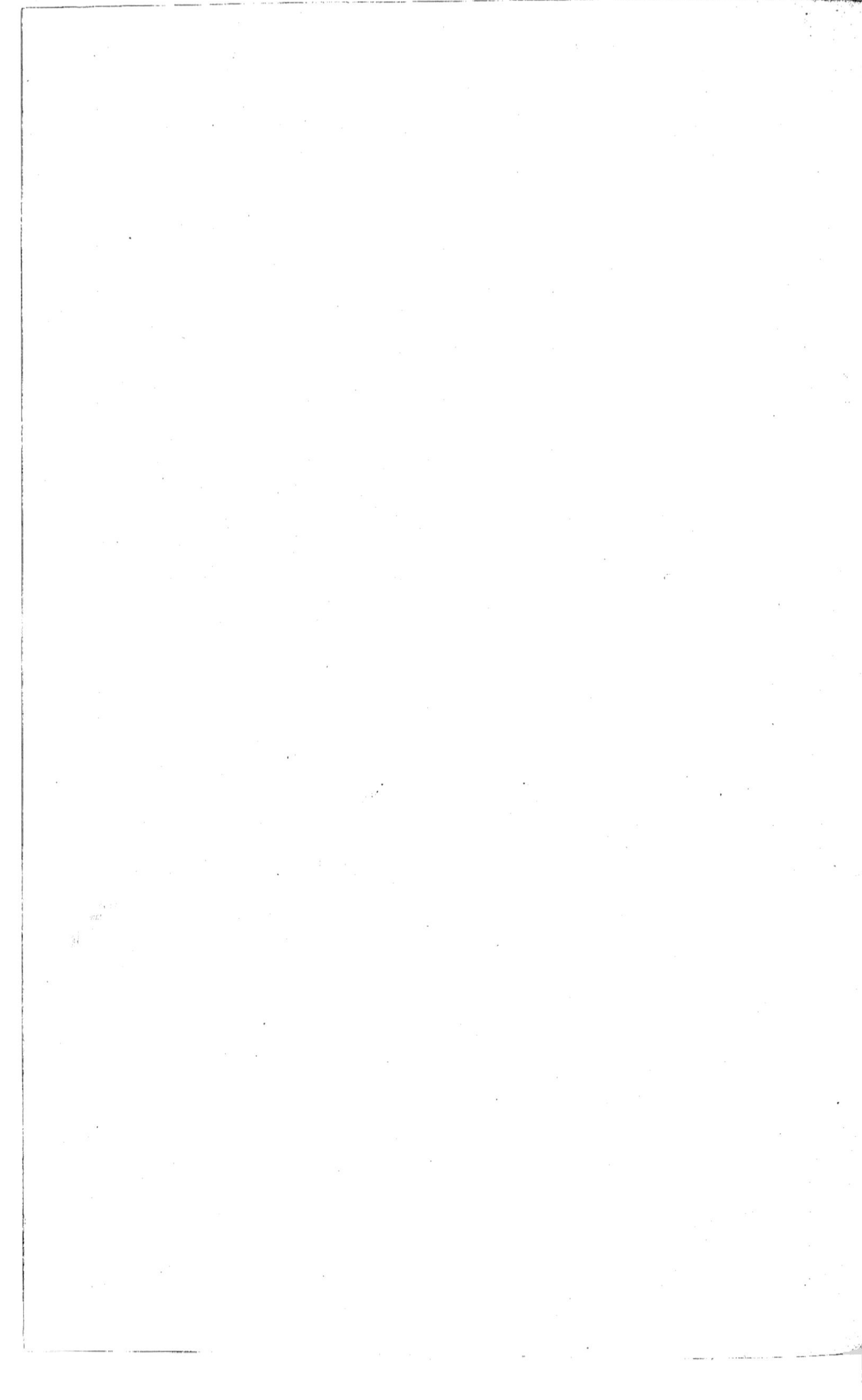

| ANNÉES DE J.-CH. | ASIE.<br>**Chine. Tartarie (les Huns sur le Volga). Arabie. Inde. Empire parthe (Perse).**<br>1 | EUROPE.<br>**Monarchie romaine.**<br>ASIE, AFRIQUE ET EUROPE.<br>2 |
|---|---|---|
| 209 | . . . . . . . . . . . . . . . . . . . . | Expédition de SEPTIME-SÉVÈRE contre les Calédoniens, qui se retirent dans leurs montagnes. Plus de 50,000 Romains périssent par<br>Construction du *mur de Sévère* (dans le Northumberland) pour arrêter les invasions des Calédoniens. Cette muraille, bâtie en pierre par des forts, des tours placées de distance en distance et par un fossé qui la suivait dans toute sa longueur. Une garnison de 10,000<br>Pendant la campagne de SÉVÈRE dans la Grande-Bretagne, CARACALLA chercha à se faire élire à la place de son père. Ses compl tranchée. Mais l'empereur lui-même était miné par une cruelle maladie, à laquelle il succomba bientôt après, à York, à l'âge de 66 ans<br>Le règne de SÉVÈRE fut glorieux, mais l'histoire ne doit pas moins signaler son hypocrisie, sa cruauté et son caractère vindicatif. de NIGER lui inspira des craintes, il appelait ALBINUS son frère et son cher collègue et lui rappelait leur ancienne amitié, mais une leva le masque, non, il essaya d'abord de le faire assassiner. LÆTUS, qui avait été son protecteur, fut sacrifié, parce que les soldats donna pas même au cadavre d'ALBINUS, dont il fit couper la tête et força son cheval à fouler aux pieds ce tronc défiguré, qu'il fit ensuite Il chercha ses victimes non-seulement parmi les sénateurs, mais même parmi ceux qui n'avaient aucune importance politique. Enfin il neurs divins à COMMODE. — SÉVÈRE était actif, vigilant et sobre; il fit élever un grand nombre de monuments à Rome et dans les pro pire, qui se serait affermi s'il l'eût laissé à un successeur plus digne que l'infâme CARACALLA. |
| 211 | . . . . . . . . . . . . . . . . . . . . | CARACALLA monte sur le trône impérial (211—217), conjointement avec son frère GÉTA, qu'il égorge bientôt après, dans les bras de sa mère même coup. — Le règne de ce monstre, qui aurait été parricide s'il l'eût osé, fut rempli d'atrocités toutes plus révoltantes les unes que TIBÈRE étaient ses modèles. Caligula, Néron, Domitien, Commode, a dit Montesquieu, n'exercèrent leurs cruautés que dans Rome; ses fureurs dans le monde entier. Partout sa présence fut considérée comme une calamité publique. Il fait égorger un grand nombre de avait invités à une fête; il fait subir le même sort à ABGARE, roi d'Edesse. Il propose une entrevue à VOLOGÈSE, roi d'Arménie, qui sacrée et n'échappe que par la vitesse de son cheval. Il livre Alexandrie au meurtre et au pillage pour quelques plaisanteries que les mises sur son compte. Enfin, pour donner une idée de l'extravagance de ses cruautés, il faut ajouter que, dans un voyage qu'il fit tua son affranchi Festus pour avoir, comme le héros grec, un Patrocle à pleurer. — Parmi les monuments qu'il fit élever à Rome, il ment les thermes magnifiques qui portèrent son nom. |
| 212 | Partage de l'empire parthe entre ARTABAN V et VOLOGÈSE V. Le premier obtient la Médie, l'Adiabène et les provinces du nord; le second, les pays situés sur le Tigre, la Susiane, la Perse et les autres provinces méridionales. | |
| 213 | . . . . . . . . . . . . . . . . . . . . | Guerre de CARACALLA contre les Alemans (en Souabe), cités pour la première fois sous ce nom dans l'histoire. Il s'empare, par la titre d'*Alemanicus*. |
| 215 | . . . . . . . . . . . . . . . . . . . . | CARACALLA vend les droits de citoyen romain à tous les sujets de l'empire, afin de pouvoir subvenir aux largesses qu'il faisait distribuer soldats, et qui se montaient à environ 45,000,000 fr. par an. |
| | | Premières attaques des G |
| 216 | CARACALLA propose à ARTABAN une entrevue sous prétexte de lui demander sa fille en mariage, mais, au milieu des réjouissances publiques, les Romains égorgent les Parthes désarmés et passage. La ville d'Arbelles, où se trouvaient les tombeaux des Arsacides, est rasée. | |
| 217 | . . . . . . . . . . . . . . . . . . . . | CARACALLA est tué à l'âge de 29 ans, près d'Edesse, en Mésopotamie, par le centurion MARTIAL, à l'instigation de MACRIN, préfet du<br>MACRIN (Marcus Opelius), de Césarée (Alger), en Numidie, est proclamé empereur (217—218). |
| | ARTABAN et VOLOGÈSE se réunissent contre les Romains, passent l'Euphrate et s'avancent jusque dans la Syrie, où ils taillent en pièces les Romains dans une bataille livrée à *Nisibis* et qui d'autres, 10 jours). Les Romains achètent la paix moyennant 50,000,000 drachmes (près de 34,000,000 fr.), encore ne fut-elle conclue que lorsque Macrin eut annoncé à ARTABAN la mort de Car | |
| 218 | Vers cette époque les Hérules pénètrent en Asie, après avoir ravagé la Grèce (voy. l'an 248). | MŒSA, sœur de l'épouse de Sévère, fait proclamer empereur son petit-fils BASSIANUS, âgé de 14 ans, surnommé HÉLIOGABALE était grand-prêtre du Soleil (218—222). MACRIN et son fils DIADUMÈNE, vaincus dans une bataille livrée près d'Antioche, sont massacrés padoce.<br>L'empire et les Romains étaient si avilis qu'un enfant de 14 ans put surpasser tous ses prédécesseurs en folies, en extravagances Nous ne parlerons point des passe-temps sanguinaires qui formaient pour ainsi dire le privilége du pouvoir impérial; nous mentionnerons potentat en démence institua un sénat de femmes, qu'il déclara publiquement qu'il était femme lui-même et épousa en cette qualité introduisit dans Rome le culte du Soleil et fit célébrer, avec une grande pompe et aux frais du peuple romain, le mariage de cet astre cocher, un barbier et un danseur eurent les premières charges de l'Etat. |
| 220 | ARTAXERXÈS Ier ou ARDESCHIR-BABEKAN, fils d'un berger nommé SASSAN, se fait passer pour un descendant de Darius, chasse le gouverneur de Darebjird et livre bataille à VOLOGÈSE V, qui est vaincu et perd la vie. | |
| 221 | La dynastie des HEU-HAN monte sur le trône de Chine, qu'elle occupe pendant 44 ans, par 2 empereurs. | HÉLIOGABALE adopte son cousin ALEXANDRE-SÉVÈRE, qu'il cherche bientôt après à faire assassiner. |
| 222 | La Chine est partagée en trois empires: celui des *Heu-Han*, qui résident à Tching-Tou, dans le Sse-Tchuen; les *Ouei*, à Loyang, dans le Honan, et les *Ou*, à Nanking. | HÉLIOGABALE est massacré par les soldats révoltés, et précipité dans le Tibre, ainsi que sa mère.<br>ALEXANDRE-SÉVÈRE, petit-fils de Mœsa, sœur de l'épouse de Septime-Sévère, et du consulaire Genesius Marcien, est proclamé empereur (222—235). — Cet empereur chercha à extirper tous les abus; il destitua les viles créatures de son infâme prédécesseur, supprima les eunuques de son palais, bannit les juges corrompus, et fit graver au fronton de son palais cette maxime: *Ne fais pas à autrui ce que qu'on te fît à toi-même.* |
| 226 | ARTABAN V, après avoir été vaincu dans trois grandes batailles par ARTAXERXÈS, est pris et mis à mort. — FIN DE LA DYNASTIE PARTHE DES ARSACIDES, après un règne de 482 ans<br>ORIGINE DU SECOND EMPIRE DES PERSES. DYNASTIE DES SASSINIDES (226—651). — ARTAXERXÈS se fait proclamer *Shahan Shah*, c'est-à-dire roi des rois. Il s'avance depuis la Géorgie et le long de l'Euphrate jusqu'au golfe Persique et dépossède une foule de petits Etats qui s'étaient emparés de quelques lambeaux de l'empire d'Alexandre, entre autres les souverains de Kharizim, Hérat (Aria) et Bokhara (Bactria). Il rend la religion des mages dominante dans l'empire et écrit l'*Histoire de sa vie* et un traité de morale intitulé: *Règle pour bien voir*. — *Madaïn*, sur le Tigre, capitale de l'empire (226—241). | . . . . . . . . . . . . . . . . . . . . |
| 228 | Des Huns s'établissent sur la côte orientale de la mer Caspienne (Bactriane). | Le célèbre jurisconsulte ULPIEN ayant voulu, comme préfet du prétoire, rétablir la discipline, est massacré par les soldats aux pieds ne peut le sauver en le couvrant de son manteau. |
| 229 | . . . . . . . . . . . . . . . . . . . . | TAURINUS, proclamé Auguste malgré lui par les légions d'Orient, s'effraye tellement de ce dangereux honneur, qu'il va se précipiter Rome même, un sénateur, nommé OVIDIUS CAMILLUS, essaie de s'élever à l'empire. ALEXANDRE le fait amener dans son palais et le bien se charger d'une partie du fardeau, qu'Ovidius ne tarde pas à trouver trop pesant; il demande et obtient la faveur de se retirer |
| 230 | Guerre entre la Perse et Rome. D'après Hérodien, elle fut malheureuse pour les Romains, tandis que Lampride rapporte qu'elle s'est terminée par la défaite des Perses. Cependant il est certain évacuèrent la Mésopotamie et que le sénat déféra le triomphe à l'empereur ALEXANDRE-SÉVÈRE (230—232). | |
| 232 | KHOSROU-LE-GRAND, roi d'Arménie, est assassiné par un émissaire d'Ardeschir. Il avait voulu replacer sur le trône de Perse ARDAVAN, prince de la race des Arsacides. | |
| 235 | . . . . . . . . . . . . . . . . . . . . | ALEXANDRE, après avoir reçu les honneurs du triomphe pour ses victoires sur les Perses, part pour combattre les Germains, qui et qui, excitées par le Goth MAXIMIN, le massacrent avec sa mère MAMMÉE, dans un bourg nommé *Secila*, près de Mayence.<br>MAXIMIN est proclamé empereur (235—238). Cet empereur, que l'histoire nous représente comme un athlète aux formes gigantesques, ment par sa férocité. Il continua la guerre contre les Germains (236—237), les força de repasser le Rhin et les poursuivit dans la l'ordre de brûler toutes les habitations. |
| 237 | . . . . . . . . . . . . . . . . . . . . | GORDIEN, proconsul d'Afrique, et son fils, aussi nommé GORDIEN, sont proclamés empereurs par les légions et presque aussitôt vaincus LIANUS, gouverneur de Numidie. |

STRASBOURG, IMPRIMERIE

## Germanie (Goths, Alemans, Francs, Saxons). Grande-Bretagne (Calédoniens, Pictes, Scots). Sarmatie. Scandinavie.

3

…te de la rigueur du climat et des embuscades ennemies.

… s'étendait d'une mer à l'autre et avait 4 mètres de haut sur 2 1/2 de large. Elle était appuyée … mes fut mise dans les forts (209—211).

…curent tous la tête … 09—211). … que la puissance … ce rival abattu, il … maient. Il ne par… …ter dans le Rhône. … décerner les hon… …es. Il releva l'em…

Fingal, le héros de la Calédonie (?). Il fut le père du célèbre barde écossais Ossian (voy. *Lettres*, *Sciences*, etc., 250—300).

…, qui est blessée du …s autres. Sylla et …racalla promena …nes Germains qu'il …t son escorte mas…ants s'étaient per…nbeau d'Achille, il …t citer principale…

Les fils de Sévère, battus par le Calédonien Fingal, font la paix avec lui et retournent à Rome.

… odieuse perfidie, d'un grand nombre de jeunes Alemans qu'il fait massacrer, et se décerne le

… annuellement aux

…s contre l'empire romain. Caracalla leur paie un tribut annuel.

…gent tout sur leur … prétoire. … deux jours (selon …calla. …abale, parce qu'il … Archélaïs, en Cap… …n cruautés inouïes. …s seulement que ce …e ses affranchis; il … la lune. Enfin, un

Skiold, descendant d'Odin, règne en Danemark, où il fonde la dynastie des *Skioldunger* (fils de Skiold). Cependant ce personnage appartient aux temps fabuleux du Danemark, la certitude historique ne commençant pour les Danois qu'au 9e siècle. Au reste, le roi n'était que le premier entre une foule de petits chefs qui se regardaient comme souverains dans l'exercice de leur pouvoir.

D'après les traditions scandinaves, Yngue Frei, autre descendant d'Odin, commence à régner en Suède. Il est le chef de la dynastie des *Ynglinger*, et Upsale est la capitale de son royaume. De même que pour le Danemark, l'histoire de la Suède ne commence à sortir des ténèbres qu'au 9e siècle, c'est-à-dire à l'époque de l'introduction du christianisme.

D'après l'histoire traditionnelle de la Norwége, Nor fut le premier *drott* ou prince qui fonda un Etat dans cette contrée. *Drontheim* en fut la capitale. C'est encore là que les rois sont couronnés dans la cathédrale de Saint-Olof. Il y avait encore une foule d'autres petits Etats, tels que ceux d'Halogoland, Hadeland, Thrand, Mœre, etc.

…r à l'âge de 14 ans …écures, chassa les *…u ne voudrais pas*

. . . . . . .

Les Goths commencent à paraître dans la Dacie, au nord du Danube. Du temps de l'empereur Valens, leur puissance s'étendait depuis le Palus-Méotide (mer d'Azow) jusque dans la partie de la Dacie située au delà du Danube. Leurs chefs n'avaient que le titre de juges. Les *Ostrogoths* ou Goths orientaux obéissaient à la famille des Amales, et les *Visigoths* ou Goths occidentaux étaient commandés par celle des Balthes. Plus tard les Goths ébranlèrent l'empire romain en Orient et le détruisirent en Occident. Ils ouvrirent le chemin à cette multitude de peuples barbares qui se répandirent dans l'empire, et donnèrent naissance aux différents Etats qui partagent aujourd'hui l'Europe.

… de l'empereur, qui

… dans l'Euphrate. A …rcie de ce qu'il veut …campagne. …in que ces derniers

…ent envahi les Gaules, mais, arrivé sur les bords du Rhin, il y trouve des légions révoltées,

… se signala constam… …manie, où il donna

… et tués par Capel…

Guerre des Sarmates contre Rome. Alliance de quelques hordes sarmates avec les Romains.

## HISTOIRE RELIGIEUSE.

### Mœurs. Usages.

4

### 200—250.

Saint Zéphirin, pape (202—219). Sous son pontificat a lieu la cinquième persécution.

Saint Calliste, pape et martyr (219—223). C'est à ce pape qu'on rapporte l'institution du jeûne des *Quatre-Temps*.

Saint Urbain, pape (223—230). Les premiers temples chrétiens sont élevés sous son pontificat, avec la permission de l'empereur Alexandre-Sévère.

Saint Pontien, pape (230—235), fut relégué en Sardaigne et y mourut pendant la sixième persécution des chrétiens, après la mort d'Alexandre-Sévère.

Saint Anthère, pape (235—236).

Saint Fabien, pape (236—250). On lui attribue la célèbre mission des évêques de la Gaule, dont d'autres font honneur à saint Clément, 4e pape. Il fut au nombre des premières victimes de la septième persécution, allumée par l'empereur Dèce.

Secte des *Agrippiniens*, fondée par Agrippin, évêque de Carthage. Ils soutenaient que le baptême donné par les hérétiques était nul.

Secte des *Noétiens* ou *Patripassiens*, fondée par Noétus, évêque de Smyrne. Ils croyaient que Christ était Dieu le Père.

Secte des *Melchisédéciens*, fondée par Théodote *le Banquier*. Ils niaient la divinité de Jésus-Christ et prétendaient que Melchisédec lui était supérieur. Une autre secte a vu dans Melchisédec le Fils de Dieu apparu sous une forme humaine à Abraham.

*Règne millénaire* ou *chiliasme* (de *chilioi*, mille). Quoique Jésus-Christ eût déclaré que son royaume n'était pas de ce monde, beaucoup de chrétiens attendaient néanmoins sur cette terre déjà son retour promis par les apôtres, et appliquèrent à l'espoir de jouissances matérielles le bien prédit dans un sens spirituel. Ce règne du Messie devait durer 1000 ans, pendant lesquels les morts revenus à la vie jouiraient avec les vivants d'un bonheur inexprimable, au milieu d'une abondance de tous biens, dans l'innocence du paradis unie à la volupté du monde, et dans la Nouvelle-Jérusalem embellie avec une magnificence céleste. Papias, saint Irénée, Justin-le-Martyr, et la plupart des autres docteurs chrétiens de cette époque représentent le chiliasme comme une doctrine fermement établie, et s'étendent sur la félicité du règne de 1000 ans.

Symmaque, né à Samarie, quatrième interprète de l'Ancien Testament en langue grecque. Il ne nous en reste plus que des fragments recueillis par le P. de Montfaucon.

Grégoire, surnommé *le Thaumaturge* (faiseur de miracles), évêque de la Nouvelle-Césarée, théologien didactique.

Origène, né à Alexandrie, mort à Tyr (185—253), père de l'Eglise. Il succéda à saint Clément dans la direction de l'école de sa ville natale.

Minucius Felix, né en Afrique, avocat à Rome, auteur d'une Apologie du Christianisme.

Persécution des Juifs et des chrétiens sous Septime-Sévère, qui défend la conversion des païens au Judaïsme et au Christianisme. Léonide, père d'Origène, et saint Irénée, à Lyon, souffrent le martyre.

D'après le témoignage de Lampride, l'empereur Alexandre-Sévère rendait des hommages religieux à Jésus-Christ, en même temps qu'à Apollonius de Tyane, à Abraham et à Orphée. La mère de cet empereur avait fait venir Origène d'Alexandrie à Antioche pour entendre sa parole. Il permit aux chrétiens l'exercice de leur religion et l'érection des premiers temples en l'honneur de Jésus-Christ.

Rétablissement de la religion des mages en Perse par Artaxerxès.

## LETTRES, SCIENCES, ARTS, LÉGISLATION, COMMERCE, INDUSTRIE, DÉCOUVERTES, INVENTIONS, ETC.

5

### 201—250.

Potamon, né à Alexandrie, philosophe, passe pour le chef de la secte éclectique. Quelques auteurs le font vivre au commencement du 1er siècle et placent à cette époque la naissance de l'éclectisme, qui consistait à emprunter à chaque système philosophique ce qu'il avait de plus raisonnable.

Ammonius Saccas ou Saccophore, philosophe d'Alexandrie, regardé comme le fondateur de la philosophie mystique dite d'Alexandrie ou néo-platonicienne, et de la secte des Théosophes ou Illuminés, dont la doctrine embrassait les opinions philosophiques et les dogmes sacrés. Plotin, Longin et Origène furent ses principaux disciples. On prétend qu'il avait été chrétien.

Plotin, né à Lycopolis, en Egypte (205—270), philosophe néo-platonicien, disciple d'Ammonius Saccas, ouvrit une école à Rome, où sa doctrine fut reçue avec le plus grand enthousiasme.

Anatole, d'Alexandrie, philosophe péripatéticien, devint plus tard évêque de Laodicée.

Censorinus, philosophe et grammairien romain, auteur d'un petit ouvrage intitulé *De Die natali*, qui a beaucoup servi aux chronologistes pour déterminer les époques principales de l'histoire.

Alexandre, d'Aphrodisias, en Carie, philosophe péripatéticien, enseignait à Athènes, auteur de commentaires sur Aristote.

Diogène-Laërce, de Laërte, en Cilicie, auteur des *Vies, doctrines et apophthegmes des philosophes célèbres*.

Papinien (Æmilius Papinianus), surnommé *le prince des jurisconsultes de l'antiquité*, l'ami et le plus intime conseiller de Septime-Sévère. Il tenta vainement de réconcilier les deux fils de cet empereur, et lorsque Caracalla eut fait égorger Géta, il refusa de faire l'apologie du fratricide et fut décapité, en 212, à l'âge de 70 ans.

Ulpien, célèbre jurisconsulte, préfet du prétoire sous les empereurs Héliogabale et Alexandre-Sévère, massacré par les prétoriens en 228. Les *Pandectes* de Justinien sont en grande partie tirés de ses ouvrages.

Herenius Modestinus, jurisconsulte romain, disciple d'Ulpien.

Sextus Pomponius, jurisconsulte romain, disciple de Papinien. Il reste de lui quelques fragments dans le *Digeste*.

Africain (Sexte-Jules), né à Emmaüs, en Palestine, historien grec chrétien, auteur d'une *Chronique* depuis le commencement du monde jusqu'à l'empereur Macrin, dont il ne reste que des fragments conservés dans Eusèbe, le Syncelle, J. Malalas, Cédrène, Théophane et dans la *Chronique pasquale*.

Dion-Cassius, de Nicée, en Bithynie, historien. *Histoire romaine* en 80 livres, en grande partie perdue.

Elien, *le Sophiste* (Claudius Ælianus), de Préneste, en Italie; *Histoires diverses*; *Histoire des animaux*.

Hérodien, historien grec. *Histoire depuis la mort de Marc-Aurèle jusqu'à celle de Balbin et de Maxime*.

Justin, auteur d'un *Abrégé de l'histoire universelle* de Trogue-Pompée.

Hippolyte, de Porto, célèbre dans l'Eglise par ses écrits, dont le plus connu est son *Canon pascal*, qui servait à déterminer le jour de la fête de Pâques.

Oppien, de Corcyre ou d'Anazarbe, en Cilicie, poëte grec, auteur de deux poëmes, *la Chasse* et *la Pêche*.

Terentianus Maurus, poëte romain, auteur d'un poëme *Sur les règles de la poésie*.

Palladius (Rutilius Taurus Æmilianus), l'un des plus anciens agronomes dont les ouvrages nous soient parvenus, auteur d'un *Traité sur l'économie rustique*. Quelques-uns le font vivre au 5e siècle.

Cælius Aurelianus et Léonide, médecins.

…s G. Silbermann.

| ANNÉES DE J.-CH. | ASIE. Chine. Tartarie. Arabie. Inde. Perse. 1 | EUROPE. Monarchie romaine. ASIE, AFRIQUE ET EUROPE. 2 |
|---|---|---|
| 238 | . . . . . . . . . . . . . . . . . . . | Le sénat, qui avait confirmé l'élection des deux GORDIEN, proclame, après leur mort, CLAUDE BALBIN et MAXIME PUPIEN adjoignent en qualité de César le jeune GORDIEN, âgé de 13 ans, petit-fils de Gordien-l'Ancien. |
| | | MAXIMIN, qui s'était préparé à une expédition contre les Sarmates, marche contre l'Italie; la ville d'Aquilée lui ayant fermé mais ses soldats, aigris par la famine, se révoltent et l'égorgent ainsi que son fils. Peu de temps après, CLAUDE BALBIN et MAXI élus du sénat, sont massacrés par les prétoriens, qui nomment Auguste GORDIEN III, dit *le Jeune* (238—244). — Le règne d pendant peu de temps, il est vrai, les délices du peuple romain. Le vertueux MYSITHÉE devint son beau-père et son premier m |
| 241 | SAPOR Ier ou SCHAPOUR, fils d'Artaxerxès, lui succède sur le trône de Perse (241—272). | . . . . . . . . . . . . . . . . . . . . Les Francs, qui avaient envahi les Gaules, sont vai |
| 242 | Invasion de la Mésopotamie par les Perses. Ils sont forcés par le jeune GORDIEN de repasser l'Euphrate et d'abandonner leurs conquêtes (242—243). | |
| 243 | . . . . . . . . . . . . . . . . . . . | Un Arabe, nommé PHILIPPE, qui avait su s'insinuer dans la confiance de GORDIEN et de MYSITHÉE, empoisonne ce dernier e du prétoire. |
| 244 | . . . . . . . . . . . . . . . . . . . | PHILIPPE mécontente les troupes en les faisant manquer de vivres et en attribuant cette disette à l'ineptie de l'empereur, qu Circésium (Kerkisia), sur les bords de l'Euphrate. Déjà en 240, SABINIEN s'était révolté en Mauritanie, mais il avait été presque |
| | PHILIPPE fait la paix avec les Perses, auxquels il cède l'Arménie et la Mésopotamie, qu'il leur reprend bientôt après. Les soldats élèvent au jeune GORDIEN un monument qui porte enco tombeau ou cénotaphe fut placé sur une éminence que les soldats romains formèrent dans le lieu même. Plus tard, Julien alla rendre ses hommages à ce jeune prince, qu'on avait mis au | |
| | | PHILIPPE (Marcus Julius), surnommé *l'Arabe*, est proclamé empereur (244—249). — Ce prince fit la paix avec les Perses et s'attirer l'amour du peuple par sa douceur et ses libéralités. Sous son règne les chrétiens furent autorisés à faire publiquement ques auteurs ont avancé, mais sans preuves authentiques, que l'empereur lui-même avait embrassé le christianisme. — Des r Barbares, principalement contre les Goths, occupèrent presque tout le règne de PHILIPPE. |
| 247 | . . . . . . . . . . . . . . . . . . . | Célébration du 10e anniversaire séculaire de la fondation de Rome. 2000 gladiateurs s'entr'égorgent dans le cirque. Incendie |
| 249 | . . . . . . . . . . . . . . . . . . . | JOTAPIANUS, Arabe d'origine, issu de l'ancienne race royale d'Emèse, est proclamé empereur par les légions de Syrie; MA légions qu'il commandait contre les Goths; une troisième armée se donne pour maître un certain PACATIANUS. Tous les trois so |
| | | DECIUS, envoyé par PHILIPPE contre MARINUS, est élevé à l'empire par les légions qu'il devait combattre (249—251). — PHIL son fils, qu'il avait associé à l'empire, est massacré à Rome par les prétoriens. |
| | | DECIUS est placé par les auteurs païens au rang des plus grands empereurs, tandis que les auteurs chrétiens le représentent co la 7e persécution contre les chrétiens. |
| 250 | . . . . . . . . . . . . . . . . . . . | . . . . . . . . . . . . . . . . . . . . . . . . . . . . . . |
| 251 | . . . . . . . . . . . . . . . . . . . | DECIUS, après avoir vaincu les Goths dans plusieurs combats, est attiré dans une embuscade par la trahison de GALLUS, et armée. |
| | | GALLUS (C. Trebonianus) est proclamé empereur et s'associe son fils (251—253). — Ce traître acheta la paix des Goths et s'eng but annuel. Il se rendit à Rome, où il renouvela les édits contre les chrétiens et se plongea dans la plus vile débauche, sans s' mençaient à surgir sur tous les points de l'empire, pendant que les Perses s'emparaient de l'Arménie, de la Mésopotamie et de la une peste qui ravage l'empire pendant douze années. |
| 253 | . . . . . . . . . . . . . . . . . . . | EMILIEN, qui commandait en Mœsie, après avoir repoussé les Goths, qui avaient de nouveau envahi l'empire, est proclamé em marche contre lui, mais il est vaincu sur les frontières de la Mœsie, et massacré avec son fils. — VALÉRIEN, accouru, mais tr est proclamé empereur (253—259). — EMILIEN est tué par ses soldats à Spolète, après 3 mois de règne. |
| | | VALÉRIEN, âgé de 63 ans, s'associe son fils GALLIEN. Des essaims de Barbares se ruent sur les frontières de l'empire; quelque pousser une partie, mais l'empereur lui-même manquait d'énergie pour s'opposer à cette dissolution générale. Sous son règne le persécutés. |
| 258 | SAPOR envahit de nouveau l'empire romain et pousse jusqu'à Césarée, en Cappadoce. Conquête de la Mésopotamie et de la Syrie. . . . . . . . . . . . . . . | |
| 259 | L'empereur VALÉRIEN est vaincu et pris sous les murs d'Edesse. SAPOR le fit, dit-on, écorcher vif, après plusieurs années de captivité, et suspendit sa peau empaillée aux voûtes d'un te porté sur ceux qui avaient humilié et fait périr tant de princes. | |
| | | GALLIEN, fils de Valérien, est proclamé empereur (259—268). — GALLIEN fut aussi mauvais empereur que mauvais fils: Pe marchepied au roi de Perse, lui se plongeait à Rome dans les débauches et dans les excès les plus scandaleux. De grands dés prochaine du colosse romain, signalèrent son règne. Les Germains, les Sarmates, les Marcomans, les Cattes, menacent l'Italie; Mineure; les Francs envahissent la Gaule; les Alemans fondent sur le haut Rhin et les Goths sur les pays du bas Danube. Rien ne apathie, qui fut telle que la plupart de ses généraux se firent proclamer empereurs. Il y en eut jusqu'à 30 à la fois. Cette époque le nom de *période des trente tyrans*. POSTHUMIUS, empereur des Gaules, TETRICUS, son successeur, ODENATH, roi de Palmyre, à Milan, en furent les plus célèbres. Ces deux derniers furent même déclarés Césars et associés à l'empire. |
| 260 | . . . . . . . . . . . . . . . . . . . | . . . . . . . . . . . . Irruption des Alemans en Italie jusqu'à Ravenne. Les Quades envahissent l |
| 261 | ODENATH, chef d'une tribu du désert et sénateur de la ville de Palmyre, commence à se faire connaître par ses succès contre les Perses. | |
| | | Ravages du Vandale CROCUS dans les Gaules. Ils sont réprimés par PROBUS, depuis empereur. |
| 263 | . . . . . . . . . . . . . . . . . . . | Incendie d'Athènes et du temple de Diane, à Ephèse, par les Goths. — Nouvelle expédition des Francs dans la Gaule et en Esp |
| 264 | ODENATH, après avoir vaincu SAPOR dans une grande bataille, détruit son armée, enlevé ses conquêtes, pris ses femmes et ses trésors, reçoit de GALLIEN le titre d'empereur de l'Orien de son empire. | |
| | | Les G |
| 265 | YEN-TI, fondateur de la dynastie des *Cin II*, monte sur le trône de Chine, que ses descendants occupent jusqu'en 420. | CELSUS est proclamé empereur par les soldats d'Afrique et massacré sept jours après. Son corps est livré aux chiens par les restés fidèles à GALLIEN. |
| 267 | ODENATH est assassiné dans un festin. ZÉNOBIE, sa veuve, prend le titre de reine de l'Orient. Ses Etats comprenaient la Syrie, la Mésopotamie et une partie de l'Asie-Mineure. | |
| | | GALLIEN se décide enfin à marcher contre les Goths, qui sont repoussés. |
| | | POSTHUMIUS, empereur des Gaules, est assassiné après un règne de 7 ans. VICTORIN, qui lui succède, éprouve bientôt après le |
| 268 | . . . . . . . . . . . . . . . . . . . | GALLIEN, enhardi par ses succès contre les Goths, veut se défaire d'AURÉOLE, qu'il enferme dans Milan, mais il est tué, avec s rait s'emparer de son ennemi. |
| | | TETRICUS prend, à Bordeaux, le titre d'empereur des Gaules. |
| | | CLAUDE II est proclamé empereur (268—270). — AURÉOLE, attiré hors de Milan, est vaincu et tué. — CENSORINUS, proclam troupes romaines, est massacré sept jours après son élection. |
| 269 | . . . . . . . . . . Conquête de l'Egypte par ZABDAS, général de ZÉNOBIE. . . . . . . . . . . . . . . . . | Destruction de l'armée et de la flotte gothique Goths repassent le Danube. |
| 270 | . . . . . . . . . . . . . . . . . . . | CLAUDE II meurt de la peste à Sirmium (Pannonie), emportant dans la tombe les regrets de l'empire. |
| | | AURÉLIEN, général de la cavalerie, est proclamé par l'armée (270—275). Il est le premier souverain romain qui ait porté un di fut Dioclétien). — QUINTILIEN, frère de Claude II, qui avait été nommé par le sénat, se donne la mort. |
| 271 | . . . . . . . . . . . . . . . . . . . | . . . . . . . . . . . . . . . Les Alemans et les Goths, après avoir remporté un avantage à Plaisance, son |
| | | Une conspiration ayant éclaté à Rome contre l'empereur, après son échec à Plaisance, tous les conjurés, parmi lesquels plusie |
| 272 | SAPOR Ier est assassiné par plusieurs de ses satrapes. HORMISDAS Ier ou ORMOUS, son fils, BAHARAM Ier et BAHARAM II et III occupent successivement le trône de Perse (272—294). | Expédition d'AURÉLIEN en Orient. |
| 273 | ZÉNOBIE, après avoir été vaincue dans deux batailles par l'empereur AURÉLIEN, est forcée de se renfermer dans Palmyre, qui est prise et pillée après un siége célèbre. La reine, qui était est saisie sur les bords de l'Euphrate et sert à Rome de principal ornement au triomphe du vainqueur. Révolte des Palmyréniens, qui égorgent la garnison romaine. AURÉLIEN revient sur ses pas, détruit Palmyre de fond en comble et passe les habitants au fil de l'épée. Le philosophe LON Les ruines de cette cité célèbre existent encore, sous le nom de *Tadmor*, dans une oasis du désert syrien, entre Damas et l'Euphrate; elles n'ont été retrouvées qu'au milieu du 18e siècle et Dawkins. — FIRMUS, riche marchand de Séleucie, en Syrie, s'étant fait proclamer empereur en Egypte et vengeur de ZÉNOBIE, est pris et mis à mort par AURÉLIEN. — Destruction d | |

STRASBOURG, IMPRI

uels le peuple et l'armée

rtes, il en forme le siége,
ien, qui n'étaient que les
rince fut glorieux; il fit,
e.

ans une grande bataille, près de Mayence, par le tribun Aurélien.

nommer à sa place préfet

massacré par les soldats à
t vaincu et fait prisonnier.
nom de *Zoxo-Sultan*. Ce
es dieux.

à Rome, où il chercha à
sion de leur culte. Quel-
et des guerres contre les

âtre de Pompée.
se fait reconnaître par les
sque aussitôt massacrés.
st vaincu et tué à Vérone;

un tyran cruel. Il ordonna

. . . . . . . . . . .

avec son fils et toute son

même à leur payer un tri-
ter des révoltes qui com-
. De son temps commence

par ses troupes. Gallus
, au secours de Gallus,

éraux réussissent à en re-
étiens continuèrent à être

. . . . . . . . . . .

, comme un trophée rem-

que son père servait de
, précurseurs de la chute
orsos tombent sur l'Asie-
aire sortir Gallien de son
signée dans l'histoire sous
uréole, qui commandait

e. Ils sont vaincus par Récillien, commandant des frontières d'Illyrie.

jusqu'à Tarragone. Quelques-uns passent même en Afrique.
lmyre devient la capitale

les Hérules ravagent l'Asie, la Galatie, la Cappadoce et la Mœsie.
nts de Sicca, qui étaient

ne sort, ainsi que son fils.
s, au moment où il espé-

percur par une partie des

l'empereur Claude II, à la sanglante bataille de *Naissus* (Nissa, en Servie). Les débris de l'armée des

e (d'autres croient que ce

ncus par Aurélien dans trois batailles successives et obligés de quitter l'Italie.
nateurs, sont mis à mort.

enue à prendre la fuite,

au nombre des victimes.
s voyageurs anglais Wood
ée d'Alexandrie.

### Germanie. Grande-Bretagne. Sarmatie.

3

PREMIÈRES INCURSIONS DES FRANCS DANS LES GAULES. L'origine de ce peuple inconnu a exercé la sagacité des savants : l'opinion la plus vraisemblable est celle qui désigne par le nom de Francs, non point un peuple particulier, mais la ligue ou l'association qui eut lieu, vers ce temps, des peuples de la Germanie situés entre le Rhin, le Mein, le Weser et la mer, et connus sous le nom de Frisons, Saliens, Bructères, Chamaves, Angrivariens, Teuctères, Sicambres et autres.

Les Goths, sous leur roi Argunthis ou Ostrogotha, passent le Danube et s'avancent jusqu'à Marcianopolis (aujourd'hui Preslaw), dans la Basse-Mœsie (Bulgarie). Mort d'Argunthis, qui a pour successeur Kniva.

Les *Hérules* ou *Erules* s'établissent sur le Danube. C'était une nation gothique, fixée d'abord dans la Scandinavie et ensuite sur les côtes méridionales de la mer Baltique. Les Hérules allaient nus au combat et offraient à leurs divinités des sacrifices humains. On mettait la victime sur un bûcher, où un de ses compatriotes non parent la poignardait; ensuite on y mettait le feu. Si le malheureux était marié, sa femme se pendait au pied du bûcher, autrement elle devenait un objet d'exécration pour toute la famille du mort.

Les Goths font la conquête de la Crimée. Origine de leur puissance maritime et de leurs invasions dans l'Asie-Mineure et en Grèce.

Les Goths, sous leur roi Kniva, traversent la Macédoine et la Thessalie jusqu'aux Thermopyles, et remportent, par la trahison de Gallus, une grande victoire sur l'empereur Decius, qui y périt avec ses fils et presque toute son armée.

Expédition maritime des Goths, au nombre de 300,000 hommes et avec 6000 vaisseaux, dans l'Asie-Mineure et en Grèce (258—269).

Les Francs, retenus jusqu'alors dans l'impuissance par leurs continuelles divisions, s'étaient vus la proie des Romains pendant deux siècles. Devenus plus sages par les leçons de l'expérience, et profitant d'ailleurs des circonstances qui s'offrent à eux, ils trouvent dans leur union des moyens de résistance d'abord, et bientôt la force nécessaire pour reporter dans la Gaule les désastres de la guerre et pour enlever même ce pays à leurs oppresseurs.

Les *Gépides*, branche de la nation des Goths, quittent les bords de la Vistule pour se jeter dans la Transylvanie, où, après avoir vaincu les Bourguignons, ils s'avancent vers le Danube.

Un essaim de Barbares, composé de Goths, de Juthonges, de Marcomans, d'Alemans, de Vandales, envahit de nouveau l'Italie.

## HISTOIRE RELIGIEUSE.

### Mœurs. Usages.

4

**201—250** (suite).

Dernier exemple de l'ouverture du temple de Janus : Gordien III, après avoir accompli cette antique cérémonie, marche contre Sapor Ier, roi des Perses.

Célébration du 10e anniversaire séculaire de la fondation de Rome; 2000 gladiateurs s'entr'égorgent dans le cirque (en 247).

**251—300.**

Saint Corneille, pape (251—252), est élu après une vacance de 16 mois occasionnée par la persécution de Dèce, dont il devient victime. — Novatien, *premier antipape*.

Saint Luce, pape (252—253), martyr.

Saint Etienne, pape (253—256). Premières disputes sur la validité du baptême conféré par les hérétiques. Huitième persécution, où périt ce pontife (en 256).

Saint Sixte II, pape (257—258), martyr dans la même persécution. Sous son pontificat eut lieu le martyre de saint Laurent.

Saint Denys, pape (259—269), est élu après un an de vacance.

Saint Félix Ier, pape (269—275). Neuvième persécution sous Aurélien.

Saint Eutychien, pape (275—283). Sous lui commence le Manichéisme (voy. cet article).

Saint Caïus, pape (283—296). Il était neveu de Dioclétien.

Saint Marcellin, pape (296—304). C'est sous son pontificat, en 303, que commence la dixième persécution, la plus longue et la plus cruelle de toutes, mais la dernière jusqu'à l'époque où le christianisme vient s'asseoir sur le trône. Marcellin en est une des premières victimes et une vacance de 4 ans suit sa mort.

Les Goths se convertissent au christianisme. Ils sont le premier peuple chrétien au nord du Danube.

Secte des *Manichéens* fondée par Manès, Persan. Sa doctrine était un mélange de magisme et de christianisme. Il admettait deux principes, du bien et du mal, supposait à chaque homme deux âmes, l'une qui le portait au bien et l'autre qui l'engageait au mal, et regardait Jésus-Christ comme le soleil matériel éclairant le monde. Sapor Ier, roi de Perse, embrassa d'abord les principes de Manès et devint plus tard son persécuteur. Hormisdas Ier le rappela, mais Baharam Ier le fit écorcher vif en 274. Le manichéisme fut condamné par plusieurs conciles.

Secte des *Novatiens*, qui refusaient d'admettre à la pénitence ceux qui étaient retombés dans l'idolâtrie par crainte des persécutions. Cette opinion était celle de Novatien, qui fut le premier antipape. Ces sectaires prirent plus tard le nom de *Cathares* ou *purs* et rebaptisaient ceux qui adoptaient leurs doctrines.

Saint Paul, né dans la Thébaïde, premier ermite, se retire dans le désert pendant la persécution suscitée par l'empereur Dèce, et jette les fondements de la vie monastique.

Secte des *Sabelliens* fondée par Sabellius. Ils niaient la Trinité et la distinction des trois personnes divines, soutenant que le Père et le Fils et le Saint-Esprit ne sont qu'une même personne sous différents noms ou des manifestations diverses d'un Dieu unique. Cette secte fut condamnée par plusieurs conciles, notamment par celui d'Alexandrie en 261. Les *Paulianistes*, qui reconnaissaient pour chef Paul, évêque de Samosate, enseignaient les mêmes doctrines.

Les *Quartodécimans* prétendaient qu'il fallait célébrer la fête de Pâques le 14e jour de la lune de mars, comme les Juifs; les autres la remettaient au dimanche suivant en mémoire de la résurrection. Les Orientaux furent quartodécimans jusqu'au concile général de Nicée, en 325, qui décida que la solennité pascale aurait lieu dans toute l'Eglise le dimanche après le 14e jour de la lune de mars. Les opposants furent regardés comme schismatiques.

Mélèce ou Mélice, évêque de Lycopolis, en Egypte, auteur d'un schisme au sujet de la controverse des *lapses*, fut déposé dans un synode présidé par Pierre, évêque d'Alexandrie; condamné par un concile tenu dans la même ville, il fut absous par celui de Nicée (325). Ses partisans furent appelés *Méliciens*.

Arnobe, *l'Ancien*, né à Sicca, dans la Numidie, écrivain et philosophe chrétien, maître de Lactance et un des premiers apologistes du christianisme.

### LETTRES, SCIENCES, ARTS, LÉGISLATION, COMMERCE, INDUSTRIE, DÉCOUVERTES, INVENTIONS, ETC.

5

**201—250** (suite).

Fondation de l'académie juive de Nabardéa, ville située sur les bords de l'Euphrate, par le rabbin Samuel. Elle fut ruinée après une existence de 70 ans environ.

L'arc de triomphe de Septime-Sévère et les thermes de Caracalla à Rome.

L'empereur Probus fait de nouveau planter la vigne sur les bords du Rhin, dans la Gaule, dans la Pannonie et en Espagne. L'ombrageux Domitien les avait fait arracher comme une occasion de révolte et de sédition. On dit que l'excellent vin de Tokai doit son existence à Probus.

**251—300.**

Longin, célèbre rhéteur et philosophe grec, favori et ministre de Zénobie, reine de Palmyre. *Traité du sublime* (contesté). Mort en 273.

Porphyre (233—305), de Batanée, en Syrie, philosophe néo-platonicien, disciple de Plotin. *Vies de Pythagore et de Plotin; De l'abstinence de la chair; l'Antre des Nymphes.*

Amelius Gentilianus, philosophe éclectique, disciple de Plotin, auteur de plus de 100 *Traités*, qui sont perdus.

Ossian, barde écossais. Ses chants, en langue erse ou gaëlique, ont été publiés, en 1765, par Macpherson. Quelques auteurs placent l'époque de la composition de ces chants au 10e ou au 11e siècle; d'autres en révoquent l'authenticité en doute.

Elien Spartien, Jules Capitolin, Vulcatius Gallicanus, Elien Lampride, Trebellius Pollion et Flavius Vopiscus, auteurs de l'*Histoire Auguste* ou *Biographie des Césars depuis Adrien jusqu'à Dioclétien*.

Jean Stobée, auteur d'un *Recueil de sentences et de maximes*, tirées des plus célèbres auteurs grecs.

Claude Mamertin, de Trèves, orateur, connu par deux *Panégyriques* de l'empereur Maximien. Un autre Mamertin, qu'on croit fils de l'orateur de Trèves, a laissé un *Panégyrique* de Julien.

Titus Calpurnius, poëte bucolique latin, né en Sicile. On trouve dans ses *Pastorales* beaucoup de détails sur les arts et les mœurs de son siècle.

Némésien, poëte latin, né à Carthage, auteur de trois poëmes sur *la Chasse*, *la Pêche* et *la Navigation*.

Achille Tatius, écrivain grec d'Alexandrie, auteur du roman intitulé : *Amour de Clitophon et de Leucippe*.

Apicius, célèbre gastronome romain, auteur d'un ouvrage *Sur l'Art culinaire*.

Athénée et Cléodème, de Byzance, architectes et ingénieurs de l'empereur Gallien.

Huna, rabbin, chef de l'école rabbinique de Sora, en Syrie.

*Code grégorien* publié par le jurisconsulte Gregorianus et contenant les constitutions des empereurs depuis Adrien jusqu'à Dioclétien et Maximien.

Fondation d'une école rabbinique à Pundébitha, ville de la Mésopotamie, par le rabbin Charda.

DE G. SILBERMANN

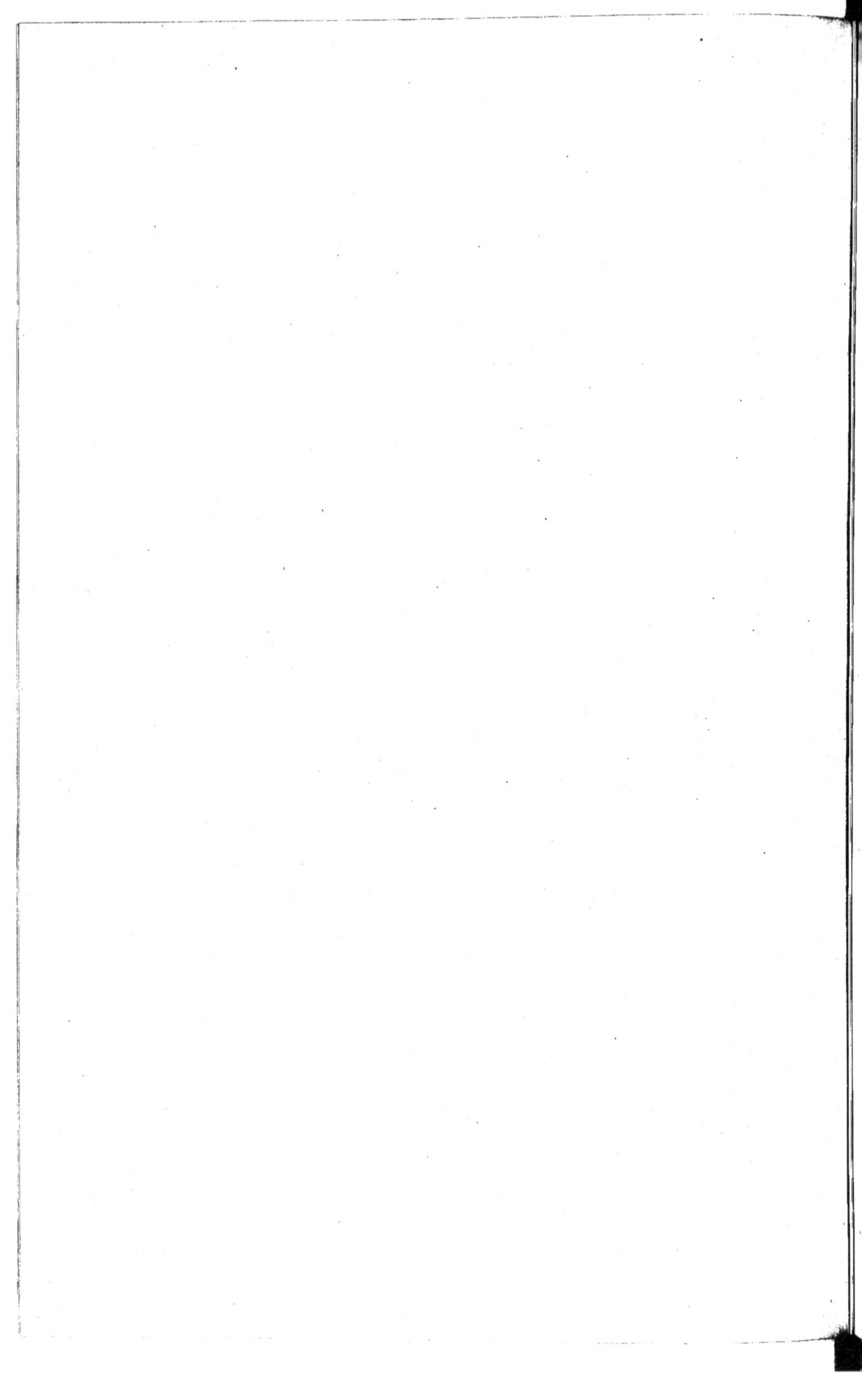

## EUROPE.

| ANNÉES DE J. CH. | **ASIE.**<br>**Chine. Tartarie. Arabie. Inde. Perse.**<br>1 | **Monarchie romaine.**<br>ASIE, AFRIQUE ET EUROPE.<br>2 |
|---|---|---|
| 274 | . . . . . . . . . . . . . . . . . . . . | TETRICUS, le dernier des 30 Césars et à qui obéissaient la Gaule, la Grande-Bretagne et l'Espagne, est défait et pris près de C magnifique d'AURÉLIEN, dans lequel paraissent ZÉNOBIE, reine de Palmyre, et TETRICUS, empereur de l'Occident. C'était le plus b Pompée et Jules César et elle ne devait plus en revoir un pareil.<br>AURÉLIEN abandonne la Dacie aux Goths et en transporte les garnisons sur la rive méridionale du Danube, qui redevient, co limite de l'empire.<br>AURÉLIEN fait rebâtir *Genabum*, ville forte des Carnutes, sur les bords de la Loire, et lui donne le nom d'*Aurelianum* (Orléans<br>Naissance de CONSTANTIN-LE-GRAND, à Naissus, dans la Dacie. |
| 275 | . . . . . . . . . . . . . . . . . . . . | AURÉLIEN prépare une expédition contre les Perses, mais il est assassiné à *Cænophrurium*, en Thrace, par la trahison de son s main de MACOPORE, un des principaux officiers de l'armée. — AURÉLIEN mérita le surnom de *restaurateur de l'empire*, qu'il étai respecter par les Barbares. Quoique continuellement occupé de guerres, il put encore consacrer une partie de son activité à l'adm vigoureuse, mais trop militaire. Son zèle pour les réformes alla quelquefois jusqu'à la cruauté. Il embellit Rome, dont il étendit l'e Il fit de grandes largesses aux Romains et était aimé des soldats, qui, en apprenant sa mort, massacrèrent son assassin et tous ceu conjuration.<br>TACITE, prince du sénat et parent du grand historien dont il portait le nom, est proclamé empereur, après un interrègne de six |
| 276 | . . . . . . . . . . . . . . . . . . . . | TACITE, après avoir rendu au sénat presque toutes ses prérogatives et donné de grandes espérances aux Romains par ses vertus nement, meurt en Cilicie, probablement assassiné, pendant une expédition contre les Goths.<br>PROBUS, fils d'un laboureur de Sirmium, en Pannonie, est proclamé empereur par l'armée de Cappadoce (276—282). — FLORI par d'autres légions, est massacré.<br>On a dit de PROBUS que, s'il n'eût pas porté ce nom, il eût fallu le lui donner, à cause de la probité naturelle de son caractère, la sévérité de ses mœurs et ses grands talents militaires. Il rendit au sénat toute l'administration civile de l'empire, délivra la Ga l'avaient envahie, vainquit les Vandales, les Goths, les Sarmates, les Perses, fonda un grand nombre de villes où il établit des co tranquillité dans l'empire, menacée par plusieurs généraux qui s'étaient proclamés empereurs. |
| 277 | . . . . . . . . . . . . . . . . . . . . | Vers cette époque (ou en 280 suivant quelques-uns), les rapines et la cruauté des gouverneurs romains donnent naissance à la révolt Paris, connus sous le nom de *Bagaudes*. L'un de leurs chefs, AMANDUS, prend le titre d'Auguste, et l'autre, ELIEN, se fait proc logistes ne sont point d'accord sur le nom de *Bagaudes*; la plupart le font dériver du mot gaulois *bagad*, attroupement.<br>PROBUS fait quelques concessions aux Francs, chasse les autres peuples germaniques qui avaient envahi les Gaules, et les force jusqu'au Rhin, près de Cologne. Il en existe encore des ruines sous le nom de *mur du diable*. — Parmi les peuples vaincus se tro plusieurs peuples, tels que : les *Omanes*, les *Didunes*, les *Buriens*, les *Helvécons*, les *Naharvates* et les *Elysiens*. Leur roi Sem de Francs sur les côtes de l'Asie, de la Grèce, de la Sicile, de l'Afrique et de l'Espagne. |
| 280 | Guerre entre les Perses et les Romains. . . . . . | BONOSIUS et PROCULUS, qui s'étaient fait proclamer empereurs dans les Gaules, sont défaits et tués.<br>SATURNINUS, général des légions d'Afrique, s'étant fait proclamer empereur, est pris et tué dans le château d'Apamée, en Syrie. |
| 282 | . . . . . . . . . . . . . . . . . . . . | PROBUS est massacré par les soldats, à Sirmium, sa patrie. — CARUS, préfet du prétoire, est proclamé empereur (282—283 NUMÉRIEN, ses deux fils. |
| 283 | La mort de PROBUS avait rendu l'audace aux ennemis de l'empire. CARIN est envoyé défendre les Gaules contre les Barbares de la Germanie; l'empereur lui-même, avec son second fils, se avantages, pris les villes de Séleucie et de Ctésiphon, lorsqu'il mourut frappé, dit-on, par la foudre, et, selon d'autres, assassiné par APER, préfet du prétoire. | |
| | | NUMÉRIEN, en Orient, et CARIN, dans l'Occident, sont proclamés empereurs. |
| 284 | Les Perses s'emparent de nouveau de la Mésopotamie et de l'Arménie. | NUMÉRIEN est assassiné en Thrace, par ARRIUS APER, préfet du prétoire. DIOCLÉTIEN, commandant des gardes du palais, est pro poignardé APER (284—305).<br>DIOCLÉTIEN sut par sa sagesse, sa fermeté et son habile politique, reconstituer pour ainsi dire l'empire romain, auquel il ren l'histoire lui reproche d'avoir signé, à l'instigation du César GALÈRE, la grande et dernière persécution des chrétiens. Il abaissa le grand nombre de membres comme conspirateurs, poussa jusqu'à l'excès l'orgueil et la vanité, et introduisit dans sa cour le faste moyen duquel il cherchait à imposer à une soldatesque sans frein. Le plus grand éloge que l'on puisse faire de son administrati recommença dans l'empire l'année même de son abdication. |
| 285 | . . . . . . . . . . . . . . . . . . . . | CARIN, vainqueur de Dioclétien sur les bords du Margus, dans la Haute-Mœsie, est assassiné par un tribun. DIOCLÉTIEN reste se |
| 286 | TIRIDATE II, fils de Khosrou-le-Grand, reconquiert le trône d'Arménie, avec l'aide d'une armée romaine. Ce prince embrassa le christianisme et son exemple fut suivi par les grands, mais le peuple ne renonça que difficilement à ses anciennes croyances. | NOUVELLE ORGANISATION DE L'EMPIRE. — PÉRIODE DES PARTAGES (286—394).<br>MAXIMIEN, né en Pannonie, de parents obscurs, doué de grands talents militaires, mais d'un caractère féroce, est créé *Auguste* tage (286—305).<br>MAXIMIEN repousse les Germains et les B |
| 287 | . . . . . . . . . . . . . . . . . . . . | CARAUSIUS, amiral de MAXIMIEN, part de Gesoriacum (Boulogne-sur-Mer) et s'empare de la Bretagne, où il se fait proclamer e flottes couvrent le détroit, ravagent les côtes de l'océan et répandent la terreur de son nom au delà des colonnes d'Hercule (287—29 |
| 292 | . . . . . . . . . . . . . . . . . . . . | De toutes parts les Barbares attaquent l'empire; afin de faire face à tant d'ennemis, les deux empereurs (*Augustes*) créent deux gine et berger dans son enfance, et CONSTANCE-CHLORE, père du grand Constantin.<br>NOUVEAU PARTAGE DE L'EMPIRE.<br>DIOCLÉTIEN s'adjuge l'Orient, c'est-à-dire toutes les provinces de l'Asie, avec l'Egypte, la Macédoine, la Grèce et l'Illyrie orientale. *Nicomédie* en devient la capitale. — GALÈRE obtient la Thrace et l'Illyrie. — MAXIMIEN obtient l'Italie, l'Afrique et les îles intermédiaires. — obtient la tagne (ce rausius<br>MAXIMIEN établit sa résidence à Milan; commencement de la décadence de Rome.<br>CONSTANCE-CHLORE s'empare de Gesoriacum, où il enlève la plupart des vaisseaux de CARAUSIUS. |
| 293 | . . . . . . . . . . . . . . . . . . . . | ACHILLÉE, général romain, qui s'était fait reconnaître empereur en Egypte, est pris dans Alexandrie par DIOCLÉTIEN, après u est livrée au pillage et ACHILLÉE est condamné à être dévoré par les lions. — JULIEN, usurpateur de l'Afrique, est défait par MAXIM<br>CARAUSIUS est assassiné par son principal ministre ALLECTUS, qui s'empare du pouvoir (293—296). |
| 294 | NARSÈS, roi de Perse (294—301). | |
| 296 | . . . . . . . . . . . . . . . . . . . . | CONSTANCE, après avoir employé 3 ans à la construction d'une flotte, envahit la Bretagne et la fait rentrer sous sa domination qui est tué dans le combat. |
| | NARSÈS ayant détrôné le roi d'Arménie TIRIDATE, qui avait reçu la couronne des mains des Romains, DIOCLÉTIEN envoie contre lui GALÈRE, qui est vaincu (entre Callinique et Charres). | |
| 297 | Seconde campagne de GALÈRE contre NARSÈS; ce dernier est défait dans les plaines où les Parthes avaient vaincu Crassus. La Mésopotamie, l'Arménie et l'Assyrie sont enlevées aux Perse ligne de camps depuis l'Egypte jusqu'à la Perse. | |
| 300 | . . . . . . . . . . . . . . . . . . . . | . . . . . . . . . . . . . . . . . . . . |
| 301 | HORMISDAS II ou ORMOUZ, fils de Narsès, lui succède sur le trône de Perse (301—310). Il fut le fondateur de la ville d'Ormouz. | Une grande famine désole l'empire romain.<br>Défaite des Alemans à *Andomatunum* |
| 303 | . . . . . . . . . . . . . . . . . . . . | DIOCLÉTIEN accepte enfin les honneurs du triomphe que le sénat lui avait décernés à plusieurs reprises, et il invite MAXIMIEN à nier spectacle de ce genre que Rome vit dans ses murs. |
| 305 | . . . . . . . . . . . . . . . . . . . . | DIOCLÉTIEN abdique le pouvoir dans la plaine de Nicomédie, en présence de l'armée, après avoir donné le titre d'*Auguste* à GALÈ MIN. Il se retire à Salone, en Dalmatie, où il meurt en 313. — Le même jour, MAXIMIEN résignait dans Milan le titre d'Auguste en fa donnait à FLAVIUS-SÉVÈRE le titre de *César*. Les deux Césars étaient indignes de cette élévation; SÉVÈRE surtout était généralement mé<br>L'empire romain se trouve partagé entre deux empereurs et deux Césars :<br>GALÈRE, empereur (Auguste), eut l'Illyrie, la Pannonie, la Thrace, la Macédoine, l'Achaïe et l'Asie-Mineure. — CONSTANCE-CHLORE, empereur (Auguste), eut la Gaule, l'Espagne, la Grande-Bretagne et tout l'Occident. — MAXIMIN, César, eut l'Orient et l'Egypte. — FLAVIU l'Afrique<br>GALÈRE fait la guerre aux Sarmates; CONSTANTIN, fils de Constance-Chlore, s'y fait remarquer par son intrépidité. |

sur-Marne. Triomphe
Rome eût vu depuis

temps d'Auguste, la

e Mnesthée, et de la
u à pacifier et à faire
on intérieure, qui fut
(16 lieues de circuit).
vaient trempé dans la

275—276).

agesse de son gouver-

re de Tacite, nommé

stinguait en outre par
peuples germains qui
gricoles, et rétablit la

ysans des environs de
mpereur. Les étymo-

ser le Rhin. Il fait construire une muraille fortifiée de tours depuis le Danube, près de Ratisbonne,
les *Lygiens*, nation puissante qui habitait une partie de la Pologne propre, et qui se composait de
t fait prisonnier, mais Probus le remit en liberté et fit alliance avec lui. — Expédition d'un corps

mme Césars Carin et

en Orient, bat les Sarmates et marche ensuite contre les Perses. Il avait déjà remporté de grands

empereur, après avoir

paix profonde. Mais
, dont il fit mourir un
onarques d'Orient, au
st que la guerre civile

re de l'empire.

ent l'Occident en par-

gnons, qui avaient envahi la Gaule, et comprime la révolte des Bagaudes (286—287).

r par ses soldats. Ses

, Galère, Dace d'ori-

nce-Chlore
, l'Espagne et la Bre-
tière occupée par Ca-
287).

de huit mois. La ville

la défaite d'Allectus,

létien fait établir une

. . . . . . . . .

es), par Constance-Chlore; 60,000 hommes restent sur le champ de bataille.

dre part. Ce fut le der-

é *César* le jeune Maxi-
Constance-Chlore et
cause de ses débauches.

re, César, eut l'Italie et

## Germanie. Grande-Bretagne. Sarmatie.

3

Les Goths, après une bataille sanglante livrée aux Romains, font la paix et obtiennent la Dacie. Ils donnent des otages et fournissent des troupes auxiliaires. — Les Visigoths et les Ostrogoths séparés par le Dniéper.

Les Francs, les Logions, les Bourguignons et les Vandales ravagent la Gaule.

*Portrait des Francs*. Ils ont, disent les historiens, la taille haute, la peau fort blanche et les yeux bleus. Leur visage est entièrement rasé, excepté la lèvre supérieure, où ils laissent croître deux petites moustaches. Leurs cheveux, coupés par derrière, longs par devant, sont d'un blond admirable. Leur habit est si court, qu'il ne leur couvre point le genou, et si serré qu'il laisse voir toute la forme de leur corps. Ils sont si adroits qu'ils frappent toujours où ils visent. Ils portent une large ceinture où pend une épée lourde, mais extrêmement tranchante. Enfin ils sont d'une intrépidité si grande, qu'ils ne redoutent ni le nombre des ennemis, ni le désavantage des lieux, ni la mort même avec toutes ses horreurs. Ils peuvent perdre la vie, mais jamais le courage. Quant au nom de Franc, qui signifie originairement libre, il est devenu le synonyme de bon, de sincère, de loyal et d'obligeant, comme caractère distinctif de la nation (*Géographie ancienne et historique*, de d'Anville).

Les *Bourguignons* (Burgundiones), qui ont donné leur nom à une province de France, habitaient la partie septentrionale de la Pologne, entre les Gothons et les Lygiens. On prétend qu'ils tiraient leur nom des habitations qu'ils avaient bâties sur leurs frontières et qu'ils appelaient *bourgs*. Leur roi se nommait *hendivot* ou *hendinos*, et leur grand-prêtre, *siniste*. Ils formaient une nation puissante et pleine de valeur; ils avaient des mœurs plus douces que celles des autres peuples barbares, et traitaient les peuples conquis avec plus d'humanité. Leur première irruption dans les Gaules avait eu lieu en 275 (voy. cette date).

Des peuplades franques s'établissent dans les îles Bataves.

Les Saxons se mettent au service de l'anti-César Carausius dans son expédition contre la Bretagne.

Ossian, fils de Fingal, roi de Morven, devenu infirme et aveugle, calme ses douleurs en chantant les exploits de sa famille et de ses compatriotes.

## HISTOIRE RELIGIEUSE.

### Mœurs. Usages.

4

**251—300** (suite).

Saint Methodius, évêque de Tyr, auteur du *Banquet des vierges*.

Saint Pamphile, successeur d'Origène dans la direction de l'école d'Alexandrie et fondateur de celle de Césarée de Palestine.

Saint Cyprien, évêque de Carthage, père de l'Église.

Saint Denys, patriarche d'Alexandrie, écrivit, contre les sectaires, différents ouvrages dont il ne reste que des fragments.

Saint Denys, apôtre et premier évêque de Paris, fut, suivant les légendes, envoyé dans les Gaules, vers le milieu du 3e siècle, et souffrit le martyre, en 272, durant la persécution de Valérien, avec saint Rustique et saint Eleuthère. Leurs corps, jetés dans la Seine, furent recueillis ensuite et enterrés au lieu où s'élevèrent plus tard l'abbaye et la ville de Saint-Denis.

Saint Janvier, évêque de Bénévent, décapité à Pouzzoles avec plusieurs autres martyrs. Il est devenu le patron du royaume de Naples.

On bâtit de magnifiques églises Introduction de l'usage des autels et des cierges.

Les chrétiens commencent à mettre sur leurs meubles de pieux emblèmes: la colombe, le serpent, etc.

Sous l'empereur Dèce, la persécution contre les chrétiens s'étend dans tout l'empire; elle s'apaise un instant sous Valérien, pour reprendre avec plus de force sous les 30 tyrans. Gallien laisse un peu de repos à l'Eglise, mais Dioclétien recommence les persécutions, qui ne cessent qu'en 312. Cependant dans les Gaules, sous Constance-Chlore, les chrétiens sont plutôt gênés que persécutés. Du 29 août 284, époque de l'avénement de Dioclétien à l'empire, date l'ère qui porte son nom, et que les nombreuses victimes qu'il fit peu d'années après ont fait appeler du nom plus usité d'*ère des martyrs*.

Maximien fait massacrer, dans le Valais, la légion thébéenne, toute composée de soldats chrétiens, qui avaient refusé de joindre des pratiques idolâtriques à leur serment de fidélité (286).

Sainte Fabiole, dame romaine de l'illustre maison Fabia, fondé le premier hôpital de malades. Basile-le-Grand fit construire (entre 370 et 379), aux portes de Césarée, un hospice destiné à recevoir les pèlerins ou les étrangers qui voyageaient pour un motif de piété. L'an 400, saint Jean-Chrysostôme fonda le premier hôpital dans Constantinople. Au 8e siècle, cette capitale possédait déjà 37 hôpitaux ou hospices, entre autres un *lazaret*, ainsi nommé parce qu'on n'y recevait que des lazares ou malades attaqués d'affections contagieuses.

Publication du *Talmud de Jérusalem*. Le Talmud comprend deux parties : la *Mischna* et la *Ghemara*. La première fut publiée au 2e siècle, par le patriarche Iéhuda-le-Saint, et comprend les lois civiles, les usages, les antiquités et les traditions orales des Juifs. La seconde, qui n'est qu'un commentaire de la Mischna, contient les opinions et les discussions d'une période postérieure, qui s'étend jusqu'au 5e siècle. Outre le Talmud de Jérusalem, qui embrasse 39 chapitres de la Mischna, il y a encore le Talmud babylonien, qui n'en comprend que 36, quoiqu'il soit quatre fois plus étendu, et qui ne fut terminé que vers la fin du 5e siècle.

**301—350.**

Saint Marc, pape (308—310).

Saint Eusèbe, pape (310—311), est exilé en Sicile.

Saint Miltiade ou Melchiade est élu pape après une vacance de 9 mois (312—314). Du 25 septembre de l'année de son avénement date la première année du cycle de 15 ans dit des *Indictions*.

L'*Indiction* est une période de 15 ans, dont les auteurs ecclésiastiques se sont fréquemment servis pour marquer les dates, et qui est encore employée de nos jours dans les bulles des papes. Ainsi l'an 1855 est la 13e année de la 103e indiction. Il y a eu encore plusieurs autres cycles d'indiction : l'*indiction orientale*, commençant en 313; l'*indiction proconsulaire d'Afrique* ou *indiction carthaginoise*, en 314; l'*indiction africaine* ou *indiction du diocèse d'Afrique*, en 315; l'*indiction constantinopolitaine* ou *des Grecs*, commençant le 1er septembre 312.

Saint Sylvestre, pape (314—336). Hérésie d'Arius.

Saint Marc, pape (336—337).

Saint Jules, pape (337—352). Saint Athanase trouva en lui un ardent défenseur.

## LETTRES, SCIENCES, ARTS, LÉGISLATION, COMMERCE, INDUSTRIE, DÉCOUVERTES, INVENTIONS, ETC.

5

**251—300** (suite).

Dioclétien rend un édit contre les alchimistes et défend la pratique des *sciences occultes*. Il fait brûler tous les livres égyptiens qui traitaient de la manière de fabriquer l'or, l'argent et les pierres précieuses.

Construction des bains de Dioclétien à Rome. Le palais et la villa de *Spalatro*, en Dalmatie, retraite du même empereur.

*Ère dioclétienne* ou *des martyrs*, établie par les Egyptiens à l'avénement de Dioclétien à l'empire; elle commence le 29 août 284.

G. SILBERMANN.

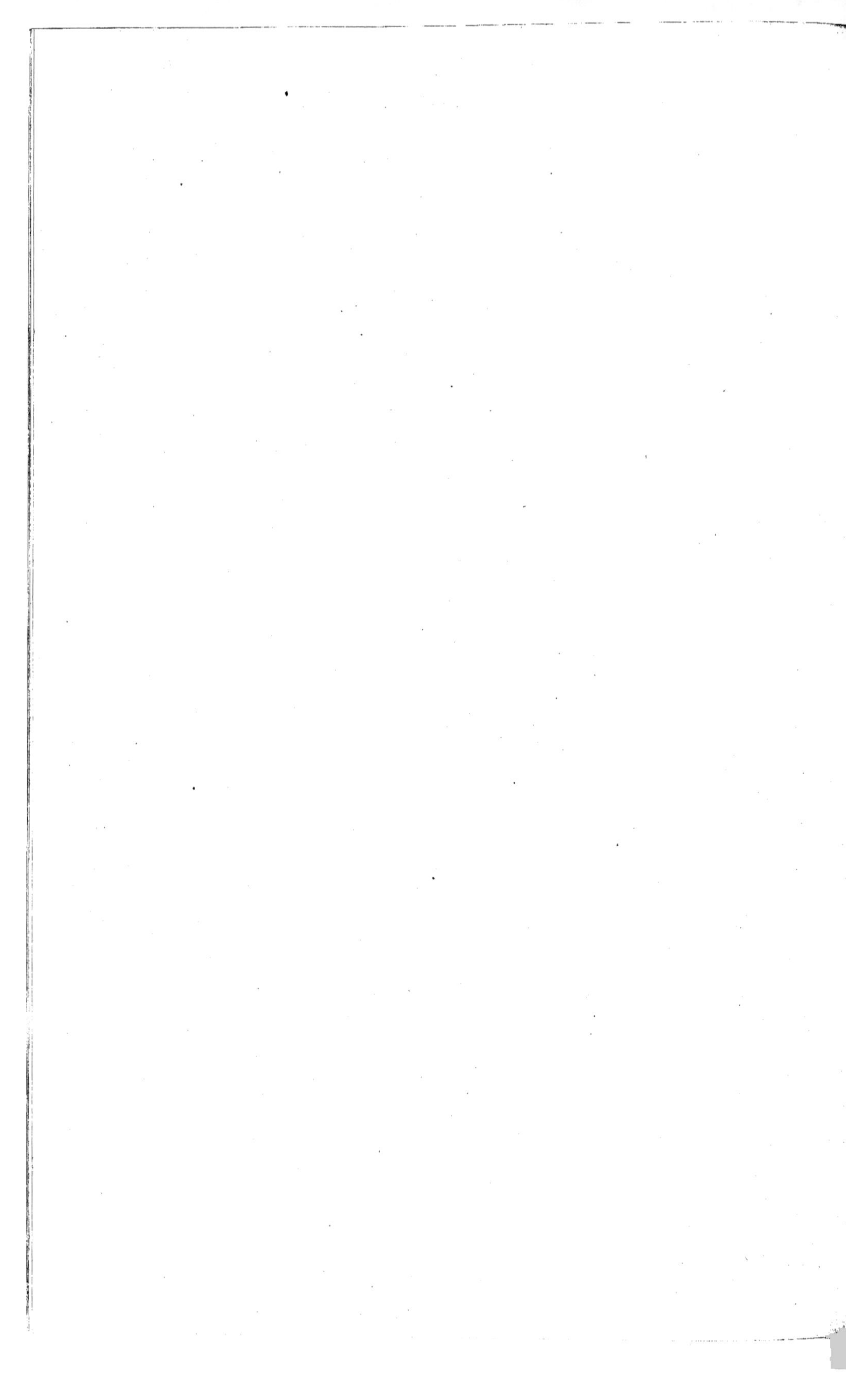

| ANNÉES DE J.-CH. | **ASIE.** Chine. Tartarie. Arabie. Inde. Perse. 1 | **EUROPE.** Monarchie romaine. ASIE, AFRIQUE ET EUROPE. 2 |
|---|---|---|
| 306 | . . . . . . . . . . . . . . . . . . . . . . | Mort de CONSTANCE-CHLORE à Eboracum (York), dans la Grande-Bretagne. Son fils CONSTANTIN, qui s'était échappé de l'armée, proclamé empereur par les légions (306—337). — CONSTANTIN, a dit un historien, surnommé *le Grand* par ses panégyristes, honoré par l'Eglise grecque, tyran hypocrite et sanguinaire suivant les philosophes modernes, est sans contredit l'une des plus grandes illustr… et militaires que l'histoire ait signalées. Nous ne nous croyons pas la mission de juger ce grand homme, qui montra, dit le même écri… de grandeur et de faiblesse, de générosité et de barbarie, de haute politique et d'hypocrisie. La religion chrétienne ne put adoucir le… caractère, et ce fut avec le même sang-froid, avec lequel il avait fait jeter des milliers de prisonniers aux bêtes du cirque, qu'il immola… de sa propre famille, entre autres son fils, l'illustre CRISPUS, jeune héros plein d'espérances, et jusqu'au fils de son beau-frère L… de 12 ans. Quoi qu'il en soit, il opéra la plus grande révolution politique qui se soit accomplie sur la terre, en faisant asseoir le christianisme…<br><br>MAXENCE, fils de Maximien, est élevé à la dignité impériale par les prétoriens à Rome. Il fait reprendre à son père la pourpre, qu'il… qu'à regret. — Six chefs se disputent maintenant l'empire : GALÈRE, MAXIMIN, SÉVÈRE en Orient; CONSTANTIN, MAXENCE et MAXIMIEN… |
| 307 | . . . . . . . . . . . . . . . . . . . . . . | GALÈRE, après avoir reconnu CONSTANTIN comme César, donne le titre d'Auguste à SÉVÈRE, qui marche contre MAXENCE, mais il… réfugier à Ravenne, où il est pris et tué par ce dernier. LICINIUS lui succède par le choix de GALÈRE. Pendant ce temps, une nouvelle… à Rome. MAXIMIEN essaie de précipiter son fils du trône, mais il en est renversé lui-même et obligé de se réfugier à la cour de Constantin… |
| 310 | SAPOR II, fils ou, suivant d'autres, frère d'Hormisdas II, est proclamé roi de Perse, quelques mois avant sa naissance (310—380). Pendant sa minorité la Perse est saccagée par les Arabes, mais à peine a-t-il atteint sa seizième année qu'il lève une puissante armée, à la tête de laquelle il chasse les Arabes jusqu'au delà de l'Euphrate, faisant rompre les épaules à tous ceux que le sort des armes met en son pouvoir, ce qui lui fait donner le surnom de *Dhoulaktaf* (maître des épaules). | Les Germains envahissent la Gaule pour venger la mort des deux rois francs, ASCARIC et RAGAISE, qui avaient été livrés aux bêtes… repasser le Rhin.<br><br>Pendant l'absence de CONSTANTIN, MAXIMIEN, son beau-père, qui s'était réfugié à sa cour, cherche à se mettre à sa place, en… parmi les troupes le bruit de sa mort. Mais CONSTANTIN survient, s'empare de l'usurpateur, lui pardonne d'abord, mais ayant acquis… nouveau complot, il le force à se donner la mort de ses propres mains. |
| 311 | . . . . . . . . . . . . . . . . . . . . . . | GALÈRE succombe dans Sardique à un mal affreux et dégoûtant, pareil à celui qui avait enlevé Sylla, après avoir, deux mois auparavant… un édit pour faire cesser les persécutions contre les chrétiens.<br><br>Le Phrygien ALEXANDRE, qui s'était fait proclamer empereur en Afrique, est défait et tué à Carthage par les troupes de MAXENCE, qui… l'Italie, déclare la guerre à CONSTANTIN. |
| 312 | . . . . . . . . . . . . . . . . . . . . . . | CONSTANTIN EMBRASSE LE CHRISTIANISME. L'AIGLE D'OR, QUI ORNAIT LE LABARUM OU ÉTENDARD IMPÉRIAL, EST REMPLACÉ PAR LA CROIX. — Victoire de CONSTANTIN, aux portes de Rome, sur MAXENCE, qui périt dans le Tibre. Les deux fils de l'empereur vaincu et… paux adhérents sont mis à mort. CONSTANTIN est proclamé *le libérateur de la patrie*, et accepte, quoique chrétien, le titre de grand-p… ensuite une amnistie générale, rétablit le sénat dans toutes ses prérogatives, casse la milice prétorienne, fait cesser les persécutions c… tiens et bâtit un grand nombre d'églises, où les chrétiens peuvent enfin célébrer publiquement leur culte. |
| 313 | . . . . . . . . . . . . . . . . . . . . . . | Victoire de LICINIUS, près d'Andrinople, sur MAXIMIN, qui se donne la mort. Comme CONSTANTIN, dont il avait peu auparavant ép… CONSTANCE, le vainqueur fait égorger les fils du prince vaincu et même ceux de GALÈRE et de SÉVÈRE, qui vivaient dans une condition… veuve, et VALÉRIE, fille de Dioclétien, sont également massacrées.<br><br>LICINIUS et CONSTANTIN *sont seuls maîtres de l'empire, l'un en Orient et l'autre en Occident.* |
| 314 | KHOSROU II, dit *le Petit*, succède à son père Tiridate sur le trône d'Arménie. Troubles et guerres civiles. | Première guerre entre CONSTANTIN et LICINIUS, suivie bientôt d'un accommodement, à la suite duquel le premier est mis en possession… de la Petite-Mœsie et des pays situés au sud du Danube. |
| 319 | . . . . . . . . . . . . . . . . . . . . . . | . . . . . . . . . . . . . . . . . . . . . . Les Jazyges sont chassés par CONSTANTIN de la Pannonie, qu'ils… |
| 322 | . . . . . . . . . . . . . . . . . . . . . . | Nouvelle guerre entre CONSTANTIN et LICINIUS. Ce dernier est battu à *Andrinople*, en Thrace. . . . Défaite des Sarmates dans la… |
| 323 | . . . . . . . . . . . . . . . . . . . . . . | Bataille de *Chrysopolis*, en Bithynie, à la suite de laquelle CONSTANTIN RESTE SEUL MAITRE DE L'EMPIRE. LICINIUS est relégué… nique et mis à mort l'année suivante.<br><br>Irruption des Goths dans la Mœsie et la Thrace. Ils sont battus par Cons… |
| 326 | . . . . . . . . . . . . . . . . . . . . . . | CONSTANTIN fait mettre à mort son fils CRISPUS sur la dénonciation de l'impératrice FAUSTA, qui l'accusait d'avoir conçu pour elle… tueux. CRISPUS avait été créé César en 317, et il s'était rendu célèbre par ses succès contre les Francs et contre LICINIUS, dont il… flotte. Son innocence ayant été reconnue quelque temps après, l'empereur fit étouffer FAUSTA dans un bain. Quelques auteurs attribuent… heureux de CRISPUS à la jalousie que sa popularité inspirait à l'empereur. |
| 329 | . . . . . . . . . . . . . . . . . . . . . . | . . . . . . . . . . . . . . . . . . Nouvelle guerre de CONSTANTIN contre les Goths et les Sarmates. Le roi goth… |
| 330 | Vers cette époque, nouvelle migration de peuples nomades de l'Asie. — Les Huns se dirigent vers… (passent en Europe en 374). | CONSTANTIN-LE-GRAND *transfère le siége de l'empire à Byzance, qui reçoit le nom de* CONSTANTINOPLE. On attribue généralement… aux manifestations séditieuses du peuple romain encore attaché aux anciennes idoles.<br><br>ÉTENDUE DE L'EMPIRE ROMAIN SOUS CONSTANTIN-LE-GRAND.<br><br>PROVINCES ORIENTALES. Syrie, Palestine, Egypte, Chypre, Asie-Mineure, Grèce, Macédoine, Thrace, Epire, Illyrie.<br><br>PROVINCES OCCIDENTALES. Afrique septentrionale, Espagne et Portugal, Italie, Sicile, Corse, France, Pays-Bas, Suisse, Allemagne (en partie), Pannonie… Bretagne (en partie). |
| 331 | Persécution de 40 ans, en Perse, contre les chrétiens. | Division de l'empire en 4 préfectures, les *Gaules*, l'*Italie*, l'*Illyrie* et l'*Orient*, 13 diocèses et 117 provinces, savoir: les Gaules, 3 diocèses… vinces; l'Italie, 3 diocèses et 29 provinces; l'Illyrie, 2 diocèses et 11 provinces, et enfin l'Orient, 5 diocèses et 48 provinces. Réorganisation… branches administratives et des impôts. Introduction du faste et des cérémonies des monarques orientaux. |
| 334 | La tribu des *Koréischites*, dont devait sortir MAHOMET, commence à se faire connaître. | . . . . . . . . . . . . . . . . . . . . . . Des tribus sarmates, chassées par les Visigoths, se réfugient, par… |
| 337 | Guerres entre les Perses et les Romains (237-263). SAPOR II, roi de Perse, demande à CONSTANTIN-LE-GRAND la restitution des provinces de l'Asie-Mineure et même de la Thrace, qu'un de ses p… avait cédées aux Romains. Campagne en Mésopotamie, sur le Tigre. | |
| | | CONSTANTIN-LE-GRAND accorde aux Vandales…<br><br>Mort de CONSTANTIN-LE-GRAND (en 335 suivant quelques-uns), près de Nicomédie, en Bithynie, à l'âge de 63 ans, et après… n'avait reçu le baptême qu'à son lit de mort. L'empire avait déjà été partagé deux années auparavant, par CONSTANTIN-LE-GRAND, entre… CONSTANTIN II, CONSTANCE et CONSTANT. Ses deux neveux DALMATIUS et ANNIBALIEN avaient reçu, le premier la Thrace, la Macédoine et… second l'Arménie, le Pont et la Cappadoce.<br><br>Les soldats, excités suivant quelques-uns par CONSTANCE, égorgent DALMATIUS et ANNIBALIEN, cinq autres neveux de CONSTANTIN-LE… frère, son beau-frère, ses courtisans, ses amis et tous ceux qui lui avaient été attachés par les liens du sang ou de la reconnaissance… échappent seuls à ce carnage. |
| 338 | Siége de Nisibe par SAPOR II, roi de Perse. Il est vaincu par CONSTANCE et forcé à la retraite. | Après une année de débats, l'empire est partagé entre les trois fils de CONSTANTIN-LE-GRAND :<br><br>CONSTANCE (337-361) obtient la Thrace, l'Asie jusqu'à Nisibe et l'Egypte. \| CONSTANT (337-350), l'Illyrie, l'Italie et l'Afrique septentrionale. \| CONSTANTIN II (337-340), la Gaule… et la Bretagne. |
| 340 | . . . . . . . . . . . . . . . . . . . . . . | CONSTANTIN II, mécontent de sa part, marche contre son frère CONSTANT, mais il est défait et tué à *Aquilée*, en Illyrie. CONSTANT… *tout l'Occident.* CONSTANCE, à l'exemple de sa femme EUSEBIA, embrasse l'arianisme, tandis que son frère CONSTANTIN II se prononce contre… |
| 341 | . . . . . . . . . . . . . . . . . . . . . . | . . . . . . . . . . . . . . . . . . . . . . Nouvelles incursions des Francs dans les Gaules, repoussées par CONSTANT… |
| 350 | . . . . . . . . . . . . . . . . . . . . . . | Le Germain MAGNENCE, affranchi du GRAND CONSTANTIN et élevé au rang de comte et de commandant des gardes par CONSTANT… pereur à Autun. Haï à cause de ses crimes et des impôts dont il avait surchargé le peuple pour soutenir son faste, CONSTANT se voit abandonné… soldats et est tué à Illiberis (Elne), au pied des Pyrénées. MAGNENCE donne le gouvernement des Gaules à DECENTIUS, son frère… VÉTRANION se proclame empereur en Illyrie, mais ses troupes le forcent d'abdiquer. — NÉPOTIEN se proclame empereur en Italie… tué par MARCELLIN, maître du palais de MAGNENCE. |
| 351 | . . . . . . . . . . . . . . . . . . . . . . | Victoire de CONSTANCE sur MAGNENCE à *Mursa* (Esseck, capitale de l'Esclavonie), en Pannonie. |
| 352 | . . . . . . . . . . . . . . . . . . . . . . | . . . . . . . . . . . . . . . . . . . . . . Les Alemans, à la sollicitation de CONSTANCE… |
| 353 | . . . . . . . . . . . . . . . . . . . . . . | MAGNENCE, qui s'était retiré dans les Gaules, est complétement défait au pied des Alpes Cottiennes et se donne la mort à Lyon… son frère DECENTIUS, qu'il avait créé César, finit ses jours à Sens. CONSTANCE *reste seul maître de l'empire.* |
| 354 | Succès des Perses contre les Romains, dont les généraux étaient désunis. Amide, Bezabdé, Singara et d'autres forteresses tombent entre leurs mains (354-360). | GALLUS, qui avait été créé César en Orient, où il s'était signalé par ses cruautés, est rappelé et mis à mort par ordre de l'empereur… |

### Germanie. Grande-Bretagne. Empire des Goths.

3

| de GALÈRE, est
noré comme saint
trations politiques
vain, un mélange
la férocité de son
mola les membres
INIUS, enfant âgé
isme sur le trône.
'il n'avait quittée
N en Occident.
il est forcé de se
révolution éclate
ntin, son gendre.

Défaite des Francs et des Bructères, leurs alliés, par CONSTANTIN; le pays de ces derniers est mis à feu et à sang. Les villages sont brûlés, les bestiaux enlevés, les femmes massacrées et les prisonniers, y compris les chefs ASCARIC et RAGAISE, sont livrés aux bêtes dans l'amphithéâtre de Trèves.

Les *Bructères* habitaient entre le Rhin et l'Ems. Comme chez les autres peuples germains, les prêtres avaient seuls le droit de punir les coupables. Un Germain ne paraissait point en public sans ses armes; il ne les quittait pas même dans sa maison. Il ne pouvait en être décoré pour la première fois qu'à l'âge viril. La table des grands tenait lieu de solde aux officiers; les soldats n'avaient d'autre paie que leur part du butin, et ces barbares préféraient le pillage aux soins laborieux qu'exige la culture de la terre.

Origine des Pictes dans la Haute-Ecosse.

féroces par CONSTANTIN. Ils sont défaits par ce dernier dans une grande bataille et obligés de

faisant répandre
is la preuve d'un

avant, fait publier
E, qui, maître de
AR LE SIGNE DE LA
cu et ses princi-
-pontife. Il publie
contre les chré-

GERMANIE. — Les *Alemans*, au sud du Mein, à l'ouest du Rhin et du Neckar jusqu'au Danube; les *Francs*, au nord du Mein, sur le Rhin moyen et le bas Rhin jusqu'à la mer; les *Saxons*, originaires du Holstein, au nord du Harz, entre le Wéser et l'Elbe jusqu'à la mer; les *Suèves*, sur le Mein; les *Lombards*, à l'ouest de l'Elbe; les *Frisons*, dans les Pays-Bas; les *Rugiens*, sur la Baltique; les *Bourguignons*, sur la Vistule et l'Oder; les *Vandales*, en Silésie; les *Marcomans*, en Bohême, etc.

nt épousé la sœur
n privée. PRISCA,

Nouvelle défaite des Francs par CONSTANTIN. Un grand nombre d'entre eux s'enrôlent dans les armées romaines et quelques-uns parviennent aux premières dignités.

sion de la Thrace,

ls avaient envahie. Ils sont entièrement défaits près de *Margus*, en 321.

ns la Pannonie, par CONSTANTIN, qui tue leur roi ROSIMODE.

légué à Thessalo-

CONSTANTIN, qui protége la ligne du Danube par la construction de forteresses.

un amour inces-
il avait détruit la
uent le sort mal-

ARIC est forcé de fournir un corps auxiliaire de 40,000 hommes et à donner son fils en otage.

ent cet événement

ERMANARIC, roi des Ostrogoths, réunit sous son sceptre tout l'empire des Goths, depuis la mer Noire jusqu'à la mer Baltique et depuis le Danube jusqu'au Don (Prusse, Pologne et Russie d'Europe). Les Sarmates, les Hérules, les Vandales, les Vendes (Venedi), les Estiens et beaucoup d'autres peuples moins connus sont ses vassaux (330-375).

Sicile, Sardaigne,
Pannonie, Grande-

iocèses et 29 pro-
ution de toutes les

it, partie chez les Quades, partie chez les Romains, qui leur accordent des demeures.

ses prédécesseurs

Vandales des établissements dans la Pannonie, la Thrace et la Macédoine.

avoir régné 31. Il
ntre ses trois fils
ne et l'Achaïe, le

D'après les chroniques scandinaves, RIG, drott ou prince de Scanie, prend le premier le titre de roi. Son petit-fils, DAN, réunit la Scanie, les îles et le Jutland, et donne son nom à ce pays (Dan-Mark).

N-LE-GRAND, son
JULIEN et GALLUS

DYGUE (10e génération après Odin), prince d'Upsale, prend le titre de roi.

Gaule, l'Espagne

NT, *empereur de*
contre cette secte.

TANT, qui passe l'année suivante dans la Bretagne, où il refoule les Calédoniens.

ait proclamer em-
bandonné par ses
il crée César. —
siége Rome et est

Les Pictes et les Scots forcent le mur de Sévère.

, attaquent MAGNENCE en Gaule, qu'ils se refusent ensuite à quitter.

même temps que

. . . . . .

Nouvelles incursions des Francs et des Alemans en Gaule, pour venger la mort de SYLVAIN, officier franc, que CONSTANCE avait fait assassiner parce qu'il s'était proclamé Auguste; plusieurs villes des bords du Rhin, entre autres Cologne, sont prises et pillées.

## HISTOIRE RELIGIEUSE.

### Mœurs. Usages.

4

**301—350** (suite).

Pendant ce siècle, le christianisme fait des progrès assez remarquables parmi les Indiens, les Goths, les Marcomans, les Ibériens ou Géorgiens et les Gaulois. Saint GRÉGOIRE, surnommé *l'Illuminateur*, le porte en Arménie, dont le roi Tiridate se convertit avec toute sa cour; il devient le premier patriarche de ce pays. FRUMENCE l'introduit en Ethiopie, dont il est le premier évêque.

Dixième et dernière persécution des chrétiens, la plus cruelle de toutes, suscitée par GALÈRE, après sa victoire sur les Perses. Les églises furent détruites, les livres sacrés brûlés, et tous ceux qui refusaient de sacrifier aux idoles furent tourmentés par les plus horribles supplices. Cette époque est appelée l'*Ere des martyrs*. CONSTANCE-CHLORE, qui gouvernait la Gaule, publia les édits, mais ne les fit point exécuter.

On croit que ce fut pendant cette époque que les premiers missionnaires passèrent en Ecosse, où ils reçurent le nom de *culdées* (*cultores Dei*, serviteurs de Dieu). C'est encore aujourd'hui le nom de certains moines.

Premiers moines ou ascètes réunis en Egypte par saint ANTOINE. Son disciple saint PACOME fonda, dans la haute Thébaide, le premier monastère. La sœur de saint PACOME fonda sur le Nil le premier monastère de femmes.

La religion chrétienne est déclarée religion de l'Etat par CONSTANTIN-LE-GRAND. En même temps, LICINIUS et MAXIMIN proscrivent le christianisme dans les pays qui leur sont soumis et forcent les Arméniens, qui avaient embrassé la foi chrétienne, à retourner au culte de Jupiter, ce qui donne lieu à la première guerre religieuse des chrétiens.

Abolition des spectacles de gladiateurs par CONSTANTIN, en 325.

ARIUS, célèbre hérésiarque, né en Libye ou à Alexandrie, fondateur de la secte des *Ariens*, qui niaient la divinité et la consubstantialité du Verbe. Quoique condamné par plusieurs conciles, il fut protégé par CONSTANTIN. Il mourut en 336, et eut pour successeur EUSÈBE, de Nicomédie.

ACACE, surnommé *le Borgne*, évêque de Césarée, fut le chef des *Acaciens*, branche des Ariens. Il soutenait que le Fils est semblable au Père en substance, mais il niait qu'il fût de la même substance. Une autre secte dérivée des Ariens fut celle des *Anoméens*, appelés aussi *Ætiens* et *Eunomiens*, du nom de leurs chefs ÆTIUS et EUNOME. Ils niaient la divinité du Verbe.

Saint EUSTATHE, évêque d'Antioche, fut le premier qui attaqua Arius par des discours et des écrits, dont il ne nous reste plus que quelques fragments.

COLLUTHE, prêtre d'Alexandrie, fonde la secte des *Colluthiens*, qui prétendaient que Dieu n'avait point créé le méchant et qu'il n'était point l'auteur des peines et des afflictions de cette vie.

Secte des *Anthropomorphites* qui, prenant à la lettre le passage de la Bible où il est dit que Dieu fit l'homme à son image, attribuaient au Créateur un corps humain. Cette secte existait encore au commencement du 10e siècle.

DONAT, évêque des Cases-Noires, en Numidie, chef des Donatistes, qui soutenaient que tous les sacrements conférés hors de leur secte étaient nuls. Ce schisme, qui désola l'Afrique pendant plus de trois siècles, avait pris naissance à l'occasion d'une double élection au siége primatial de Carthage.

SAPOR II, roi de Perse, fait éprouver aux chrétiens de violentes persécutions, la première en 318, la deuxième en 330, la troisième en 331; elle ne finit qu'en 370. ATHANARIC, roi des Goths, persécute également les chrétiens de sa nation.

CONSTANTIN-LE-GRAND convoque à Nicée, en Bithynie, le premier concile général (œcuménique). Condamnation de la doctrine d'ARIUS, qui rejetait la divinité de Jésus-Christ. Le jour de la célébration de Pâques est fixé au dimanche qui suit immédiatement le quatorzième jour de la lune de mars.

Edit de CONSTANTIN contre le paganisme. Des temples païens sont démolis. Déjà auparavant les jeux de la Grèce avaient été abolis, et l'impératrice HÉLÈNE, mère de CONSTANTIN, avait fait détruire en Palestine les temples de Jupiter, de Vénus et d'Adonis, qu'ADRIEN avait élevés au Calvaire et à Bethléhem.

*Invention de la Sainte-Croix*. Suivant les traditions de l'Eglise romaine, ce fut sainte HÉLÈNE, mère de l'empereur Constantin, qui, en faisant démolir le temple de Jupiter, élevé par Adrien sur le saint sépulcre, découvrit la croix sur laquelle Jésus-Christ avait subi le dernier supplice. Elle envoya une partie de cette croix à l'empereur son fils, une autre partie à l'église fondée par elle à Rome sous le nom de la *Sainte-Croix-de-Jérusalem*, et le reste fut enfermé dans une riche châsse qu'elle déposa à l'église qu'elle fit bâtir sur le Calvaire, à l'endroit où elle avait été trouvée. A cette occasion, le supplice de la croix fut interdit par CONSTANTIN.

Premiers pèlerinages des chrétiens au Saint-Sépulcre, à Jérusalem.

Concile de Sardique pour la réunion des Églises d'Orient et d'Occident.

Traduction de la Bible en langue gothique, par l'évêque ULPHILAS. On lui attribue aussi, mais à tort, suivant quelques-uns, l'honneur d'avoir inventé les lettres gothiques.

## LETTRES, SCIENCES, ARTS, LÉGISLATION, COMMERCE, INDUSTRIE, DÉCOUVERTES, INVENTIONS, ETC.

5

**301—350.**

JAMBLIQUE, de Chalcis, en Cœlésyrie, philosophe néo-platonicien, disciple de Porphyre, passait pour avoir des intelligences avec les dieux et les démons. *Vie de Pythagore*, contre le christianisme, *Exhortations à la philosophie*, etc.

MAXIME, d'Ephèse, philosophe éclectique, un des maîtres de Julien, auquel il inspira la haine du christianisme. Il était aussi célèbre comme magicien: il fut poursuivi (366) d'après l'édit de Valentinien contre les magico-sophistes, et eut la tête tranchée. — MAXIME, d'*Epire*, autre maître de Julien, composa un poëme sur les influences de la lune et des astres.

CHALCIDIUS, philosophe platonicien, auteur d'un *Commentaire sur le Timée de Platon*.

EUMÈNE, rhéteur, né à Autun. Il nous reste de lui 4 *Discours*.

EUNAPE, sophiste, médecin et historien, né à Sardes, en Lydie, auteur des *Vies des philosophes et des orateurs*.

JUVENCUS, le plus ancien poëte chrétien, né en Espagne, auteur d'un poëme latin sur la *Vie de Jésus-Christ*.

JULIUS FIRMICUS MATERNUS, écrivain latin, auteur d'un ouvrage intitulé: *Erreurs des religions profanes*. On a de lui aussi 8 livres sur l'*Astronomie*.

ÆLIUS DONAT, grammairien, composa sur Térence et Virgile des *Commentaires* qui ne sont pas parvenus jusqu'à nous.

Fondation de *Constantinople*, par CONSTANTIN-LE-GRAND. On y remarquait le capitole, le forum, l'hippodrome, 2 théâtres, 8 bains publics, 153 bains privés, 52 portiques, 8 aqueducs, 4 palais de justice, 14 églises et autant de palais.

La célèbre église de *Sainte-Sophie*, à Constantinople, incendiée en 532, et l'église du *Saint-Sépulcre*, à Jérusalem; cette dernière, construite par l'impératrice HÉLÈNE, en 335.

Les Romains commencent à se servir de selles pour monter à cheval. La première mention historique que l'on en trouve est de l'an 340. Ce sont les Saliens, peuple de la Franconie, qui en sont regardés comme les inventeurs. Les anciens n'avaient connu ni les selles, ni les étriers, comme on le voit par nos planches. Ce ne fut que sous les empereurs romains que l'on commença à se servir d'une couverture, pour être assis moins durement.

**351—400.**

L'empereur JULIEN, philosophe de la secte éclectique. Il portait le manteau des stoïciens et affectait une austérité presque cynique. Il nous reste de lui des *Discours*, des *Lettres* et des *Satires*.

THÉMISTIUS, né en Paphlagonie, orateur et philosophe grec. Quoique païen, il fut très-lié avec saint Grégoire de Naziance, et fut créé préfet de Constantinople par Théodose-le-Grand. Il nous reste de lui 35 *Discours* et des *Notes sur la philosophie de Platon et d'Aristote*.

PAPPUS, d'Alexandrie, philosophe, mathématicien et chronologiste, connu par ses *Collections mathématiques*.

DE G. SILBERMANN.

## ANTIQUITÉ. — Julien. — Eusèbe. — Saint Basile-le-Grand. — Lactan

| ANNÉES DE J. CH. | ASIE. Chine. Tartarie. Arabie. Inde. Perse. 1 | EUROPE. Monarchie romaine. ASIE, AFRIQUE ET EUROPE. 2 | Germani |
|---|---|---|---|
| 355 | . . . . . . . . . . . . . . . . . . . . | JULIEN, frère de GALLUS, est créé César et reçoit le commandement des Gaules. Il établit sa résidence tantôt à Lutèce (Paris), tantôt à Agedincum (Sens). | Défaite des lacus), dans l |
| 356 | . . . . . . . . . . . . . . . . . . . . | . . . . . . . . . . . . . . . . . . . . Défaite des Alemans à *Autun*, | |
| 357 | . . . . . . . . . . . . . . . . . . . . | Victoire de JULIEN, près de Strasbourg, sur CHNODOMAIRE, roi des Alemans, et sur les Francs ses alliés. Il reconstruit plusie protéger cette partie de la Gaule contre les attaques des Germains. Invasions des Suèves dans la Rhétie et des Quades et des Jazyges en Panno | |
| 358 | Tremblement de terre qui renverse plus de 150 villes de l'Asie, entre autres Nicomédie. Tous les habitants de cette dernière ville furent ensevelis sous les ruines ou engloutis dans les entrailles de la terre. Il en sortit des tourbillons de flammes qui causèrent un embrâsement général. Cet horrible spectacle dura 50 jours. | . . . . . . . . . . . . . . . . . . . . | Les *Francs* sur l'étymolog ce nom à la ri rapportent à l cependant si Saale francon |
| 360 | . . . . . . . . . . . . . . . . . . . . | JULIEN, surnommé *l'Apostat*, est proclamé empereur à Paris (360–363). Il fut le dernier de la famille de CONSTANTIN-LE-GRAND. | JULIEN con |
| 361 | . . . . . . . . . . . . . . . . . . . . | CONSTANCE quitte l'Orient, où il faisait une guerre malheureuse contre les Perses, et marche contre son rival, mais arrivé à Tarse, en Cilicie, il y meurt d'une fièvre ardente. JULIEN, resté seul maître de l'empire, abjure la foi chrétienne, rétablit les temples du paganisme, publie d'abord un édit de tolérance, puis lance contre les chrétiens un décret de proscription, qui n'épargne pas même l'évêque d'Aréthuse qui l'avait sauvé lors du massacre des parents du grand Constantin. JULIEN fut d'un courage à toute épreuve et porta une grande sollicitude dans les affaires du gouvernement. Quant à son mérite littéraire, il en était assez pourvu, dit Ch. Nodier, pour briller en quelque rang que le ciel l'eût fait naître. | Les *Alains* qui se prépar Ce peuple, q signifie *mont* asiatique (Cir de visage et saient leur pr tuer un enne une housse p Environ 40 céder son pay Une partie des leur postérité le Don; quelq du Danube. Ve et entrèrent d dans la Lusita |
| 362 | JULIEN envahit la Mésopotamie, où il obtient d'abord des succès, mais s'étant aventuré, sur la foi de guides perfides, au delà du Tigre, dans des déserts brûlants, son armée, exposée aux plus grandes privations, est battue par les Perses et lui-même périt d'une blessure (362-363). | | |
| 363 | . . . . . . . . . . . . . . . . . . . . | JOVIEN, capitaine des gardes, est proclamé empereur (363-364). — Rétablissement du christianisme. | |
| | JOVIEN fait la paix avec les Perses et leur cède l'Assyrie, la Mésopotamie et l'Arménie. Cette dernière conserve cependant ses princes particuliers. — Les forteresses de *Nisibe*, dans la Mésopotamie (aujourd'hui pachalik de Bagdad), et d'*Amide*, sur le Tigre, dans la Grande-Arménie, deviennent les boulevards de l'empire des Perses contre les Romains. — Incursions des Sarrasins (au sud de la Perse et de l'empire d'Orient) dans l'empire d'Orient. | | |
| 364 | . . . . . . . . . . . . . . . . . . . . | JOVIEN meurt à Dadastane, en Galatie, après un règne de huit mois. — VALENTINIEN, né à Cibalis, en Pannonie, d'une famille obscure, est élu empereur à Nicée, en Bithynie (364-375). Ce prince joignit à de grandes qualités un caractère féroce et les instincts les plus sanguinaires. Pendant tout son règne il fut occupé à repousser les peuples barbares qui se ruaient sur l'empire, tels que les Quades, les Vandales, les Saxons, les Gépides, les Hérules, les Bourguignons, les Alemans, les Francs, les Pictes, les Scots, les Sarmates. Il honora le clergé, mais il ne permit point que l'on molestât les païens; une tolérance universelle laissait à chacun la liberté de sa conscience. Il fit plusieurs bonnes lois, établit des écoles dans tout l'empire, diminua les impôts et vécut frugalement et sans faste. D'un autre côté, la vie d'un homme n'était rien à ses yeux et le moindre manquement était puni de mort. Quelquefois il poussait la cruauté jusqu'à railler ceux qu'il condamnait et aimait à repaître ses regards de la vue des supplices. | |
| 365 | . . . . . . . . . . . . . . . . . . . . | VALENTINIEN associe à l'empire son frère VALENS, arien zélé et persécuteur des évêques orthodoxes, et lui donne la préfecture d'Orient et une partie de l'Illyrie (365–378). — PROCOPE, parent de JULIEN, se fait proclamer empereur à Constantinople et marche contre VALENS, qui était alors en Syrie et qu'il défait dans plusieurs rencontres; mais, vaincu à son tour, près de Nacolée, en Phrygie, il est fait prisonnier et exécuté (365–366). | |
| 366 | . . . . . . . . . . . . . . . . . . . . | Guerres de VALENTINIEN contre les Alemans, qu'il chasse de la Gaule et de la Rhétie. Il les poursuit et les défait dans leur pr mettant aux prises avec les Bourguignons au sujet de quelques salines. Il fait fortifier les bords du Rhin et y construit plusieurs | |
| 367 | . . . . . . . . . . . . . . . . . . . . | . . . . . . . . . . . . . . . . . . THÉODOSE, père de l'empereur de ce nom, refoule les | |
| | | ATHANARIC, roi des Visigoths, qui avait pris parti pour l'usurpateur PROCOPE contre VALENS, est vaincu | |
| 368 | . . . . . . . . . . . . . . . . . . . . | . . . . . . . . . . . . . . . . . . Succès de WITTICAB, roi des Alemans, contre les Rom | |
| 370 | . . . . . . . . . . . . . . . . . . . . | Une grande famine désole l'empire. | |
| 372 | PARAS, roi d'Arménie, est assassiné par VALENS. . | . . . . . . . . . . . . . . . . . . Traité de paix entre VALENTINIEN et MACRI | |
| 373 | . . . . . . . . . . . . . . . . . . . . | THÉODOSE réprime la révolte de FIRMUS, chef des Maures d'Afrique. Il signale le préfet ROMANUS comme ayant donné lieu par ses exactions à la révolte des Africains. | |
| 374 | Les Huns, peuple nomade de la Tartarie, traversent le Volga et envahissent l'empire des Goths. | . . . . . . . . . . . . . . . . . . . . | Les Huns, s le Volga et env MIGRATION D |
| 375 | . . . . . . . . . . . . . . . . . . . . | Mort de VALENTINIEN. — Les Quades venaient de dévaster la Pannonie, pour venger la mort de leur roi GABINIUS, assassiné par le fils du féroce MAXIMIN, préfet des Gaules. Attaqués et chassés au delà du Danube, ils envoyèrent des ambassadeurs à l'empereur; mais celui-ci s'abandonna contre eux à un accès de colère si violent qu'il se rompit un vaisseau de la poitrine et mourut aussitôt. — GRATIEN, âgé de 16 ans, fils de VALENTINIEN Ier, déjà nommé Auguste en 369, et son frère VALENTINIEN II, âgé de 4 ans, sont nommés empereurs en Occident. Le premier obtient la Bretagne, la Gaule et l'Espagne; capitale *Trèves* (375-383). Le second gouverne les préfectures d'Italie, d'Illyrie et d'Afrique (375-392), sous la tutelle de l'impératrice JUSTINE, sa mère, qui protége l'arianisme; *Milan* devient la capitale de ses États. | Défaite des mort. — *Fond* — Les Ostrogo tent également résistance infr |
| 376 | . . . . . . . . . . . . . . . . . . . . | Le général espagnol THÉODOSE, qui avait réduit les Scots dans la Bretagne et réprimé la révolte de FIRMUS, en Afrique, est assassiné par ordre de GRATIEN. | |
| | | Les Visigoths, chassés par les Huns, viennent au nombre d'environ un million sur les bords du Danube et demandent à être re dans la Mœsie et la Thrace, qu'ils mettent en culture, mais en leur imposant, entre autres conditions, celle d'embrasser l'arianisme | |
| 378 | . . . . . . . . . . . . . . . . . . . . | Mort de l'empereur VALENS à la bataille d'Andrinople. Les Goths marchent sur Constantinople, qui est sauvé par un corps de Sarrasins commandé par DOMINIA, veuve de VALENS. GRATIEN accourt à Constantinople et donne à THÉODOSE, fils du malheureux général qu'il avait fait assassiner, le commandement des troupes d'Orient. | |
| | | Les Visigoths, fatigués du joug que les Romains faisaient peser sur eux, se révoltent et remportent, sous FRITIGERN, une g qui y trouve la mort. Ce fut à la suite de cette bataille que les enfants des Goths, qui avaient été donnés en otage en 376, furent parce qu'ils avaient osé célébrer la victoire de leurs pères par des chants de triomphe. — Des Alains et des Huns se joignent Constantinople. En même temps les Sarmates et les Quades envahissent la Mœsie et ravagent toutes les provinces depuis les Alpe des Lentiens, à *Argentouaria* (Horbourg, près de Colmar). | |
| 379 | . . . . . . . . . . . . . . . . . . . . | THÉODOSE, après avoir repoussé les Goths, est associé à l'empire par GRATIEN et reçoit le gouvernement d'Orient (379—395). Ce prince, qui reçut le surnom de *Grand*, fut aussi vaillant guerrier qu'habile administrateur. L'histoire n'aurait rien à lui reprocher si son zèle pour la foi orthodoxe ne l'eût égaré jusqu'à lui faire exercer les persécutions les plus atroces contre les Ariens et les païens. Cruel dans sa colère, il fléchit cependant son emportement à la voix de l'évêque FLAVIEN, lors de la révolte des habitants d'Antioche, mais, moins heureux, ceux de Thessalonique furent sacrifiés en masse à son courroux, et ce fut à cette occasion que saint AMBROISE lui refusa l'entrée de la basilique de Milan, faible châtiment, sans doute, pour un si grand crime, mais qui refoula peut-être plus d'une fois, dans la suite, les violentes passions de ce prince naturellement porté à la tyrannie. | Les *Marsig* la Silésie), alli n'avaient pour armés des flè et ne connaiss maître de leur |
| 380 | ARTAXERCE II, roi de Perse (380—383). . . . . . . | . . . . . . . . . . . . . . . . . . Les Ostrogoths, qui avaient passé le Danube sous VITHERIC et d | |
| 381 | ARSACE IV et V, rois d'Arménie. . . . . . . . | CLÉMENCE MAXIME se fait proclamer empereur dans la Bretagne et s'associe son fils VICTOR (381—388). | |
| 382 | . . . . . . . . . . . . . . . . . . . . | Les Visigoths, sous leur roi ATHANARIC, ravagent la Grèce. Ils font la paix et s'établissent, avec le consentement de THÉODOSE | |
| 383 | SAPOR III, roi de Perse (383—388). Prospérité croissante de l'empire perse depuis le règne de Sapor II. Ses limites s'étendent vers la Haute-Asie et l'Inde. | MAXIME envahit la Gaule à la tête d'une armée de 30,000 hommes. GRATIEN, vaincu, s'enfuit à Lyon, où il est pris et exécuté. MAXIME, maître de la Bretagne, de la Gaule et de l'Espagne, est reconnu par THÉODOSE et VALENTINIEN II. | Un grand n DEC, accompag ils se fixent da de *Bretagne*. D |

STRASBOURG, IMP

### ande-Bretagne. Empire des Goths. Empire des Huns.

3

ıns sur les bords du lac de Constance (Brigantinus
ilicie, par l'empereur CONSTANCE.

LIEN.

rteresses, entre autres *Saverne*, en Alsace, pour

s sont vaincus par CONSTANCE (357-359).

ıs s'établissent sur l'Escaut. On n'est point d'accord
mot *Saliens*; quelques-uns croient qu'ils devaient
l'*Isala* (Yssel) de leur nouvelle patrie; d'autres le
*le*, rivière de leur ancienne patrie, sans préciser
ınneur revient à la Saale de la Thuringe ou à la

ı traité de paix avec les Alemans.

vont apporter leur concours dans le cataclysme
ient connus des Romains dès le temps de Pompée.
son nom du mot *alin*, qui, en langue tartare,
habitait les monts situés au nord de la Sarmatie
et Caucasie). Ils étaient grands de taille, beaux
t la chevelure blonde. La chasse et la guerre fai-
ıe occupation. L'action la plus glorieuse était de
lui enlevait la peau avec la tête et on en faisait
chevaux.
ıvant notre ère, ce peuple nomade fut forcé de
ıitif à une colonie de Huns qui vinrent l'attaquer.
ıs s'enfonça dans les montagnes de Circassie, où
ıte encore aujourd'hui. Une autre partie traversa
ıs se fixèrent sur la mer d'Azow et aux environs
ı 406, ils se joignirent aux Vandales et aux Suèves
s Gaules. Une partie passa en Espagne et s'étendit
dans la province de Carthagène.

pays. Enfin il parvient à s'en débarrasser en les
caux (366-368).

, qui avaient envahi la Bretagne (367-370).

dernier et obligé de demander la paix (367-369).

qui le font assassiner.

oi des Alemans.

ur roi BALAMIR, venus du Jaïk (Oural), traversent
ent l'empire des Goths. ORIGINE DE LA GRANDE
EUPLES.

par les Huns. Le vieux roi ERMANARIC se donne la
*d'un empire des Huns* entre la Theiss et le Don.
ıassent sous la domination des Huns, qui soumet-
lains. — ATHANARIC, roi des Visigoths, après une
use, se retire dans les montagnes de la Sarmatie.

ans l'empire romain. VALENS leur accorde un asile
Tyrannie et exactions des officiers impériaux.

c victoire à *Andrinople*, sur l'empereur VALENS,
ıcrés le même jour dans toutes les villes asiatiques,
'isigoths, qui s'avancent jusque-sous les murs de
iennes. — Victoire des Romains sur PRIAIRE, roi

es *Gothins*, les *Oses* et les *Buriens* (peuples de
Goths. Ces barbares, infatigables et courageux,
ments que des peaux de bêtes sauvages et pour
u des massues. Ils étaient attachés à leurs forêts
ıue le pillage. THÉODOSE les vainquit et se rendit
.

ıs chefs, sont vaincus par THÉODOSE-LE-GRAND.

GRAND, dans la Thrace et la Mœsie (Mœso-Goths).
de Bretons, sous la conduite de CONAN MÉRIA-
MAXIME dans son expédition contre les Gaules, où
rmorique, à laquelle ils donnent plus tard le nom
ıates saxons et francs ravagent les côtes de Bretagne.

## HISTOIRE RELIGIEUSE.

### Mœurs. Usages.

4

**301—350** (suite).

EUSÈBE, évêque de Césarée en Cappadoce (270 335), père de l'Eglise, auteur d'une *Histoire ecclésiastique* en dix livres, qui lui a mérité le titre de père de l'histoire ecclésiastique; d'une *Chronique universelle*, de deux livres *De la Préparation et de la Démonstration évangéliques*, etc. La Chronique d'EUSÈBE fut continuée par PROSPER d'Aquitaine.

Saint ATHANASE (296-373), né à Alexandrie, dont il fut le patriarche, l'un des premiers pères de l'Eglise grecque et l'un des plus redoutables adversaires de l'arianisme, fut souvent exilé et rappelé par les empereurs, depuis CONSTANTIN-LE-GRAND jusqu'à VALENS. Principaux ouvrages: *Défense de la Trinité; l'Incarnation; De la Divinité du Verbe et du Saint-Esprit.*

Saint EPIPHANE (310-403), né en Palestine, archevêque de Salamine, père de l'Eglise. Principaux écrits: *l'Anchora* ou *l'Ancre*; le *Panarion* (Traité des hérésies); *Traité des poids et mesures.*

Saint BASILE, surnommé *le Grand* (320-379), archevêque de Césarée, père de l'Eglise, fonda, le premier, des établissements de charité. Ses œuvres forment 3 vol. in-folio. Il fut l'auteur d'une règle monastique encore suivie de nos jours dans les monastères de la Grèce et de l'Orient.

LACTANCE, défenseur et l'un des plus grands orateurs de l'Eglise, fut surnommé le *Cicéron chrétien*. Les *Institutions divines* forment son principal ouvrage.

DIDYME, surnommé *l'Aveugle*, docteur de l'église d'Alexandrie, en Egypte, né en 308, souffrit le martyre en 395. Il avait perdu la vue à l'âge de 4 ou 5 ans et n'en suivit pas moins les leçons de la célèbre école de sa ville natale. Il composa un grand nombre d'ouvrages, dont les principaux sont ceux *Sur le Saint-Esprit* et *Contre les Manichéens*, que l'on possède encore. Un autre de ses ouvrages, celui sur les principes d'Origène, n'est point arrivé jusqu'à nous et l'a fait condamner après sa mort par le second concile de Nicée.

Saint GRÉGOIRE de Naziance (329—389), né en Cappadoce, père de l'Eglise. On a de lui des *Sermons*, des *Lettres* et des *Poésies*.

OSIUS, évêque de Cordoue, littérateur ecclésiastique, présida le concile de Nicée et en dressa le symbole.

Quelques auteurs placent vers cette époque l'origine des *cardinaux* de l'Eglise romaine; d'autres regardent leur création comme plus récente. Au reste, un cardinal n'était encore sous Grégoire-le-Grand que le principal prêtre de chaque église de Rome ou le diacre chargé d'une diaconie régionnaire. .

Edit de VALENTINIEN et de VALENS contre les magiciens.

**351—400.**

Saint LIBÈRE, pape (352-366), exilé en 355 par l'empereur CONSTANCE, pour s'être refusé à la condamnation de saint ATHANASE, remonte en 357 sur le saint-siége, dont l'antipape FÉLIX est chassé.

Saint DAMASE, pape (366-384). L'antipape URSICIN est élu le même jour et les deux partis en viennent aux armes. URSICIN est exilé.

Saint SIRICE, pape (384—398). Il fut le premier qui admit les moines aux ordres ecclésiastiques.

Saint ANASTASE, pape (398—402).

PRISCILLIEN, né en Espagne, chef de la secte des *Priscillianistes*, est envoyé à la mort à Trèves, avec plusieurs de ses partisans, par le tyran MAXIME, premier exemple d'une exécution capitale pour hérésie. Le *priscillianisme*, qui offrait un mélange de gnosticisme et de manichéisme, avait été condamné par les conciles de Saragosse (380) et de Bordeaux (384). Saint Martin de Tours s'était en vain opposé à cette exécution. Les partisans de Priscillien dominèrent encore longtemps en Espagne et ne disparurent entièrement qu'au 6e siècle.

Secte des *Messaliens*, qui enseignaient que la prière suffisait pour le salut, et rejetaient le baptême, la Cène et le mariage.

HELVIDIUS, disciple d'Auxence, évêque de Milan; JOVINIEN, moine de Milan, et BONOSE, évêque de Sardique, renouvellent les erreurs d'Arius et attaquent en outre la virginité de Marie, les jeûnes, les pénitences. BONOSE, qui fonda la secte des *Bonosiens*, nia même la divinité de Jésus-Christ.

LUCIFER, évêque de Cagliari, en Sardaigne, chef de la secte des *Lucifériens*, qui croyaient que l'âme était de substance charnelle et se propageait par transfusion. Il provoqua la convocation du concile de Milan, en 355.

Saint AUGUSTIN (354—430), né à Tagaste, en Afrique, évêque d'Hippone (près de Bone, en Algérie), le plus célèbre des pères de l'Eglise. Ses *Confessions* et la *Cité de Dieu* sont les plus remarquables de ses écrits.

Saint AMBROISE, né à Trèves (340—397), archevêque de Milan, un des plus illustres pères de l'Eglise. Ce fut lui qui, à l'occasion de la victoire de l'empereur Théodose sur Eugène et Arbogaste, composa le cantique d'actions de grâces appelé *Te Deum*, parce qu'il commence par les mots *Te Deum laudamus*, et qui est encore en usage dans l'Eglise catholique. D'autres l'attribuent à saint Augustin, à saint Hilaire de Poitiers ou à saint Nicaise. Il ferma à l'empereur Théodose les portes de son église à cause du massacre des habitants de Thessalonique.

Saint JÉRÔME (331—420), né à Stridon, en Pannonie, un des plus savants docteurs de l'Eglise.

Saint GRÉGOIRE de Nysse, né en Cappadoce, en 331, mort vers la fin du 4e siècle, un des plus illustres pères de l'Eglise.

Saint JEAN-CHRYSOSTOME (344—407), né à Antioche, patriarche de Constantinople, l'un des pères de l'Eglise les plus savants et les plus éloquents.

Saint CYRILLE, patriarche de Jérusalem, père de l'Eglise. Il reste de lui 23 *Catéchèses* ou *Instructions* que l'on regarde comme le plus ancien et le meilleur abrégé de la doctrine chrétienne.

Saint HILAIRE, de Poitiers († 367 ou 368), l'un des plus illustres évêques de l'Église gallicane.

Saint OPTAT, évêque de Milène, en Numidie, auteur d'un ouvrage contre les Donatistes.

## LETTRES, SCIENCES, ARTS, LÉGISLATION, COMMERCE, INDUSTRIE, DÉCOUVERTES, INVENTIONS, ETC.

5

**351—400** (suite).

ALYPIUS, philosophe d'Alexandrie; il avait la taille d'un nain, mais c'était le plus subtil dialecticien de son siècle.

LONGUS, rhéteur grec, auteur du roman des *Amours de Daphnis et de Chloé*.

LIBANIUS, d'Antioche, sophiste célèbre, maître de saint Basile et de saint Jean-Chrysostôme. Il refusa les dignités que Julien lui offrit. On a de lui des *Déclamations, Dissertations, Discours, Lettres* et des *Exercices de rhétorique*.

THÉON, célèbre astronome et mathématicien, et un des plus illustres professeurs de l'école d'Alexandrie. Les deux principaux ouvrages qui nous restent de lui sont des *Commentaires sur les éléments d'Euclide* et sur l'*Almageste* ou *Syntaxe de Ptolémée*. Sa fille HYPATIE s'est rendue célèbre par ses vastes connaissances et professa la philosophie à l'école d'Alexandrie. Elle était liée avec Oreste, préfet d'Egypte, qui, bien que chrétien, protégeait, par considération pour elle, les juifs et les païens. Il en résulta une mésintelligence entre le gouverneur et le patriarche d'Alexandrie, saint Cyrille. Le peuple, excité par un maître d'école, fougueux partisan de saint Cyrille, se saisit d'Hypatie et la lapida près d'une église (415). Son corps, mis en lambeaux, fut porté en triomphe dans les rues d'Alexandrie, et brûlé au lieu nommé *Cinaron*. De tous les ouvrages de cette femme célèbre, il ne reste qu'un *Canon* ou *Table astronomique*.

DIOPHANTE, célèbre mathématicien, né à Alexandrie, est regardé comme l'inventeur de l'algèbre, ou du moins, de tous les écrivains qui ont traité de cette science, il est le plus ancien dont les ouvrages nous soient parvenus.

AURELIUS VICTOR, né en Afrique, historien romain. *Abrégé de l'histoire romaine; Biographie des Romains illustres*, etc.

EUTROPE, historien latin. *Abrégé de l'histoire romaine jusqu'à Valens.*

AMMIEN MARCELLIN (né vers 320, mort vers la fin du même siècle), d'Antioche, historien. *Histoire romaine*, continuation de celle de Tacite jusqu'à l'empereur Valens.

AUSONE (309-394), né à Bordeaux, poëte et grammairien latin. Il a laissé un Recueil d'épigrammes, d'épîtres en vers et d'idylles, parmi lesquelles on distingue son poëme de la *Moselle*.

CLAUDIEN (Claudius Claudianus), d'Alexandrie, en Egypte, poëte latin; *Panégyriques*; la *Gigantomachie*; l'*Enlèvement de Proserpine*.

PRUDENCE, né en Espagne, poëte latin; il en reste des *Cantiques* et des *Hymnes*.

NONNUS, de Panopolis, en Egypte, poëte grec, auquel on attribue deux ouvrages d'un genre bien opposé: un *Poëme sur Bacchus* et une *Paraphrase en vers de l'Evangile de saint Jean*.

FESTUS (Pompeius Sextus), grammairien célèbre, connu comme abréviateur du grand ouvrage de Verrius Flaccus: *De Verborum significatione*.

HORAPOLLO ou HORUS APOLLO, grammairien grec, né en Egypte, auteur d'une *Explication des hiéroglyphes égyptiens*.

SERVIUS, grammairien latin, auteur de *Commentaires sur Virgile*.

APOLLINAIRE, père et fils, de Syrie, grammairiens et rhéteurs, auteurs d'une traduction en vers grecs des Psaumes de David. APOLLINAIRE, *le Jeune*, fut l'auteur d'une hérésie qui attaquait l'incarnation du Verbe et fut condamné dans un concile de Constantinople.

VÉGÈCE (Flavius Vegetius Renatus), le plus connu des écrivains militaires latins, auteur d'un traité en 5 livres *Sur l'Art militaire*. Un autre VÉGÈCE (Publius), postérieur de quelques siècles et souvent confondu avec le précédent, a écrit *Sur l'Art vétérinaire*.

EPHREM, né à Nisibe, en Mésopotamie, auteur de *Commentaires sur l'Ancien et le Nouveau Testament*.

HÉLIODORE, d'Emèse, en Phénicie, évêque de Tricca, en Thessalie, auteur d'un roman célèbre intitulé: *Les Amours de Théagène et de Chariclée*.

SYMMAQUE, écrivain latin et l'un des derniers défenseurs du paganisme, fut proconsul en Afrique, en 370, et préfet de Rome, en 384. On a de lui des *Lettres* au nombre de 965, mais les *Panégyriques* se sont perdus en grande partie.

JULIUS OBSEQUENS, écrivain latin, auteur d'un ouvrage intitulé *De Prodigiis*, tiré des historiens latins, principalement de Tite-Live.

ALYPIUS, d'Antioche, géographe et architecte, auteur d'une *Géographie* qu'il dédia à l'empereur Julien, qui le chargea, en 363, de rebâtir le temple de Jérusalem.

AÉTIUS, d'Amide, en Mésopotamie, auteur d'un ouvrage en 16 livres, renfermant toutes les connaissances médicales de son temps.

E DE G. SILBERMANN.

<table>
<tr><th>ANNÉES DE J. CH.</th><th>ASIE.<br>Chine. Perse. Tartarie. Arabie. Arménie.<br>1</th><th colspan="2">EUROPE.<br>Monarchie romaine.<br>ASIE, AFRIQUE ET EUROPE.<br>2</th></tr>
<tr><td>387</td><td>. . . . . . . . . . . . . . . . . . . . .</td><td colspan="2">Maxime passe les Alpes et s'empare de Milan. Valentinien II et sa mère se sauvent à Aquilée.</td></tr>
<tr><td>388</td><td>Baharam IV, roi de Perse (388—399). . . . . . .<br>Les Sarrasins, au sud de la Perse et de l'empire d'Orient, servent comme auxiliaires tantôt dans les armées perses, tantôt dans celles des Romains.</td><td colspan="2">Maxime, vaincu par Théodose à Petovio, en Pannonie, et à Aquilée, est pris et a la tête tranchée; son fils Victor est mis Arbogaste, gouverneur des Gaules. Valentinien II devient maître de tout l'Occident.</td></tr>
<tr><td>390</td><td>Vers cette époque, conquête du nord de la Chine par les Tatares. Division de ce pays en deux empires, l'un méridional et l'autre septentrional. Le premier gouverné successivement par les 5 familles de Song, de Tsin, de Lang, de Tchin et de Sui; le second sous l'autorité simultanée des deux familles de Goëi et de Heu-Tschin.</td><td colspan="2">Révolte à Antioche et à Thessalonique. Dans la première ville les habitants furent sauvés par l'intercession de leur évêque, mais lonique l'empereur fit égorger, dit-on, près de 7000 citoyens. Ce fut à la suite de ce massacre que saint Ambroise, évêque de interdit l'entrée de son église.</td></tr>
<tr><td>392</td><td>. . . . . . . . . . . . . . . . . . . . .</td><td colspan="2">Valentinien II est assassiné par Arbogaste, général de ses armées, qui, depuis longtemps, s'était emparé de la puissance in qui fait reconnaître empereur un rhéteur nommé Eugène (392—394). — Rétablissement de l'autel de la victoire à Rome.</td></tr>
<tr><td>394</td><td>. . . . . . . . . . . . . . . . . . . . .</td><td colspan="2">Bataille d'Aquilée, gagnée par Théodose sur Eugène, qui est pris et décapité. Arbogaste se donne la mort.<br>DERNIÈRE RÉUNION DE L'EMPIRE ROMAIN SOUS UN SEUL SCEPTRE PAR THÉODOSE-LE-GRAND.</td></tr>
<tr><td>395</td><td>Les Huns, dont l'apparition prochaine doit épouvanter l'Occident, habitaient originairement vers le nord de la Chine, s'étendant de l'est à l'ouest l'espace de 500 lieues, depuis l'Irtisch, fleuve de Sibérie, jusqu'au pays des Tartares Mandchoux. Ils occupaient 300 lieues du nord au sud, où ils étaient bornés par la grande muraille de la Chine et par les montagnes du Thibet. Les Huns étaient de tous les peuples les plus affreux à voir. Ils avaient la taille courte, le cou épais et rentrant dans de larges épaules, le dos courbé, la tête grosse et ronde, le teint basané, de petits yeux, le nez écrasé dès l'enfance, presque point de barbe, et pour l'empêcher de croître, ces Barbares tailladaient leurs joues. Toute enceinte de murailles paraissait un sépulcre à ce peuple nomade, qui s'habillait de toile ou de peaux de martres, qu'il laissait pourrir sur son corps. A ces traits on reconnaît la nation des Kalmouks, qui domine en Tartarie, depuis le nord de la mer Caspienne jusque vers la Chine.</td><td colspan="2">Mort de Théodose-le-Grand, à Milan, 4 mois après sa victoire sur Eugène et Arbogaste (19 janvier).<br>Partage définitif de l'empire en</td></tr>
<tr><td></td><td></td><td>Empire d'Orient ou empire grec.<br>L'empire d'Orient comprenait : en Asie, les contrées situées en deçà de l'Euphrate, les côtes de la mer Noire et de l'Asie-Mineure ; en Afrique, l'Egypte ; en Europe, tous les pays jusqu'à la mer Adriatique et le Danube. Capitale : Constantinople.<br>Les Visigoths dans l'Illyrie orientale.<br>Arcadius, âgé de 18 ans, fils de Théodose-le-Grand, empereur d'Orient, sous la tutelle de Rufin, qui, par ses intrigues et ses crimes, s'était élevé jusqu'au poste éminent de grand-maître du palais de Constantinople (395—408).</td><td>Empire d'Occident.<br>L'empire d'Occident comprenait : l'Italie, l'Espagne, la Gaule et une la Germanie et de la Grande-Bretagne. Capitale : Rome. Dans la Ger Romains tenaient les pays entre le Danube et les Alpes, depuis le lac tance jusqu'à Vienne, la Rhétie, la Vindélicie et le Norique (la Suis vière, le Tyrol, le Salzbourg, l'Autriche et la Styrie).<br>Francs Saliens, sur la rive gauche du Rhin, au-dessous de Colog Vandales dans la Pannonie.<br>Honorius, âgé de 11 ans, fils de Théodose-le-Grand, empereur d' sous la tutelle du Vandale Stilicon, qui, de simple soldat, s'était éle grandes qualités, au commandement de l'armée d'Occident et avait nièce de Théodose-le-Grand (395—423).</td></tr>
<tr><td></td><td></td><td colspan="2">L'eunuque Eutrope marie Arcadius à Eudoxie, fille du Franc Bauto. Rufin, qui avait eu le projet de lui faire épouser sa fille, Visigoths, qui ravagent la Macédoine et la Grèce. Stilicon, ministre d'Honorius, vient au secours de l'empire d'Orient, mais Arc le conseil de Rufin, lui intime l'ordre de se retirer, ce qu'il fait en effet, mais il donne le commandement de ses troupes au Got qui, en arrivant à Constantinople, fait massacrer Rufin sous les yeux de l'empereur. Eutrope lui succède.</td></tr>
<tr><td>398</td><td>. . . . . . . . . . . . . . . . . . . . .</td><td>Alaric, roi des Visigoths (398—410).</td><td></td></tr>
<tr><td>399</td><td>Jezdedgerd Ier, roi de Perse (399—420). Ce prince fut d'abord l'ami des chrétiens, mais il finit par les persécuter à cause de la destruction d'un temple païen.</td><td>Eutrope est mis à mort. L'impératrice Eudoxie règne sous le nom d'Arcadius. Elle fait exiler saint Chrysostôme, qui meurt à Comana, en 407.</td><td></td></tr>
<tr><td>400</td><td>. . . . . . . . . . . . . . . . . . . . .</td><td colspan="2">Les Visigoths, sous Alaric, quittent l'Illyrie, envahissent l'Italie et pénètrent jusqu'à Ravenne.</td></tr>
<tr><td></td><td></td><td>Gaïnas, après avoir essayé de se faire proclamer empereur, est défait et tué par les Huns, dont Arcadius avait su se ménager l'alliance.</td><td>Stilicon retire de la Grande-Bretagne la plupart des garnisons ro part des Pictes et des Scots.</td></tr>
<tr><td>402</td><td>. . . . . . . . . . . . . . . . . . . . .</td><td>. . . . . . . . . . . . . . . . . . . .</td><td>Ravenne devient la capitale de l'empire d'Occident.</td></tr>
<tr><td>403</td><td>. . . . . . . . . . . . . . . . . . . . .</td><td>. . . . . . . . . . . . . . . . . . . .</td><td>Stilicon accourt avec les légions de la Gaule et bat les Visigoths Polentia, sur le Tanaro. Ils retournent en Illyrie.</td></tr>
<tr><td>405</td><td>. . . . . . . . . . . . . . . . . . . . .</td><td>. . . . . . . . . . . . . . . . . . . .</td><td>Invasion du Germain Radagaise. Il est défait et mis à mort par Son armée, composée d'une multitude de peuples différents, se re Gaule.</td></tr>
<tr><td>406</td><td>. . . . . . . . . . . . . . . . . . . . .</td><td>. . . . . . . . . . . . . . . . . . . .</td><td>Débordement général des Barbares, le plus formidable que l'empi le dernier jour de l'an 406, que les Vandales, les Suèves et les Alain avoir défait les Francs près de Cologne. Mayence, Worms, Spire, St par ces Barbares. Leur invasion fut suivie de près de celle des Visigo Angles, des Saxons, des Hérules, des Ostrogoths et des Lombards. Tou</td></tr>
<tr><td>407</td><td>. . . . . . . . . . . . . . . . . . . . .</td><td>. . . . . . . . . . . . . . . . . . . .</td><td>. . . . . . . . . . . . . . . . . . Les Alemans s<br>Un simple soldat est proclamé empereur par les légions romaines d en Gaule, où il obtient de brillants succès contre les Vandales, avec l'aîné de ses fils, qu'il avait proclamé César, est, bientôt après, défai tantin lui-même, assiégé dans Vienne, est délivré par Géronce, un</td></tr>
<tr><td>408</td><td>. . . . . . . . . . . . . . . . . . . . .</td><td>Théodose II, âgé de 7 ans, empereur (408—450), sous la tutelle d'Anthémius, qui gouverne sagement, apaise les querelles théologiques, arrête les Huns et fonde plusieurs établissements utiles.</td><td>Stilicon, accusé d'intrigues secrètes avec les Goths contre le faib pable Honorius, est arrêté et mis à mort par ordre de ce prince, un certain Olympius. Toute sa famille subit le même sort.<br>Nouvelle invasion d'Alaric. Il arrive devant Rome qu'Honorius av pour se réfugier à Ravenne. Il entre en accommodement avec les Ro çoit une énorme rançon, et prend ses quartiers d'hiver en Etrurie.</td></tr>
<tr><td>409</td><td>. . . . . . . . . . . . . . . . . . . . .</td><td>. . . . . . . . . . . . . . . . . . . .</td><td>Honorius proclame l'indépendance de la Bretagne. Incursions per<br>Géronce, qui avait fait la conquête de l'Espagne pour l'anti-emper Alains et les Suèves, qui s'emparent de toute la contrée, à l'exceptio restent aux Romains. Les Vandales, sous Gonderic, fils de Godégis (qui reçoit d'eux le nom de Vandalitie, plus tard Andalousie) et d'une reste de la Galice, et les Alains de la Lusitanie et de la province Cart<br>Les Bretons armoricains chassent les Romains et investissent de l' créé duc des frontières armoricaines par Maxime, en 383. Il établit s la tige de tous les souverains qui régnèrent après lui en Bretagne.</td></tr>
<tr><td>410</td><td>. . . . . . . . . . . . . . . . . . . . .</td><td>. . . . . . . . . . . . . . . . . . . .</td><td>Honorius, ayant refusé de ratifier le traité fait avec Alaric, ce der parc de Rome et la livre au pillage. Il ravage ensuite la Basse-Italie e Cosenza, au moment où il se préparait à faire la conquête de la Si l'Afrique. Ataulphe lui succède.</td></tr>
<tr><td>411</td><td>. . . . . . . . . . . . . . . . . . . . .</td><td>. . . . . . . . . . . . . . . . . . . .</td><td>Les Romains cèdent la Galice aux Barbares. — Honorius reçoit les<br>Constantin III, assiégé dans Arles, est obligé de se rendre à Co général d'Honorius, qui le fait mettre à mort en même temps que son f Jovin, qui se fait proclamer empereur à sa place, est trahi, deux ans Ataulphe, roi des Visigoths, son allié, et livré à Honorius, qui le fait</td></tr>
</table>

STRASBOURG, IMPRIM

### Germanie. Grande-Bretagne. Empire des Huns et États formés du démembrement de l'empire romain.

3

Les Francs, sous leurs rois GENOBAUD, SEMNON et MARCOMIR, ayant envahi la Gaule, sont battus par ARBOGASTE, près de la forêt de Charbonnières, dans le Hainaut, et forcés de repasser le Rhin. Ils prennent leur revanche sur QUINTITIUS, qui avait osé les poursuivre au delà du fleuve. ARBOGASTE parvient cependant à les retenir dans leurs limites.

La Bretagne, dégarnie de troupes par MAXIME, est ravagée par les Saxons, les Francs et les Scots.

Traité de paix entre STILICON et les Francs et les Alemans. Le Rhin limite de l'empire romain.

Vers la fin du 4e siècle, les peuples libres de la Germanie se trouvaient ainsi placés :

Au nord : les *Francs*, au nord du Rhin ; les *Saxons*, au nord de l'Elbe ; les *Frisons*, dans la Frise (partie de la Hollande et de la Saxe) ; les *Lombards*, à l'est de l'Elbe ; les *Rugiens*, dans la Poméranie.

Au sud : les *Alemans*, à l'ouest du Rhin, depuis Bâle jusqu'à Coblence ; les *Bourguignons*, entre le Mein et le Danube ; les *Suèves*, entre la forêt de Thuringe et le Danube ; les *Marcomans*, dans la Bohême jusqu'au Danube.

*Quatrième grande migration des peuples germains.*

…ce qui donne lieu, en 403, à de nouvelles incursions de la

…à supporter. Ce fut, suivant la chronique de saint Prosper,
…ent le Rhin près de Mayence et inondèrent la Gaule, après
… et plusieurs villes florissantes de la Gaule furent saccagées
…Bourguignons, des Alemans, des Francs, des Huns, des
…ples, à l'exception des Huns, étaient d'origine germanique.

…nt l'Helvétie, où ils détruisent Zurich.

…nde-Bretagne et prend le nom de CONSTANTIN III. Il passe
…s Francs auxquels il fait des concessions. Mais CONSTANT,
…ar le Goth SARUS, envoyé contre lui par HONORIUS. CONS-
…utenants, qui passe ensuite en Espagne.

…des Pictes et des Scots.

…TANTIN III, se révolte contre lui et appelle les Vandales, les
…ques places fortes dans la Tarraconaise et sur la côte, qui
…ans une bataille contre les Francs, s'emparent de la Bétique
…e la Galice ; les Suèves, sous ERMÉRIC ou ERMANARIC, du

…ouveraine CONAN, dit MÉRIADEC ou CARADOG, qui avait été
…ce à Rennes. Il est regardé par quelques historiens comme

…nons au nombre des alliés de Rome.

## HISTOIRE RELIGIEUSE.

### Mœurs. Usages.

4

**351—400** (suite).

Saint MARON, né en Syrie, mort en 433, est regardé par quelques auteurs comme ayant donné son nom aux *Maronites* du mont Liban. Cependant il est prouvé qu'au 4e siècle, et même au milieu du 5e, les Libaniotes ou habitants du mont Liban étaient encore idolâtres, et qu'ils furent convertis au christianisme par saint Siméon Stylite, mort l'an 459. Assémani rapporte à JEAN MARON, patriarche syrien, qui vécut dans le 7e siècle, l'honneur d'avoir donné son nom à la secte des *Maronites*, qui, après avoir fait cause commune avec les monothélètes, en abjurèrent les principes en 1182 et se réunirent, au 16e siècle, sous Grégoire XIII et Clément VIII, à l'Eglise romaine, tout en conservant plusieurs de leurs usages particuliers, tels que le mariage des prêtres et l'emploi de la langue arabe dans le service divin. Ils ont à Rome un collége ou séminaire fondé pour eux par Grégoire XIII.

DIODORE, évêque de Tarse, auteur de *Commentaires sur l'Ecriture-Sainte*, dont il ne reste plus que des fragments.

Chute de l'arianisme et triomphe du catholicisme.

Edit de THÉODOSE-LE-GRAND qui attribue aux communautés chrétiennes qui adhèrent au concile de Nicée la qualification de CATHOLIQUES, c'est-à-dire universelles. Cependant les Eglises chrétiennes avaient déjà pris ce titre bien longtemps auparavant.

Synode de Laodicée, qui s'occupe de la réforme des mœurs, des rites et de la vie cléricale.

Second concile général, convoqué à Constantinople. Condamnation de la doctrine de MACEDONIUS, patriarche de Constantinople, qui ne reconnaissait pas la divinité du Saint-Esprit. Les sectateurs de Macédonius étaient appelés *pneumatomaques*.

Abolition, à Rome, du culte du paganisme et des jeux du cirque. En même temps THÉODOSE fait démolir le temple de *Sérapis*, en Egypte. Destruction d'un grand nombre de monuments des arts de l'antiquité.

Saint MARTIN de Tours fonde le monastère de Marmoutiers (Indre-et-Loire), le premier qui ait été établi en France. Saint MARTIN était né à Sabarie, dans la Pannonie (aujourd'hui Stein, dans la Basse-Hongrie). Il se convertit à la religion chrétienne, s'établit avec un grand nombre de religieux près de Poitiers, et fut tiré de là pour être placé sur le siége de Tours. Il est le premier saint qui ait reçu un culte public dans l'Eglise romaine.

L'empereur JULIEN abjure la foi chrétienne et rétablit les temples du paganisme (voy. l'an 361), qui sont de nouveau détruits par JOVIEN, en 363.

JULIEN veut faire rebâtir le temple de Jérusalem, mais on raconte que des globes de feu, sortant tout à coup des fondements à demi creusés, frappent d'épouvante les ouvriers et les forcent à abandonner cette entreprise.

C'est vers cette époque que quelques historiens placent l'origine de la *messe*, ou des prières et cérémonies qui se font dans l'Eglise catholique pour la consécration de l'Eucharistie. Cependant les auteurs catholiques soutiennent que la messe est d'institution apostolique et qu'elle ne diffère que par quelques détails cérémoniels de ce qui a été pratiqué sous ce rapport dans les premiers temps du christianisme. Nous n'avons pas à apporter notre opinion dans cette discussion, et l'espace nous manquerait pour reproduire les preuves alléguées par l'Eglise romaine et les objections de ses adversaires ; ce qui est certain, c'est que ni la messe des catholiques, ni la sainte communion des protestants ne ressemblent à la sainte Cène des premiers chrétiens, telle qu'elle est décrite dans les Evangiles.

Rédaction des liturgies des différentes Eglises. Les plus anciens rédacteurs de liturgies sont : pour l'Eglise grecque, saint BASILE et saint CHRYSOSTÔME ; pour l'Eglise latine, saint AMBROISE et saint GRÉGOIRE. L'Eglise de Milan a conservé sa liturgie jusqu'à nos jours ; la liturgie *gallicane*, suivie dans les Gaules, a cessé d'être en usage au 8e siècle, par les soins de Pépin et de Charlemagne ; la liturgie d'Espagne s'est maintenue jusqu'au 11e siècle.

Persécution des chrétiens dans l'Yémen.

La synagogue des juifs à Rome est détruite par les chrétiens.

Les livres sibyllins, que le sénat romain consultait encore sur les événements publics, sont livrés aux flammes par STILICON (396).

**401 — 450.**

Pendant ce siècle le christianisme s'affermit toujours de plus en plus en Perse, malgré les persécutions du dernier siècle. Il est accueilli par un grand nombre de juifs de l'île de Crète ; il est introduit chez les habitants du Liban, de l'Anti-Liban et d'une partie de l'Arabie, par SIMÉON-LE-STYLITE, et en Irlande, par l'Ecossais SUCCATHUS (saint Patrick), qui est créé archevêque d'Armagh. Son prédécesseur PALLADIUS y avait obtenu peu de succès. Les Nestoriens le font pénétrer aux Indes, en Tartarie et en Chine, et, enfin, CLOVIS et toute sa cour embrassent la foi chrétienne, en 496, après la victoire de Tolbiac.

Les Vandales, les Suèves, les Goths et les Bourguignons embrassent l'Arianisme et oppriment les chrétiens orthodoxes qui se trouvent sous leur domination.

Saint INNOCENT Ier, pape (402—417). Sous son pontificat, Rome fut prise par ALARIC, roi des Goths. Il prit la défense de saint Chrysostôme persécuté par Arcadius et sa femme Eudoxie, et combattit les Novatiens et les Pélagiens.

Saint ZOZIME, pape (417—418). Il se laissa d'abord surprendre par les Pélagiens et les reconnut innocents, mais, plus tard, il les condamna. Suivant le cardinal Baronius, ce fut ce pape qui introduisit en Occident l'usage du *cierge pascal*.

Saint BONIFACE Ier, pape (418-422). EULALIUS, archidiacre de l'Eglise de Rome, se fait élire pape par quelques prêtres et diacres gagnés par les sollicitations du préfet Symmaque. Ce schisme dura 3 mois. EULALIUS fut condamné.

Saint CÉLESTIN Ier, pape (422—432). Sa famille était alliée à l'empereur Valentinien. Il envoya prêcher l'Evangile en Angleterre, en Ecosse et en Irlande. On lui attribue l'institution de plusieurs cérémonies qui se sont conservées, entre autres de l'*introït* de la messe.

Saint SIXTE III, pape (432—440).

## LETTRES, SCIENCES, ARTS, LÉGISLATION, COMMERCE, INDUSTRIE, DÉCOUVERTES, INVENTIONS, ETC.

5

**351—400** (suite).

ORIBASE, né à Pergame, médecin de Julien, qu'il suivit dans les Gaules. Il avait composé un grand nombre d'ouvrages, dont la plupart sont perdus.

PRISCIEN, Théodore, médecin grec, auteur de plusieurs ouvrages sur la *diète*, sur les *maladies des femmes*, etc. Il y a eu encore plusieurs autres PRISCIEN : un célèbre grammairien, né à Césarée ; un jurisconsulte sous Héliogabale, un philosophe et un PRISCIEN, dit *le Lydien*, que l'on croit être le véritable commentateur du traité de Théophraste *De Sensu*.

MARCELLUS, surnommé *l'Empirique*, médecin, né à Bordeaux, auteur d'un ouvrage sur les *médicaments*.

*Code hermogénien*, publié par le jurisconsulte HERMOGENIANUS et contenant les constitutions des empereurs depuis Dioclétien et Maximien jusque vers l'an 306 ou 312.

Saint AMBROISE, de Milan, réforme la musique sacrée. *Chant ambrosien*.

Edit de l'empereur THÉODOSE qui supprime l'usage de compter par olympiades.

Quatrième et cinquième siècles. Les célèbres basiliques de Rome : *Saint-Jean-de-Latran* ; *Saint-Pierre* (incendiée en 1504, voyez cette date) ; *Sainte-Marie-Majeure* ; *Saint-Paul* (incendiée en 1823 et reconstruite depuis).

CONSTANCE fait transporter d'Egypte à Rome l'obélisque de Ramsès. AUGUSTE y avait déjà fait élever deux obélisques de Sésostris, et CALIGULA deux autres monuments de ce genre d'un successeur de ce prince.

Naissance de l'*architecture gothique* primitive ou ancienne, à la suite du bouleversement de la civilisation par les peuples barbares. Cette nouvelle architecture, qui se distinguait par la solidité et la lourdeur des constructions, subsista jusqu'à Charlemagne, mais, pendant cette période, la dénomination de gothique était appliquée à tout genre d'architecture qui s'éloignait des principes de l'architecture grecque et romaine. Le style ogival ne vint que plus tard.

**401—450.**

PROCLUS, de Constantinople (412—485), l'un des plus célèbres philosophes néo-platoniciens, enseignait à Athènes. Ses disciples lui rendirent des honneurs presque divins. Il nous reste de lui des *Commentaires sur Platon*.

MACROBE (Aurelius Macrobius), philosophe et grammairien. On a de lui les *Saturnales*, répertoire de documents sur les fêtes, la mythologie et la vie privée des Romains ; le *Songe de Scipion*, etc.

SYRIANUS, philosophe et grammairien, né à Alexandrie (380—450). Il nous reste de lui des *Commentaires* sur quelques parties de la *Métaphysique d'Aristote* et sur la *Rhétorique d'Hermogène*.

APOLLODORE, jurisconsulte, l'un des rédacteurs du Code théodosien.

PAUL OROSE, prêtre de Tarragone, en Catalogne, historien et controversiste. *Histoire du monde* jusqu'à l'an 417 ; *Apologie du libre arbitre* (?) contre Pélage.

ZOSIME, historien byzantin. *Histoire romaine*, depuis Auguste jusqu'à l'an 410.

PROSPER D'AQUITAINE († 455), historien, continuateur de la *Chronique universelle* d'Eusèbe de Césarée.

MOÏSE DE CHORÈNE et ELYSÉE, historiens arméniens. Il nous reste du premier une *Chronique arménienne* très-intéressante.

PHILOSTORGE, né en Cappadoce, en 364, historien, auteur d'une *Histoire de l'Eglise depuis l'avénement de Constantin jusqu'à la mort d'Honorius*, en 425.

HERMIAS SOZOMÈNE, né dans la Palestine, historien, auteur d'une *Histoire ecclésiastique* qui s'étend de 324 à 439.

SOCRATE, dit *le Scolastique*, né à Constantinople, continuateur de l'*Histoire ecclésiastique* d'Eusèbe de Césarée.

RUFIN, d'Aquilée, littérateur, a laissé une traduction des *Œuvres* de l'historien Josèphe, une version latine de l'*Histoire ecclésiastique* d'Eusèbe, qu'il continua jusqu'à la mort de Théodose, etc.

| ANNÉES DE J.-CH. | ASIE ET AFRIQUE. Chine. Perse. Tartarie. Arabie. Royaume des Vandales en Afrique. L'astérique (*) indique les articles concernant l'Afrique. 1 | EUROPE. Empire d'Orient ou empire grec. 2 | Empire d'Occident. 3 | France (ro... Grande-... des Vand... |
|---|---|---|---|---|
| 412 | L'Arménie devient une province de l'empire Perse. Fin du royaume d'Arménie. ARDACHÈS IV, dernier roi de la race des Arsacides. | | ATAULPHE, roi des Visigoths, passe d'Italie dans la Gaule et s'empar... pereur HONORIUS, PLACIDIE, qui avait été prise à Rome par ALARIC, s... | |
| 413 | | | *Origine du royaume des Bourguignons.* Les Bourguignons, qui ét... de la Vistule, entrent en Gaule et s'établissent, avec l'assentiment d... Suisse et la Franche-Comté. | |
| 414 | | PULCHÉRIE, sœur de THÉODOSE II, régente (414—453). | | |
| 415 | | | *Origine de la monarchie des Visigoths* en Gaule et en Espagne. At... est assassiné par SIGÉRIC, frère de SARUS, général au service de l'em... (415—420), beau-frère d'Ataulphe, qui réduit, pour le compte des Rom... retour toutes les côtes, depuis les Pyrénées jusqu'à la Loire, la Navarre... | |
| 416 | | | Les Romains envoient de nouvelles légions dans ... | |
| 417 | | | CONSTANCE, qui de simple officier s'était élevé au rang de général des armées romaines, et qui avait replacé la Gaule sous le pouvoir d'HONORIUS, est associé à l'empire après avoir épousé PLACIDIE, veuve d'Ataulphe, roi des Visigoths. Il devient le père de Valentinien III et meurt en 421. | Les Bourgu... PHARAM... S'il a été véri... en doute, il d... |
| 420 | BAHARAM V ou VARANES, roi de Perse (420—441). Guerre contre l'empire d'Orient au sujet de l'Arménie (420—422). Conquête de l'Yémen. | | | THÉODORIC... |
| | La dynastie de SUM ou SONG monte sur le trône de Chine, qu'elle occupe pendant 59 ans par 8 empereurs. | | | Les Alains, ... roi des Vandales |
| 421 | | THÉODOSE épouse ATHÉNAÏS, fille du philosophe athénien Léonce. Elle reçoit le baptême et prend le nom d'ÆLIA EUDOXIA. Disgraciée plus tard, sur des soupçons d'infidélité, elle se retire à Jérusalem et y meurt en 460, après avoir protesté de son innocence. | | Dans le 2e si... soutenus par ... anciennes ... Jaïk (pays des ... peuplades qui ... eux-mêmes, ... plaines situées ... Méotide (mer d'A... toute l'Europe. |
| 423 | | Mort d'HONORIUS. JEAN, son premier secrétaire, se fait proclamer empereur, mais l'empereur d'Orient, THÉODOSE II, envoie contre lui ARDABURIUS et son fils ASPAR; JEAN, vainqueur d'abord, est assiégé dans Ravenne, pris par trahison et mis à mort (423—425). | | |
| 425 | | | VALENTINIEN III, empereur, sous la tutelle de sa mère PLACIDIE (425—455), qui avait été nommée *Auguste*. | |
| 426 | | | | Première ... province ... *peuples germ...* |
| | | | *Evacuation définitive de la Grande-Bretagne p...* | |
| 428 | | | AÉTIUS, gouverneur romain dans la Gaule. | CLODION, ch... Cologne. |
| 429 | | | BONIFACE, comte d'Afrique, rappelé par l'impératrice PLACIDIE, à l'i... Afrique, malgré les remontrances de saint AUGUSTIN. GENSÉRIC, chasse d... 80,000 hommes et y fonde le *royaume des Vandales*. Carthage en devient ... aux Suèves. | |
| 430 | *BONIFACE, se repentant de sa trahison, attaque GENSÉRIC, mais il est rejeté dans Hippone. Ce fut pendant ce siége que saint AUGUSTIN, évêque de cette ville, y mourut le 18 août. Destruction d'un grand nombre de monuments romains par les Vandales. Origine du mot *vandalisme*. GENSÉRIC conquit successivement toute la partie de l'Afrique qui relevait de l'empire d'Occident, depuis le détroit de Cadix jusqu'à la Cyrénaïque, qui dépendait de l'empire d'Orient; il subjugue aussi les îles Baléares, la Sardaigne, la Corse et une partie de la Sicile. Il était avec tout son peuple dévoué à la secte d'Arius et se montra, ainsi que ses successeurs, constant persécuteur des chrétiens orthodoxes. | | BONIFACE réussit à gagner l'Italie, où il est attaqué par AÉTIUS. Ce dernier est vaincu, mais BONIFACE meurt des suites d'une blessure reçue de la main de son rival. AÉTIUS se réfugie chez les Huns, qui, par leurs menaces, le font rentrer en grâce. | L'Irlande est ... gouvernement ... les possesseurs ... |
| 433 | | | | ATTILA, roi ... fils de Mundiuque ... tement avec ... tricide et reste ... toute la Scythie, ... Ostrogoths, les ... pides, les Ruges ... |
| 435 | *VALENTINIEN III cède à GENSÉRIC la Byzacène (Etats de Tunis) et la Numidie. | | Les Bourguignons, qui voulaient envahir la Belgique, sont battus par ... | |
| 437 | | VALENTINIEN III épouse EUDOXIE, fille de l'empereur d'Orient, THÉODOSE II, et cède à ce dernier la Pannonie, la Dalmatie et le Norique. | | CLODION, ... et étend ses ... |
| 439 | *GENSÉRIC s'empare de Carthage, qui devient la capitale des Vandales en Afrique. Il fait construire une flotte considérable, à l'aide de laquelle il ravage sans relâche les côtes de l'empire d'Orient et de l'empire d'Occident. Il entretient des relations avec ATTILA et les autres rois barbares, fait (442) un traité avec THÉODOSE, qui augmente ses possessions, et ne conclut la paix avec les deux empereurs qu'en 447. | | | |
| 441 | JEZDEDGERD II, roi de Perse (441—458). — Partage de l'Arménie entre les Grecs et les Perses. Ces derniers en gardent la partie orientale. | | | RECHIAR, ... lui reprennent ... |
| 445 | | | Les Bretons, après avoir demandé inutilement aux Romains des secours ... TIGERNE (445—454). | |
| 446 | | Irruption des Huns dans l'empire d'Orient. L'Illyrie, la Dacie, la Thrace, la Macédoine et la Thessalie sont mises à feu et à sang; à l'exception d'Andrinople et d'Héraclée, toutes les places sont prises et rasées. Ils ne s'arrêtent qu'aux Thermopyles. Le faible THÉODOSE achète la paix moyennant 6000 livres d'or et un tribut annuel du tiers de cette somme (446—448). | | |
| 448 | | | | MÉROVÉE, ... dynastie des ... RÉCHIAR, ... |
| 449 | | | | DOMINATION ... HORSA, chefs ... débarquent ... royaumes ... de VORTIMER, ... courir les Bretons ... tué dans une ... Les Ruges ... |



STRASBOURG, IMPRIMERIE ...

**...umes des Francs et des Bourguignons). Allemagne. ...tagne. Irlande. Espagne (Royaumes des Visigoths, ...s, des Suèves et des Alains). Empire des Huns.**

4

...le Narbonne et de Toulouse. Il emmène la sœur de l'em-...qu'il épouse en 414.

...nt venus de la Germanie septentrionale, près des bouches ...NORIUS et sous leur roi GONDICAIRE, dans la Lorraine, la

...ULPHE passe les Pyrénées et s'empare de Barcelone, où il ...ire. Mais les Goths font périr l'assassin et élisent WALLIA ...ains, les Alains, les Suèves et les Vandales, et obtient en ...et la Catalogne. *Toulouse* devient sa capitale.

...a Grande-Bretagne

...gnons embrassent le christianisme.

...D, regardé communément comme le premier roi des Francs. ...ablement roi, dit un historien, si même il a existé, car on ...meura tranquille dans les limites fixées à sa nation

...er, parent de Wallia, roi des Visigoths d'Espagne (420-451).

...après la mort de leur roi ATAX, se soumettent à GONDÉRIC, ...s.

...ècle la discorde s'était mise parmi les Huns. Ceux du sud, ...es Chinois, forcèrent ceux du nord à abandonner leurs ...eures. Ces derniers vinrent s'établir près des sources du ...Baskirs, royaume de Kasan). Là ils se réunirent à d'autres ...'étaient portées vers la Sibérie. Ces Huns du sud, poussés ...aversèrent le Volga, et couvrirent de leurs tentes les vastes ... entre ce fleuve et le Tanaïs (Don), bornées par le Palus-...'Azov). Ils en sortirent au 4e siècle et se répandirent dans

...parition des *Thuringiens* entre l'Unstrut (rivière de la ...ienne de Saxe) et le Danube. *Cinquième migration des ...ins.*

...*e par les Romains.*

...ef des Francs, réside à Duisbourg, sur le Rhin, près de

...stigation d'AÉTIUS, se révolte et appelle les Vandales en ...l'Espagne par les Goths, débarque en Afrique à la tête de ...a capitale (en 439). Les Vandales abandonnent la Lusitanie

... divisée en six royaumes; celui de *Tara* était le siége du ...central. Les cinq autres royaumes formaient des fiefs dont ... portaient aussi le titre de rois.

... des Huns (433-453). Il succédait à son oncle Rua et était ...ue ou Munzouk. Il régna pendant environ 10 ans conjoin-...n frère BLÉDA, dont il se débarrassa ensuite par un fra-... seul maître du vaste empire des Huns, qui s'étendait sur ..., depuis la mer Noire jusqu'aux bords de la Baltique. Les ... Alains, les Hérules, les Sarmates, les Scythes, les Gé-...es et une partie des Germains lui étaient soumis.

...e général romain AÉTIUS.

...i des Francs, s'empare des villes de Bavai et de Cambrai ...mination jusqu'à la Somme. *Amiens* devient sa capitale.

...s d'Ermanaric, roi des Suèves d'Espagne. Les Romains ...une grande partie de ses possessions (441—448).

...s contre les Pictes et les Scots, choisissent pour roi VOR-

... roi des Francs (448—457), donne son nom à la première ...is de France dite des MEROVINGIENS.

...s de Rechila, roi des Suèves d'Espagne (448—456).

...ANGLO-SAXONNE DANS LA GRANDE-BRETAGNE. HENGIST et ...axons, appelés par VORTIGERNE contre les Calédoniens, ...ns l'île de Thanet. *Origine de l'heptarchie* ou des sept ...s par les Anglo-Saxons dans la Grande-Bretagne. Succès ...fils de VORTIGERNE, contre les Saxons qui, au lieu de se-...ns, avaient fait alliance avec les Calédoniens. HORSA est ...taille près d'*Ailsford*.

... s'établissent sur le Danube, plus tard en Italie.

# HISTOIRE RELIGIEUSE.

**Mœurs. Usages.**

5

## 401—450 (suite).

Saint LÉON Ier, *le Grand*, pape (440—461). ATTILA, roi des Huns, se laissa désarmer par l'éloquence de ce pontife et suspendit sa marche sur Rome. Il intervint de nouveau lors de la prise de Rome par GENSÉRIC, mais le roi des Vandales ne lui fit d'autres promesses que d'épargner la vie des habitants. C'est le premier pape dont on ait un corps d'ouvrages. Il se compose de 96 *Sermons*, de 141 *Lettres*, d'un *Traité sur la vocation des gentils* et d'un *Code des anciens canons.*

Troisième concile œcuménique ou général, à Ephèse, qui condamne les Pélagiens et les Nestoriens (431).

*Disputes origénistes* sur l'origine de l'âme et du monde, sur la chute de l'homme, sur l'union de la nature divine et humaine en Jésus-Christ, et sur d'autres doctrines du christianisme.

EUTYCHÈS, abbé d'un monastère près de Constantinople, fondateur de la secte des *Eutychéens* ou des *Monophysites*. Dans son ardeur à combattre l'hérésie de Nestorius, il enseigna qu'il n'y avait qu'une seule nature en Jésus-Christ, la nature divine, par laquelle avait été absorbée la nature humaine. Il fut condamné par le concile de Constantinople en 448, approuvé par le concile d'Ephèse en 449, grâce à l'influence de Théodose II, et enfin définitivement condamné par le concile de Chalcédoine, en 451. Cependant les Monophysites continuèrent d'exister et se divisèrent en un grand nombre de sectes, que JACOB BARADAÏ organisa de nouveau au 6e siècle et leur laissa le nom de *Jacobites*. Cette Eglise se maintint en Egypte, en Syrie, en Arménie et en Abyssinie. Le patriarche des Jacobites réside au Caire, en Egypte (voy. *Hist. rel.* 501—550).

PÉLAGE, savant moine anglais, chef des *Pélagiens*, qui croyaient l'homme capable par ses seules forces d'acquérir le salut en suivant les préceptes de Jésus-Christ. Condamné par les conciles de Carthage, d'Antioche et d'Ephèse, le *pélagianisme* n'en subsista pas moins jusqu'au 6e siècle. Les Semi-Pélagiens cherchaient à concilier les opinions des Pélagiens avec celles des orthodoxes en soutenant que le commencement seulement du mérite venait de l'homme. Les Pélagiens sont aussi appelés quelquefois *Célestiens*, de CÉLESTIUS, disciple ou collègue de PÉLAGE.

NESTORIUS, patriarche de Constantinople, chef des *Nestoriens*. Il enseignait deux natures dans Jésus-Christ, niait que le Saint-Esprit procédât du Verbe et ne reconnaissait la Vierge que comme mère de Jésus-Christ homme. Les Nestoriens forment encore aujourd'hui une Eglise distincte dans la Syrie et les Indes.

VIGILANCE, Gaulois, écrit contre le culte que l'on rendait aux martyrs, aux saints et à leurs reliques, contre les moines, les jeûnes, les veilles, etc. Saint Jérôme écrivit contre lui.

Saint CYRILLE, d'Alexandrie, un des plus célèbres pères de l'Eglise. Il fut patriarche d'Alexandrie, dont il chassa les juifs et les Novatiens, et où il causa des troubles qui coûtèrent la vie à la célèbre HYPATHIE, qui y tenait une école de philosophie néo-platonicienne. Il mourut en 444.

Saint PIERRE-CHRYSOLOGUE, né à Imola († 452), archevêque de Ravenne. Il nous reste de lui des *Discours* ou *Homélies*, au nombre de 176. Son éloquence lui mérita le surnom de *Chrysologue*.

MARIUS MERCATOR, auteur ecclésiastique, ami de saint Augustin, écrivit contre les Pélagiens et les Nestoriens.

Saint VINCENT DE LÉRINS, Gaulois, suivit d'abord la profession des armes et devint ensuite un profond théologien. Il s'est rendu célèbre par un *Traité contre les sectes.*

Saint EUCHER, archevêque de Lyon († 454), écrivain moraliste, auteur de l'*Eloge du désert* et d'un *Traité du mépris du monde.*

Saint PAULIN, né à Bordeaux (353—431), parut avec éclat au barreau de Rome et devint consul en 378, mais, dégoûté des grandeurs, il embrassa l'état ecclésiastique, en 393, et fut élu évêque de Nole. Il a laissé des *Lettres*, des *Poésies* et des *Discours*.

Saint ISIDORE, dit de *Péluse*, né à Alexandrie († 450), auteur de *Lettres*, qui ont été recueillies au nombre de 2172. Quelques-uns les croient pour la plupart supposées.

THÉODORE, né à Antioche (350 - 428), évêque de Mopsueste. Quoiqu'on fasse monter le nombre de ses écrits à plus de 10,000, il ne reste cependant de lui qu'un *Commentaire sur les Psaumes*. Sa mémoire et ses écrits furent attaqués par saint Cyrille d'Alexandrie, et sa personne et ses écrits furent anathématisés dans le 5e concile œcuménique, en 553.

THÉODORET, évêque de Cyr (387—458), auteur de *Commentaires* sur les Saintes-Ecritures.

JEAN CASSIEN, Gaulois, fonda à Marseille deux monastères de l'un et de l'autre sexe, et laissa 12 livres d'*Institutions monastiques* et 24 *Conférences des pères du désert.*

Saint SIMÉON-STYLITE, célèbre anachorète, né à Cisan, aux confins de la Cilicie et de la Syrie (390—459). Il fut d'abord berger et se fit admettre dans une communauté de cénobites, dont il fut renvoyé à cause de son excessive austérité. Il se réfugia alors dans un ermitage au pied du mont Télénisse, mais les nombreuses visites qu'il y reçut l'importunèrent, et il prit le parti de se retirer sur une colonne, d'où lui est venu le surnom de *Stylite* (de *stulos*, colonne). Du haut de cette colonne il faisait aux fidèles des exhortations deux fois par jour. Il avait trois fois changé de colonne, et passé 22 ans sur la dernière, lorsqu'il mourut en 459. On a de lui une *Lettre* à l'empereur THÉODOSE-LE-JEUNE, pour le détourner de rendre aux juifs leurs synagogues. L'exemple de Siméon trouva de nombreux imitateurs en Orient, où il y en avait encore au 12e siècle. En Occident aussi, on essaya d'introduire cette singulière dévotion, mais l'évêque de Trèves, dit un auteur, fut assez sage pour faire descendre de sa colonne le moine VULSILAÏK, qui le premier le tenta.

MERLIN, surnommé AMBROISE *l'Enchanteur*, se rend célèbre dans la Grande-Bretagne par les prophéties qu'on lui attribue et par le rôle qu'on lui a fait jouer, comme magicien, dans les romans qui ont pour héros le roi Arthur et les chevaliers de la Table-Ronde. Ses prophéties, ou du moins celles qu'on lui attribue, ont été traduites dans les langues les plus répandues de l'Europe; on s'en servit pour justifier la légitimité de la mission de la Pucelle d'Orléans.

Les Huns adoraient le dieu Mars sous la forme d'une épée, qui était perdue depuis longtemps. Un pâtre voyant une de ses génisses blessée, suivit la trace du sang, et ayant trouvé une épée dont la pointe sortait de terre, il l'arracha et vint la présenter à Attila. Celui-ci répandit aussitôt le bruit qu'il avait retrouvé l'épée de Mars et que ce dieu lui ordonnait d'étendre la domination des Huns jusqu'aux bornes les plus reculées de la terre.

Destruction du temple d'Eleusis par Alaric et cessation des mystères qui s'y célébraient.

Pendant le 5e siècle, les statues des saints, placées jusque-là à l'entrée des églises, pénètrent dans le sanctuaire.

# LETTRES, SCIENCES, ARTS, LÉGISLATION, COMMERCE, INDUSTRIE, DÉCOUVERTES, INVENTIONS, ETC.

6

## 401—450 (suite).

SULPICE SÉVÈRE, né probablement à Toulouse (363—410), entra d'abord dans le barreau, puis se fit moine et composa une *Histoire sacrée*, en 2 livres, d'un style élégant et concis et qui l'a fait surnommer le *Salluste chrétien.*

SYNÉSIUS, de Cyrène, fut d'abord élève de la célèbre Hypathie, puis se fit chrétien et devint évêque de Ptolémaïde, en Afrique. Il a laissé: *Discours à Arcadius sur la royauté; Dion ou l'Institution de soi-même; l'Egyptien ou la Providence;* des *Epîtres* et des *Homélies.*

AVIÉNUS, poëte latin, né en Espagne, a traduit en vers les *Phénomènes* d'Aratus, la *Description de l'univers*, de Denys, et 42 *Fables*, attribuées à Esope.

SEDULIUS, prêtre et poëte, auteur d'un poëme latin sur la vie de Jésus-Christ, intitulé *Chant pascal.*

CAPELLA, écrivain latin, auteur d'un ouvrage intitulé *Satyricon*, espèce d'encyclopédie, traitant de la *grammaire*, de la *dialectique*, de la *rhétorique*, de la *géométrie*, de l'*arithmétique*, de l'*astronomie* et de la *musique*. Quelques auteurs font vivre Capella au 8e siècle.

XÉNOPHON, d'Ephèse, appelé communément *Xénophon-le-Jeune*, un des neuf romanciers grecs dont nous possédons les ouvrages. Il est connu par son roman des *Ephesiaques* ou *Amours d'Habracome et d'Anthia.*

JACOB PSYCHRESTUS, médecin grec, célèbre par ses cures merveilleuses, devint premier médecin de l'empereur Léon. Il n'a laissé aucun écrit.

Premier recueil de lois officiel, publié par les ordres de l'empereur THÉODOSE, sous le titre de *Code théodosien*. Il fut adopté depuis par les Goths, les Francs et les Germains, qui conquirent l'Italie, l'Espagne et les Gaules.

Les écrits de ZOSYME sur l'alchimie, ou l'art de la transmutation des métaux, commencent à se répandre en Europe. L'agent au moyen duquel on devait parvenir à faire de l'or et de l'argent était la *pierre philosophale*, dont la découverte a occupé vainement tous les savants du moyen âge. L'alchimie s'occupait en outre de trouver un remède universel propre à prolonger indéfiniment la vie.

Fondation présumée de l'université de Bologne, appelée jadis *Mater studiorum*, par THÉODOSE-LE-JEUNE, en 425. Ce fait cependant n'est admis que par les Bolonais.

Les premières cloches sont fondues à Nola, en Campanie, sous l'épiscopat de saint Paulin, qui en introduit l'usage dans le service divin. D'après quelques auteurs, les cloches étaient connues des Chinois bien longtemps avant l'ère vulgaire.

...s G. SILBERMANN

Sphynx colossal et principale pyramide de Djizeh, aux environs du Caire.

La fleur placée sur l'autel est le lotus, qui joue un grand rôle dans la mythologie égyptienne.

Principales divinités des Égyptiens.

OSIRIS, créateur, soleil

ISIS, lune, sous forme de génisse, donnant le sein à son fils Horus.

Colosses de la plaine aux environs de l'ancienne Thèbes, et dont l'un passe pour être la statue vocale de Memnon.

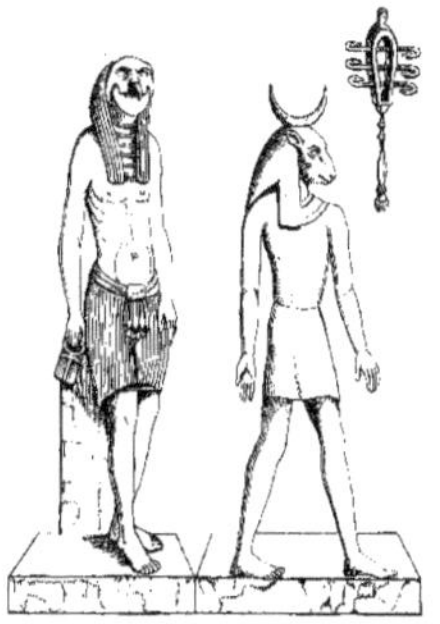

Autres représentations du dieu OSIRIS. Au dessus de lui est le SISTRUM, instrument servant dans la musique du temple pour marquer la mesure.

SÉSOSTRIS-LE-GRAND (en égyptien Sésourtesen, d'après d'autres Ramsès VI), vainqueur d'une multitude de peuples divers.

ANUBIS ou THOT, à tête de chien. Prêtre égyptien.

Au dessus de Thot on voit la CLEF DU NIL, un des attributs d'Osiris.

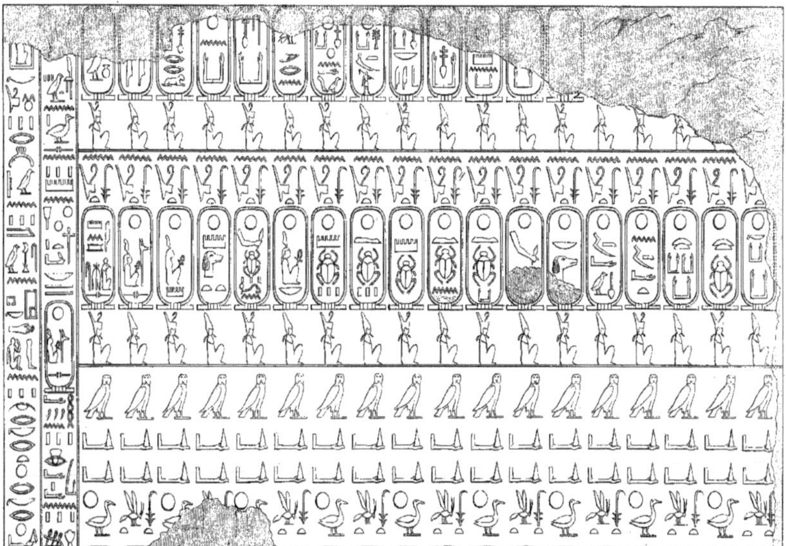

TABLE d'ABYDOS



Lith. E. Simon à Strasbourg

**Nota.** *La* TABLE D'ABYDOS *est une inscription hiéroglyphique aujourd'hui conservée au Musée britannique de Londres, mais que Cailliaud copia le premier sur les lieux, qui faisait partie d'un bas-relief dans un temple d'Ebot (Abydos) ou Arabat-il-Matfoun, dans la Haute Égypte. Ce monument, précieux pour l'étude de l'écriture hiéroglyphique, et qui nous offre une chronologie des rois du Pharaons de l'Égypte jusqu'à Ramsès le Grand, 2ème souverain de la 19ème dynastie, est dû à ce roi même que l'on a longtemps, mais peut-être à tort, confondu avec le conquérant Sésostris le Grand.*

*Il se compose de trois rangées de cartouches, dont plusieurs sont mutilées et dont chacune renferme le nom d'un roi égyptien.*

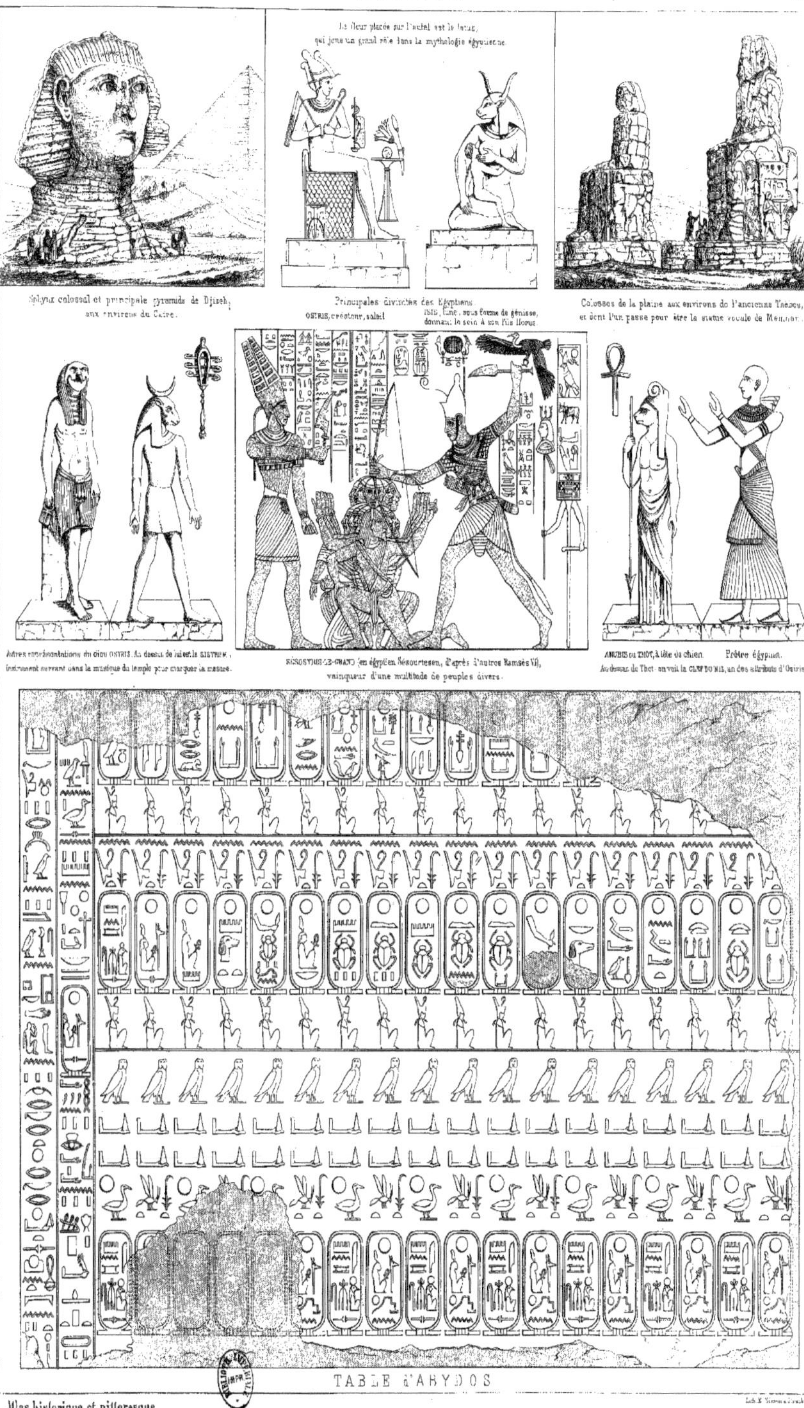

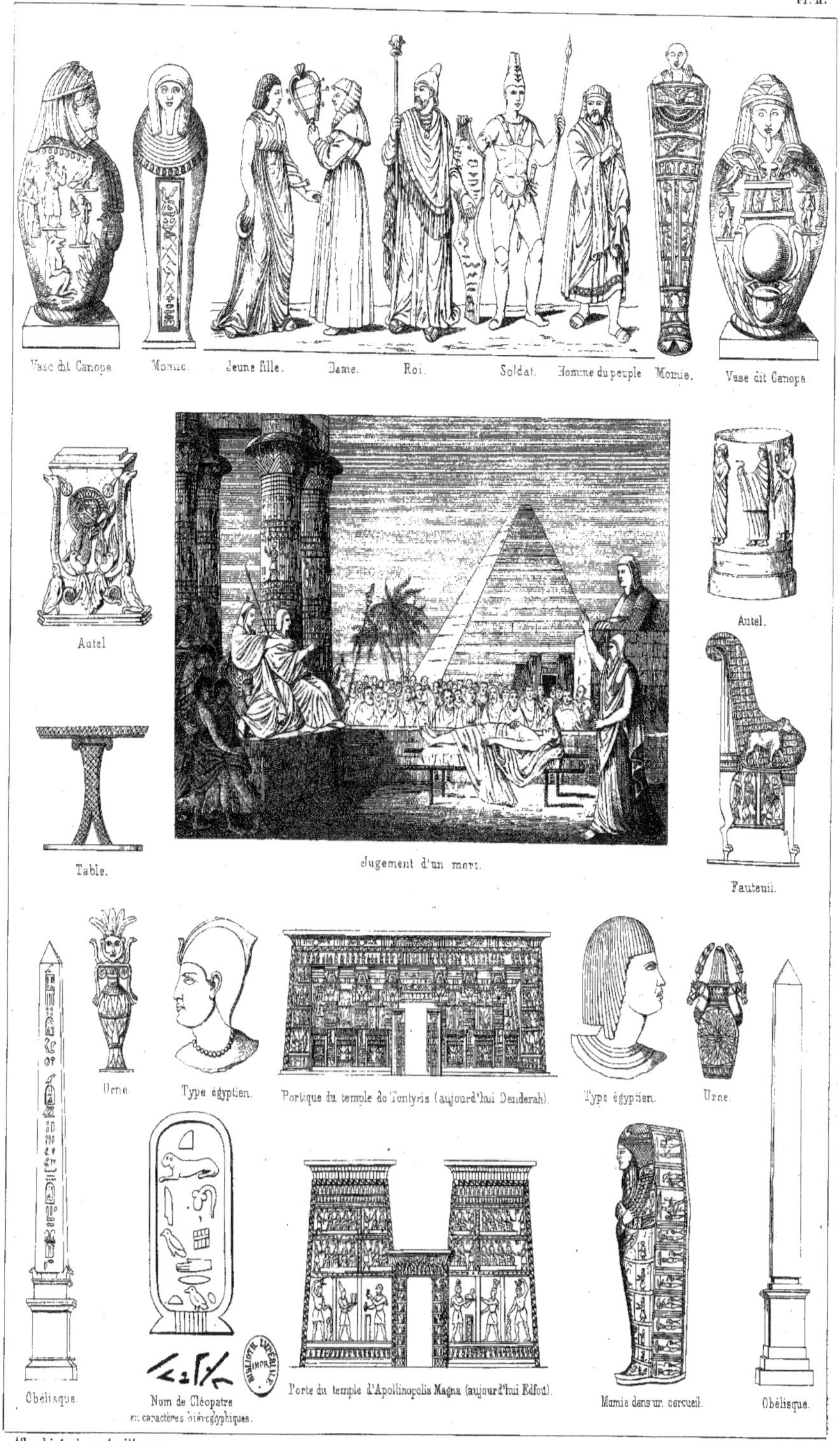
Vase dit Canope.
Momie.
Jeune fille.
Dame.
Roi.
Soldat.
Homme du peuple
Momie.
Vase dit Canope.
Autel.
Autel.
Table.
Jugement d'un mort.
Fauteuil.
Urne.
Type égyptien.
Portique du temple de Tentyris (aujourd'hui Denderah).
Type égyptien.
Urne.
Obélisque.
Nom de Cléopatre
en caractères hiéroglyphiques.
Porte du temple d'Apollinopolis Magna (aujourd'hui Edfou).
Momie dans un cercueil.
Obélisque.

Lith. E. Simon à Strasbourg.

Bas-relief du palais de Khorsabad (ruines de NINIVE) représentant un trône. (Musée assyrien).

Taureaux ailés et à face humaine, figures colossales du palais de Khorsabad qui formaient les montants d'une porte d'entrée. Ces figures sont flanquées de géants. Celui que l'on voit ici est un dompteur d'animaux sauvages. (Musée assyrien).

TAK-KESRA, pierre basaltique ovale, appelée aussi CAILLOU DE MICHAUX et conservée à la Bibliothèque impériale de Paris. Elle est couverte de dessins mythologiques et d'inscriptions cunéiformes, et a été trouvée non loin des bords du Tigre.

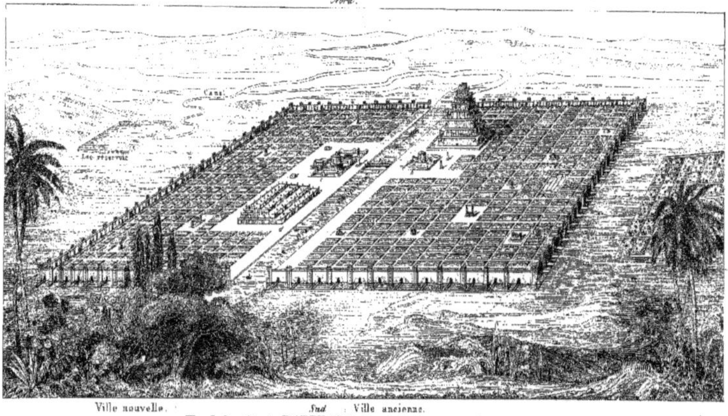


**Vue de la ville de BABYLONE d'après la description d'Hérodote,**

avec ses murailles flanquées de tours, ses canaux, le TEMPLE DE BÉLUS (a), le VIEUX PALAIS (b), le NOUVEAU PALAIS de Nabuchodonosor (c), les JARDINS SUSPENDUS de Sémiramis, une des sept merveilles du monde (d), etc. etc.

*Chaque côté de ce carré régulier était de 120 stades ou de 15,000 pas de longueur ; le périmètre entier de 480 stades ou environ 88 kilomètres. Les murailles avaient 87 pieds d'épaisseur. Les cent portes étaient d'airain. Le pont du milieu avait 125 pas de long.*

Inscription cunéiforme du nombre de celles qui couvrent les ruines de Tchil-Minar (Persépolis). (Voir d'autres monuments de Persépolis Pl. IV).

Bas-relief des ruines de Tchil-Minar ou Persépolis

Bas-relief du palais de Khorsabad, représentant un roi assyrien suivi de son chasse-mouches. (Musée assyrien).

Idole à tête d'aigle, figure symbolique d'un bas-relief du palais de Khorsabad.



Lith. R. Simon, à Strasbourg.

Type indien
Type indien
Type assyrien
Type indien (femme)
Coiffure d'un roi éthiopien
Tombeau perse près de Persepolis
Type assyrien
Type sarmate
Empereur chinois
Coiffure d'un roi éthiopien
Tiare d'un roi d'Assyrie
Soldat arménien
Soldat arabe
Soldat mauritanien
Dame perse
Perse
Arméniens
Suffète (roi) carthaginois
Phrygien
Soldat assyrien
Soldat parthe
Tiare des rois de Perse
Assyriens
Soldat chinois
Chinois
Syrien
Mède
Tiare des rois de Perse

Shiva

Vichnou au jour du jugement dernier

Moine japonais

Lith. E. Simon à Strasbg.

Le Saint des Saints du temple de Jérusalem.

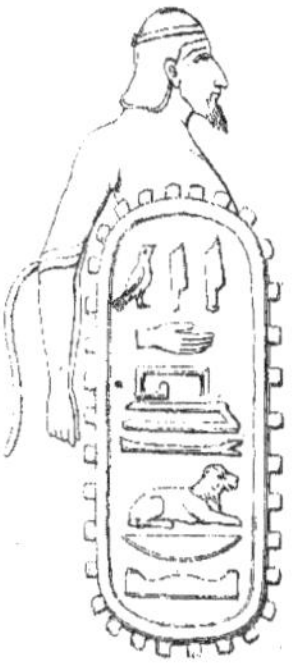

Un roi de Juda d'après un bas-relief trouvé à Thèbes dans la Haute Égypte

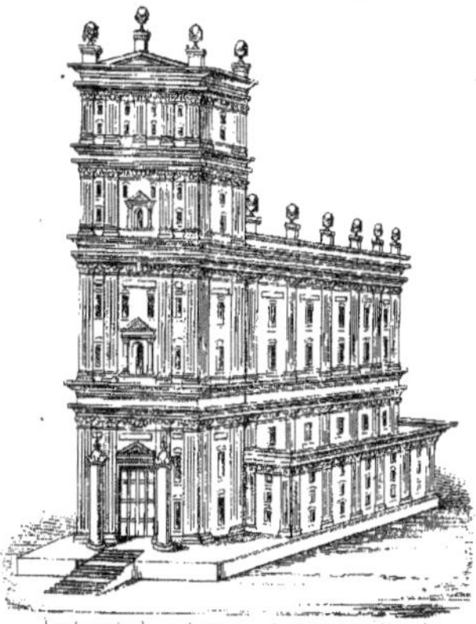

Le temple de Salomon à Jérusalem d'après les descriptions bibliques et talmudiques

Juif

Grand Prêtre juif

Un Sacrifice à Jérusalem

Pharisien

Juive

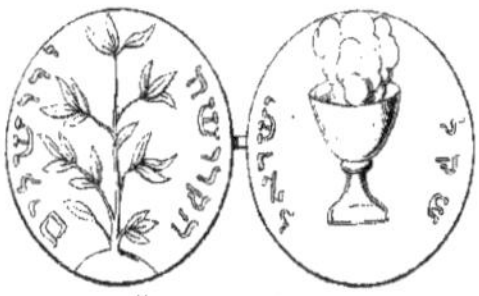

Monnaies juives du temps des Maccabées

Bas-relief de l'arc de triomphe de Titus à Rome représentant les vases et autres objets du temple de Jérusalem qui ont servi à orner le triomphe du vainqueur

Divinité phénicienne nommée Astarté

Moloch trouvé en Sardaigne

Monnaie juive du temps du premier temple

Médaille représentant Astarté divinité syrienne et phénicienne

Moloch divinité des Carthaginois et quelque temps aussi des Israélites

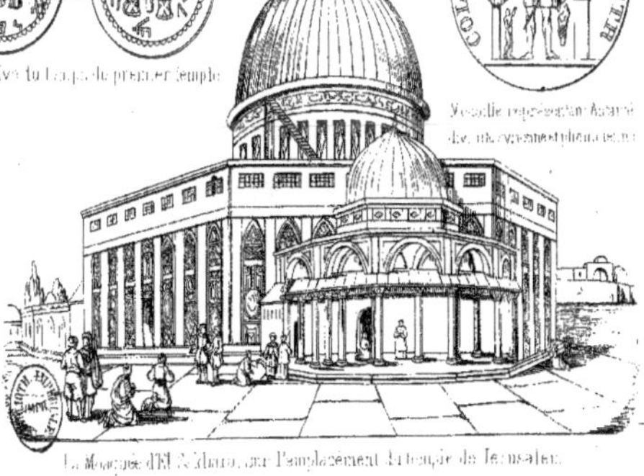

La Mosquée d'El Sakhara, sur l'emplacement du temple de Jérusalem

Aglibolus et Malachbelus dieux des Syriens et des Palmyréens

 Lith. E. Simon à Strasbg.

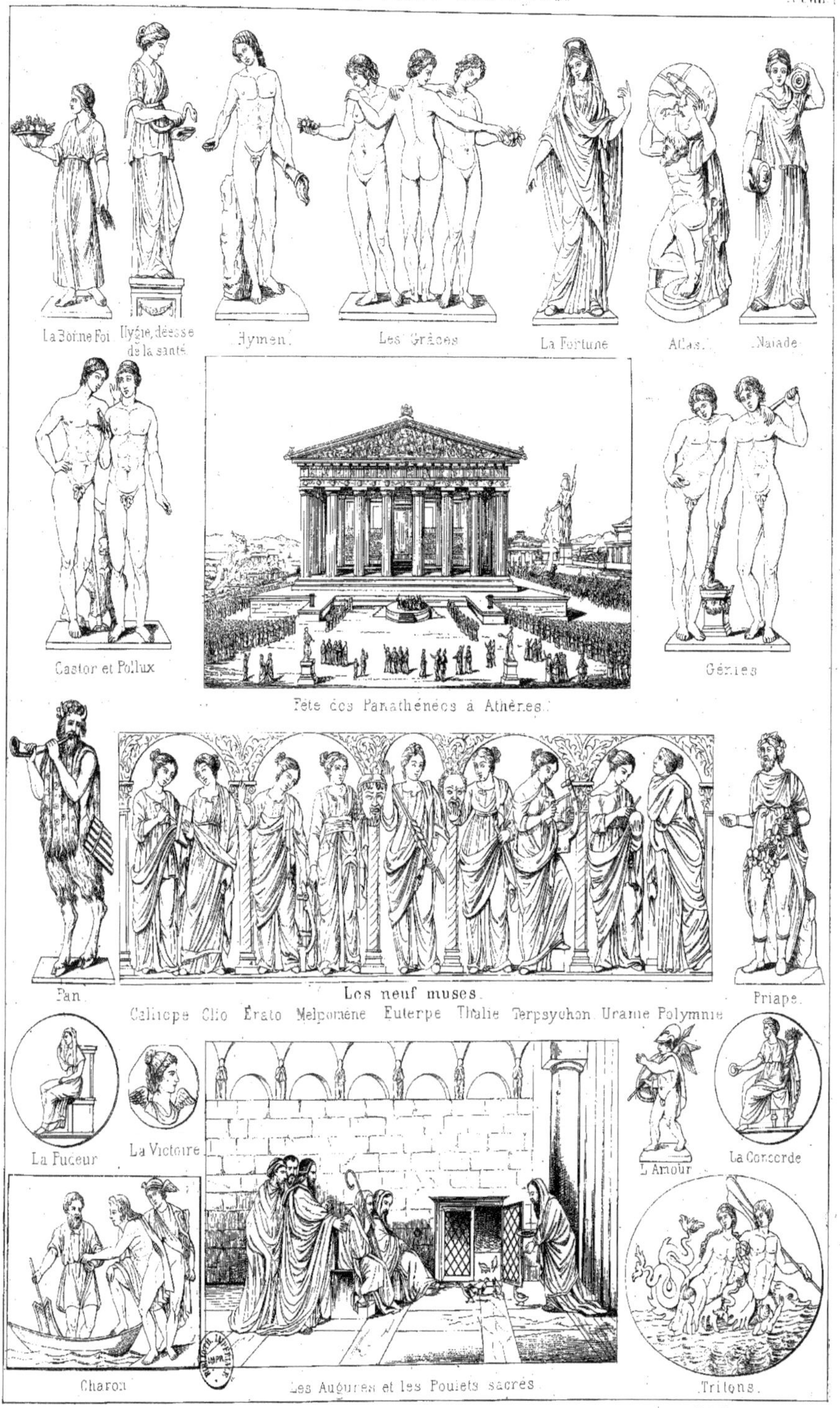
La Bonne Foi
Hygie, déesse de la santé
Hymen.
Les Grâces
La Fortune
Atlas.
Naïade
Castor et Pollux
Fête des Panathénées à Athènes.
Génies
Pan.
Les neuf muses.
Calliope Clio Érato Melpomène Euterpe Thalie Terpsychore Uranie Polymnie
Priape.
La Pudeur
La Victoire
L'Amour
La Concorde
Charon
Les Augures et les Poulets sacrés
Tritons.

Lith. E. Simon à Strasbg.

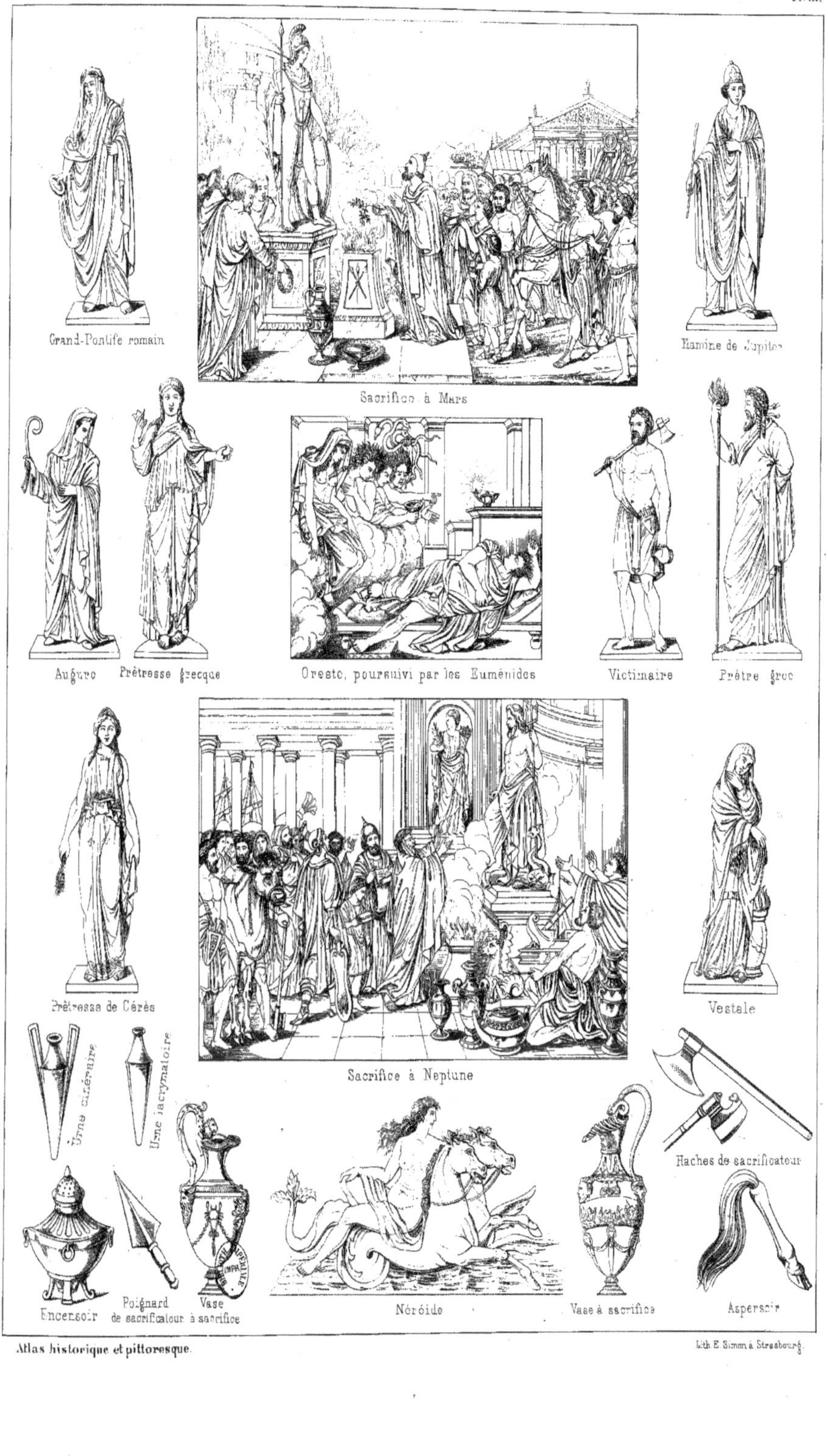
Grand-Pontife romain
Sacrifice à Mars
Flamine de Jupiter
Augure
Prêtresse grecque
Oreste, poursuivi par les Euménides
Victimaire
Prêtre grec
Prêtresse de Cérès
Sacrifice à Neptune
Vestale
Urne cinéraire
Urne lacrymatoire
Haches de sacrificateur
Encensoir
Poignard de sacrificateur
Vase à sacrifice
Néréide
Vase à sacrifice
Aspersoir

Lith. E. Simon à Strasbourg.

Grec du Mont Ida

Jardin de l'Académie à Athènes

Dame grecque

Dame romaine

Citoyen romain

Fileuse grecque Philosophe grec Lacédémoniens

Philosophe romain

Sénateur romain

Vente de prisonniers de guerre au Forum à Rome

Empereur romain

Impératrice romaine



Lith. E. Simon à Strasbourg.

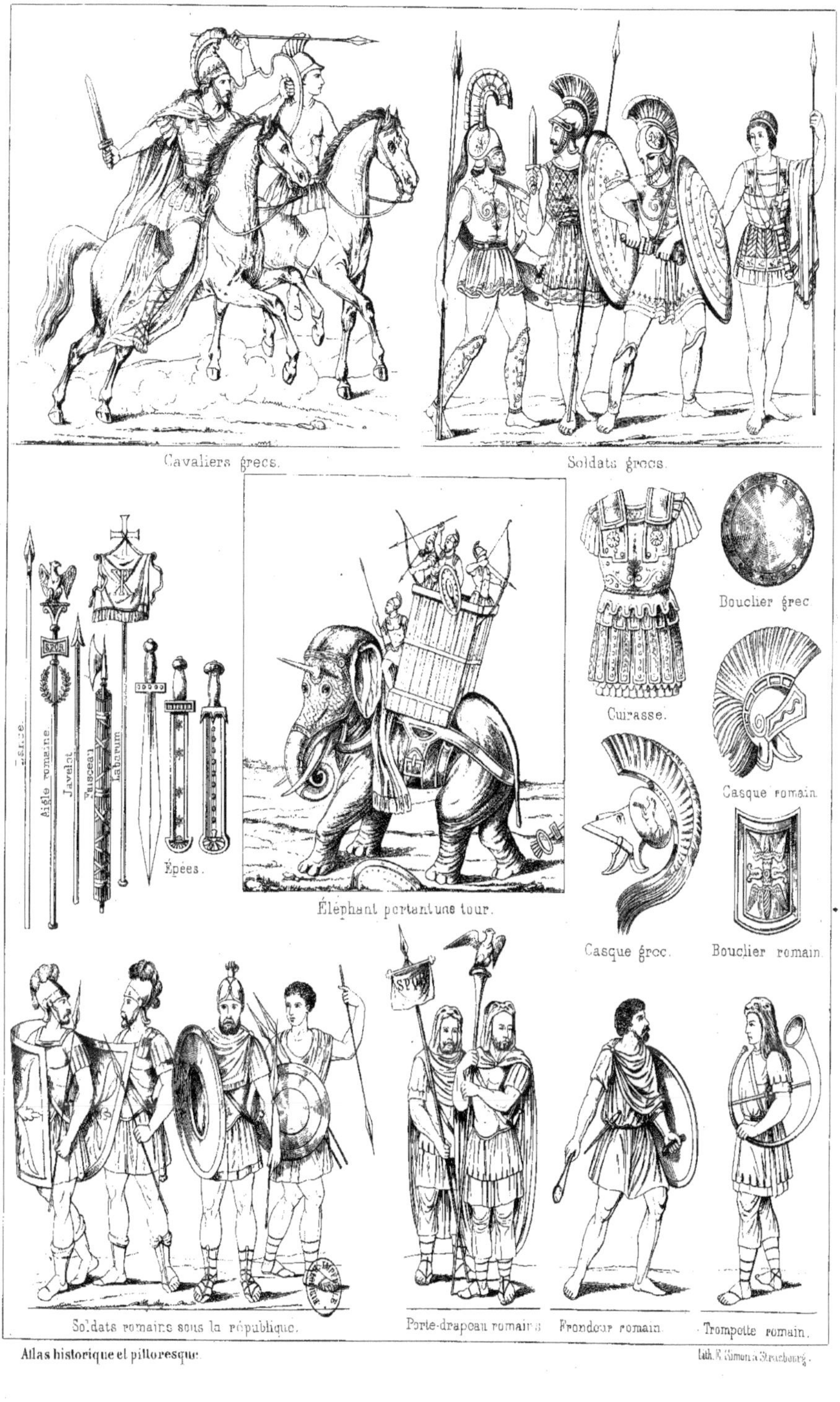
Cavaliers grecs.
Soldats grecs.
Aigle romaine.
Javelot
Faisceau
Labarum
Épées.
Éléphant portant une tour.
Cuirasse.
Bouclier grec.
Casque romain.
Casque grec.
Bouclier romain.
Soldats romains sous la république.
Porte-drapeau romains
Frondeur romain.
Trompette romain.

lith. E. Simon à Strasbourg.

Officier romain sous la république. Chevalier romain.

Officier romain sous Septime Sévère. Soldat romain sous Constantin.

Tribuns et suite. Général romain. Licteur.

Ancre.

Vaisseau.

Catapulte.

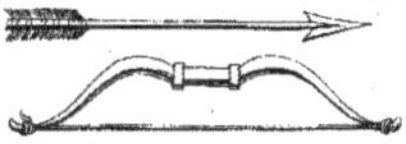

Arc et Flèche.

Baliste.

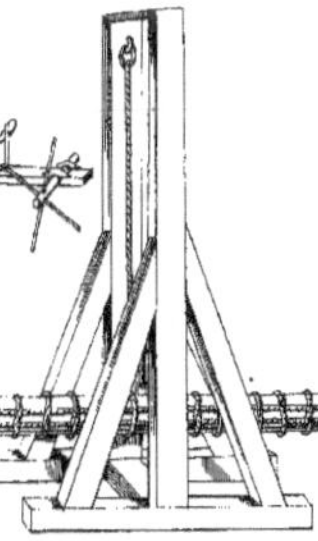

Bélier.

Char de guerre armé de faux.

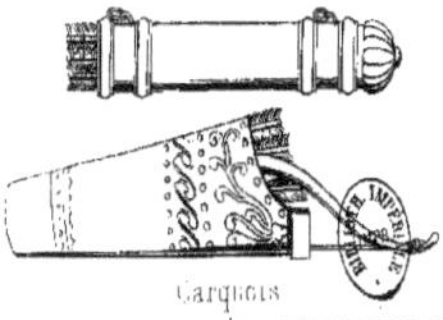

Carquois.



lith. R. Simon à Strasbourg.

Temple monolithe de Mavaliparam Prov^ce de Mysore (Inde)

Porte du palais de Sésostris à Louqsor (Thèbes)

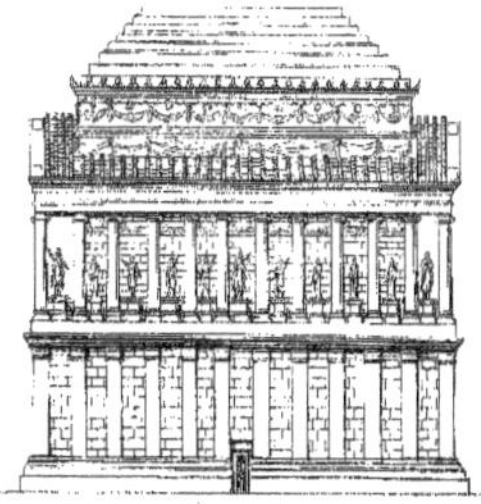
Tombeau de Mausole à Halicarnasse.

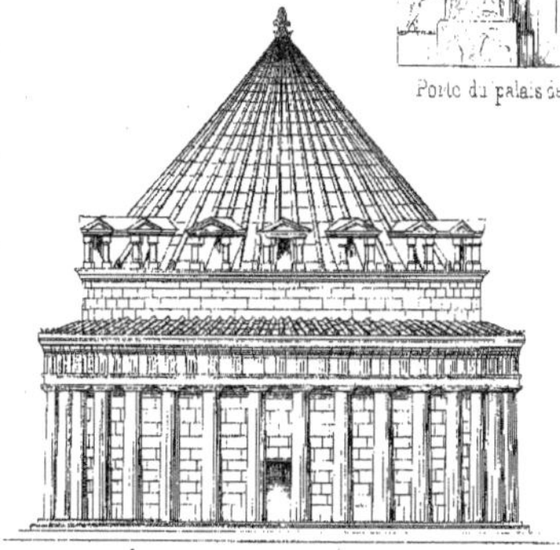
L'Odéon de Périclès à Athènes.

Le Panthéon dans l'Acropole d'Athènes.

Colonne rostrale.

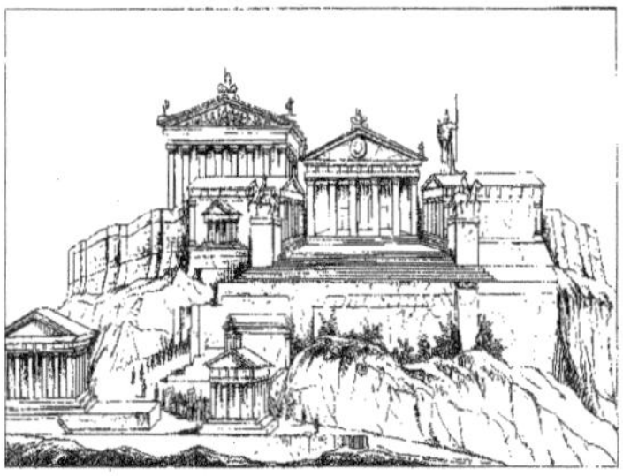
Vue de l'Acropole d'Athènes, du côté des Propylées.

Le Forum de Trajan à Rome.

Colonne et Temple de Marc-Aurèle.

Temple du Soleil à Rome (sous l'Emp. Aurélien)

Colosse de Rhodes.

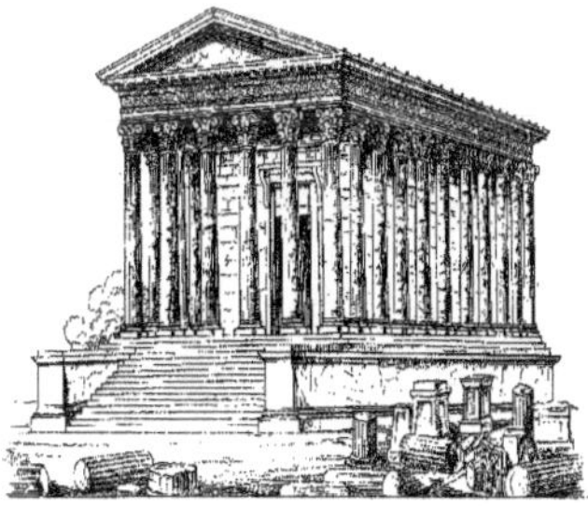
Temple d'Auguste (Maison Carrée) à Nîmes.

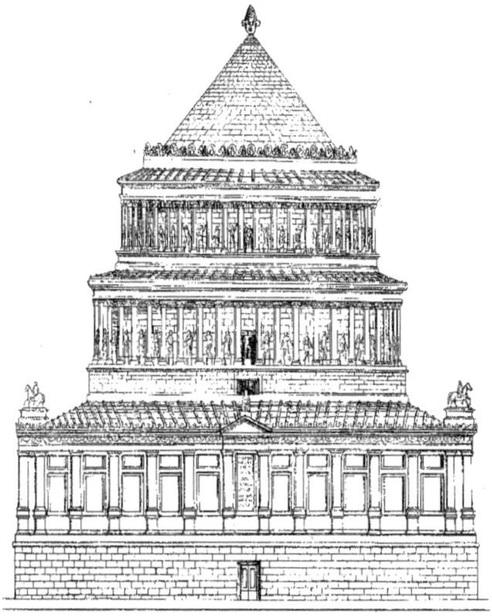

Môle d'Adrien à Rome.

Le Laocoon.

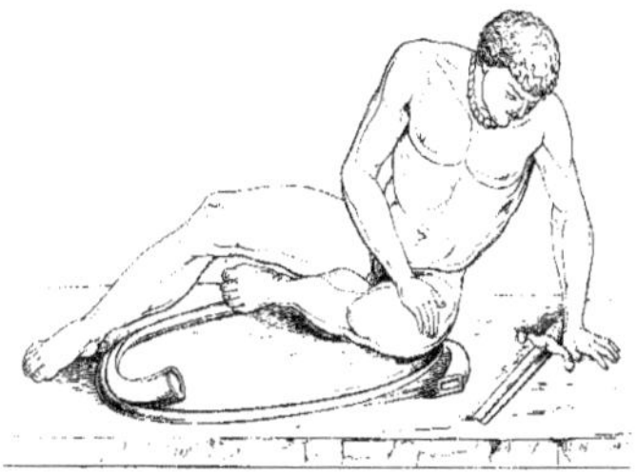

Le gladiateur mourant.

Vénus de Médicis.

Le Panthéon à Rome.

Eschine.

Arc de triomphe de Marius à Orange (Vaucluse.)

Temple de Vesta à Tibur.

Théophraste.

Homère.

Périandre.

Arc de triomphe romain à Besançon.

Hippocrate.

Thalès de Milet.



Lith. L. Simon à Strasbourg.

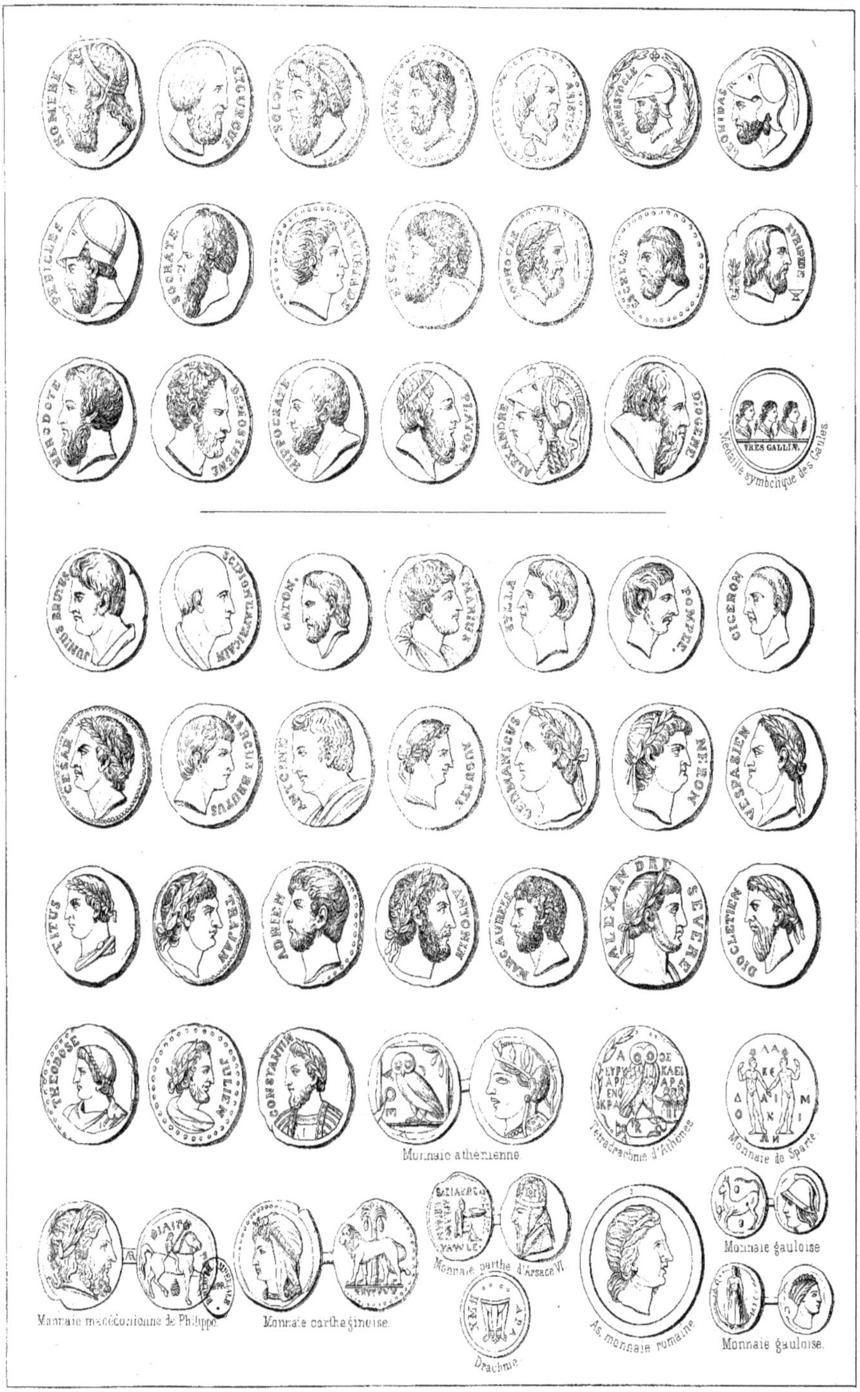

Médaille symbolique des Gaules.

Monnaie athénienne.

Tétradrachme d'Athènes.

Monnaie de Sparte.

Monnaie macédonienne de Philippe.

Monnaie carthaginoise.

Monnaie parthe d'Arsace VI.

Drachme.

As, monnaie romaine.

Monnaie gauloise.

Monnaie gauloise.

Lith. F. Simon à Strasbourg.

Gaulois des environs de Narbonne.

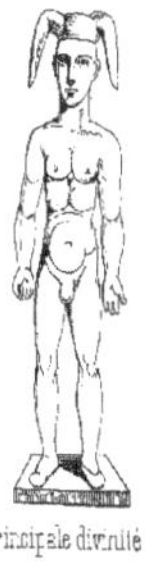

Mercure, principale divinité des Gaulois.

Gaulois sous la domination romaine.

Vénus gauloise.

La recherche du Gui, principale fête des Gaulois.

Taranis (Jupiter gaulois)

Druide et Druidesse.

Hertha, principale divinité des Germains.

Nehalenia, principale divinité des Gaulois belges.

Gaulois belge. Gaulois des environs de Marse

Cérémonies du mariage chez les Germains.

Odin, principale divinité des peuples scandinaves.

Lith. E. Lemaitre r. d. Hallebardes 22 à Strasbourg.

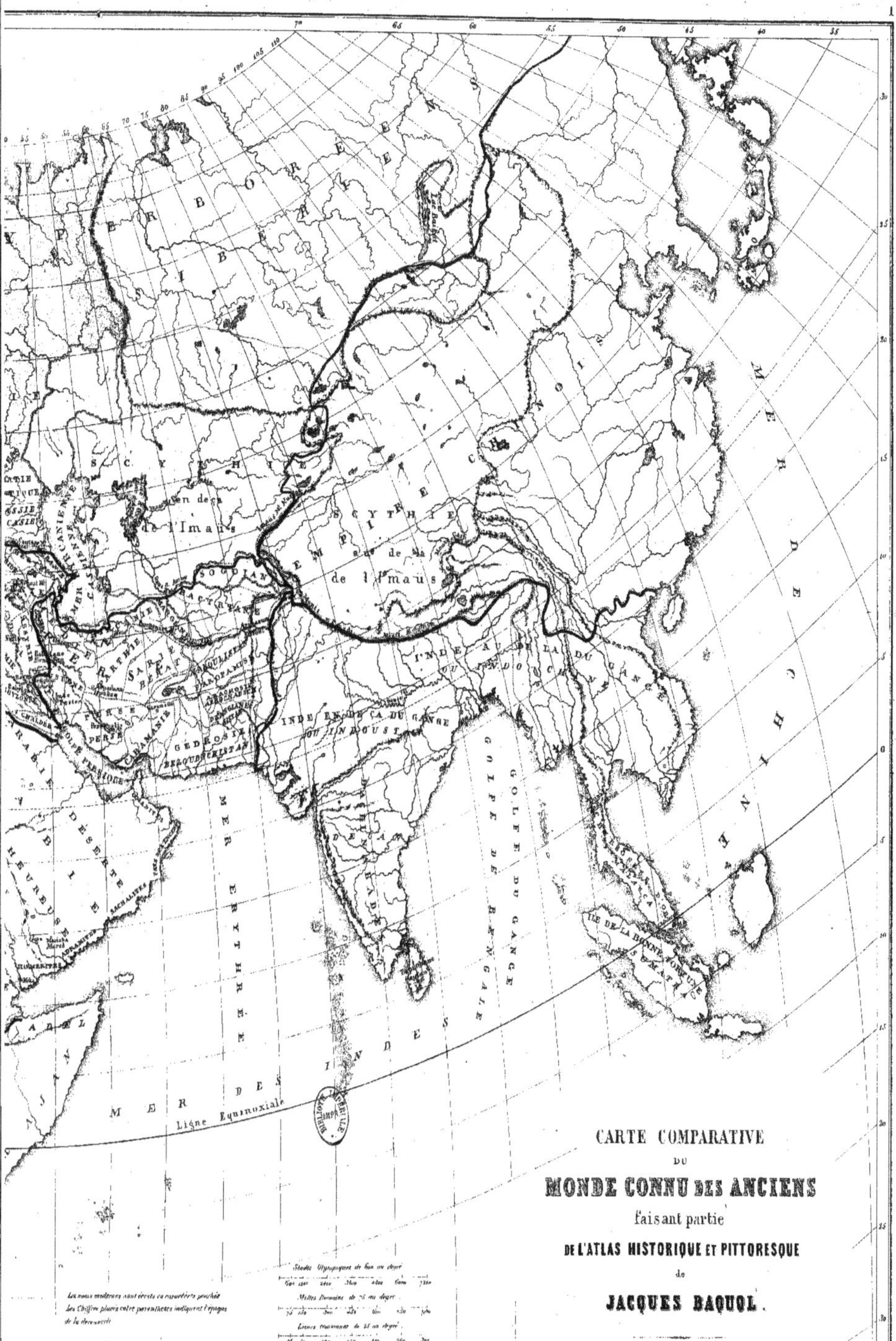
CARTE COMPARATIVE
DU
MONDE CONNU DES ANCIENS
faisant partie
DE L'ATLAS HISTORIQUE ET PITTORESQUE
de
JACQUES BAQUOL.
SCYTHIE en deçà de l'Imaüs
SCYTHIE au de là de l'Imaüs
INDE EN DEÇA DU GANGE OU INDOUSTAN
INDE AU DELÀ DU GANGE OU INDO-CHINE
GOLFE DU GANGE
GOLFE DE BENGALE
MER ERYTHRÉE
MER DES INDES
MER DE CHINE
GOLFE PERSIQUE
GEDROSIE
BELOUDCHISTAN
CARAMANIE
PERSE
ILE DE LA BONNE FORTUNE
SUMATRA
Ligne Equinoxiale

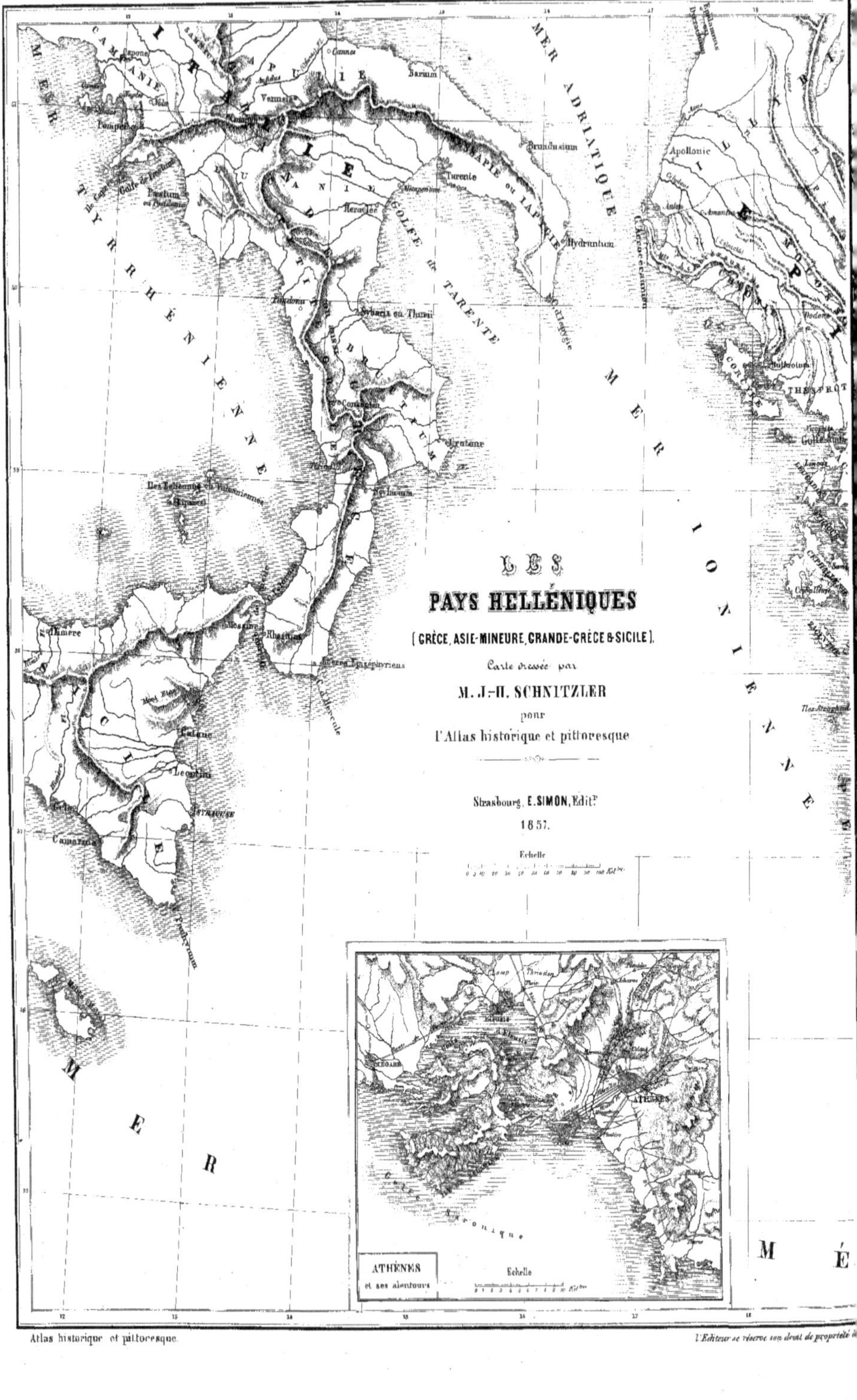
LES
PAYS HELLÉNIQUES
(GRÈCE, ASIE-MINEURE, GRANDE-GRÈCE & SICILE).
Carte dressée par
M. J.-H. SCHNITZLER
pour
l'Atlas historique et pittoresque
Strasbourg, E. SIMON, Edit.r
1857.
Echelle
MER ADRIATIQUE
MER IONIENNE
MER TYRRHÉNIENNE
GOLFE de TARENTE
CAMPANIE
Pompei
Pæstum
Brundusium
Tarente
Hydruntum
Heraclée
Sybaris ou Thurii
Crotone
Rhegium
Catane
Leontini
SYRACUSE
Camarina
Apollonie
Buthrotum
ATHÈNES
et ses alentours
Echelle

étranger comme en France.

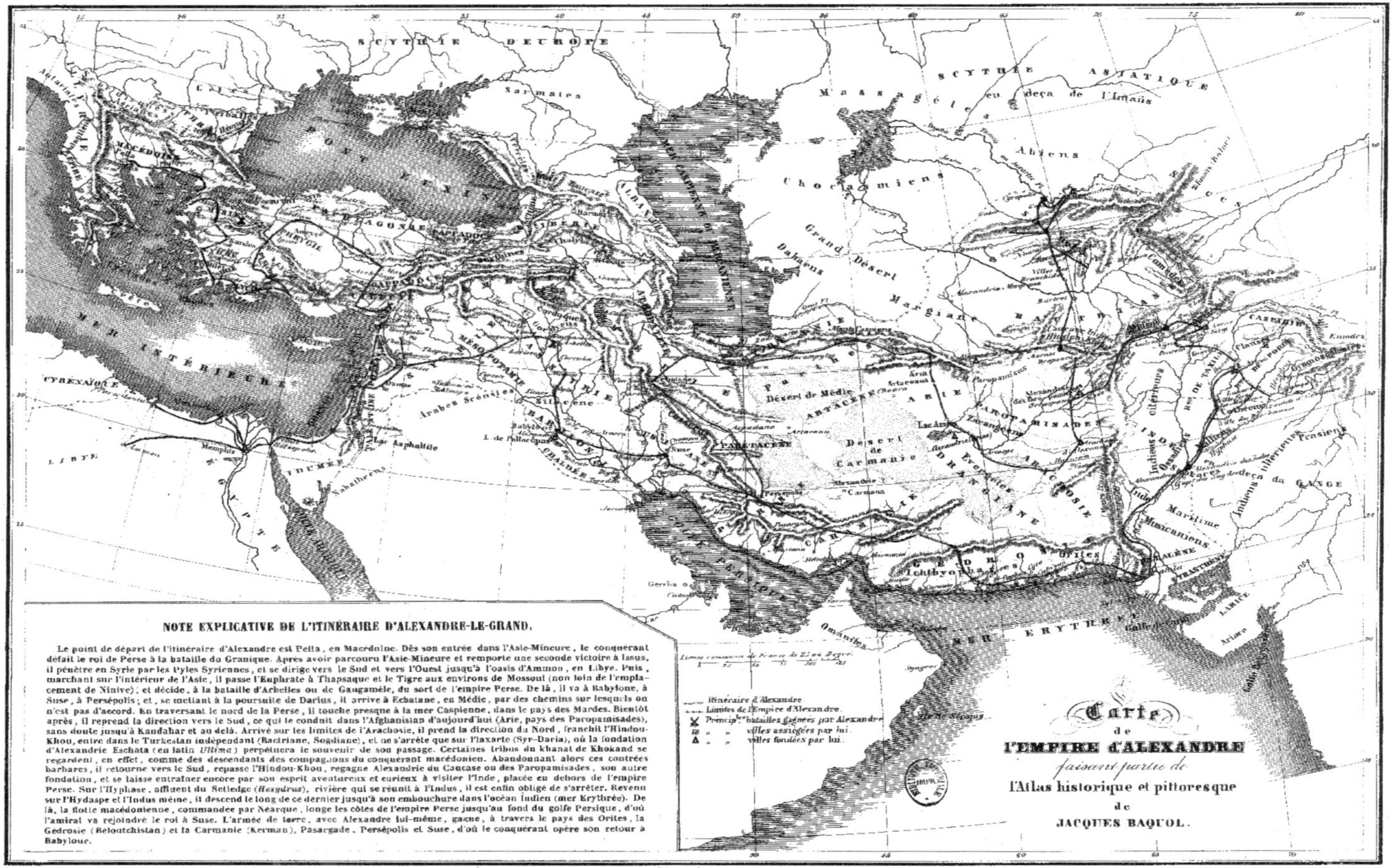


## NOTE EXPLICATIVE DE L'ITINÉRAIRE D'ALEXANDRE-LE-GRAND.

Le point de départ de l'itinéraire d'Alexandre est Pella, en Macédoine. Dès son entrée dans l'Asie-Mineure, le conquérant défait le roi de Perse à la bataille du Granique. Après avoir parcouru l'Asie-Mineure et remporté une seconde victoire à Issus, il pénètre en Syrie par les Pyles Syriennes, et se dirige vers le Sud et vers l'Ouest jusqu'à l'oasis d'Ammon, en Libye. Puis, marchant sur l'intérieur de l'Asie, il passe l'Euphrate à Thapsaque et le Tigre aux environs de Mossoul (non loin de l'emplacement de Ninive); et décide, à la bataille d'Arbelles ou de Gaugamèle, du sort de l'empire Perse. De là, il va à Babylone, à Suse, à Persépolis; et, se mettant à la poursuite de Darius, il arrive à Ecbatane, en Médie, par des chemins sur lesquels on n'est pas d'accord. En traversant le nord de la Perse, il touche presque à la mer Caspienne, dans le pays des Mardes. Bientôt après, il reprend la direction vers le Sud, ce qui le conduit dans l'Afghanistan d'aujourd'hui (Arie, pays des Paropamisades), sans doute jusqu'à Kandahar et au delà. Arrivé sur les limites de l'Arachosie, il prend la direction du Nord, franchit l'Hindou-Khou, entre dans le Turkestan indépendant (Bactriane, Sogdiane), et ne s'arrête que sur l'Iaxarte (Syr–Daria), où la fondation d'Alexandrie Eschata (en latin *Ultima*) perpétuera le souvenir de son passage. Certaines tribus du khanat de Khokand se regardent, en effet, comme des descendants des compagnons du conquérant macédonien. Abandonnant alors ces contrées barbares, il retourne vers le Sud, repasse l'Hindou-Khou, regagne Alexandrie du Caucase ou des Paropamisades, son autre fondation, et se laisse entraîner encore par son esprit aventureux et curieux à visiter l'Inde, placée en dehors de l'empire Perse. Sur l'Hyphase, affluent du Setledge (*Hesydrus*), rivière qui se réunit à l'Indus, il est enfin obligé de s'arrêter. Revenu sur l'Hydaspe et l'Indus même, il descend le long de ce dernier jusqu'à son embouchure dans l'océan Indien (mer Erythrée). De là, la flotte macédonienne, commandée par Néarque, longe les côtes de l'empire Perse jusqu'au fond du golfe Persique, d'où l'amiral va rejoindre le roi à Suse. L'armée de terre, avec Alexandre lui-même, gagne, à travers le pays des Orites, la Gédrosie (Béloutchistan) et la Carmanie (Kerman), Pasargade, Persépolis et Suse, d'où le conquérant opère son retour à Babylone.

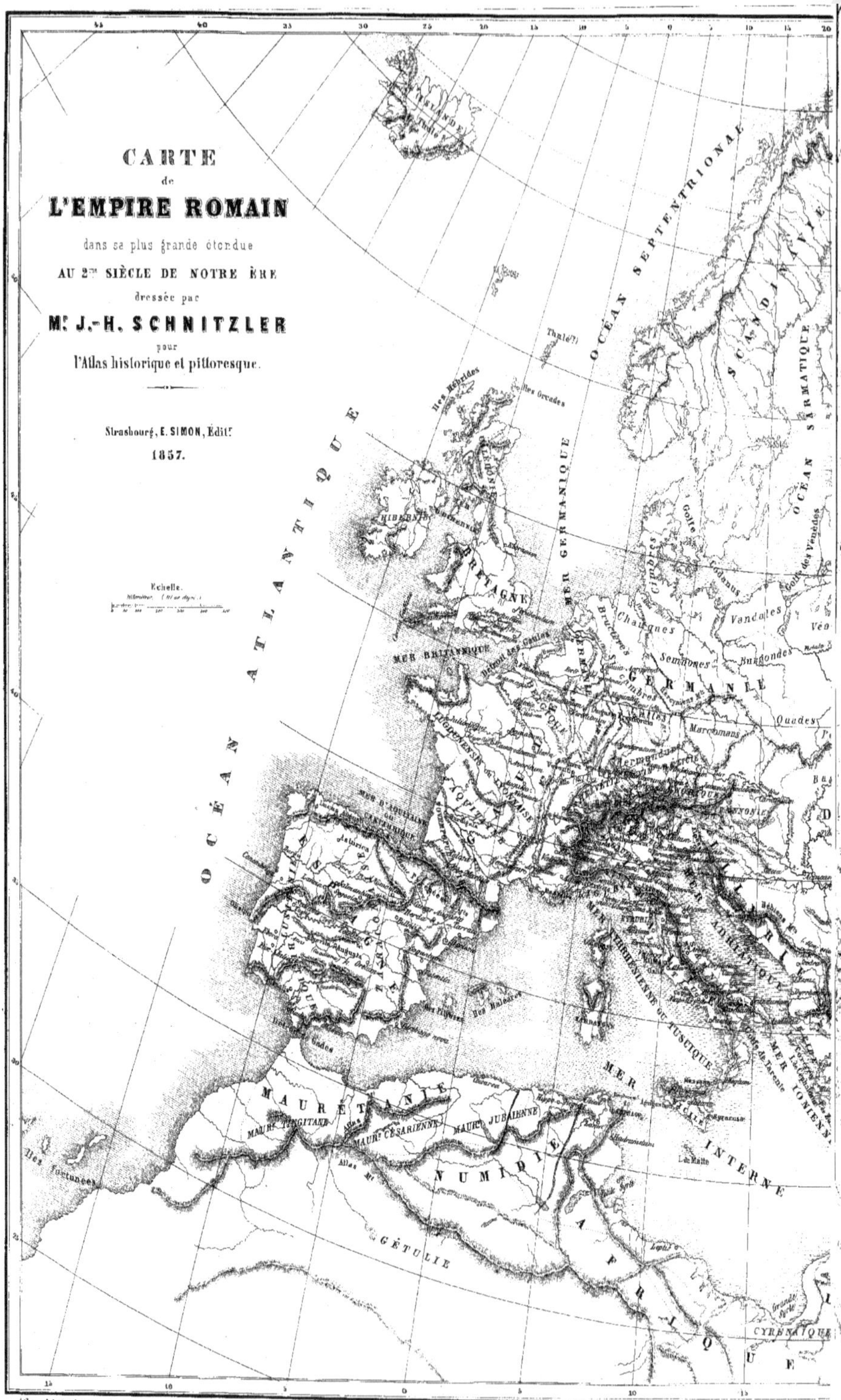


Atlas historique et pittoresque.

NB: Sur cette carte, tout ce qui n'est pas colorié

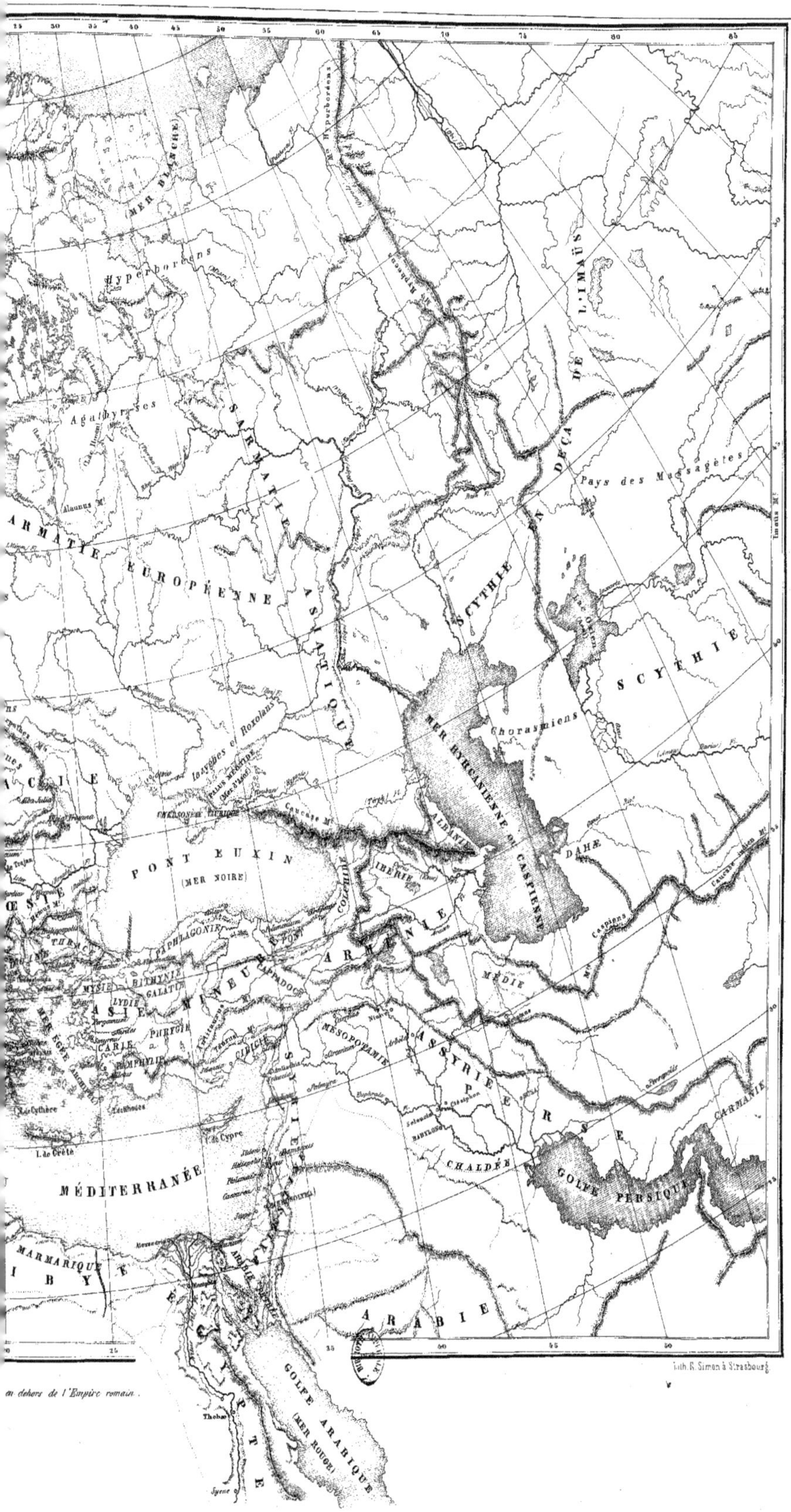
MER BLANCHE
Hyperboréens
Agathyrses
Alaunus Mt
SARMATIE EUROPÉENNE
SARMATIE ASIATIQUE
SCYTHIE EN DEÇA DE L'IMAÜS
Pays des Massagètes
Imaüs Mt
SCYTHIE
Chorasmiens
MER HYRCANIENNE OU CASPIENNE
DAHÆ
Iazyges et Roxolans
PALUS MÉOTIDE (Mer d'Azof)
CHERSONÈSE TAURIQUE
Caucase Mt
PONT EUXIN (MER NOIRE)
COLCHIDE
IBÉRIE
ALBANIE
ARMÉNIE
MÉDIE
THRACE
PAPHLAGONIE
PONT
BITHYNIE
GALATIE
MYSIE
LYDIE
ASIE MINEURE
CAPPADOCE
PHRYGIE
CARIE
PAMPHYLIE
CILICIE
MER ÉGÉE
MÉSOPOTAMIE
ASSYRIE
PERSE
CARMANIE
GOLFE PERSIQUE
CHALDÉE
ARABIE
SYRIE
I. de Cypre
I. de Crète
I. Cythère
MÉDITERRANÉE
MARMARIQUE
LIBYE
ÉGYPTE
GOLFE ARABIQUE (MER ROUGE)
Thèbes
Syène

*en dehors de l'Empire romain.*

Lith. R. Simon à Strasbourg

N° 4

### D'OCCIDENT ET D'ORIENT
*et le monde barbare d'Europe*
vers l'époque de la migration des peuples
au IV Siècle de J.C.
Faisant partie de
l'Atlas historique et pittoresque

L'Empire romain d'Occident a été colorié en jaune, l'Empire d'Orient en rose ; tout ce qui n'a pas l'une de ces deux couleurs était en dehors de la domination des Cesars.

NOTA. — Cette carte se rapporte au IVe siècle de J. C., mais à un temps postérieur à l'an 330, où la résidence de l'empire Romain fut transférée de Rome à Constantinople. La division en empire d'Occident et empire d'Orient, introduite déjà par Dioclétien, en 292, ne fut rétablie qu'en 395, à la mort de Théodose-le-Grand. Les subdivisions sont celles qui furent adoptées par Constantin-le-Grand, savoir : quatre *Préfectures*, subdivisées elles-mêmes chacune en *diocèses* (séculiers), comme suit : I. PRÉFECTURE D'ORIENT : diocèses *d'Orient*, *d'Égypte*, *d'Asie*, *du Pont*, *de Thrace*; II. PRÉFECTURE D'ILLYRIE : diocèses *de Macédoine*, *de Dacie*; III. PRÉFECTURE D'ITALIE : diocèses *d'Italie*, *d'Illyrie*, *d'Afrique*; IV. PRÉFECTURE DES GAULES : diocèses *de Gaule*, *d'Espagne*, *de Bretagne*. Les diocèses étaient encore subdivisés en provinces. On remarquera au reste, que sur cette carte les noms de toutes les villes qui n'ont pas depuis disparu, ont été modernisés, système différent de celui qui est suivi pour la carte n° 3, figurant l'empire romain sous le règne d'Auguste, et qui sera publiée ultérieurement.

www.ingramcontent.com/pod-product-compliance
Lightning Source LLC
LaVergne TN
LVHW052011060726
842528LV00002B/473